新文科建设教材
工商管理系列

**BUSINESS ETHICS
AND CULTURE**

企业伦理与文化

（第三版）

叶陈刚 谢泽敏 柳河东◎主 编

马德芳 林子清 王艳艳◎副主编

清华大学出版社

北京

内 容 简 介

本书综合运用现代管理学、信息经济学、制度经济学、决策科学、行为科学、系统论、控制论、博弈论、伦理学及心理学的理论、思想与方法，体现实践调查研究与理论规范研究相统一、定量分析与定性论述相结合的风格，在查阅与研究中外大量文献资料的基础上，结合国内外社会经济生活中的实际情况和突出的企业伦理现象与企业文化活动，对企业伦理与文化理论及其应用问题进行全面探讨和分析，提出了一系列独到新颖的观点，构建了企业伦理与文化理论及其应用体系。本书适用于大学高年级与各专业硕士或成人高等教育相关课程的学习。

图书在版编目（CIP）数据

企业伦理与文化 / 叶陈刚，谢泽敏，柳河东主编. --3 版.

北京 ：清华大学出版社, 2025. 5. -- (新文科建设教材).

ISBN 978-7-302-69372-7

Ⅰ. F27

中国国家版本馆 CIP 数据核字第 2025BM9656 号

责任编辑：贺　岩
封面设计：李召霞
责任校对：宋玉莲
责任印制：刘海龙
出版发行：清华大学出版社
　　　　网　　　址：https://www.tup.com.cn, https://www.wqxuetang.com
　　　　地　　　址：北京清华大学学研大厦 A 座　　　　　　邮　　编：100084
　　　　社　总　机：010-83470000　　　　　　　　　　　邮　　购：010-62786544
　　　　投稿与读者服务：010-62776969, c-service@tup.tsinghua.edu.cn
　　　　质　量　反　馈：010-62772015, zhiliang@tup.tsinghua.edu.cn
　　　　课　件　下　载：https://www.tup.com.cn, 010-83470332
印　装　者：北京同文印刷有限责任公司
经　　销：全国新华书店
开　　本：185mm×260mm　　　印　张：22.5　　　字　数：505 千字
版　　次：2013 年 1 月第 1 版　　2025 年 6 月第 3 版　　印　次：2025 年 6 月第 1 次印刷
定　　价：69.00 元

产品编号：106239-01

党的二十大报告明确提出："我们要坚持对马克思主义的坚定信仰、对中国特色社会主义的坚定信念，坚定道路自信、理论自信、制度自信、文化自信。"毫无疑问中华民族伟大复兴主要取决于文化复兴，中国式现代化要求加快中国式企业文化建设。我们的责任是以中国式现代化推进中华民族伟大复兴。

"德治"是长期以来中国治国安邦的优良传统，创造并维护着光辉璀璨的上下五千年中华文明。"仁义礼智信，信内求财""温良恭谨让，让中取利"等伦理道德，使我们沐浴在中华民族礼仪之邦的灿烂阳光之中。而"以德治国"和"依法治国"相结合的治国方略，是在全面而深刻地总结古今中外治国经验的基础上得出的科学结论，是对建设具有中国特色社会主义市场经济规律性认识的升华。毫无疑问，这对加强我国经济管理与企业伦理文化建设工作的"法治"与"德治"，充分发挥企业伦理与文化的职能作用，有着特别重要的理论价值与指导意义。

纵观历史，西方哲学奠基人康德很早就感受到："世上最奇妙的两种东西长期震撼我的心灵，那就是我们头上浩瀚的灿烂星空和我们心中神圣的道德准则。"18 世纪，以《国富论》闻名天下的英国经济学代表人物亚当·斯密，在其倾注了一生大部分心血的名著《道德情操论》中就向世人强调：人在追求自身物质利益的同时要受道德观念的约束，不可伤害他人，而要帮助他人。人既要"利己"也要"利他"，"利他"是最大的"利己"与最好的"利己"，学会"利他"，才能最终真正实现"利他"与"利己"的双赢。道德与正义对社会乃至市场经济的运行至关重要[①]。19 世纪西方思想家傅立叶明确指出，伦理协作是普遍的完善，在经营制度上有极其光辉的一面。他把物质利益与情感的平衡视为善与美、有益与愉快的关系[②]。德国当代著名社会学家马克斯·韦伯则表示：一个充满理性、秩序井然的社会，首先要有精神秩序，然后才有政治和法律秩序；精神秩序的形成有赖于企业伦理道德和社会诚信形象的完善[③]。西方国家数百年市场经济发展历史表明：企业伦理道德对市场经济健康运行具有重要意义，因为诚信与道德是市场经济和企业发展的基石。

自古以来，诚实守信是中华民族的传统美德，但是，近年来我国公民道德建设方面仍然存在着不少问题。社会的一些领域和一些地方道德失范，是非、善恶、美丑界限混淆，拜金主义、享乐主义、极端个人主义有所滋生，见利忘义、损公肥私行为时有发生，不讲信用、欺骗欺诈成为社会公害，以权谋私、腐化堕落现象严重存在。这些问题如果得不到及时有效解决，必然损害正常的经济和社会秩序，损害改革发展稳定的大局，应当引起全党全社会高度重视。

① [英]亚当·斯密. 道德情操论. 北京：华夏出版社，2005.
② 宋希仁. 西方伦理思想史.北京：中国人民大学出版社，2004：475-486.
③ [德]马克斯·韦伯. 新教伦理与资本主义精神. 成都：四川人民出版社，1986.

诚信建设，企业先行。诚信是企业发展的立身之本，也是企业文化和企业价值观的核心理念。技术、人才、资金可以引进，但是诚信不能引进，要靠企业自身积累。经营企业就是经营信用，不讲诚信的企业，注定无法做大，无法长久。加强企业伦理与文化建设的目的，是促使企业员工不断追求崇高的企业伦理与文化观念，达到更高的企业道德境界，锻炼出高尚的企业道德品质，从而在工作的时候，廉洁奉公、忠于职守、勤俭理财、全心全意为人民服务。

本书是国家社会科学基金项目（20BGL079）的研究成果，由对外经济贸易大学国际商学院企业伦理与文化研究中心主任、博士生导师、大信会计师事务所审计研究院副院长、西京学院会计学院叶陈刚教授（国务院学位委员会审计专业学位研究生教育指导委员会创始委员、中国管理现代化研究会商业伦理专业委员会副主任委员、中国注册会计师协会职业道德委员会委员），大信会计师事务所首席合伙人、资深中国注册会计师谢泽敏高级会计师与北京儒学文化促进会会长柳河东研究员主编、设计章节大纲，并修改定稿全书；本书副主编由首都师范大学管理学院副教授马德芳博士、中央财经大学会计学博士山东管理学院叶陈云教授、山西省当代儒学研究会林子清秘书长与山东青年政治学院副教授王艳艳博士担任。本书各章的具体执笔分工如下：第一章叶陈刚，第二章谢泽敏，第三章柳河东，第四章马德芳，第五章叶陈云，第六章林子清，第七章王艳艳与宁波大学商学院会计系主任副教授徐荣华博士，第八章林青飞（中国易货贸易博览会全国组委会副主任、山西组委会主任、山西儒商大夏董事长）与山西证券格林大华期货有限公司总经理助理王湘漪硕士，第九章对外经济贸易大学博士生刘怡然与北京拾贝投资有限公司交易总监杨鲁明硕士，第十章北京第二外国语学院副教授武剑锋博士与对外经济贸易大学孙歆惠博士生，第十一章北京联合大学管理学院崔婧与中国地质大学（北京）人文经济管理学院杨娜博士生，第十二章北方工业大学经济管理学院副教授刘桂春博士与对外经济贸易大学刘竟汝博士生，第十三章北京工商大学商学院副教授刘婷博士。本书在写作过程中，得到了对外经济贸易大学副校长、博士生导师张新民教授的指导；本书也参阅、使用了不少其他专家学者的文献资料，在此一并表示真诚的感谢。

2006年9月本人受清华大学出版社邀请主编大学本科教材《企业伦理与文化》，2012年出《企业伦理与文化》第二版，经过十多年师生采用与考试实践，取得良好的社会效果。2023年清华大学出版社邀请我们编写《企业伦理与文化》第三版。

由于本书选题属于现代管理学科前沿领域，可供借鉴与参考资料有限，编写难度较大，加之编写本书时间较紧，任务繁重，工作量大，书中难免存在疏漏与不妥之处，欢迎读者批评指正。

叶陈刚于北京惠园
2025年2月

目 录

第一章

绪　论

经典名言

道可道，非常道。名可名，非常名。

上善若水。水善利万物而不争，处众人之所恶，故几于道。

居善地，心善渊，与善仁，言善信，政善治，事善能，动善时。

道生之，德畜之，物行之，势成之。是以万物莫不尊道而贵德。道之尊，德之贵，夫莫之命而常自然。

故道生之，德畜之；长之育之；成之熟之；养之覆之。生而不有，为而不恃，长而不宰。是谓玄德。

天道无亲，常与善人。

——老子《道德经》

作者感悟

做人比做事更重要，道德比金钱更重要，伦理比名利更重要。

学习目标

通过本章学习，你应该了解国内外企业伦理道德与文化发展状况，知道我们的时代呼唤升华企业伦理道德与文化水准；明确加强企业道德与文化建设的重要性，理解道德、职业道德、伦理文化及其社会功能；把握企业伦理与文化的特征和构成；掌握企业伦理与文化的研究内容与要素，为以后章节学习奠定基础。

重点与难点

1. 企业伦理与文化建设的时代价值
2. 道德、社会公德、职业道德与文化的含义及社会功能
3. 企业道德、企业伦理学的定义与二者关系

4. 企业文化的构成、特征、功能与内容要素

5. 企业伦理的展开方式与关注内容

 导读

加大力度治理直播售假

最高人民检察院有关负责人日前表示，一些犯罪分子利用直播带货"即时性""受众广"等特点，通过"直播引流""真假混卖"方式售假，侵犯知识产权，损害消费者利益，需加大惩治力度。

直播售假行为屡禁不止，甚至涉及网红带货主播，成为消费者关注的热点。中消协2023年"双11"监测数据显示，"商品质量"相关的负面信息达87万余条，占吐槽类信息的26.68%。

直播带货售假犯罪具有隐蔽性强、链条化和跨区域特征明显、电子证据数量庞大复杂等特点，对证据收集与审查要求更高，在侵权商品认定、共同犯罪判断、犯罪数额计算等方面也存在难点。相关部门在办理相关案件中传递出依法全链条打击的信号。不仅商家和主播要承担责任，上下游制假售假者也同样要受到处罚。比如，在一起涉嫌销售假冒注册商标的商品罪案中，检察机关结合犯罪团伙在管理上的公司化特征，紧扣其"引流"的犯罪方式特点，依法认定涉案人员构成共同犯罪，并对公安机关侦查取证提出建议，通过审查假冒知名品牌上游证据，又追捕追诉30多人。

新业态新模式给社会治理带来了新挑战，治理模式和方法也要与时俱进。平台、商家要主动作为，共同打造绿色清朗、产品保质的直播带货良好环境，保护消费者合法权益，维护自身长远发展利益。毕竟，不管是线下销售，还是线上电商，诚信始终是经营的底线。

（资料来源：北京日报，2024.3.19）

"行必信，言必果。"诚实守信是中华民族的传统美德。习近平多次在不同场合对诚信的重要性进行阐述，为诚信在社会生活、外交关系和时代价值上的体现开启了多种视野，提供了基本遵循。因此，亟待建立以诚信为时代主旋律的与社会主义市场经济相适应的企业伦理道德与文化体系。

第一节　升华企业伦理道德与文化水准

人类社会发展历史表明，社会文明发展程度越高，人民群众就越会自觉地要求加强道德与文化建设，而职业道德教育在整个道德建设中居于重要地位，发挥着重要作用。当前我们的企业工作重点就是突出以职业道德为主体的企业伦理与文化建设。因此，随着社会主义市场经济体制全面推进和改革开放不断深入，加强企业伦理与文化建设就成为时代的必然要求。

一、道德的含义与本质

道德是一定社会为了调整人们之间相互关系，以及个人与社会之间关系所倡导的行为准则和规范的总和。道德以善与恶、是与非、正义与邪恶、荣誉与耻辱、诚实与虚伪等概念来评价人们的各种行为，通过各种形式的教育和社会舆论的力量使人们逐步树立正确的思想观念，养成良好的习惯，指导和控制自己践行合理与合法的行为。

从本质上讲，道德是一种由社会经济关系决定的、从属上层建筑的社会意识形态。马克思曾经指出："物质生活的生产方式制约着整个社会生活、政治生活和精神生活的过程。不是人们的意识决定人们的社会存在，相反，是人们的社会存在决定人们的意识。"[①]作为社会精神生活之一的道德深深植根于社会经济生活中，为一定社会的经济基础所决定，并为该社会的上层建筑服务。故恩格斯说："一切已往的道德论归根到底都是当时的社会经济状况的产物。"[②]

还要看到，道德的内容受社会经济关系的制约，社会经济关系的性质决定着道德体系的性质；社会经济关系发展了，道德的内容及体系也将随之变化发展。以上介绍的是道德的存在及内容等客观性方面的内容。与此同时，我们还要注意道德的表述及形式等主观性方面内容。道德主观性具体表现为：道德不仅是人们认识的产物，是人们提出来的调整相互关系的准则和规范，而且道德只有转化成人们的内心信念，深入人们的意识之中，才能指导人们的行为，产生实际的作用。内容的客观性和形式的主观性的辩证统一是道德的重要特征。在不同的社会制度下，由于道德存在的客观环境和主观要求不同，道德的内容、体系与要求也会相应地发生变化。

值得指出的是，在社会经济关系对道德产生作用的情况下，道德仍然具有相对独立性。这是因为道德在社会发展过程中，并不是一种被动的消极因素，而是一种能动的积极因素；道德也有特殊的内在矛盾和内在要求，并因此有自己本身发展的历史过程；道德也能对其他社会因素，包括经济因素，发生这样或那样的影响和作用。一句话，道德对社会经济基础，对整个社会生活，发挥着重大的能动作用。说得确切些，道德是一切社会统治阶级维护、巩固自身有效统治的重要工具。这就是自古以来任何社会的统治阶级都倡导、推崇道德的根本原因。

马克思主义伦理学科学体系，认为道德反映了人类社会的一种特殊现象，是由一定社会的经济关系决定的，依靠社会舆论、传统习俗和内心信念的约束力量来实现调整人们之间以及个人与社会之间的行为规范的总和。

二、市场经济体现为伦理经济，讲究仁、义、礼、智、信

随着市场经济由低级到高级，从不成熟走向成熟的发展，在企业管理中，企业伦理与文化显得越来越重要，发挥着越来越大的作用，成为加强现代企业管理、提高企业整体绩效的全新领域。如果轻视企业伦理与文化约束，市场经济的运行就可能极不规范，

---

① 马克思. 政治经济学批判导言. 见：马克思恩格斯选集. 第 2 卷. 北京：人民出版社，1972：82.
② 恩格斯. 反杜林论. 见：马克思恩格斯选集. 第 3 卷. 北京：人民出版社，1972：134.

企业之间竞争不公平，企业迷失方向，就可能出现官商权力经济、虚假欺骗经济、贿赂垄断经济。市场经济发展历史清楚地表明"管理、崇尚伦理道德，是一种新趋势。这种趋势的出现绝不是偶然的。西方国家市场经济发展了这么多年，付出了沉痛的代价，最终找到一个奥秘：发展市场经济必须加强伦理教育。""近年来，美国、加拿大等市场经济发达的国家，出现了一个新的动向，即重视和加强管理伦理学的教学和研究，甚至把伦理思想渗透到各个领域"[①]。

因为市场经济首先体现为竞争经济，竞争的规则是公开、公平、公正，有这样的规划才能规范竞争者的行为活动；市场经济其次体现为法治经济，政府通过对各种市场行为的立法、执法规范正当的市场秩序，采用法律约束控制竞争者的行为；市场经济最后体现为伦理经济，讲究仁、义、礼、智、信，依靠义务、良心、荣誉、节操、人格来建立相互交往的友好关系，确保社会成员的行为合法合情合理。2023 年 12 月 29 日修订颁布的《中华人民共和国公司法》第五条明确要求："企业从事经营活动，必须遵守法律、行政法规，遵守社会公德、商业道德，诚实守信，接受政府和社会公众的监督，承担社会责任。"

三、东西方企业迎来了一个伟大的伦理道德时代

我们看到，从 20 世纪六七十年代开始，社会、法律、经济、管理及商务界崇尚伦理道德，已经成为一种新的全球性发展趋势。东西方企业、教育机构及政府都高举伦理道德旗帜，成为东西方经济社会活动的一道亮丽风景线。东西方企业迎来了一个伟大的伦理道德时代。[②]一些因社会经济全球化的政治、经济、技术和文化环境变化而提出的新问题，如利益相关者和企业的伦理关系问题、现代企业跨国经营中的伦理问题、信息技术条件下的企业伦理问题等越来越引起社会大众的重视。

英美、西欧及日本的很多先进企业正在内部逐步建立起严格的伦理制度和监管机制。主要表现在这些优秀企业的职能、地位、作用向伦理转移，企业战略、决策与道德融合，企业整体、企业高层、企业员工在企业实践活动中强烈感受到伦理道德的渗透、感召力和丰厚的社会回报。优秀企业伦理道德的巨大力量以其"秩序与资源"的基本价值在这个时代充分展示出来，显示出勃勃生机。据有关权威机构对世界前 100 强企业的调查与研究，前 100 强中近 90% 的企业都非常重视管理道德，都有明确的伦理手册、伦理章程或管理伦理纲要，制定了成文的伦理准则来规范员工的行为。不少企业出现一种新型职位——伦理主管。国际企业改变旧有偏见，把企业目标定位在追求利润与推动社会良性循环的变迁上，使企业能够长久持续协调地生存下去，并且发展壮大。近年来，一些日德美跨国企业喜欢介绍自己的企业社会责任（CSR），例如大量减少碳和污染物的排放，或把废旧产品进行回收再利用，节假日组织员工环保公益行，像健步走、为残疾人服务等。

扩展阅读 1.1：上汽通用集团的企业文化

---

① 张文贤等. 管理伦理学. 上海：复旦大学出版社，1995：1-3.
② 参见王学义. 企业伦理学. 前言第 1 页. 成都：西南财经大学出版社，2004.

1987 年，美国 SEC（证券交易委员会）前主席约翰·沙德成为社会焦点人物，他捐赠 2000 万美元给哈佛商学院时，倡议设立"管理决策与伦理价值"这门课程。全美最佳 10 所商学院 MBA 的 9 门核心课程中，就有企业伦理学。现在，美国 90% 以上的商学院或管理学院以及欧洲的绝大多数大学，都开设了企业伦理学、管理及商务伦理道德、企业伦理与企业职业道德等方面的课程，重视企业伦理教学成为世界各地商学院或管理学院 MBA、MPAcc 培养的一大特色。

在我国，MBA 企业伦理学的教学越来越受到各界的重视。2006 年 12 月的《中国 MBA 教育西湖宣言》指出："我国 MBA 教育承担着为中国经济与社会发展培养管理人才的历史使命，在国家现代化建设中扮演着日益重要的角色。我国 MBA 教育以科学发展观为指导，以推进构建和谐社会为目标，秉持可持续发展的理念，强调管理学院（商学院）所应承担的社会责任，并倡导将社会责任教育融入 MBA 教育全过程。"[①] 所以，企业伦理与文化纷纷成为我国众多院校 EMBA、MBA、MPA、MPAcc 等经济管理类专业硕士教育的核心课程或重要选修课程。本书正是为了满足"企业伦理与文化"课程教学需要而专门撰写的。

四、大力开展企业伦理与文化教育

今天，在我国改革开放的巨大社会变迁中，特别是迎来爆发式增长的人工智能正与各行业展开融合，将成为各产业变革的新动力。物质财富充裕令人欢欣鼓舞，然而精神道德状况格外令人忧虑。一方面，无数高楼大厦拔地而起，众多大桥道路贯穿东南西北，政策宽松了，物质商品丰富了，人们生活水平提高了，科学技术发达了，市场经济大洪流强烈地撞击着过去的传统道德体系，传统的伦理规范和道德信条受到巨大的冲击；另一方面，在全新的道德主体和道德规范尚未确立的情况下，传统的道德体系承受着多方面的挑战。

较之过去，人们之间的利益关系、人际关系大大复杂化，为数不少的人们在物欲横流的惊涛骇浪里找不到精神支柱，失去了稳定感及自我平衡，或在金钱的涡流中沉沦升浮，或在贫困的泥塘里嫉恨抱怨，甚至丢失了精神家园和思想武器，灵魂在茫茫的荒郊野外流浪，生命之舟失去了方向，社会风气备受污染，在我国一度消失的丑恶现象如权钱交易、行贿受贿、以权谋私、徇私舞弊、中饱私囊、监守自盗、制假贩假、走私贩毒、偷漏税款、贪污盗窃等重新抬头，侵蚀着人们的思想与身体。近些年来，在企业里，会计信息严重失真，假账盛行。书记收入、主任成本、厂长利润、经理效益比比皆是，防不胜防。企业绩效整体低下，企业管理疲软无力。究其产生原因，法律不全，执法不严，导致无法约束人们的各种不良行为；根本原因则是人们的道德标准下滑，真假、善恶、美丑、忍狂、好坏、是非、忠奸等界限模糊，导致无法约束人们的不良心灵，进而导致不道德行为发生。我们看到，违法行为一定是不道德的，然而生活中很多不道德的行为不一定违法，如当弱者需要救助时人们无动于衷，在工作岗位上出勤不出力，老师上课学生不到堂、铺张浪费、大吃大喝等。因此，法律只针对表面的违法行为而定，而法律

---

① 全国工商管理硕士教育指导委员会编. 工商管理硕士教学大纲. 北京：机械工业出版社，2011：227.

管不到的不良行为和心灵唯有依靠道德规范方能从根本上加以约束和监管。只有做到标本兼治，社会风气方能从根本上好转。

21 世纪之初，中国加入 WTO（世界贸易组织），这对中国的企业来说，既充满融入经济全球化的机遇，同时也面临来自强大的国外优势企业的严峻挑战。在这种充满竞争、文化多元和信息密集的网络经济环境下，中国企业将不得不接受国际社会及世界各国更为严格的检验与监督。可以说，在公平开放的国际化竞争中，没有伦理道德约束的企业难逃被淘汰的厄运，没有道德自律的企业将被剥夺参与竞争的资格而无地自容。美国著名的《哈佛商业评论》主编舒兹·瓦特劳福尔（Suzy Wetlaufer）忠告人们，要想提高业务水准，工作事业有成就必须重视道德，诚实守信，对所有的人讲真话①。

我国企业的当务之急是尽快走出经营管理和思想认识上的误区，大力开展企业伦理道德教育，强化职业伦理道德理念，将企业伦理与职业道德作为企业体制改革的一个重要部分和企业文化建设的重要方面，在企业组织框架中建立一套行之有效的伦理监督机制，切实提高企业员工伦理道德水准，促使我们的企业担负起更多的社会责任，共创人间净土，以确保企业间开展良性竞争，在正确轨道上健康持续协调地发展社会主义市场经济。

五、治理商业贿赂，反腐倡廉，纠正企业不正之风

社会主义市场经济建设的全面开展，一方面给企业领域所进行的反腐败斗争提出了新的严峻挑战；另一方面又给企业领域治理商业贿赂、创廉洁风尚带来新的课题。因为，市场经济是一把"双刃剑"。市场经济在发挥巨大效应的同时，也有其天然的负效应。市场经济的竞争原则会刺激一些人的投机心理，出现商业贿赂、胁迫、欺骗、偷窃、歧视和不正当竞争行为；市场经济的等价交换原则会自觉不自觉地渗透到人际关系之中，渗透到党内的政治生活和行政行为中去，诱发新形式的权钱交易和以权谋私；市场经济中适度投机行为的合法性导致某些人发生投机诈骗行为；市场经济的价值取向在讲效益、讲赢利、激励人们的时候，也很容易滋生极端利己主义思想和个人自私行为，对爱国主义、社会主义和集体主义思想产生强大冲击。

加强企业伦理与文化建设对纠正企业领域的不正之风，治理商业贿赂，形成反腐倡廉新风尚具有重大意义。只有提高了企业员工道德素质与企业文化素养，才能使他们把企业道德原则、企业道德规范、企业道德范畴与企业文化精髓转化为内心信念，自觉维护国家和人民的利益，把祖国的利益作为企业工作的出发点和归宿。

第二节　伦理道德与文化理念及其功能

一、伦理学、道德与文化理念及变迁

（一）伦理学理念及其变迁

伦理学是人类知识体系中一个最古老而又引人入胜的领域。公元前 5 世纪至公元前

---

① Suzy Wetlaufer. To Tell the Truth. Harvard Business Review, 2001, 97(June): 5.

2 世纪的古代中国就有 "人伦" "道德" "伦类以为理" 等说法，并先后出现《道德经》、四书（《大学》《中庸》《论语》《孟子》）、五经（《周易》《尚书》《诗经》《礼记》《春秋》）与《墨子》《庄子》《荀子》等具有丰富伦理思想的著作；秦汉之交，产生了 "伦理" 概念，出现了《孝经》等伦理著作。但长期以来中国的伦理学内容与哲学、政治教育结合在一起，直到近代才分化成独立的学科。

在西方荷马时代，德谟克里特和柏拉图开始了伦理道德的研究，公元前 4 世纪，古希腊哲学家亚里士多德在雅典学园讲授关于道德品性的学问，创造新名词 "ethic"，即伦理学，写出了《尼可马克伦理学》等专著，从此伦理学作为独立的学科在欧洲各国不断地发展。

关于伦理学的定义，历史上人们从不同角度做过多种解释和说明。亚里士多德认为伦理学是研究善与善的终极目的即至善的科学。中世纪经院哲学家阿伯拉德认为伦理学主要是研究心灵的善恶意向的科学。18 世纪的法国唯物主义者爱尔维修和 19 世纪德国唯物主义者费尔巴哈都以为伦理学是 "达到幸福的科学"。黑格尔则表示他的伦理学就是法哲学。边沁和穆勒从功利主义出发，认为伦理学是 "求得最大幸福之术"。此外，也有人认为伦理学是 "人生理想之术"。

在中国伦理思想史上，中国古代的老子、孔子、孟子、庄子，直至近代的康有为、梁启超、蔡元培等圣人、大师都把研究道德诸问题视作己任。他们有的认为道德学（即伦理学）是关于人性善恶的学问，有的认为其是关于天理人伦的学问，有的认为其是王霸义利的学问，或人生理想的学问。上述很多说法颇有价值，但没有对伦理学定义给出科学的回答。马克思主义伦理学认为，科学的伦理学是通过对道德现象的全面研究，揭示道德关系的矛盾，指出道德的本质、特点、作用及其发展规律的科学。

（二）伦理道德理念及其变迁

"道德" 二字最初是分开使用的。古人云 "道者，路也"，古人以 "道" 表示事物发展变化的规则、规律，做人做事的道理和规矩；"德者，得也"，古人把认识了 "道" 内得于己，外施于人，称为 "德"。战国末期的荀子将二字连用，他在《荀子·劝学篇》中说："故学至乎礼而止矣，夫是之谓道德之极。" 这种观点延续了下来。在西方古代文化中，"道德" 一词起源于拉丁语 "摩里斯"，意为风俗和习惯，其引申义也有规则、规范行为品质和善恶评价等意义。在当今社会，所谓道德指的是人类生活中特有的，由经济关系决定的依靠人们内心信念和特殊社会手段维系的，并以善恶进行评价的原则规范、心理意识和行为活动的总和。

在现实生活中，人们常常把 "伦理" "道德" 两个概念相互混用，有时连在一起叫做 "伦理道德" 用以说明道德现象。之所以如此，一方面是因为作为科学概念，两者有相互交错的部分。伦理学包含道德规范的内容，与道德有直接联系。道德本身包含伦理思想内容，是一种尚未展开的伦理学。但从科学研究的角度讲，两者不能混淆，必须严格区别开来：伦理学是研究道德的科学，而道德则是伦理学研究的对象。在哲学上，人们将研究道德的伦理学称为道德哲学。

作为一种根植于社会经济基础的上层建筑和意识形态，道德是通过人们的意识形成的思想的社会关系，反映着人们社会关系的特殊方面。类似上层建筑的其他部分，道德同样要受物质的社会关系制约，并伴随着社会经济关系的变化而变化。马克思主义伦理学告诉我们，归根到底包括道德关系在内的人类的思想关系都是由物质的社会经济关系决定的，因为它起源于物质的社会关系。各种道德体系的性质直接取决于社会经济关系，各种道德体系的性质直接取决于社会经济结构的性质。道德的基本原则、主要规范和主要范畴直接取决于社会经济关系所表现出来的利益。

由于道德的性质取决于社会经济关系的性质，因此社会经济关系的变化必然会引起道德的变化。在旧的社会经济关系日渐腐朽没落，新的社会经济关系日益发展成熟的同时，新的社会道德关系随之兴起。在这种道德交替过程中，旧的没落的道德观念不会自动放弃而退出历史舞台，新旧道德体系之间必然发生尖锐的对立和斗争。在新的社会经济关系完全代替了旧的社会经济关系后，旧的社会道德关系便会或早或迟地被新的社会道德关系取代，新的社会道德居于社会的统治地位，从而在新的时代决定着整个社会的道德面貌。

（三）文化理念及其变迁

文化是人类特有的标记。文化现象同人类的社会性和社会实践活动紧密相连，它伴随着人类社会实践过程而产生，是社会实践的反映和社会实践的结果。文化一旦产生和形成，又反过来指导着人类的进化和人类社会实践活动的开展。因而，文化是人们整个社会生活的反映，渗透到人类社会生活的各个方面。

劳动在人脱离生物界的自然状态而进入社会界的自觉状态过程中，起了决定作用，并在世代相传的劳动实践中创造了世代相传的文化。个体的人在自己的发展中，继承以往世代流传下来的社会历史实践以及从这种实践中产生并积累起来的技能、知识、阅历和经验，这就是继承前代人的社会文化。同时，社会文化又为后代人中的个体学习掌握这些技能、知识、经验和在新的实践中创造发展这些技能、知识、经验提供了条件。可以看出，文化或称社会文化是人类社会历史实践中创造出的技能、知识、阅历和经验世代相传的重要手段，是一种促使后代人学习掌握并造就后辈人的人生的巨大社会力量。文化起源于原始人类的劳动实践。劳动是人的基本活动，是人的基本属性，而劳动实践则是决定人的其他实践活动的最基本的实践活动。

文化的发展是同一定社会生产方式相适应的。原始的生产方式产生萌芽状态的原始社会文化。渔猎生产实践，使人们产生初始的劳动分工和生产管理观念，积累起捕鱼打猎的生产技能和劳动经验，导致出现了反映渔猎生活方式的悲欢情感的语言"艺术"，高亢的胜利歌喉与低沉的祈祷崇拜同时出现，科学文化与宗教文化相伴而生。渔猎时代的生产方式决定了原始的生活方式，从而决定了形成原始的思想观念，产生了最原始的社会文化。

人类进入农业时代。农业生产实践产生了农业劳动分工，出现了农业生产的知识以及与此相关的一整套的农业生产技能、技术，同时，农业劳动涉及的改造自然的深度与广度较前大为增加。农田土地的测量、水利的兴修等都迫切需要科学和技术，因此农业时代产生了技术，出现了科学，并由此而发展为科学群。各种自然科学与技术相继出现，随之反映该时代的各种社会科学，如文学艺术、管理科学也涌现出来，最后总结和概括自然知识和社会知识规律的科学——哲学也产生了。

尤其值得人类珍视的是，农业劳动实践需要的各种技能、经验、知识、科学迅速和自觉地代代相传，于是在这个时代产生了教育文化，即专门传授文化的文化出现了。中国古代的孔子教育文化，正是适应这种时代的需要而产生的。儒家学说几千年影响不衰、传播范围日广，其根本原因在于其中的教育文化，它影响着华夏子孙、造就后世无数来者，是人类走向文明的时代，是文化兴起和开始进入繁荣的时代，由农业生产方式所决定的农业生活方式，决定了这个时代的社会文化总体上是反映该方式的农业时代的社会文化，是同自给自足的自然经济状态相适应的社会文化形式。

工业时代的生产方式是以大机器为标志的生产方式，该时期生产力发展逐渐走向社会化，促使社会文化也朝着日益社会化的方向迈进。工业生产实践，较之农业劳动实践，对科学技术的依赖性强，对管理的要求更高，对社会文化环境的需求更广，因而，这种崭新的生产方式，产生了工业时代的社会文化。这个时代的文化，涵盖生产技能、技术、科学、知识、经验等方面，其涉及面之广前所未有，而且科学、知识的更新换代周期愈来愈短，社会文化的发展无论在广度还是在深度上，均达到前所未有的程度，渗透到社会物质生活与社会精神生活的方方面面。工业时代的生产方式决定了开放性的生活方式，从而促使自然科学、社会科学、哲学文化的开放性发展。人们的思维方式也由封闭型向开放型发展，从而带来思想的大解放、社会文化的极大繁荣，这就是与社会化的大生产相适应的工业时代的社会文化的大发展。

信息时代是继工业时代之后的时代。20 世纪 60 年代后期，西方几个主要发达国家先后由工业时代进入信息时代。信息时代的基本特征是信息科学的兴起，信息在社会经济乃至整个社会生活中显示出越来越重要的地位和作用。在社会生产力发展中，科学技术和科学管理是生产力加速发展的关键，同时信息决定加速发展着的生产力是否有效，是否能带来良好的社会效益和较高的经济效益。产生这种现象的原因，是信息影响和决定着生产力中的生产资料（资金）和劳动者（劳动力）在社会生产各部门中的调节和分配。利用信息，能在实施社会生产之前的决策阶段自觉地调节这种分配，可以避免造成经济危机和经济损失。因此，有人认为信息是一种比现实的物质生产力更为关键、更具决定作用的因素，把信息称为"精神生产力""决定第一生产力的生产力"。信息本身就是以一种文化的形式存在着、传播着，所以，信息时代实质上是一种人类高度发展的文化时代。在这样的时代中，作为文化载体的信息，更深层次地渗透到社会生产、社会生活的各个方面，影响着整个社会的经济、政治、科学技术、社会生活的安定和平稳发展，社会文化逐渐在整个社会生活中占据主导地位，以至于离开社会文化就不可能有社会生活。

所以，信息时代是社会文化全盛发展的时期，信息时代是一个社会文化真正繁荣昌盛的时代，是智力、智慧高度发达的时代，信息文化是未来时代一种全新的文化形式。

二、道德的起源与特点

（一）道德的起源

道德的起源问题一直为历史上伦理学家们所重视。历史上曾有一些伦理学家，企图离开人类历史的发展和人们的社会实践，去观察和研究道德现象，去寻找道德的起源。他们的观点，大致可归纳为以下四类。

（1）道德来源于客观精神和上帝及佛、道、神。

（2）道德来源于人类天性、人类同情心等。

（3）道德来源于人的自然本性、感觉欲望。

（4）道德来源于动物世界。

在道德形成的过程中，以下几种因素起着重要的作用。首先，在道德初期的形成发展进程之中，劳动起着关键性的作用。正是生产劳动，使得原始人类的集群关系转变为原始人群的生产关系，也正是生产劳动，促进了人类的语言和思维的发展，使原始人脑演变成现代人脑，劳动也产生了协调人们相互关系的作用，这些都为道德的产生奠定了基础。其次，由于生产力发展而出现的劳动分工，促进了个性和自我意识的发展，丰富了社会关系的内容，并由此产生出一定的道德意识和道德行为规范。再次，氏族以至部落的共同利益要求人们正确处理氏族与氏族之间、氏族内部人与人之间的关系，于是就产生了最初的道德规范。最后，人类对家庭和性关系的认识，形成家庭婚姻爱情方面的行为道德规范。

（二）道德的特点

在社会生活中，每个社会成员的行为都会对社会和他人产生一定的影响。这种影响有两种后果：一是有些行为会给他人和社会带来幸福，因而被认为是有道德的行为；二是有些行为会给社会和他人带来痛苦和不幸，因而被认为是不道德的行为，即失德行为。道德在这里是评价人们行为善恶的一种准则尺度。

道德作为社会意识形态之一，不仅和其他意识形态一样具有相对的独立性，而且有与其他意识形态不同的特点。

1. 规范性

道德是调整人与人之间，以及人与社会之间关系的行为规范。人本质上是社会人。人生活在世界上，要与他人，与社会发生复杂的关系，人们在社会中的行为，均是在一定的社会关系中发生的。作为行为规范的道德，就是指个人与社会应该建立一种什么样的关系；个人对社会需要承担什么义务；个人在处理与他人的关系时应该遵守哪些原则，应该采取什么样的行动；等等。道德对人们的思想和一言一行起到一种规范性作用。

2. 非强制性

人与人之间的社会关系非常复杂，除了道德关系外，还有政治关系、经济关系、法律关系等。因此，调整人与人之间的关系，除了用道德手段，还可以用政治手段、法律手段和经济手段。但是道德手段不像政治手段、法律手段和经济手段那样需要政党、国家和经济部门专门制定，并由专门机关监督执行。道德依靠社会舆论、传统习惯和人们的内心信念来维持和发挥作用，具有非强制性，是一种内在的、内心的、内化的、特殊的规范调解方式。

3. 历史性

所谓道德的历史性是指历史上各种人类道德的出现，都是当时社会经济关系状况的产物，并且总是与特定的历史阶段相适应，因而总是带有那个时代的社会内容、社会要求和社会特征。从历史发展进程看，人类已经历了原始社会道德、奴隶社会道德、封建社会道德、资本主义道德等阶段，现在正处于社会主义道德阶段。

4. 全人类性

所谓道德的全人类性，就人类历史发展的全过程来说，是指不同时代道德体系之间有着共同的地方；就同一个时代和不同时代的社会关系来说，是指不同阶级或对立阶级道德之间有着共同的地方以及相互联系之处。历史上各种类型的道德体系都包含着全人类性因素，具有历史的继承性。

5. 社会实践性

道德具有广泛的社会实践性。道德是人类社会特有的现象，是人类有别于其他动物的根本标志。道德贯穿人类社会的始终。只要有人类社会的存在，就需要有调整人与人之间关系的道德规范。道德遍及社会生活的各个领域，渗透到人与人之间的社会关系。道德是人类的实践精神，是人类把握世界的特殊方式，是人类完善发展自身的社会实践活动。

6. 相对独立性

马克思主义伦理学认为，经济基础是第一性的，道德是第二性的，经济基础决定道德；其同时又认为，道德同其他社会意识形态一样，一旦形成之后，便具有相对独立性。道德相对独立性表现之一，是道德与社会经济基础变化的不一致性。其有两种情况：一种情况是，道德意识的变化落后于社会经济基础的变化；另一种情况是，在旧的社会经济关系发展变化过程中逐步产生新的社会经济关系的道德因素，与此相适应，也会在旧的社会道德体系居于统治地位的条件下，产生某些新的道德因素。道德相对独立性表现之二，是道德意识的发展和社会经济发展水平的不平衡性。历史上许多经济比较落后的国家，思想道德的发展却超过了经济先进的国家。道德相对独立性表现之三，是道德有其本身独立发展的历史过程，在自身发展过程中呈现历史连续性和继承性。每一个时代的社会道德意识，不管其表现形式有多么不同，都是以前时代的社会道德意识在新的社会经济条件下的继承与发展。

三、社会公德的基本要求

社会公德是人们在社会公共生活中为全体公民所公认的、人人都应遵循的起码的道德规范的总和。马克思在 1864 年的一次演讲中提出："努力做到使私人关系应该遵循的那种简单的道德和正义的准则，成为各民族之间的关系中的至高无上的准则"①。社会公德之所以重要，是因为它维系着人们之间的正常社会交往，以及和睦相处的关系，保证

---

① 马克思. 国际工人协会成立宣言. 见：马克思恩格斯选集.第 2 卷. 北京：人民出版社，1972：135.

扩展阅读 1.2：以逃避监管的方式排放水污染物 启迪环境全资子公司被罚 59 万元

了社会公共生活的安定有序，并维护了人民大众的共同的整体利益。社会公德与个人私德相对立，前者是与集体、组织、阶级以及整个社会、民族、国家有关的道德，后者则是在个人私生活中处理爱情、婚姻、家庭问题的道德，以及个人的品德、作风、习惯等。虽然两者有区别，但并非绝对对立，二者在一定条件下能相互转化。社会公德是人类社会中共同生活的客观需要，人们在社会生活中互相联系、互相依存，彼此之间存在着某些共同利益，社会公德就是这种公共利益的反映。

在社会主义社会，社会公德有如下几个方面的要求。

（1）为人正直、善良、诚实、守信。

（2）人们相互之间团结合作、互相尊重、互相帮助。

（3）维护公共秩序、公共设施、公共卫生、公共安全。

（4）讲究行为文明、礼貌交往。

大兴讲文明、讲礼貌、讲卫生、讲秩序、讲道德的"五讲"之风，达到心灵美、语言美、行为美、环境美的"四美"，是对目前我国社会主义初级阶段社会公德内容的精辟概括。我国宪法明文规定："中华人民共和国公民必须遵守宪法和法律；保守国家机密，遵守劳动纪律，遵守公共秩序，尊重社会公德。"显然，遵守社会公德，是每个公民对社会、对国家、对民族应尽的义务。提倡和宣传社会公德，争取社会风尚的根本好转仍然是全党和全国人民面临的重大任务。

2019 年 10 月 27 日，党中央印发了《新时代公民道德建设实施纲要》，明确指出，中华文明源远流长，孕育了中华民族的宝贵精神品格，培育了中国人民的崇高价值追求。中国共产党领导人民在革命、建设和改革历史进程中，坚持马克思主义对人类美好社会的理想，继承发扬中华传统美德，创造形成了引领中国社会发展进步的社会主义道德体系。坚持和发展中国特色社会主义，需要物质文明和精神文明全面发展、人民物质生活和精神生活水平全面提升。中国特色社会主义进入新时代，加强公民道德建设、提高全社会道德水平，是全面建成小康社会、全面建设社会主义现代化强国的战略任务，是适应社会主要矛盾变化、满足人民对美好生活向往的迫切需要，是促进社会全面进步、人的全面发展的必然要求。

四、职业道德特点与社会功能

（一）职业道德的含义及特点

职业道德，就是在一定的职业生活中所应遵循的且具有自身职业特征的道德原则和规范的总和。职业道德规定人们在从事自己的职业时，必须遵循一定的道德规范，其规定人们"应该"做什么，"不应该"做什么；"应该"怎样做，"不应该"怎样做。换言之，职业道德是从道义上要求人们在其职业生活中以一定的思想、感情、态度、作风和行为去待人接物、处事，完成本职工作。

职业道德与职业密切相关。何谓职业呢？职业就是人们在社会生活中所从事的对社会承担一定责任，并作为自己主要生活来源的具有专门职能的工作。人们的职业生活作为一个历史范畴，并非从来就有，它是社会分工及其发展的结果，而职业分工的出现与发展，使职业道德的产生成为需要和可能。因为职业分工使人们之间的社会关系增添了新的内容，发生了职业活动主体和职业活动客体，即职业活动的社会对象之间的关系，同一职业集团内部人们之间的关系。这些关系，需要有与之相适应的特殊道德来调整。而长期以来从事某种职业的人，由于有特殊的活动方式，受过特殊的职业训练，往往具有特殊的职业兴趣、爱好、习惯等心理传统，形成了特殊的职业责任心、职业荣誉感和职业纪律。在此基础上，各职业团体通过代表性的人物的言论和行为示范，逐步建立起本职业人员应遵守的职业道德。职业道德通过公约、守则、条例等形式，促使职工忠于职守，钻研业务和技术，完成工作和任务，服从秩序和领导，团结协作，推动各项事业的发展。

职业道德的推行，一方面可以协调本职业和社会各方面的关系，满足社会各方面对本职业的需要；另一方面可以协调本职业内部的相互关系，解决内部矛盾和纠纷，共同协助完成工作，履行职业责任。在我国，职业道德是共产主义道德体系的重要组成部分，是共产主义道德原则和规范在职业行为和职业关系中的特殊表现；同时又受社会公德的约束，体现社会公德的要求。近代西方研究各种职业道德的学科被称为"职业伦理学"，包括律师伦理学、教师伦理学、医生伦理学、科学伦理学、管理伦理学。本书研究企业领域中因企业活动的发生所引起的企业道德及其发展变化的规律，故本学科可以称为"企业伦理学"。

职业道德作为职业生活领域特殊的行为调节手段，具有以下几个特点。

1. 鲜明的行业性

职业道德和职业生活是密切相连的，它具有鲜明的职业和行业的特点。职业道德是人们在职业活动过程中形成的特殊道德关系的反映。各行业都有自己的特殊道德规范、特殊的活动内容和特殊的活动方式。所以行业性是职业道德最显著的特点。

2. 范围的有限性

职业道德的适用范围不是普遍的，而是特殊的、有限的。其约束的对象是一定职业活动的从事者，超出这个范围，其就不具有对他人行为进行道德调节的作用。

3. 形式的多样性

由于社会分工不同，人们从事的职业多种多样，职业道德就出现多样性。企业常采取规章制度、工作手册、服务公约、公规民约等多种简明适用、生动活泼的形式，教育和约束本企业的员工。

4. 稳定的连续性

人们的职业生活总是一代接一代连续不断的。由于职业道德和职业劳动、职业要求紧密结合，因此，道德有较强的稳定的连续性。这种稳定的连续性，形成人们比较稳定的职业道德、职业心理和职业习惯。

总之，由于职业道德具有以上特点，因此职业道德能够对人们的行为活动产生经常性、深刻性影响，形成强大的职业道德力量，促进各项事业的发展。

（二）职业道德的社会功能

职业道德对社会历史发展有着重要的社会功能。

1. 职业道德是推动物质文明建设的重要力量

为了建设物质文明，人类社会里形成了严密的分工和协作关系。各行各业的分工和协作的好坏，都直接和间接地影响着社会物质文明建设的发展。怎样才能保证人们自觉地做好本职工作，为建设社会主义物质文明尽职尽力呢？职业道德起着特殊的、重要的作用。职业道德共同的基本要求是"忠于职守"。当人们确立了相应的职业道德观念，并且将其转化成自己的信念、良心、义务和荣誉感，形成高尚的思想觉悟和精神境界时，就能比较正确地认识和处理个人与社会之间、本职业集体与其他职业集体之间的关系。大家都能在自己的岗位上尽职尽责地工作，那么这样的国家和民族的物质文明建设就有可能蓬勃发展；相反，如果一个社会、一个国家的公民职业道德观念淡薄或不讲职业道德，不尽职尽责地履行自己应尽的职责，那么这样的国家和民族的物质文明建设就会出现停滞的局面，就会落伍。

2. 职业道德是形成和改造社会风尚的重要因素

社会风尚是人们精神面貌的综合反映，归根到底是现实社会关系的综合反映。职业道德要求人们在从事职业活动时，把正确认识和处理人与人之间的关系放在重要地位，一方面通过职业活动创造物质财富；另一方面为建设精神文明承担自己应尽的义务。各种职业中的人都有特殊的权利和义务。人们如果有高尚的职业道德，能够正确地认识和使用自己的权利，履行自己的义务，能够遵循自己的职业道德规范，那么就可能在从事物质资料生产的同时，培养出良好的社会关系和社会风尚。相反，人们如果不讲究职业道德，就可能在从事物质资料生产的同时，自觉不自觉地产生尔虞我诈、制假贩假、不择手段、追逐名利等种种不良社会风尚。当然，在阶级社会里，社会风尚归根到底是由经济关系决定的。但是，职业道德对社会风尚的作用是不容抹杀的。

3. 职业道德可以促使人们自我完善

一个人是否成才，是否对社会有贡献，主要取决于其在职业活动实践中的学习和锻炼。职业道德是人们职业生活的指南，对人们的思想和行为发生深刻的、经常的影响。职业道德规定了具体职业的社会责任，指导人们在具体的职业岗位上，确立具体的职业生活目标，选择具体的职业生活道路，形成具体的人生观和职业理想，培养具体的职业道德品质。历史和现实生活告诉人们，一个人能否成才常常不在于其是否有优越的客观条件，而在于其是否有高尚的职业道德。有些很有才华的人之所以昙花一现，一个重要的原因是他们不注意职业道德的修养；而一些本来资质平凡的人之所以能对人类社会有较大的贡献，其中重要的原因是他们长期注意职业道德的锤炼。职业生活中的失职、利己、怯弱、傲慢、浮躁、虚伪、狭隘、狡诈、推诿、固执、猎奇、虚荣、嫉妒等不良品质，往往使人碌碌无为、一事无成或者误入歧途，以致身败名裂；而职业生活中的忠于职守、无私、无畏、具有责任心、勇敢、互助、勤奋、诚实、谦虚、守信、大度、忍让、认真、细心、坚定、心地善良、仁慈宽厚等优良品质，则使人们在成才和事业的道路上不断前进、取得成功。可见，一个人在职业生活中学习、培训和锻炼各种优良品质，形成高尚的职业道德理想和职业道德情操，无论对社会，还是对个人，都具有十分重要的意义。

（三）社会主义职业道德的特点及核心

1. 社会主义职业道德的特点

社会主义职业道德是人类职业道德发展新阶段，它克服了私有制条件下职业道德难以消除的各种弊病，具有自己独特的特点。

（1）社会主义职业道德是建立在社会主义公有制基础上的新型的职业道德。社会主义在经济上以公有制为主体，实行以按劳分配为主的分配原则；在政治上建立了人民当家做主的政治制度。社会主义职业道德是建立在全体人民根本利益基础上的新型职业道德，实现了道德理论和道德实践的高度统一。

（2）社会主义职业道德是作为共产主义道德体系的一个重要组成部分而存在和发展的，社会主义各行各业的职业道德，从本质上来说都不是一种独立的道德规范体系，只从属于共产主义道德规范体系，作为共产主义道德规范体系中的一个部分和层次，是一种职业行为的准则，调整人们行为的总的目标和方向，且应当和共产主义道德的原则和规范一致，而不是相反。社会主义职业道德结合职业活动特点，使共产主义道德的原则和规范具体化，使共产主义道德的原则和规范成为同职业活动直接结合在一起的活生生的标准。也就是说，它与共产主义道德原则和道德规范的关系只是个性与共性、特殊与普遍、具体与一般的关系。当然，我们强调社会主义道德的这种社会和阶级的属性，并不意味着我们应该轻视职业道德的社会功能。事实上，职业道德形成、发展和完善会反过来促进共产主义道德原则和道德规范的深入与普及，是共产主义道德调节人们行为的重要补充。

（3）社会主义职业道德调节行为的方向，是实现个人利益、职业集团利益和社会利益的重要保证。在剥削制度下，私有制是整个经济结构的核心和基础，个人利益和职业集团利益之间、职业集团利益和职业集团利益之间、个人利益和职业集团利益与整个社会利益之间存在着尖锐的对立和冲突。在社会主义社会，公有制是社会经济结构的核心和基础，人们在共同占有生产资料基础上形成共同的理想、共同的利益和共同的目标，因而努力和发展的方向是一致的。虽然他们之间还会出现这样或那样的矛盾，但这些矛盾在一般情况下已经不是对抗性的，不会表现为严重的冲突，它是可以通过各种调节机制得以解决的。社会主义职业道德的行为调节方向，就是以谋求社会整体利益为基础，实现个人利益、职业集体利益和全社会利益的根本一致。任何个人利己主义、部门利己主义和集团利己主义，都是同社会主义职业道德格格不入的。

（4）社会主义职业道德的重点是解决劳动态度问题。在私有制条件下，职业道德调节的重点是职业内部企业员工的个人利益和职业集体的占有者或支配者的个人利益之间的关系。其在集团内部调节的重点是两种私人利益的分配问题。在社会主义社会，职业内部的个人利益和集体利益是一致的，集体利益包含着个人利益，集体利益的获得不是以损害个人利益为前提的。相反，要靠各个企业员工的积极劳动来实现。而这种劳动积极性的发挥又取决于个人与集体根本利益一致的基础上对个人利益的不断满足。所以，社会主义职业道德调节的重点是职业集体内部企业员工的劳动态度，是人们如何以主人翁姿态进行创造性劳动的问题。

（5）社会主义职业道德不是自发产生的，只有通过社会主义道德教育才能形成和发展。社会主义职业道德作为社会主义道德在职业生活的具体化，其形成和发展不可能是自发的，不可能仅仅依靠职业活动的过程本身，不可能仅仅依靠人们直接的职业生活经验来实现。只有在各行各业进行马克思主义和社会主义道德教育，才能使职业劳动者摆脱旧的职业道德的影响，树立起社会主义职业道德意识和职业道德情感，并转化为自觉的职业实践活动，促进整个社会道德的进步。

2. 社会主义职业道德的核心

社会主义职业道德是社会主义道德在职业生活中的特殊表现，它反映着对人们职业行为道德调节的理想方向。这种职业道德分别以适用于本职业更具体化的形式体现社会主义道德原则和基本规范要求。同时，我们所从事的社会各行各业都是社会主义事业不可缺少的组成部分。因此，忠于职守、全心全意为人民服务就必然成为社会主义职业道德的核心，在社会主义各种行业职业道德规范体系中起着统帅作用。

忠于职守、全心全意为人民服务是社会主义时期各种职业活动的出发点和归宿。毛泽东同志在《论联合政府》一文中指出："全心全意为人民服务，一刻也不脱离群众，一切从人民的利益出发，而不是从个人或小集团的利益出发，向人民负责和向党的领导机关负责的一致性，这些就是我们的出发点。共产党人必须随时准备坚持真理，因为任何真理都是符合人民利益的；共产党人必须随时准备修正错误，因为任何错误都是不符合人民利益的。"[①]毛泽东同志的论述，为我们所从事的各项工作和所应遵守的职业行为规范指明了方向。在社会主义建设时期，特别是在以经济建设为中心，深化改革开放的大好形势下，各行各业和每一个企业员工在职业生活中，要始终把人民群众的利益放在首位，对工作极端负责，对同志对人民极端热情。在人民需要的时候，可以毫不犹豫地贡献自己的一切，甚至不惜牺牲自己的生命。只有坚定地树立起全心全意为人民服务的观念，企业员工才能在各自的职业生活中自觉地做到向人民负责，向社会负责，向党和政府的领导机关负责，脚踏实地、兢兢业业为人民的利益而工作。反之，凡是坚持利己主义道德观念的人，待人处世都是以"个人"、以"我"为出发点，一事当前，先为自己或小集团利益打算，对个人有利或对小集团有利的事就干，否则就不干，把党的利益、国家利益、人民利益统统置于脑后而不顾。有的人为追求个人享受甚至不惜以身试法、贪污受贿、投机倒把、盗窃走私、公开抢劫、谋财害命等，走上了犯罪道路。这也是个人主义恶性膨胀的必然结果。这些人由于一切从"我"出发，为了达到个人目的而不择手段，以致置身于恶性循环而不能自拔，其归宿也必然是悲剧性的。因此，在从事职业活动中，必须摆正自己的位置，牢固树立全心全意为人民服务的观念，忠于职守、刻苦工

---

① 毛泽东. 论联合政府. 见：毛泽东选集. 合订本. 北京：人民出版社，1964：995-996.

作，这才是社会主义社会中一切有共产主义觉悟的企业员工搞好本职工作的出发点和崇高的归宿。

第三节 企业伦理与文化的特征和构成

一、企业伦理道德特征与职能

（一）企业道德与企业伦理学的含义

1. 道德关系与企业道德的内涵

道德关系是被经济关系决定的一种个人与个人、个人与集体之间的社会关系。恩格斯说过："人们自觉地或不自觉地，归根到底总是从他们阶级地位所依据的实际关系中——从他们进行生产和交换的经济关系中，吸取自己的道德观念。"[①]这表明，道德关系是随经济关系的改变而改变的。相对于经济关系，它是第二性的。而道德意识、道德原则、道德规范、道德职责则是人们对这种道德关系的认识和反映。所以，道德关系又是由道德意识、道德原则、道德规范形成的，体现在企业员工之间、企业员工与其他社会成员之间，以及企业员工与国家、集体、社会之间的特殊的社会关系。反映这种企业道德的现象是多方面的，包括企业道德意识现象、企业道德规范现象、企业道德活动现象。

企业道德意识现象指的是企业员工的道德思想、道德观点和理论体系。企业道德规范现象指的是评价和指导企业员工职业道德行为善恶的准则。企业道德活动现象则是指企业员工按照一定的道德善恶现象所形成的企业道德评价、企业道德教育、企业道德修养、企业道德行为。这些企业领域的道德现象就是企业伦理学所要研究的内容。

什么是企业道德？企业道德就是运用道德观念调整企业员工在企业活动中所形成的相互关系的行为原则和规范活动的总和。企业道德就其适用范围而言，可分为企业经理职业道德、企业员工职业道德和企业的社会道德。前两者是在企业工作人员中间倡导推行的企业行为道德，作为调整企业工作人员行为的准则和规范，它是企业工作人员在职业生活中的社会关系的反映。而后者则要求不能仅仅将企业道德视为职业道德，而应把它作为社会道德的一部分，以便社会公众与企业相关人员能理解、接受、遵守企业道德，监督其实施。

企业道德产生、存在、发展，是有其客观和主观原因的。企业行为的出现是企业道德产生的客观条件，企业行为具有悠久的历史。

在企业实践中，企业员工不可避免地要与多方面发生关系，从而产生这样或那样的矛盾，这个时候就有必要通过企业道德思想、企业道德原则和企业道德规范来解决矛盾，并通过道德评价、企业道德教育和企业道德修养去克服和避免各种矛盾。一言以蔽之，企业道德的产生和发展是历史的必然，是不以人们意志为转移的。也正是由于这个原因，我们必须把企业道德作为对象来开展企业伦理学的研究。

---

① 恩格斯. 反杜林论. 见：马克思恩格斯选集. 第3卷. 北京：人民出版社，1972：133.

2. 企业伦理学的定义与性质

如何定义企业伦理学？企业伦理学是一门职业伦理学，但它与人们常说的企业职业道德有所不同。"企业职业道德"一般是指以通俗、具体的职业守则、章程、职权条例、岗位责任制等表示的企业职业行为规范。而企业伦理学不仅仅局限于企业领域的职业道德规范，它用一系列概念定义、规范体系、活动体系等对企业道德的发生、发展及作用进行系统的理论研究和表述，使之成为论述企业道德问题的理论和学说。简言之，企业伦理学是研究企业道德本质及其发展规律的科学。

应该看到，企业伦理学是企业学和伦理学相结合的一门新兴的边缘科学，同时它还涉及哲学、美学、心理学、社会学等学科的知识，具有较大的综合性。企业伦理学把长期以来企业活动中的道德现象理论化、系统化。它既是企业员工衡量自身道德价值的尺度，又是调节企业员工职业道德行为的科学。

3. 企业道德是企业伦理学的研究对象

企业伦理学有其特殊的研究对象，这就是企业活动中的道德现象及其规律性，即企业道德。企业伦理学就是通过对企业活动中道德现象的全面研究，科学地揭示企业道德本质、作用及发展的客观规律。马克思主义伦理学原理告诉我们，企业活动的道德现象，是企业领域内道德关系的具体体现。

（二）企业伦理道德的特征

前文提到，企业道德是企业领域中企业活动引起的道德现象以及由此归纳出来的道德理论的总称。不难看出，企业道德与企业活动，或者说与企业行为紧密相连，企业道德的特征也必然与企业工作的特征息息相关。

企业道德是从社会与经济生活之内的企业活动中提炼出来的，企业工作的特征必然对企业道德的特征产生直接影响，还会体现道德与职业道德的特征。具体来说，企业道德的特征体现在以下几个方面。

1. 内容的一致性

一方面，在社会主义社会的我国，由于生产资料公有制，企业工作成为社会经济工作的重要组成部分，企业员工成为社会的主人。企业员工的个人利益、职业利益和社会利益是一致的。这导致企业道德和社会道德的一致性，因而导致企业道德与共产主义道德的一致性。另一方面，在社会主义社会，企业员工的职业活动不是为了个人利益，他们受国家或集体的委托从事企业工作，目的是满足社会和人民群众的需要，故个人利益能在社会和人民需要中实现。因此，企业工作的目的与企业道德对企业员工的行为要求也是一致的。

2. 法律的制约性

企业道德与企业法规有着诸多职能上的区别。前者要求企业员工"应该怎么做"，是一种道德意识的内心的喜悦。而后者要求企业员工"必须怎样做"，是一种对禁止性后果的确认，是一种外在的强制力量。应该看到，企业道德大量通过《企业员工手册》《企业基础工作规范》等形式和其他书面化的规章制度被固定下来，从而也含有"必须这样做"

的内在规定性。在企业工作中，如果不按"条例""规范"等"必须这样做"，虽然算不上违法，但却是违纪，并且在舆论上将受到同事们和社会的批评、谴责，而且往往会受到组织上的行政或经济处罚，这就属于对禁止性后果加以追究的范围，从而使企业道德亦具有法律的约束性，当然并不是惩罚。

3. 稳定的连续性

企业道德在内容上与企业工作的要求和企业工作实践是紧密结合的。在长期的企业工作中，会形成一种比较成熟的职业品质，并且在一个较长的时间内这些道德的性质和方向会保持不变。如任何社会的企业员工都希望自己正直廉洁，这一点很少成为其他职业者的标准。企业员工这种行为方向的稳定性决定了企业道德的连续性，这种连续性表现为世代相传的企业传统、企业习惯和企业风格，正是这种稳定的连续性使企业实现由低级向高级、由不完善向完善的发展和演进。

4. 广泛的渗透性

从纵向来看，企业道德随着企业行为贯穿人类社会的始终，渗透到人类社会的各个发展阶段。由于生产的社会化程度越来越高，对企业行为的管理、控制越来越重要，作为企业行为的精神控制手段的企业道德也就越来越有倡导和推行的必要。从横向来看，企业道德渗透到同一历史时期的各个国家和地区，不管这些国家和地区是社会主义性质，还是资本主义性质。企业道德还渗透到各个工商企业、行政单位、事业团体以及每一个独立核算单位，对这些单位的企业工作产生重大影响。企业道德还渗透到每个公民，特别是渗透到企业员工的头脑中，形成他们的企业道德意识，培养他们的企业道德习惯，从而达到规范他们的企业道德行为的目的。因而，我们说企业道德有广泛的渗透性。

5. 经济的实践性

与其他道德相比，企业道德全面、深入、系统地扎根于社会与经济生活最基层的价值运动中去，与社会经济实践活动总是密切联系在一起的，有经济活动的地方，就存在企业道德；企业道德起源、总结于经济实践，又作用于企业实践。企业道德对于经济实践来说，是保证社会再生产过程有效运行的最有价值、最"经济"的工具。企业道德不必消耗物质材料，不必开展大规模活动，不必花费大量成本，只需武装人们的思想，即可约束人们的心灵深处，使人们践行合理合法的有效行为。

从深层次来看，企业道德的终极目的，是不断促进社会生产力的发展，实现社会经济实践活动的最佳经济效益。因此，从这个意义上讲，企业道德是提高社会经济效益的社会道德。企业道德的长久生命力很大程度上就在于企业道德具有其他道德所不能具备的经济的实践性，这也是企业道德具有重大社会作用的根本原因。

（三）企业伦理道德的职能

在这里，研究企业道德的职能是指对企业道德的功能和效能做历史分析。企业道德的职能主要有如下几个方面。

1. 调节职能

对于企业道德来说，调节是其基本职能。企业道德的调节职能指的是企业道德具有纠正人们的企业行为和指导其社会经济实践活动的功能。企业道德的调节职能以使企业和人们的经济行为实现由"现有"到"应有"的转化为目标。

目前，我国还处在社会主义初级阶段，企业工作中仍然存在着各种复杂的关系和矛盾，突出表现在企业员工之间，企业员工与其他工作人员之间，企业员工与集体、国家之间的关系上；表现在企业管理部门和基层单位之间、企业工作的负责人和一般职员之间的关系上。尤其随着对外开放的深化，企业工作中的相互关系更加多样化、复杂化，许多新的矛盾产生。例如，中外合资企业中的不同利益代表的企业员工之间的关系，经济责任制的推行中的责任企业和财务企业之间的关系，乡镇企业、个体经营企业面临的问题和矛盾，现代企业工作的社会化、群众化和个人理财活动的关系和矛盾，宏观企业管理和微观企业管理的关系与矛盾，个人在企业改革中的独立思考与集思广益的关系与矛盾。以上众多的关系和矛盾，除了按党的政策，依照国家颁布的财经企业法规调节外，还必须运用共产主义道德，尤其是运用企业道德进行调节，从而理顺企业工作中人与人之间的关系，建立正常的工作秩序。

2. 导向职能

如上所述，企业领域中客观存在很多关系和矛盾。为了正确处理企业领域内外的各种关系，合理解决各种矛盾，必须明确正确的方向，接受正确的指导。简言之，就是要有一个"好向导"。在社会经济生活中，企业道德就扮演着指导人们企业行为方向的"向导"角色。社会主义企业道德可以指导社会公民和企业员工自愿地选择有利于消除各种矛盾、调整相互关系的企业道德的行为，避免相互之间矛盾的产生与扩大，解决与缓和产生的矛盾，改善企业领域内人与人之间，以及个人与国家之间的关系，促使企业员工保持协调一致，保质保量及时完成企业工作。同时，企业道德通过社会舆论和企业员工的职业道德表现，影响和引导企业向科学的方向发展。企业领域中大量生动事实表明进步高尚的企业道德能够促进和影响企业沿着有利于社会、有利于绝大多数人民群众利益的方向发展。

3. 教育职能

企业道德的教育职能是指企业道德具有通过制造社会舆论，形成企业道德风尚，树立企业道德榜样等方式来深刻影响人们的企业道德观念和企业道德行为，培养人们的企业道德习惯和企业道德品质。其重大意义在于，企业道德教育职能可以启迪人们的企业道德觉悟，培养人们践行企业道德行为的自觉性和主动性。

企业道德教育职能与调节职能、导向职能联系在一起，相互渗透。企业道德要在社会生活中调节、指导人们的企业行为，就必须重视企业道德教育职能，使企业道德在社会成员个人的意识中稳定下来，并转化为人们的自觉意识和行为准则。因此，可以说企业道德教育职能是导向职能、调节职能的前提和基础，另一方面，企业道德教育职能的发挥，是通过对人们的行为进行企业道德调节和企业道德导向来实现、检验的。只有通过对人们企业行为的调节、导向和教育，引导人们履行企业道德原则和企业道德规范，才能培养人们的企业道德习惯，锤炼人们的企业道德品质。

4. 认识职能

所谓企业道德认识职能，指的是其能够通过企业道德判断、企业道德标准和企业道德理论等形式，反映企业员工和他人、社会的关系，向人们指明企业员工在与现实世界的价值关系中的取向，提供进行企业道德选择的知识。企业道德认识所获得的这些知识，通常会转化为人们的内心信念，成为人们在感情上对某种企业道德关系和企业道德行为的必然性的确认。

企业道德的可靠性在于：与其他道德一样，企业道德能够通过"评价——命令"方式推动人们的企业行为从"现有行为"向着"应有行为"转化，把握经济实践活动的客观必然性和历史发展的脉搏。企业道德认识职能的直接意义，是其能够帮助人们提高对企业、企业工作、企业地位、企业员工等一系列重大企业问题的认识水平，为践行企业道德行为做认识准备。

5. 促进职能

企业道德促进职能具有两方面含义。一方面，企业道德对于企业行为的实施者——社会公民，以及企业行为的记录分析者——企业员工有这样一种能力，即企业道德能促使人们从善而行之，促使他们人格不断升华、精神不断完善，而且企业道德评价、盛赞以及内心世界的肯定又能加速这一升华的进程，不断塑造一代又一代忠诚的永远尽职的企业卫士。另一方面，企业道德对提高社会道德水准有着强大的能量，产生积极的影响。这主要表现在以下三方面。

第一，企业道德通过企业员工参加各种社会活动直接影响社会道德。这是因为，企业员工确立了社会主义企业道德观念，并将其转化为自己的内心信念、义务感和职业荣誉感，形成了共产主义精神境界和思想觉悟，这样其在职业生活和社会生活中就能正确处理个人与个人、个人与社会的关系，自觉约束自己的行为，避免和减少与他人、社会的矛盾冲突；而且还能通过道德活动，对社会公共生活中的道德行为加以褒奖、肯定，对非道德行为予以揭露、贬斥，从而形成强大的社会舆论，影响社会公共生活，推动社会道德水准不断提高。

第二，企业道德通过企业员工与服务对象的接触和联系间接地影响社会道德。企业员工在理财过程中讲究企业道德，就能以高尚的有利于他人与社会的态度和行为去待人接物、办事处世，以优质服务和严格管理取信于民，在广大人民群众中展现自己的好作风、好风格、好品德。这样一来，直接与企业员工发生工作联系的服务对象就可以从中受到教育和启迪，还会自然而然地将他们的高尚企业道德传播到社会中去，促使社会道德水准的提高。

第三，企业道德可以通过企业员工的家庭生活影响社会道德。企业员工形成高尚的职业道德之后，也会将其优秀品质带入家庭生活，影响家庭生活中的道德，使家中形成尊老爱幼的良好家风。同时，良好家风也会影响邻里和社会一般人际交往关系，影响公共场所的道德风气，促使人们礼貌待人、和睦相处、遵纪守法、助人为乐，有利于促进社会风气的根本好转。

二、企业文化的构成、特征与功能

（一）企业文化的内涵与结构

1. 企业文化的内涵

企业文化（corporate culture）又称公司文化。1980 年秋，美国《商业周刊》首先提出了"corporate culture"的概念。作为一种管理理论，"企业文化"在 20 世纪 80 年代以后传入我国，逐渐成为经济管理学的热门话题。关于企业文化的定义，仁者见仁、智者见智。综合看来，西方学者大都认为企业文化是指一个企业在长期的生产经营中形成的特定的文化观念、价值体系、道德规范、传统、风俗、习惯和与此相联系的生产观念。企业正是依赖这些文化来组织内部的各种力量，将其统一于共同的指导思想和经营哲学之下。

一般认为，企业文化是企业在建立和发展的过程中逐步形成并且日趋稳定下来的文化积淀。它包括企业价值观、企业精神以及以此为主导的企业行为规范、道德准则、社会信念和企业风俗，及在此基础上生成的企业经营意识、经营指导思想、经营战略等。企业文化的功能赖以发挥的关键，在于企业生产经营中生成的社会群体文化氛围和心理环境。[①]

西方学者强调企业文化是一个包含信念、价值观、理想、最高目标、行为准则、传统、风俗等内容的复合体。它是一种精神力量，在这种力量的感召下，人们能做出不同凡响的贡献。

我国学者对企业文化有广义和狭义定义之分。在这里，我们认为，企业文化是企业在一定社会历史环境的发展演变过程中，逐步生成和发育起来的，由企业内部全体成员共同认可和遵守的日趋稳定而独特的企业价值观、企业精神，以及以此为核心而生成的企业经营哲学、管理方式、生产目标、行为规范、道德准则、生活信念、企业风俗、习惯、传统等。为了准确地把握企业文化概念的内涵，必须注意以下几个方面。

（1）企业文化是一种历史现象。

（2）企业文化是企业全体职工创造的。

（3）企业文化通常是指狭义的企业文化。

（4）企业文化是一个意识观念和行为规范的系统。

2. 企业文化的结构

探讨企业文化的结构是把企业文化作为一种独特的文化现象来探讨，可以从物质层、行为层、制度层和精神层等层面上对企业文化进行深入的剖析。

（1）企业文化的物质层，即企业物质文化，是由企业职工创造的产品和各种物质设施等构成的器物文化，是一种以物质形态为主要研究对象的表层企业文化，诸如企业产品、企业环境和容貌、技术、设备现代化与文明程度。其具体包括企业生产经营的成果、生产环境、企业建筑、企业广告、产品、包装、设计等。

---

① 陈佳贵主编. 企业管理学大辞典. 北京：经济科学出版社，2000：38.

（2）企业文化的行为层，即企业行为文化，是指企业经营、教育宣传、人际关系活动、文娱体育活动中产生的文化现象。它是企业经营作风、精神面貌、人际关系的动态体现，是企业精神、企业价值观的折射。从人员结构上看，企业行为又包括企业家的行为、企业模范人物的行为和企业员工群体行为。

（3）企业文化的制度层，即企业制度文化，是人的意识与观念形态的反映，又是由一定物的形式所构成，是塑造精神文化的主要机制和载体。

企业的制度文化是企业行为文化得以贯彻的保证。同企业职工生产、学习、娱乐、生活等方面直接发生联系的行为文化建设得如何，企业经营作风是否有活力，与制度文化建设有很大关系。主要包括企业领导体制、企业组织机构和企业管理制度三个方面。企业领导体制的产生、发展、变化，是企业生产发展的必然结果，也是文化进步的产物。企业组织机构，是企业文化的载体，包括正式组织机构和非正式组织机构。企业管理制度是企业在进行生产经营管理时所制定的、起规范保证作用的各项规定或条例。

（4）企业文化的精神层，即企业精神文化，相对于企业物质文化和行为文化来说，是一种更深层次的文化现象，在整个企业文化系统中处于核心地位。它是在企业生产经营过程中，长期受一定的社会文化背景、意识形态影响而形成的一种精神成果和文化观念，包括企业精神、企业经营哲学、企业道德、企业价值观念、企业风貌等内容，是企业意识形态的总和。企业精神是企业物质文化、行为文化的升华，是企业的上层建筑。

企业文化这个大系统，就是由以上四个子系统组成的。这四个子系统形成了企业文化由表层至深层的有序结构。物质文化，最为具体实在，属于表层；行为文化是一种活动，处在浅层；制度文化是观念形态的表现形式，是人与物的结合部分，位属中层；精神文化是观念形态和文化心理，层次最深。

这四个子系统之间是相互影响、相互制约和相互渗透的。物质文化是企业文化的基础，行为文化、制度文化和精神文化均是在此基础上产生的；行为文化是企业文化的外壳，是物质文化、制度文化和精神文化动态的反映；制度文化是企业文化的关键，把物质文化、行为文化和精神文化统一为整体；精神文化是主导、是中心，决定其他文化的性质和发展方向。企业文化的结构是一个由表及里的四个层次的同心圆。

扩展阅读 1.3："药都"亳州"网售造假风波"背后：中药材全链条质量监管为何落地难？

（二）企业文化的迅速发展

众所周知，企业文化理论产生于 20 世纪七八十年代的西方企业界。当时西方许多企业的内外部环境发生了显著的变化：科学不断进步、技术迅猛发展，市场呈现全球化倾向，竞争日趋激烈，企业员工的文化素质、生活水平、参与管理的意识和能力不断提高，并且有不断要求进一步改善工作条件的趋势。在这种形势下，传统的过分偏重理性、刚性的管理模式的缺陷日益明显，客观上要求有新的理论来弥补这一不足。所以，美国著名管理学家彼得·德鲁克说："企业管理不仅是一门科学，还应是一种文化，即一种有自然价值观、信念、工具和语言的文化。"

20 世纪 70 年代，日本经济发展异常迅速，美国企业界日益受到来自日本的挑战。

美国人在日本经济的强大冲击之下开始着手研究企业文化，在 70 年代末、80 年代初，掀起了一场日美管理比较研究热潮，这个热潮催生了企业文化理论。20 世纪 70 年代末期和 80 年代初期，美国两度派出大批专家赴日本考察，其中有经济学家、管理学家、文化学家、心理学家，考察的目的就是探讨日本经济奇迹般发展的原因。

考察结果显示，在硬件方面，例如科学技术的发展状况、机器设备的先进程度、企业的发展战略、企业的组织结构设计、企业的管理制度规范等，美国绝不亚于日本，甚至远远高于日本；而在软件方面，例如有意识地培育企业价值观、文化传统、风俗习惯、道德文化情感等，日本拥有美国所不具备的优势。因此，日本经济以及日本企业后来者居上并直逼美国的原因，不在于它的硬件，而在于它的软件，即它的企业文化。

作为一种现代企业管理中的新观念形态，企业文化强调以"人"为本，在注重企业管理技术和方法的基础上，尤其注重人在现代企业中的积极因素。它不仅从"物"的联系上说明企业管理，而且从企业内部、外部的一切精神、文化、政治、观念形态等因素的相互影响和制约中来证明管理的优越性和推动力。可以看出，企业文化对整个企业的生存与发展具有重要的指导意义，是企业的无形资产。

在对日本企业管理的研究中，特别是在对比日本和美国的企业管理的研究中，出现了一系列优秀的研究成果，随之出版了大量的书籍，发表了大量的论文。这些研究成果既是对日本经济腾飞原因的探讨，本身也是重要的企业文化研究成果。正是这些探讨和研究，推动了企业文化这一新兴学科的诞生。四部著作的出版问世，可以理解为企业文化作为一门新兴学科正式诞生的标志。它们分别是：

（1）美国哈佛大学工商管理研究院的理查德·帕斯卡尔和斯坦福大学商学研究院的安东尼·阿索斯于 1981 年共同撰写的《日本企业管理艺术》；

（2）美籍日本人、美国加利福尼亚大学管理学教授威廉·大内于 1981 年编写的《Z 理论——美国企业界怎样迎接日本的挑战》；

（3）美国哈佛大学工商管理学院管理学教授特伦斯·E.迪尔和麦肯锡咨询公司的管理专家阿伦·A.肯尼迪于 1982 年共同编撰的《企业文化——现代企业的精神支柱》；

（4）麦肯锡咨询公司的资深专家托马斯·J.彼得斯和小罗伯特·H.沃特曼于 1982 年共同编撰的《寻求优势——美国最成功公司的经验》（或译为《成功之路——美国最佳管理企业的经验》）。

20 世纪 80 年代初，美国哈佛大学教育研究院的教授泰伦斯·迪尔和麦肯锡咨询公司顾问艾伦·肯尼迪在长期的企业管理研究中积累了丰富的资料。他们在 6 个月的时间里，集中对 80 家企业进行了详尽的调查，写成了《企业文化——企业生存的习俗和礼仪》一书。该书在 1981 年 7 月出版后，就成为最畅销的管理学著作。后又被评为 20 世纪 80 年代最有影响的 10 本管理学专著之一，成为论述企业文化的经典之作。它用丰富的例证指出：杰出而成功的企业都有强有力的企业文化，即为全体员工共同遵守，但往往是自然约定俗成的而非书面的行为规范；并有各种各样用来宣传、强化这些价值观念的仪式和习俗。正是企业文化——这一非技术、非经济的因素，导致了大到决策的产生、企业中的人事任免，小至员工们的行为举止、衣着爱好、生活习惯。在两个其他条件都相差无几的企业中，文化的强弱，导致企业发展状况完全不同。企业文化的形成及发展离不开企业环境、企业内部关系的影响，也离不开企业所隶属的行业和所生产的产品的影响。

（三）企业文化的模式特征

从文化学意义上讲，企业文化属于"亚文化"或"次文化"，是整个社会文化的重要组成部分，具有社会文化和民族文化的共同属性，也具有自己的不同特点，即它同一般意义上的社会主文化相联系，同时也互相区别。由于各个企业的历史传统和社会环境不同、行业特点不同、技术设备和生产经营状况不同、人员组成结构和员工素质不同，以及所处的社会文化背景不同，因此各个企业所形成的企业文化模式也不尽相同。企业文化的特征大致可归纳为如下四个方面。

1. 民族性

企业文化作为文化系统中的亚文化，不可避免地受到作为主文化的民族文化和社会文化的影响和制约。民族的传统文化是孕育企业文化的土壤，企业文化的形成离不开民族文化，民族文化传统直接影响着企业员工的言论、思想和行动，并随时代的变化而发扬光大、长久流传。民族的心理习俗和价值取向影响着企业人员的好恶取舍，引起人们的感情共鸣，强化企业的内聚力和发展的动力。民族文化是企业文化的根基，在世界文化体系中，每个民族都有自己独特的进化途径和文化个性，在不同的经济环境和社会环境中形成特定的民族心理、风俗习惯、宗教信仰、道德风尚、伦理意识、价值观念等，它们反映在企业文化上的总和就是企业文化的民族特性。企业只有在全民族共同认可的风俗习惯范围内选择培养企业文化，才能够最大限度地调动企业人员的积极性、创造性以及工作热情。

2. 继承性

企业文化存在于社会物质文化生活环境之中，属于亚文化层次，必然体现时代的要求，它是在特定的文化背景下形成的，必然会接受和继承这个国家和民族的文化传统和价值体系，并反映时代的风貌，与时代的发展保持同步。同时，企业文化在发展过程中，也必须注意吸收其他组织的优秀文化，融合世界上最新的文明成果，不断地充实和发展自我。它的继承性不仅表现在对传统价值观念、行为规范等精神文化范畴中优秀文化传统的继承和发展，而且表现在随企业的成长和发展，作为企业意识形态的企业文化，会被后继员工接受，并一代一代地传下去。也正是这种融合继承性使企业文化能够更加适应时代的要求，并且形成历史性与时代性相统一的组织文化。

3. 人本性

企业文化的宗旨就是为社会服务，为企业员工创造和谐的生活、工作和发展的环境。因此，企业文化自始至终都体现出以人为中心的特征。人本性也是企业文化区别于西方传统企业管理理论的重要标志之一。在西方的科学管理领域，自泰勒创立了科学管理理论起，就一直主张以监督管制人的制度取胜，把人与机器同等对待。企业的目标也是重视物质指标而不重视人。

自 20 世纪七八十年代流行起来的企业文化理论，强调企业从内到外的一切活动都以人为本、以人为中心。企业不应是简单地制造产品、追求利润的机器，员工也不应是这架机器的附属。相反，企业应该成为企业成员发挥聪明才智，建功立业，实现事业追求、和睦相处和舒畅生活的大家庭。从当代企业文化的发展潮流看，企业的人文性、服务性将变为企业文化发展的首要内容。

4. 系统性

企业文化是一个包括多方面、多层次、多结构的系统，由此结成相互联系、相互依赖、相互作用的有机整体，任何一个部分、方面的变动，都会影响其他方面的发展。它整合了企业精神、价值观念、经营准则、道德规范和企业目标等因素形成一个有机整体，以文化的手段调整企业员工的思想和行为，激发企业产生强大的凝聚力与向心力，对企业经济活动产生整合的功能效果。一方面，企业文化具有结构性。就横向内容来说，其构成包括思想信念、价值标准、道德规范、行为准则等；从纵向看，其构成包括企业的不同管理层次、文化观念中不同的重点内容等。另一方面，企业文化具有整体性。从本质上讲，企业文化实际体现了社会与企业整体利益。它强调企业发展，目的是推动社会发展；它调动企业员工的积极性，目的是促进社会成员的凝聚力和奉献精神。因而，企业文化从根本上保证了社会的整体利益和全局利益，强调个体利益服从企业利益，企业利益服从社会利益，从而使三者达到统一。

（四）企业文化的社会功能

企业文化作为一种新的管理方式，不仅强化了传统管理方式的一些功能，而且还具有很多传统管理方式不能完全替代的功能。认识、把握、实现企业文化的特定功能，正是研究企业文化的根本目的。实践已证明，企业文化对企业经营的成败关系极大，优秀的企业之所以优秀，是因为它们具有独特的文化性质，企业文化的功能得到了充分的发挥。

具体来看，企业文化的功能主要有以下几方面。

1. 导向功能

企业文化反映了企业整体的追求、价值观和利益。这种强有力的文化，能够对企业整体和企业每个成员的价值取向和行为取向起到导向的作用。一个企业的企业文化一旦形成，它就建立起了自身系统的价值和规范标准，对企业成员个体思想和企业整体的价值和行为取向发挥导向作用。

企业文化的导向功能，主要是通过企业文化的塑造来引导企业成员的行为心理，使人们在潜移默化中接受共同的价值观念，自觉自愿地把企业目标作为自己的追求目标来实现的。企业文化的导向功能具体体现在：

（1）规定企业行为的价值取向。

（2）明确企业的行动目标。

（3）建立企业的规章制度。

正如迪尔和肯尼迪在《企业文化》一书中反复强调的："我们认为人员是企业最伟大的资源，管理的方法不是直接用计算机报表，而是由文化暗示，强有力的文化是引导行为的有力工具，它帮助员工做到最好。"

2. 凝聚功能

由于企业文化体现着强烈的"群体意识"，可以改变原来那种从个人角度建立价值观念的一盘散沙状态，体现了世界上流行的管理方式的要求。世界上一度流行的三种管理方式——合拢管理、走动式管理和抽屉式管理中，合拢管理是最重要的。企业文化像一根纽带，把员工个人的追求和企业的追求紧紧联系在一起，它像磁石一般，将分散的员工个体力量聚合成团队的整体力量。这是实现合拢管理最重要的途径。企业文化相比企业外在的硬性管理方法，本能地具有一种内在凝聚力和感召力，能使每个员工产生浓厚的归属感、荣誉感和目标服从感。企业文化的这种凝聚功能尤其在企业的危难之际和创业之时更显示出巨大的力量。

3. 激励功能

企业文化对员工有一种"无形的精神驱动力"。积极的企业文化强调尊重每一个人，相信每一个人，凡事都以员工的共同价值观念为尺度，员工在企业中受到重视，参与愿望能够得到充分满足。因此，企业文化能够最大限度地激发员工的积极性和首创精神，使他们以主人翁的姿态，关心企业的发展，贡献自己的聪明才智。实际上，在企业文化的激励下，员工积极工作，将自己的劳动融入集体事业中去，共同创造、分享企业的荣誉和成果，本身又会得到自我实现及其他高层次精神需要的满足，从中受到激励。企业文化使企业员工懂得了他所在企业存在的社会意义，看到了他作为企业一员的意义和自己生活的意义，这样他就会产生一种崇高的使命感，以高昂的士气，自觉地为社会、为企业、为实现自己的人生价值而勤奋地工作。

4. 教化功能

人的素质是企业素质的核心，人的素质能否提高，很大程度取决于他所处的环境和条件。优秀的企业文化体现卓越、成效和创新意识。具有优秀文化的集体是一所"学校"，为人们积极进取创造良好的学习、实践环境和条件，具有提高人员素质的教化功能。它可以使人树立崇高理想，培养人的高尚道德，锻炼人的意志，净化人的心灵，使人学到为人处世的艺术，学到进行生产经营及管理的知识、经验，提高人的能力，有助于人的全面发展。

5. 约束功能

企业文化对员工行为具有无形的约束力。企业文化具有特殊的强制渗透功能，能把企业精神融汇于诸如厂规、厂法等规章制度之中，使人和企业行为规范化。它虽然不是明文规定的硬性要求，但它以潜移默化的方式，形成一种群体道德规范和行为准则（即非正式规则体系）以后，某种违背企业文化的言行一经出现，就会受到群体舆论和感情压力的无形约束，使员工产生自控意识，达到内在的自我约束。企业文化把以尊重个人感情为基础的无形的外部控制和以群体目标为己任的内在自我控制有机融合在一起，实现了外部约束和自我约束的统一。企业文化的约束功能是通过制度文化和道德规范发生作用的。

6. 协调功能

企业文化的形成使企业员工有了共同的价值观念，对众多问题的认识趋于一致，增加了相互间的共同语言和信任，使大家在较好的文化氛围中相互交流和沟通，减少各种摩擦和矛盾，使企业上下左右的关系较为密切、和谐，各种活动更加协调，个人工作时心情也比较舒畅。企业文化充当着企业"协调者"的角色。

7. 优化功能

优秀的企业文化一旦形成，就会产生一种无形力量，对企业经营管理的方方面面起到优化作用。如当企业目标、决策偏离企业价值观轨道时，它可以自动加以纠正；当企业组织机构不合理或运转失灵时，它可以自动进行调节；当领导者的行为和员工的行为有悖于企业道德规范时，它可以自动加以监督和矫正。实际上，企业文化的优化功能，不仅体现在"过程"之后，即对错误结果进行修正，而且也体现在"过程"之前和"过程"之中，对组织活动和个人行为起到必要的预防、警示和监督作用。

8. 辐射功能

企业文化与社会文化紧密相连，其在受社会大文化影响的同时，也潜移默化地影响着社会文化，并对社会产生一种感应功能，影响社会、服务社会，成为社会改良的一个重要途径。

企业文化不仅在本企业发挥作用，而且会在社会辐射和扩散。企业文化比较集中地体现了企业的基本宗旨、经营哲学和行为准则。优秀的企业文化通过企业与外界的每一次接触，包括业务洽谈、经济往来、新闻发布、参加各种社会活动和公关活动，甚至通过企业制造的每一件产品、企业员工在社会上的言行，向社会大众展示着本企业成功的管理风格、良好的经营状态和积极的精神风貌，从而为企业塑造良好的整体形象，树立信誉、扩大影响。企业文化是企业一笔巨大的无形资产，为企业带来生产力的发展和美誉度的提高。

第四节　企业伦理与文化的内容要素

企业伦理，又称企业道德，是商品经济高度发达的产物，是企业在频繁的商业活动中出现的一个社会问题。广义的企业道德包含了相当多的内容，但对企业伦理的含义和范围的理解，实际和理论存在着一定的差异。零点调查集团曾经对北京、上海、广州300家企业负责人进行了企业伦理指向的随机抽样调查。

由表1-1、表1-2可以看到，有39.3%的人把企业伦理与职业道德完全等同起来认识，认为职业道德是企业伦理主要构成部分的更达72.6%。这表明，虽然人们对企业伦理的认识还不一致，但绝大多数人还是认可职业道德在企业伦理中所起的重要作用的。

表1-1　企业伦理包含的意义（多项回答）

	样本	百分比/%
行业规范	100	33.3
职业道德	218	72.6

	样本	百分比/%
企业文化	72	24.0
经营哲学	81	27.0
其他	9	3.0
样本总计	300	100.0

表 1-2　企业伦理几方面含义的理解

含义	样本	百分比/%
行业规范	35	11.7
职业道德	118	39.2
行业道德 + 职业道德	30	10.0
企业文化	14	4.7
行业规范 + 企业文化	2	0.7
职业道德 + 企业文化	15	5.0
行业规范 + 职业道德 + 企业文化	5	1.7
经营哲学	24	8.0
行业规范 + 经营哲学	3	1.0
职业道德 + 经营哲学	11	3.7
企业文化 + 经营哲学	7	2.3
行业规范 + 职业道德 + 经营哲学	3	1.0
行业规范 + 企业文化 + 经营哲学	1	0.3
职业道德 + 企业文化 + 经营哲学	3	1.0
行业规范 + 职业道德 + 企业文化 + 经营哲学	29	9.7
总计	300	100.0

资料来源：苏勇等. 管理伦理学教学案例精选. 上海：复旦大学出版社，2001：4

一、企业伦理的研究内容

企业伦理研究企业道德这一特定的社会现象，不仅要研究善恶规范及其作用、形式，还要研究企业道德规范的建设、企业道德评价和企业道德品质的塑造等。美国堪萨斯大学教授理查德·T. 蒂·乔治（Richard T. DeGeorge）把企业伦理研究内容划分成三个层次：

（1）对经济制度进行道德评价；

（2）对商业行为进行道德评价；

（3）对个人行为进行道德评价。

乔治的这种内容规定与广义的企业道德是一致的。我们认为，企业伦理研究内容的确定应充分考虑企业道德的基本内容，也就是说，企业伦理的研究内容应包含企业道德的所有内容。企业伦理研究内容的展开方式主要有以下几种。

1. 按利益关系展开

按照企业形成的主要利益关系，相应地有企业与顾客关系中的伦理问题、企业与供应者关系中的伦理问题、企业与竞争者关系中的伦理问题、企业与政府关系中的伦理问题、企业与社区关系中的伦理问题、企业与环境关系中的伦理问题、企业与投资者关系中的伦理问题、企业与管理者关系中的伦理问题、企业与员工关系中的伦理问题、员工与员工关系中的伦理问题等。

2. 按企业职能展开

企业职能，是企业所要履行的职责，主要包括采购、研究开发、生产、营销、财务管理、人事管理、后勤管理等。所有这些活动中都存在着伦理问题，与此相应，就会有采购中的伦理问题、研究管理开发中的伦理问题、生产中的伦理问题、营销中的伦理问题、财务管理中的伦理问题、人事管理中的伦理问题、后勤管理中的伦理问题等。

3. 按典型的伦理问题展开

扩展阅读 1.4：证监会重拳出击 严惩*ST红相财务造假

企业在经营过程中，存在着一些典型的伦理问题，如产品安全性、广告真实性、不正当竞争、性别歧视、环境污染、回扣、对企业忠诚、检举不道德经营行为、做假账等。企业伦理可以围绕这些问题进行讨论。

4. 按基本伦理范畴展开

诚信、公正、平等、自由等是几个重要的伦理范畴，结合经营管理实践对它们进行讨论也是有意义的。

二、企业文化的内容要素

从微观生成的角度看，企业文化内容有五个要素，具体如下。

1. 中心要素（科学要素）

企业文化的中心要素或称种子要素是指价值观念、精神境界、理想追求。说它们是"中心要素"，是因为其他要素都是为它们的成长服务的，或是以它们为灵魂的，或是它们的外观表现；说它们是"种子要素"，是因为它们决定着企业文化的内容和方向。整个企业文化的生成，就是某种价值观念、精神境界、理想追求的发育成熟，就是它们的展开与实现。

2. 品质化要素

企业文化的品质化要素，是指普遍存在于企业职工身上的各种素质、素养，如文明素养、道德素养、劳动素养等。其也包括企业职工已普遍牢固树立的各种意识，例如服务意识、质量意识、顾客意识、集体意识、竞争意识、自主意识、参与意识、协作意识、创新意识等。品质化要素集中体现在一个企业的英雄模范人物身上。

3. 物质化要素

企业文化的物质化要素，是指企业向外提供的物质产品、技术服务、环境保护、社会赞助和企业内部的厂房设施、环境布置等。企业文化中的物质化要素，一方面是精神目的和理想追求的部分实现；另一方面是社会需求的部分满足。这两者都提供了判断企业文化优劣的依据：卓越的企业文化，其满足社会需要的程度最优，其实现理想追求的程度最彻底。

4. 催化要素

企业文化中的催化要素是一个企业的教育培训、科学技术、文化艺术和规章制度，有时候也可以相应地称之为教育文化、科学文化、艺术文化和制度文化。任何一个种子要素，无论是价值观念，还是精神境界或理想追求，都必须展示出来，充分地"化"开，变成全体职工认同的群体意识，才能作为企业文化的种子要素真正发挥作用。种子要素要"化"为群体意识，必须依靠教育培训、科学技术、文学艺术和规章制度的作用。

5. 习俗化要素

企业文化中的习俗化要素是指企业的风俗、习惯、传统、仪式、非正式信息渠道等。习俗化要素既可以是物质性活动的习俗，也可以是思维活动的习俗。企业活动一旦习俗化，执行起来极为方便自然，既不需要从外部施加压力，也不需要从内部准备动力。因此，企业文化生长发育的最终目标，就是科学要素转化为习俗化要素。当文明竞争、尊重与理解人、质量第一、顾客至上等成为企业全体职工的习惯，成为自然而然的风气时，企业文化就真正建成了。当然，企业文化习俗化要素的生成，绝非一朝一夕之功，它需要品质化要素跨越代际地凝结，物质化要素成年累月地积累，催化要素反复不断地催化。其过程是艰辛的，其影响也是久远的。

企业文化内容包含以上五个要素，表现为精神文化、制度文化、物质文化和行为文化的集成，它们浑然一体、不可分割，成为企业竞争力的重要源泉。《企业文化》一书的作者迪尔和肯尼迪在该书第一章的最后写道："我们希望能向读者灌输企业生活中的一条新定律：文化中存在力量。"

"问渠那得清如许，为有源头活水来。"企业文化就是要使企业产生文化力，并借助这种文化力作用于人产生的效应，不断发挥文化力特有的凝聚、导向、激励、约束和辐射功能，促进企业文化的倡导、塑造、管理和变革，强化组织自身特色企业文化的建设，建立有效的管理机制，产生强大的推动作用，最终使企业抓住发展的契机，充分发挥能力和优势，源源不断地创造经济效益与社会效益，提升企业形象并在激烈的市场竞争中长久立于不败之地。

三、本书的分析背景与应用需求

为了建设与发展中国社会主义市场经济，我们要坚持不懈地加强社会主义法治建设，以法治国，加快科技强国、教育兴国步伐；同时也要坚持不懈地加强社会主义道德建设，以德治国，必须把道德建设提升到与法治建设同等重要的高度，这对推进新世纪改革开放和现代化建设，实现中华民族伟大复兴，具有深远的历史意义和积极的现实意义。

在这里，以德治国思想是本书的研究基础，在本书的研究过程中着力实现：

（1）以法治国与以德治国并举，以法治企与以德治企并重；

（2）加强企业伦理建设，完善企业管理结构，提升企业经营业绩。

本书的研究具有重要的学术价值和迫切的应用需求。一方面，我们认为，企业伦理与文化是企业管理的道德基础。因为，企业伦理所要探讨的企业公平、公开、公正、透明度、伦理责任与环境等是构成企业管理的道德基础。另一方面，企业伦理与文化也是企业管理研究的纵深发展和最终归宿。当代企业管理研究更多着眼于横向技术层面的问题，今后企业管理研究亦应关注纵深思想文化与道德意识层面的问题。

第五节 企业文化建设的主体、思想与程序

一、企业文化建设的主体

（一）企业员工是践行企业文化的主体队伍

人民群众是创造历史的真正动力，是推动社会进步的基本力量。在企业文化建设中，企业员工是推动企业生产力发展的最活跃的因素，也是企业文化建设的基本力量，更是践行企业文化的主体队伍。企业文化源于员工在生产经营实践中产生的群体意识。企业文化建设的过程，本质上就是企业员工在生产经营活动中不断创造、不断实践的过程。

1. 企业员工是企业文化重要的创造者

企业员工身处生产经营第一线，在用自己勤劳的双手创造物质文明的同时，也创造着精神文明。所以，企业文化既体现着企业家的智慧，也体现着员工的智慧。在企业中，个别员工也许不是最有智慧的，他们的智慧不一定比得上高层管理者和企业家，但他们构成一个群体后，集体的智慧是最强大的。比如，企业员工在新技术、新产品开发中，接触到大量信息，迸发出很多先进思想的火花，这样，其技术与产品的开发过程也往往就变成了文化的变革过程。创新思想的文化观念可能由此而生。再如，员工从事营销，要与供应商、经销商、竞争者及顾客打交道，就要树立强烈的市场意识、竞争意识和风险意识，树立正确的服务理念，并认清企业与供应商、经销商、竞争者之间的相互依存关系，认清竞争与合作、经济效益与社会效益、企业眼前利益与长期利益的统一关系。

2. 企业员工是企业文化的主要实践者

企业文化以观念、意识的形式存在，需要全体员工实践才能发挥作用。企业文化如果只停留在精神层面，不能通过行为表现出来也就没有任何价值。在企业文化由精神向行为以及物质转化过程中，企业员工是主要的实践者。全体员工只有在工作和生活中积极实践企业所倡导的优势文化，有一种正确的行为规范、一种优良的工作作风和传统习惯、一种积极向上的精神风貌，才能生产出好的产品，推出优质的服务，创造出最佳的经济效益。所以可以这样说，企业文化建设过程就是在企业家的引导下企业员工相互认同、自觉实践的过程。企业员工实践的好坏，直接体现出企业文化建设的成果。当然，企业文化建设是需要通过一定的提炼、灌输、宣传、推广等活动来进行的，这些活动都是企业员工的实践。

3. 企业文化建设的中心任务：提高员工素质

在市场竞争日益激烈、科学技术迅速发展的今天，企业员工队伍的素质越来越明显地成为企业能否生存和发展、能否成功地进行企业文化创新与变革的决定因素，成为企业竞争力强弱的主要标志。美国经济学家莱斯特·瑟罗指出，企业"提高竞争能力的关键，在于提高基层员工的能力，也就是造就名牌员工"。微软创始人比尔·盖茨也说："职员是微软公司的宝贵资产，只有具有智慧灵活的头脑的人，才能不落后于人，永处高峰。"微软成为世界软件业的先锋，得益于它拥有高智慧和头脑灵活的名牌员工。名牌员工是需要具备事业心、忠诚心和责任感的，是具有高超的技术、熟练的操作技能的，是守纪律和讲协作的，并且是具有创造性的。员工只有具备这些素质和能力，才能适应现代企业生产经营活动的需要，才能真正成为企业文化发展和创新的主体。因此，企业文化建设必须围绕提高员工的素质来进行。

4. 世界各国企业都非常重视提高员工素质

要培养一支高素质的企业员工队伍，就要抓好员工的培训。

德国有着完备的职业培训制度。他们采取"双轨制"的培训办法，具有法律保证，培训多层次、网络化，同时经费也有保障，除了政府投资外，主要的经费来源是企业投资。在德国培养一名合格工人需要 6 万～7 万马克，企业一般要拿出销售额的 1%～2%，或投资额的 5%～10%用于人员培训。正是科学的培训机制和巨额的投入，造就了德国素质高、技能全面的优秀企业员工队伍，为德国战后经济起飞和高质量的产品迅速占领世界市场创造了有利条件。奔驰公司发展飞速，产品卓越，与他们重视员工培养密不可分。奔驰公司认为，高品质与人员的高素质成正比，公司为培养员工不遗余力。他们在国内设有 502 个培训中心，在这些培训中心里，受基本职业训练的年轻人经常保持在 6000 人左右，平均每年有 2 万～3 万人接受培训。同时，公司还鼓励管理人员和技术人员到高等院校去学习、深造，对他们公司不仅工资照发，还支付其学费，报销其路费，甚至在住宿方面给予补贴。

日本具有健全的能力开发系统，其员工教育以企业为主体，企业内教育十分发达。20 世纪 80 年代以来，日本进入"没有样板的独立发展时代"，新就业的员工学历普遍提高，价值观也呈现多样化，日本的企业内教育也由单纯的学校教育的延伸或补充，偏重知识传授和技能训练，向全面塑造"现代企业人"的方向转变。为适应这种变化，日本新型的教育体系包括三个部分。一是系统教育，包括就业前教育、新职员教育、新职员集体住宿研修、普通职员研修、骨干职员研修，以及指导层的新任职、普通职和高级职的研修等。二是现场教育，即可通过以老带新的指导员制度、自我申报制度（一种旨在让工作适应人，充分开发人的潜能的制度）、职务轮换制度等培养员工的实际能力。三是自我开发资助，即鼓励员工参加函授教育和外部研修班。这种培训体系适应了当代日本经济发展的特点，取得了非常好的效果。

美国教育的社会化程度很高，美国员工就业之前就已经有很

扩展阅读 1.5：员工是企业的主人翁

高的专业技术素质，美国没有一个公司能保证职员终身被雇用，但美国企业仍然十分重视员工培训。以 1900 年—1959 年为例，美国用于改进机器设备的投资仅使利润增长 3.5 倍，而同一时期的教育投资却使利润增长了 17.5 倍。很多公司设有自己的大学和培训中心，他们一方面通过脱产的新工人培训班、在职工人听课、案例讨论和角色扮演等形式进行培训；另一方面也通过在岗指导、工作轮换和特殊委派等办法进行培训。近年来，美国公司教育支出以 5%的速度增长，现在用于教育培训的支出每年已达到 500 亿美元以上。美国教育委员会已确认 7000 家公司能够颁发自己的学位。有些公司的做法是与社会大学建立密切的合作关系，让其代公司进行培训。

可以看出，具有远见卓识的国际大公司，不惜支出高额的费用，培训企业的员工，真正将企业员工作为企业的发展支柱。高素质的员工不仅在工作上，而且在企业文化建设中必然发挥巨大作用。

（二）企业家是企业文化的倡导者和培育者

在市场经济社会里，企业家不但是市场舞台上的主角、企业的掌舵人，而且在建设企业文化中担负着企业文化的倡导者与培育者的重要角色。

1. 企业家是市场的主导者

企业家在现代社会经济发展中具有重要的作用。纵观世界，凡是经济发达的国家，如美国、日本，都是企业家辈出并作为经济发展的主角活跃于市场舞台的。翻开美国二百多年的经济发展史，从亨利·福特、洛克菲勒，到斯隆、韦尔奇、盖茨、马斯克，企业家在其中所起的巨大推动作用是不容忽视的。日本经济的腾飞，一个重要的原因就是第二次世界大战后日本很快形成了一个庞大的企业家阶层，产生了像土光敏夫、松下幸之助、涩泽荣一、稻盛和夫等一批"经营之神"。现代企业经营管理需要企业家。在纷繁复杂的市场竞争环境下，如果没有一个能执掌全局、具有远见卓识和高超组织指挥才能的企业家对企业进行创造性经营和科学的管理，很难想象企业能正常运营和发展。

2. 企业家是企业文化的倡导者

著名企业家张瑞敏在"99《财富》论坛"前夕对媒体记者谈到他个人在海尔充当的角色，他认为"第一，自己是设计师，在企业发展中决定如何使组织结构适应企业发展；第二，自己是牧师，不断地布道，使员工接受企业文化，把员工自身价值的体现和企业目标的实现结合起来"。

企业的高层主管往往是企业文化、企业风气的创立者。特别是他们的价值观直接影响着企业发展的方向。这是因为"价值观"通常是指一种相当持久的信念，它告诉人们什么是对的、什么是错的。它不仅指导着公司雇员在实现企业目标过程中的行动，而且常常渗透到企业职工的日常决策、决策思想和工作方法之中。事实上，许多成功公司的领导者倡导的价值观、制定的行为标准，常常激励着全体员工，使公司具有鲜明的文化特色，且成为一种精神象征。比如，埃德温·兰德（Edwin Land）是波拉罗伊德公司的创建人，为了企业发展，他倡导一种有利于公司创新的文化环境。美国电话电报公司的西奥多·韦尔（Theodore Vail）强调服务，以满足顾客的需要。企业的高层主管往往又是企业文化创新的实践者，比如，通用汽车公司董事长罗杰·B. 史密斯曾设法改变该公司的企业文化，其中的一个重要任务是把该公司的文化与那些新收购进来的公司的完全不同的企业文化结合起来。公司领导人创造的企业文化、组织文化可以导致完全不同的管理模式，比如，国际商用机器公司要求每个成员都要遵循三项基本理念：尊重个人、争取最优和提供优质服务。

3. 企业家是企业文化的培育者

企业家好比园丁，精心培育、勤劳耕作，才使企业文化之花在企业的沃土上盛开。企业家在培育企业文化的时候，一般充当着"医生"的角色，从问题入手，因地制宜地推进企业文化建设。

由于企业文化建设是一个系统工程，涉及内容很多，比如，制定企业文化战略，确定企业文化建设的目标；组织员工、专家对企业文化进行科学定格；通过组织有效的文化传播及设计实施各种文化活动、礼仪，提高员工对企业文化的认同度，营造良好的文化氛围；通过对机构和制度的文化整合与改造，使优秀文化渗透其中，强化文化的实践，促进文化的发展等。在这一系列工作中，企业家是灵魂人物，在萌发构思、提炼升华、形成方案中，起着企业文化建设总设计师的作用。在企业文化建设取得成功经验的企业中，企业文化建设一定有组织保证和规划保证，而企业家多是企业文化建设领导小组（或委员会）的领头人和企业文化建设规划制定的负责人。

（三）企业英雄是企业先进文化的体现者

企业英雄，是在企业生产经营活动中涌现出来的一批具有较高思想水平、业务技术能力和优秀业绩的劳动模范、先进骨干分子和英雄人物。他们是集中体现企业主流文化、被企业推崇、被广大员工一致仿效的特殊员工。这些人在企业正常的生产经营活动中总是走在前面，是企业先进文化的体现者，是企业文化建设不可多得的主力军。

1. 企业英雄的先进性

企业英雄，如劳动模范、"三八"红旗手、"五一劳动奖章"获得者、"五四"青年奖章获得者等，一方面是企业文化建设成就的最高表现；另一方面又是企业文化建设进一步深入开展的最大希望。从个体来看，企业英雄的先进性体现在：

（1）其卓越地体现了企业精神的某个方面，与企业的理想追求一致。

（2）其在卓越地体现企业精神的那个方面，取得了比一般职工更多的实绩。

（3）其所作所为离常人并不遥远，启示普通人经过努力也能够完成不寻常的工作，这可称为榜样作用。

但是，对个体英雄，不能求全责备。既不能要求个体英雄能够全面体现企业精神的各个方面，要求他们在所有方面都先进，也不能指望企业全体职工从一个企业英雄身上就能学到一切。

从群体来说，卓越的英雄群体必须有以下特点：

（1）其是完整的企业精神的化身。

（2）群体中不仅有体现企业精神的模范，而且有培育企业精神的先进领导，还有企业精神的卓越设计者。

（3）群体中英雄辈出、群星灿烂，却几乎找不出两个完全相同的、可以相互替代的人。

2. 企业英雄的作用

从企业文化角度来看，企业英雄的作用包括以下几点。

（1）品质化的作用。这就是说，企业英雄将企业精神内化为自身的品质。

（2）规范化的作用。这就是说，企业英雄为全体职工树立了榜样，使职工被英雄事迹感染、鼓舞、吸引，且知道了应当怎样行动，从而规范了职工的行为。

（3）具体化的作用。这就是说，企业英雄是企业精神的化身，向职工具体展示了企业精神的内容。

（4）凝聚化的作用。这就是说，企业英雄由于起到规范的作用，且每个英雄都有一批崇拜者，从而使整个企业成为一个紧密团结的、有竞争力的组织。

（5）形象化的作用。这就是说，企业英雄是企业形象的一个重要的组成部分，也是外界了解和评价企业的一个重要途径。

二、企业文化建设的思想

企业文化建设是一项复杂而艰巨的系统工程，建设周期长，影响因素众多，需要企业领导的重视，企业员工的积极参与，按照科学的指导理念进行，找准启动时机的切入点。这样才能使优秀企业文化建设达到预期效果。

（一）企业文化建设应遵循的基本思想

1. "以人为本"思想

"以人为本"是指将人作为企业管理的根本出发点，把做人的工作，调动人的积极性作为企业文化建设的重要任务。具体地说，就是尊重人、相信人、激励人，使人能动地发挥其无限的创造力。坚持"以人为本"的企业文化建设主旨，主要实践途径是解决好以下两个问题。

（1）充分地重视人。企业管理的重心应转移到如何做人的工作上来。员工是文化建设的基本力量，是企业文化的重要实践者。实际工作中，有些管理者，虽然对管理工作有所重视，但往往将管理的重点放在建制度、定指标、搞奖惩上，忽视了做人的工作。实践证明：在管理中，只见物不见人，只重视运用行政手段和经济手段来进行外部强制，不注重发挥人的主观能动性，只把人作为外在文化约束的对象，不尊重员工的文化创造，最终会背离管理的预期目的，也不可能增强企业的生机和活力。所以，管理者必须把管理的重点转移到调动员工的积极性，增强员工的主动性和创造性上来。

（2）正确地看待人。企业应切实处理好管理者与员工之间的关系。围绕员工是什么人的问题，西方管理学者进行了大量的探索，得出了以下几个假设："经济人""社会人""组织人"。这些都是从管理主体怎样去控制、利用管理客体角度来看待员工的。企业管理者，要充分尊重员工的主观意愿，通过企业文化的建设，使员工认识到，自己的发展与企业的成长紧密相关。

2. 卓越与绩效思想

卓越是一种心理状态，也是一种向上精神。这种心理状态和向上精神是区别企业文化良莠的标志之一。追求卓越是一个优秀的人，也是一个优秀的企业优秀的原因。它作为一种动力，促使一个人或一个企业去努力学习、努力适应环境、努力创造事业上的佳绩。显而易见，坚持卓越思想是企业文化的内在要求，因为任何企业在竞争的环境里都不甘于做平庸者，构建文化的目的就是创造卓越的精神，营造卓越的氛围。

卓越是人的社会性的反映，人生活在社会上，相互之间比较、竞争，都有追求最佳的意愿，也可以说这是人的本性。但人的这种本性能否在所有的情况下都完全表现出来，取决于他所处的环境给予他的压力大小，取决于有没有取得最好最优的条件。企业文化建设的任务之一就是创造一种机制、一种氛围，强化每个人追求卓越的内在动力，并把它们引导到一个正确的方向上。

在企业文化建设中坚持绩效思想，不只是要善于根据人们工作绩效大小进行奖励，以鼓励他们以更好的心理状态、更大的努力投入下一轮工作当中；其目的还在于把人们的着眼点从"过程"转向"结果"，避免形式主义、教条主义。

在企业文化建设中坚持绩效思想，就要改变传统管理的思维逻辑，建立起"只要结果正确，过程可以自主"的观念。在管理实践中应引入目标管理的体制，坚持以个人为主、自下而上协商制定目标的办法，执行目标过程中以自我控制为主，评价目标也以自我检查、自我评价为主。

坚持绩效思想，同样要求企业转变管理方式，减少发号施令和外部监督，多为下级完成目标创造条件、提供服务，帮助员工学会自主管理、自我控制、自我激励。

3. 兼容与创新思想

（1）兼容中西方文化精髓。在企业文化建设中，要吸收各种各样的企业文化以及国内外传统文化的合理方面。这里特别强调的是，中国企业文化的建设要吸收中国传统文化的合理方面。中国传统文化虽然与中国现代化存在某些矛盾（如轻自然、重技艺的观念与科学思想的冲突，人治传统与法治建设的冲突，家族本位与个性自由的冲突等），但是其也有精华，这种精华是我国企业文化建设和发展的根基。

简要地说，中国传统文化的优势有以下几方面。

①自强不息的进取精神。

②道德修养和人际协调方面突出，可指导人们在道德规范下形成和谐的人际关系。

③注重集体的利益、天下为公的思想。

④天人合一的意识突出，强调人与自然界和谐统一。

所以，我国要建立的应该是体现中国传统文化合理性的管理学，构建的是体现中国传统文化合理性的企业文化；反之，我国的管理学或企业文化如果与中国传统文化合理性方面相违背，最终就不会建立和得到完善。例如，在企业管理中，我国不少的企业引进西方的管理方法，实行规章制度严格和定额定量的生产管理方法，但因其有悖于中国传统的价值观而引起工人与管理人员之间的矛盾对立。

日本企业管理给了我们一个很好的榜样。日本企业管理就体现了其大和民族文化特色。日本企业管理的特征是以终身雇佣制、年功序列、工会为支柱，三者是不可分割的，它们共同支撑着体现以和为贵的和谐精神的日本经济大厦。它们又像三种互补的黏合剂，使企业的股东、经营者、雇员紧紧地凝聚在一起。企业把员工当成自己的家庭成员，不但关注每个员工的工作，而且过问员工个人、家庭及配偶生活问题，对每个职工家庭的婚丧嫁娶也要关照；员工也把企业当作自己的家，对企业有很强的归属感，就是在企业危机时，员工也能自愿降低工资以帮助企业渡过难关。

（2）创新思想。历史在前进，时代在变化，不同的时代有不同的时代精神，有不同的历史环境。企业文化反映着时代文化，时代变化了，企业文化也要随之有所创新，以适应时代的变革，赋予自己历史使命感。中国有句古语"识时务者为俊杰"，任何事物没有时代气息，终将成为一根朽木，没有历史使命感，就会被时代淘汰。优良的传统为企业奠定了好的基石，但企业却不能因此而固本不变。开拓创新才是企业发展的动力，才能给企业注入新的生命力。

（二）企业文化建设启动时机的选择

从中国企业文化的现实特点出发，依据中国特色企业文化的目标模式，进行企业文化的微观再造和重塑，必须选准切入点和有利时机。从总体来看，当前正是我国新旧经济体制转换，经济增长方式转变，产业结构大调整、大改组时期，也是企业制度创新、资产重组、管理变革和产品更新换代的加速期，还是传统价值观、道德观等文化现象受到冲击的时期。应该说，这一时期、这一环境的确是摈弃旧文化、培植中国特色企业新文化的最佳切入点和变革时机。[①]不同的企业应利用目前的有利环境和时机，结合企业自身的实际，选择企业文化建设的具体切入点和变革时机。

1. 企业文化建设的切入点

除了新创办的企业外，多数企业自身文化的建设都是在原有"文化"的基础上进行的，即都是"非零起点"。所以选择建设企业文化的切入点，必须从企业现有的文化状况出发。

（1）从企业内部面临的主要矛盾入手。如有些企业产品质量不高或服务水平较差，竞争能力不强；有些企业管理费浪费惊人，效率低下；有些企业员工素质差，不能适应生产需要；有些企业人心涣散，士气低落；有些企业人际关系不协调，相互拆台，能量内耗等。

（2）从解决企业面临的问题入手，倡导某种正确的价值观，建立良好的企业行为方式，培养良好的企业风气，纠正偏离企业文化目标模式的思想和行为。这样做，容易引起全员的共鸣和反响，增强企业文化的实用价值。

（3）从总结企业的优良传统入手。企业的优良传统是企业历史上形成的文化精华和闪光点，包括经营管理经验、习惯、风俗、传统和领导者的特殊工作作风。在竞争中生存下来并得到发展的企业，其规模和内部结构发生了很大变化，这恰恰是植入一种新文

---

① 王成荣. 企业文化建设的切入点和变革时机的选择. 企业文化. 北京：中央广播电视大学出版社，2000.

化或发展某种特色文化的极好时机。

2. 企业文化变革时机的选择

企业文化变革主要是在企业生存发展的外部政治、经济、文化、科技环境发生了重大变化，企业内部人、财、物及组织规模、制度等也发生了巨大变化，原有文化已经不适宜时，企业根据自身发展的情况，变革企业文化。总结国内外成功企业的经验，以下几种情况出现时，是企业文化变革的最佳时机。

（1）企业进入快速增长期。有些企业一旦进入快速增长期，一般表现出人员大量增加，组织规模迅速膨胀，分支机构如雨后春笋般涌现出来，资本迅速扩张，市场迅速扩大且占有率骤升，经营业绩直线上扬。在这种情况下，人们往往沉湎于成功的喜悦之中，忽视文化的变革。实际上，企业经营迅速发展时，企业文化往往滞后，很难同企业经营发展保持同步，当二者的差距拉大到一定程度，企业经营没有相应的文化支撑，就会降低发展速度，甚至急剧下跌。所以，当企业发展超常，进入快速增长期时，实际上就已开始孕育一定的文化危机。企业发展越迅速，文化危机就越大。只有抓住适当时机，变革文化、创新文化，才能保证企业经营稳定持续发展下去。

（2）企业经营业绩平平或出现困难。企业的发展不可能一帆风顺，会遇到困难或挫折。在这种情况下，多数企业往往在科技开发、市场开拓或组织调整上下的功夫较多，很少检查自身的文化，这可能是一个误区。企业经营的业绩好坏，固然受众多因素的影响和制约，但从一个较长的时期来看，文化的优劣是起决定作用的。因此，当企业经营效益低下或陷入困境而找不到直接原因或明显原因时，就应该检查一下本身的文化是否滞后，是否阻碍了企业经营的发展。如果时机抓得准，及时变革文化是改善经营的首要任务。

（3）企业管理掣肘增多，效率低下。企业发展到一定阶段，出现了机构臃肿、职责不清、政令不畅、内部矛盾明显增多、人际关系异常复杂、管理效率下降的现象。此时，人们往往把注意力集中在机构改革上，即企图通过精简机构和人员，达到提高管理效率的目的。殊不知，这种做法往往不能如愿以偿，过不了多久，机构又开始膨胀起来，使企业陷入"精简，膨胀，再精简，再膨胀"的恶性循环之中。实际上，企业管理掣肘增多、效率低下的根本原因，一般是文化滞后。如果只在机构上做文章，不去变革文化，就不可能从根本上解决问题。因此，当企业出现了上述不正常现象时，应配合机构变革，大力推进文化的革新，用一种新文化武装一个新机构，才能赋予它新的生命。

（4）企业面临的科学技术环境迅猛发展。一般地讲，科学技术的发展，必然带来企业产品的更新、设备的换代。尤其当涉及企业经营领域的技术进步时，其对企业的影响就会更直接。这种影响不仅表现在生产、经营的方式上，而且科技的发展会影响人们的思维方式和伦理道德、传统习惯，甚至给企业的价值观带来冲击。科学技术的进步同企业文化相比总是超前的，只有抓住时机，推动企业文化的进步，才能使之与科学技术的进步相适应。

（5）企业面对的市场环境发生巨大变化。市场瞬息万变，总是会给企业营销方面的发展带来这样或那样的影响。但只要市场没有发生巨大变化，就不会导致企业营销方面的变革。在市场发生大变化的情况下，比如，原有的产销渠道被阻滞，竞争对手迅速崛起，传统产品的市场寿命周期处于饱和或衰退阶段，急需更新换代，而新开发的产品市场又是一个全新的领域，企业在那里没有优势，或者企业对这类市场极不熟悉。这时，就需要审慎地研究一下传统的价值观是否适应市场变化的需要。否则，市场环境已经变化，而企业还在固守旧的价值观，企业衰败是不可避免的。

近年来，我国企业面临的内外环境与条件急剧变化，一方面给企业经营带来了危机，迫使企业必须审时度势，改变组织形式、经营方式与管理制度；另一方面也对企业传统文化提出了挑战，迫使企业激浊扬清，挣脱传统企业文化的束缚，树立与市场经济相适应的新的价值观、新的文化体系。

（三）企业文化建设需要强有力的支持

建设企业文化是一项系统工程，除了文化本身的建设，必须有相应的保证措施配合进行，才能取得实效。

1. 企业领导层的决策支持

一种新的价值观只有被企业的多数员工接受并转变为能促进企业经营和发展的企业价值观，才能成为企业文化的构成部分。在这个过程中作为领导层的企业家起着至关重要的作用。企业家是企业文化的倡导者和培育者。

企业文化可以有多种来源和构成，其中居于主导地位的应该是企业家个人崇尚或极力提倡的价值理念。[1]这是因为，首先，企业的经营战略、经营理念主要由企业家制定并推行，而这些经营战略、经营理念本身就是企业文化的一部分。其次，企业家在形成企业的特有经营管理风格和鼓舞士气等方面起着决定性作用，而企业家的经营风范、管理风格和对士气的激励方式是企业家本身价值观的流露。最后，企业家利用其在企业中的权力和权威取舍价值观，使企业的理念最大限度地与他的价值观吻合。经过上述互动过程，最终确定下来的相对稳定的理念体系，就构成企业文化的内容主体。

2. 企业文化的物质保证

为了获得物质保证，企业需要通过改善企业的物质基础和生活条件，扩大生产经营成果，完善企业的文化设施，来物化企业的价值观，增强企业的凝聚力和员工的归属感。这是企业文化保证体系中的"硬件"。为了把企业文化建设落到实处，企业必须建设好生产工程、福利工程和文化设施工程。

（1）生产"硬件"的改善。生产的硬件指企业生产经营的物质条件（如厂房、设施、机器设备等）和物质产品，它们既是企业文化赖以形成和发展的基础和土壤，也是企业精神文化的物质体现和外在表现。建设企业生产工程，就是要逐步改善企业生产经营的物质条件，生产出最优秀的产品。企业文化的发展水平同生产工程建设的优劣成正比。目前我国大多数企业厂房设施陈旧、设备老化，产品质量差，能源消耗高，经济效益低。生产工程的落后制约着企业文化的发展。因此，目前建设生产工程的任务十分艰巨。建设企业生产工程的重点是大力推进企业技术更新与技术改造，搞好现场管理，优化生产

① 肖胜萍. 企业文化：企业文化是企业成熟的标志. 北京：中国纺织出版社，2002：65.

环境。

（2）企业福利工程建设。企业福利工程建设是企业为满足员工的基本生活需要而进行的非生产性投资和建设。企业福利工程的存在与企业的劳动力再生产密切相关，建设企业福利工程，就是要逐步改善员工的物质生活条件，为员工的生产和工作提供一个安全稳定、丰富多彩的生活环境，满足员工的物质文化生活需要。

企业福利工程建设得好，使员工亲身感受到企业有靠头、有盼头、有奔头，才能强化员工的归属感，激发广大员工的工作热情。建设企业福利工程，主要包括以下内容：完善企业的工资制度和奖励机制，在企业生产发展、经济效益不断提高的基础上，本着劳动绩效同收入挂钩的理念，不断提高员工的收入水平，完善员工生活设施。

（3）文化设施工程建设。企业文化设施是企业文化活动的物质载体，也是企业文化的外在标志。企业的文化设施包括教育、科技、文艺、新闻出版、广播影视、体育、图书资料等方面的设备和设施，如职工学校、科研所、俱乐部、影剧院、文艺社团、体育场馆、广播站、电视台、图书馆、阅览室等。

企业文化设施建设受到企业所处地理环境、企业规模、企业经济实力的影响。企业文化设施的投入，"产出"只是员工活跃的精神文化生活，不会直接给企业带来经济效益，因此容易被忽视，尤其是当经营膨胀、资金紧张的时候企业更容易削减其在文化设施上的投入。企业领导者应端正认识，明确精神变物质、文化力可以促进生产力的基本道理，加大投入，尽力把文化设施建设好，以满足员工日益提高的精神文化需求。

3. 企业文化的制度保障

企业文化的制度保障，是指通过建立和完善企业的组织制度、管理制度、责任制度、民主制度等，使企业所倡导的价值观念和行为方式规范化、制度化，使员工的行为更合理化、科学化，从而保证企业文化的形成和巩固。企业文化的建设在各个方面都离不开企业制度的保障，如企业目标的实现、企业价值观的形成、企业精神的发扬、企业风尚的保持等，都需要一系列制度来保障。

（1）企业组织制度建设。在我国现阶段，多数国有企业实行厂长（经理）负责制，健全企业领导体制，主要是解决好企业中党、政、工之间的关系问题，明确厂长（经理）是企业行政组织的总负责人，对企业的物质文明建设和精神文明建设负有全面责任；党委在企业中处于政治核心地位，主要任务是搞好党的思想、组织、作风建设，领导企业的思想政治工作和精神文明建设，参与企业重大决策，保证企业的经营方向；职工代表大会是企业民主管理的基本形式，参与企业管理，行使监督职能，维护员工权益。三者应分工协作、相互制约，形成一个封闭的回路，构成一个完整的系统。

（2）设置有效的组织机构。企业组织机构就像一架机器，设计合理，"部件"齐全，动力强劲，运转效率就高；否则，就不会产生较高的效率。尤其是企业组织机构作为企业文化建设的实际推动者和操作者，其功能发挥得如何，将直接影响企业文化建设的成效。

（3）企业生产技术和管理制度建设。制度对员工行为有规范和约束功能，能够保证生产经营的秩序和工作的质量与效率。同时制度也是企业文化的载体，建立和健全企业的生产技术和管理制度，既是企业文化建设的措施，又是企业文化建设的重要保证。

（4）企业岗位责任制度建设。企业的岗位责任制度是以工作岗位为核心建立的责任制度。它具体规定了每个岗位的职责和权限，岗位责任制包括生产工人岗位责任制、职能机构专业人员岗位责任制和领导干部岗位责任制。生产工人岗位责任制是责任制的基础和主要形式，它包括岗位专责制、交接班制、巡回检查制、设备维护保养制、质量负责制、岗位练兵制、安全生产制和岗位核算制等。

（5）企业民主制度建设。在企业中实行民主管理，切实保障员工参与管理的地位和权利，是我国企业管理的优良传统。加强企业民主制度建设，本身就是为培育企业文化创造条件和适宜的环境。企业要建立自己的文化模式，不仅需要让广大员工充分认识到建设这种文化的重要意义，而且要让他们真正感到自己就是企业文化的建设者，这样他们才有可能积极地参与企业文化的开发与建设。优秀的企业文化必然是"以人为中心"的文化，如果不重视员工的民主权利，不重视民主制度建设，企业文化建设就缺乏内在驱动力。

另外，企业文化的建设还应该从多方面努力，如积极开展各项群众文娱活动、树立典型、建设礼仪以及提升员工素质等。

三、企业文化建设的方法和程序

（一）企业文化建设的基本方法

企业文化建设的内容丰富，因此具体的建设方法种类很多。此处仅从方法论的角度谈谈企业文化建设的基本方法。

1. 从企业实际出发，确定企业文化建设目标

企业性质、规模、行业特点不同，企业文化建设的目标就各有区别。同时，企业现存的文化状态不同，其确定的建设新的企业文化的目标重点也不一样。

企业文化建设的战略目标，有近期目标、中期目标、长期目标之分。所谓近期目标，主要是指企业文化建设在一二年内要达到的战略目标。一般来说，实现近期目标要从抓好企业文化基础建设入手，着重解决好企业内部当前存在的，影响企业生产经营发展的主要问题或主要矛盾。所谓中期目标，主要是指企业文化建设在三五年内要实现的战略目标。一般来说，实现中期目标要着重抓好企业经营作风、职业道德规范、企业员工素质和企业精神的建设，并及时巩固提高。所谓长期目标，是指企业文化建设在十年以内要实现的战略目标。一般来说，实现长期目标要着重抓好和巩固企业价值观、企业员工人生观、企业经营哲学的建设。实现企业文化建设近期目标，是实现中期目标和长期目标必不可少的第一步，没有这扎扎实实的第一步，第二步、第三步就成为空谈。所以，从实际出发，确定企业文化建设的目标，就是确定和抓好企业文化的第一步目标，从而为第二步、第三步目标的实现创造有利的条件和打下坚实的基础。

2. 全面展开、突出重点的建设方法

企业要求企业文化建设在方方面面展开，促进企业生产经营活动的全面开展，从而

鼓舞全体员工士气，塑造企业良好的形象，从根本上改变企业的面貌。但是在具体实施企业文化建设计划的时候，随着建设的开展，不平衡性很快显露出来，原有的薄弱环节也暴露无遗。这就需要我们留心观察、仔细分析，突出企业文化建设的重点，选择薄弱环节作为突破口，深抓实抓，抓出成效来。要从企业文化现存的实际出发，选择表层、中层或里层文化，选准后就应抓住重点，进行重点投入、重点建设。同时，事物是变化发展的，在企业文化建设的动态过程中，重点是经常转移的，这就要求我们经常进行信息反馈，随着实际情况的变化，及时调整或修正重点选择的计划，重新确定重点，重新布置工作。

做到有点有面、点面结合，就可以促使企业文化建设以较快的速度发展，在实践中取得较理想的建设效果。

3. 软件硬件两手抓的建设方法

企业文化建设中的软件和硬件的关系问题是困扰我国许多企业的难点之一。

所谓硬件，是指企业文化中的各种文化设施、文化教育制度、有形文化产品等，一般能被人们看得见摸得着，具有直观性和具体形象性。所谓软件，是指企业文化中的精神部分，包括员工的文化素质、思想、理想、道德、价值观念和经营哲学等无形文化产品，对于这些，人们一般不可直观，只可思索；不可触摸，只可感觉；难以形象描述，但可理性预测。对于企业文化中这两大类，在抓建设时要坚持两手抓、两手都强的方针，不可偏废一方。只有硬件而少软件的企业文化是形式主义，是毫无生命力的花架子，经不起企业生产经营实践的考验；只有软件而缺乏硬件的企业文化是空中楼阁，是脱离现实的空洞说教，注定是会在实践中惨败的。

因此，我们建设优秀的企业文化，一定要两手同时抓，两手都要硬。抓好硬件以壮观，抓好软件以充实，于是，充实而壮观的企业文化就呈现于企业生产经营之中。

4. 企业领导亲自抓的建设方法

企业文化诸多因素的形成与更新，优秀企业文化的建设与发展，无一不得力于企业家的领导力、影响力和导向力。纵观中外企业的历史，没有任何一家企业在缺乏强有力的企业领导的指引下，能成功地建设企业文化的。所以，就这个意义来看，企业文化在一定程度上是企业家成就的文化。

本来意义上的企业文化，包括物质文化和精神文化两个方面。物质文化是一种有形的企业文化，它由企业家组织创造而生，精神文化却是一种无形的企业文化，它也是由企业家影响、教导而产生。同时，企业文化实际上是企业家经营思想的外化，企业家的价值观是企业文化核心价值观中的核心，是企业的灵魂，是企业精神的主要来源。任何企业家，都按照自己的世界观来改造世界，按照自己的价值取向来塑造企业全体员工的价值观，按照自己的人生哲学来概括企业的生产经营哲学，从自身的文化素养出发来构建企业文化，以自己的形象来铸造企业的灵魂和塑造企业的形象以及企业员工的形象。

所以，企业家的人格、品德融汇在企业文化之中，乃至于其个人性格也对企业文化产生深刻的影响。从这里可以看出，一个成功的企业家，亲自抓企业文化建设，才有可能成功地建设起优秀的企业文化；而优秀企业文化的建设和发展，又能推动企业的发展，推动企业家高大形象的塑造和企业家新的成功。

（二）建设企业文化的一般程序

建设企业文化是一项复杂而艰巨的系统工程，一种优秀的企业文化的构建不像制定一项制度、提一个宣传口号那样简单，它需要企业有意识、有目的、有组织地进行长期的总结、提炼、倡导和强化。因此，企业在建设企业文化的过程中，必须根据企业文化发展规律，按照科学的程序和理念办事，克服主观盲目性，增强自觉性。

建设企业文化的基本程序，一般包括提案、定格设计、实践巩固和完善改进四个阶段。

1. 提案阶段

提案阶段包括以下步骤。

（1）建立企业文化建设的组织机构，做到领导组织、专家帮助和群众参与相结合。

（2）外聘专家作为公司企业文化建设的顾问。

（3）企业文化现状调查。如调查企业的经营领域及其竞争特点；企业管理的成功经验及优良传统；企业领导人的个人修养和精神风范，企业员工的素质及需求特点；企业现有的文化理念及其适应性；企业发展面临的主要矛盾与障碍；企业所处地区经济与人文环境。

（4）准备提案。提案包括明确实施企业文化的原因或动机；对实施企业文化的背景进行分析；考察其他公司企业文化指数与企业经营业绩的关系，考察本公司所属分公司企业文化与企业经营业绩的关系；绘制相关的分析图和因子分析图；明确实施企业文化的宗旨；制定企业文化工程的近期、中期和长期目标；建立企业文化工程支持体系；确立企业文化领导人的推行方针。

2. 定格设计阶段

企业文化的定格设计，即在分析总结企业现有文化状况的基础上，充分考虑企业的经营领域、企业领导者的个人修养和风范、员工素质及其需求特点、企业的优良传统及成功经验、企业现有文化理念及其适应性、企业面临的主要矛盾和所处地区环境等因素的影响，用准确的文字，把企业价值观念明确表述出来，成为固定的理念体系。企业理念体系大体包括企业使命、企业目标、企业价值观、企业道德、企业精神、经营观、管理观、人才观、服务观、员工基本行为准则及企业风尚等。

在这个阶段整体上应做到从实际出发和积极创新相结合、创造个性与体现共性相结合以及领导组织和群众参与相结合。

3. 实践巩固阶段

企业文化定格后，就要创造条件付诸实践并加以巩固，即把企业文化所确定的价值观全面地体现在企业的一切经济活动和员工行为之中，同时采取必要的手段，强化新理念，使之在实践中得到员工的进一步认同，使新型的企业文化逐步得到巩固。

本阶段要做到：

（1）积极创造适应新的企业文化运行机制的条件。

（2）加强精神灌输和舆论宣传。

（3）企业领导者以身作则、积极倡导。

（4）利用制度、规范、礼仪、活动等进行强化。

（5）肯定、鼓励正确的行为。

4. 完善改进阶段

企业文化的完善改进阶段是一个承上启下的阶段。企业文化建设与企业文化的演变规律相适应，是一个不断积累、传播、冲突、选择、整合、变革的循环往复、永无休止的过程。企业文化建设不是经过一两次循环就能完成的，其与企业文化的运动相适应，是没有止境的。但需要说明的是，一种积极的企业文化体系和模式一旦构塑完成，就会在一个较长的时期内发挥作用。企业文化建设的任务在更多的情况下是积极地积累、传播、充实、改善，只有当企业内外环境发生了急剧变化，企业文化产生了激烈冲突，要选择、整合和变迁的时候，企业文化建设的任务才是彻底扬弃原有文化，重新构塑和创造新型的企业文化。

重要概念

道德　　社会公德　　职业道德　　企业道德　　企业伦理学　　企业文化

案例分析1

同仁堂国药踏上"双驱动"跨越式转型之路

同步测练与解析1

自学自测　　扫描此码

第二章

企业伦理与文化概念框架

经典名言

子曰："学而时习之，不亦说乎？有朋自远方来，不亦乐乎？人不知而不愠，不亦君子乎？"

——孔子《论语》

大学之道，在明明德，在亲民，在止于至善。

古之欲明明德于天下者，先治其国，欲治其国者，先齐其家；欲齐其家者，先修其身；欲修其身者，先正其心；欲正其心者，先诚其意；欲诚其意者，先致其知，致知在格物。

物格而后知至，知至而后意诚，意诚而后心正，心正而后身修，身修而后家齐，家齐而后国治，国治而后天下平。

君子先慎乎德。有德此有人，有人此有土，有土此有财，有财此有用。

德者本也，财者末也。

——曾子《大学》

作者感悟

诚信比技能更重要，选择比努力更重要，方向比速度更重要！

学习目标

通过本章学习，了解企业愿景的内容、特点、作用和意义，会分析企业愿景的改变；掌握企业使命宣言的内容；理解企业哲学的内涵、外延及发展，掌握企业价值观；明确企业精神的内涵、特点和意义，理解企业精神的培育与表达、企业经营管理理念；懂得企业形象的内涵和作用，会分析企业形象和物质文化的关系。

重点与难点

1. 企业愿景与使命的内容与特点

2. 企业哲学与企业价值观的关系

3. 如何塑造我国企业的核心价值观

4. 企业精神包含的内容与其培养

5. 企业形象的内涵与物质文化的关系

导读

企业家精神的文化基因透视

企业家群体在经济社会高质量发展中发挥着重要作用，推进中国式现代化要大力弘扬企业家精神。中华优秀传统文化是中华民族的文化根脉，其中蕴含的思想观念、人文精神、道德规范具有超越时空的价值，为涵养企业家精神提供了坚实的文化根基和源源不断的智慧启迪。

以"天下为公"思想厚植爱国情怀。"大道之行也，天下为公。"中华优秀传统文化历来强调天下兴亡、匹夫有责，崇尚天下为公、克己奉公，始终倡扬着爱国为民、甘于奉献的精神。企业家精神倡导爱国情怀，要求企业家树立对国家、对民族的崇高使命感和强烈责任感，自觉把企业发展同实现国家富强、民族兴盛、人民幸福紧密结合起来，把个人理想融入强国建设、民族复兴的伟大实践。

以"革故鼎新"思想强化创新基因。无论是《礼记·大学》所推崇的"苟日新，日日新，又日新"，还是《诗经·大雅》所强调的"周虽旧邦，其命维新"，均突显出求新求变的重要性，也体现了中华优秀传统文化历来倡扬的除旧布新、勇于进取的人生态度。企业家精神倡导勇于创新，需要思想上的不断解放、精神上的锐意进取和行动上的真抓实干。不躺平、不摆烂，以"士不可以不弘毅"的奋斗精神和"君子以自强不息"的奋进姿态，敢闯敢试、敢为天下先，在市场竞争中永不言败有所作为，塑造发展新优势、汇聚发展新动能。

以"讲信修睦"思想培育诚信守法品德。人无信不立、业无信不兴、国无信则衰。"诚者，天之道也；诚之者，人之道也。"诚信守法是中华优秀传统文化积极倡导的伦理原则，也是维持商业秩序最基本的行为规范。企业家精神强调诚实守信，内在要求企业家把诚信守法作为企业生产经营活动的核心原则。通过诚信守法经营，构建亲清政商关系，并以自身的示范引领作用，影响和带动全社会法治素养和道德水准的提升。

以"仁者爱人"思想提升社会责任意识。"仁者爱人"，首先强调爱人，倡导要对他人存有仁爱之心。其次强调"己所不欲，勿施于人"的忠恕之道，要学会设身处地换位思考，做到推己及人。"仁者爱人"还注重"立人达人"的更高追求。真正的仁者要进一步为他人创造价值，利他成人。对内，让企业发展成果更公平惠及全体员工；对外，更好满足社会公众需求。此外，财富取之于社会也要用之于社会，要热心公益事业。

以"胸怀天下"精神拓展国际视野。"天下"观念是中华优秀传统文化的精华。"修身齐家治国平天下"的价值追求，"智周万物、道济天下""为天下苍生计"的博大胸襟，"如欲平治天下，当今之世，舍我其谁也"的自信态度，"先天下之忧而忧，后天下之乐而乐"的道德情操，"天下兴亡，匹夫有责"的责任担当等，代代相传、生生不息，塑造了中华民族独特的世界观和时空观。企业家精神强调"胸怀天下"，包含着丰富的世界观和方法论意蕴。在胸怀天下的同时，要立足自身，推进内涵式特色发展，着力攻克关键核心技术，坚持把发展进步的命运牢牢掌握在自己手中。

（资料来源：程芳. 中工网. 2023.12.19）

企业文化包含几大要素，即企业愿景、企业使命和企业价值观，它们是企业文化系统结构中必不可少的内容，与企业哲学、企业精神、企业理念、企业家精神与素质等共同构成了完整的企业文化系统结构。

第一节　企业愿景与企业使命

一、企业愿景的内容与特点

企业愿景是企业未来可以成就的具有挑战性的远景描绘，一个可能和希望实现的未来蓝图。愿景告诉人们"组织将来是什么"，是对组织未来状况的美好憧憬，它是组织需要通过努力去追求的理想和抱负。只有清晰地描述企业的愿景，才能够制定清晰的企业目标，进而才有企业经营和管理的目标化、有序化和整体效率的提高。

企业研究者更多地将远景称为愿景，以突出在客观理智分析之外，远景还包含着对未来的期望。成功的企业家都是富有远见的，他们通过对社会的预期，将自己对企业的未来愿望融合于客观分析之中，用一些具有感染力的简练口号表述出来，把所有人的注意力和精力都集中在同一个对象上，激励和带动与企业相关的每一个人，包括员工、投资者、债权人、客户以及企业所在社区的居民。企业愿景体现了企业家的立场和信仰，是企业最高管理者头脑中的一些概念，是这些最高管理者对企业未来的设想。是对"我们代表什么""我们希望成为怎样的企业"的持久性回答和承诺。

（一）企业愿景的内容[①]

企业愿景主要是企业战略指导文件，它是企业战略的使命前提，即企业选择的战略要符合由企业的使命、企业愿景、企业管理哲学等构成的起长期指导作用的战略指导文件的要求。而使命前提中的使命、愿景、企业管理哲学等内容相对稳定，对企业的发展起长期指导作用，也影响和支配企业对环境、业务选择的看法和态度。

1. 企业的方向

这一部分描述了企业在宏观上和长期发展中面临的机会。要使愿景中确认的机会得到普遍的认可，并能指导战略的分析，对机会的描述需要有针对性，可以具体一些，但不应该局限于具体的产品或具体的细分市场上。

2. 实现企业方向的方式

愿景的长远指导性质决定了它所描述的实现企业方向的方式不可能是具体的。由于

---

① 王玉. 企业战略管理教程. 第二版. 上海：上海财经大学出版社，2005：162.

企业面临的关键环境因素具有较高的动态性，因此，这里主要是强调技术的趋势，包括实现企业发展方向的关键技术的可预见的未来发展、技术的扩散可能、技术利用上的不同途径所具备的机会，以及相应的市场机会。

3. 企业能够获得成功的原因

企业经营成功的关键原因是为用户提供了独特的价值。为此，企业不仅需要在愿景描述中提出方向和机会，还需要提出实现这些机会所能为用户提供的价值以及提供价值的方式。

（二）企业愿景的特点[①]

（1）愿景必须是远见卓识、是真知灼见。对这个世界分析得越透彻，企业愿景就越具有远见。一个富于见识的愿景会反映出那些正影响、改变企业所处环境的变化趋势。

（2）愿景必须要有前瞻性。企业愿景也许并不能反映出企业存在的弱点，但是企业愿景应当能够反映出对自己企业的期望，希望企业未来能变成什么样。企业愿景是由企业的理想定义的。

前瞻性的目标将使每个人了解这个企业会朝着什么方向前进。虽然有时前进得快一些，有时要慢一些，但是一个清晰的愿景总是能让每一个人知道本企业将向什么方向前进。有前瞻性的清晰愿景拥有许多优越之处。

（3）不存在对每个人都有效的标准的"愿景公式"。与此相反，愿景应当有高度特异性，而这种特异性源自企业本身的特质。每个企业都有其精神内核和灵魂，每个企业都有自己的个性。对于一个伟大的愿景来说，独特性是极其重要的。

一个伟大的愿景能够最广泛地反映出一个企业的"核心价值"。例如，对于惠普企业来说，这个核心价值可能是去设计出最强大、最耐用的计算机硬件产品；而对于西南航空企业而言，这个核心价值在于飞行具有可靠性、高效并且充满乐趣；对于胡佛企业，这个核心价值则是提供关于企业以及经理们需要的易读、准确并且及时的信息。通过对成功的企业加以研究，人们常常会发现这些企业都有自己的"故事"，这个故事正是企业的特质所在。不管是否把这一点写在纸面上，该企业都有一个真实的故事，这是一个明确的信息，是这个信息给该企业下了定义，将该企业与其他企业区分开来。每一家大企业都有这样的信息。

（4）企业愿景中包含的信息是由企业及企业所处的环境决定的。一个愿景所定义的事物必须是那些不随市场的变化而不断变化的事物，必须是那些面对竞争但不发生改变的事物，必须是那些不随着当前流行的趋势而变化的事物。企业的最终目的就是克服市场的起伏、供求关系的变化、竞争者的退出和加入、季节的变化等因素影响。

重要的是，愿景必须能反映企业的独特性，必须能反映出企业的个性和看法，必须能反映出企业认为最重要的东西，也必须能反映出为什么这个企业可以生存下去。只有通过观察一个企业的实质，才能认识到企业克服这些变化的核心之所在，才能将不变的实质与许多为了贯彻愿景而采取的策略区分开来。肇始于远见的愿景，远远超越了那些

---

① 王吉鹏. 企业文化理念体系构建实务. 北京：中央编译出版社，2005：108-110.

时常变化且必须变化的企业经营策略和技巧，位于它们之上。

（三）企业愿景的作用

1. 愿景可以团结和激励员工

企业越大，企业中的员工就越可能具有多样化的背景。企业越是壮大，企业中不同年龄、不同教育背景、不同资历、不同思维方式的人就越多。企业员工会有些不同，而企业的愿景，是让他们来这个地方工作的共同原因，即他们有着相同的价值观和共同的目标。

随着时间的推移，没有什么比一种清晰的愿景、一个明确的目标更能吸引和留住人才，这是不断促进和激励人的因素，特别是当一个企业正实践愿景以实现其目标时。尤其那些最优秀的人们，如果他们相信自己所做的事是值得的，如果他们相信能够通过自己在企业中的工作完成一些他们值得花费时间和精力去做的事——一些他们自己无法做成的事，那么他们就会更加积极，这些人能在你的企业中创造出最大的业绩。

2. 愿景能使企业成为团结的整体

愿景是以企业最高决策者的价值观为基础的。每一个人的行为都受其内在标准约束，企业职工将建立怎样的内在标准，取决于最高决策者的价值观以及他是如何把自己的价值观传达给员工的。瑞·斯密罗在描述愿景的重要性时说：愿景是组织的第六感，使我们在这个世界上与众不同。它是真实但无形的联系纽带，培育和维持企业价值观。它是组织肌体的脉搏，维系着各种关系，指导着各种行为。[①]

企业一旦清晰地表达了自己的愿景并且对这个愿景充满了信心，那么就要使每个接触到这个企业的人都能够了解这个愿景。如果企业愿景是切合实际的，如果整个团队真正坚信这个愿景，那么企业必须将它作为一种强有力的工具来运用。这种愿景可以激励与企业有关的每一个人，使企业长久生存，可以把与企业有关的每一个人联合起来。一个伟大的愿景会把知道这个企业的人变成这个企业的拥护者。

3. 愿景是可用于竞争的有力武器

愿景为战略，特别是总体层战略和业务层战略提供了基本框架，可用于指导对企业战略的性质的确定，对战略任务的时间安排以及对企业竞争地位的确定。愿景还为企业培养或调整自己的核心能力提供指导。这对企业已经建立起来的竞争优势是十分重要的。

如果一个企业的竞争对手有他们自己的愿景，那么该企业就需要有一种与之不同的愿景。通常情况下，如果你的竞争对手没有一个持久的、清晰的定位，你的企业就可以充分利用对手的这个弱点，把本企业发展成为在这个行业中少有的几个知道这个行业将向什么方向发展以及为什么向这个方向发展的企业。

4. 愿景设想重视对机会的确认，可指导企业的战略实施活动

愿景可以向企业提供新机会的方向，使企业能认识到未来的机会，根据愿景设想确

---

① Ray Smilor.Daring Visionaries: How Entrepreneurs Build Company, Inspire Allegiance, and Create Wealth. Avon, MA: Adams Media Corporation, 2001: 12-13.

定战略，并根据战略将资源集中于特定的未来机会，特别是市场和产品的机会上。愿景规划是企业资源分配的依据，可以用来指导实施层的决策，使之与企业战略一致。特别是能够协调企业内存在的共享性资源和活动，使企业整个流程能更好地连接。同时，被企业全体成员所接受的愿景还能起到激励人们努力工作和团体协作的作用，因为每一个人都知道自己应该干什么，应该与哪些人合作，以及自己的工作对企业实现整体目标的作用。

5. 愿景为企业的用户、供应商等提供了可能的期望

企业愿景是企业与外部利益集团进行交流的最好形式之一，它使外部利益集团能了解企业的发展，企业对自己的设想和企业努力的方向，因而能更实际地支持企业的活动。需要注意的是，既然愿景是可以被外部利益集团共享的，企业的竞争对手也会就此了解企业的原则性动向，这就是为什么企业一般不在愿景中深入涉及自己的具体产品、技术等方面战略部署的原因。

（四）企业愿景的改变[①]

企业的愿景是会发生变化的，长期不变的愿景设计会使企业的行动与环境不符（如果企业仍坚持按愿景设想制定战略），或是使企业战略缺乏愿景指导（企业实际上已经不根据愿景制定战略）。企业愿景的改变一般采取以下三种方式之一。

1. 重申愿景

基本方向不发生改变的企业，每过一段时间就需要对愿景进行一次重申，使企业员工，特别是新员工和新的管理人员了解企业的发展方向，更清楚地集中自己的努力。例如，2018 年，华为紧跟时代步伐，其愿景提法已经从此前的"丰富人们的沟通和生活"变更为"构建万物互联的智能世界"。华为聚焦万物互联主航道，努力成为智能社会使能者和推动者。华为立志：把数字世界带入每个人、每个家庭、每个组织，构建万物互联的智能世界。

2. 调整愿景

调整愿景指的是部分改变愿景内容中的"三个方面"，使企业的愿景与变化了的环境相一致。在这方面比较典型的是计算机企业，它们最初的愿景大部分放在"承错"能力上，后来调整为可以"随时、随处获得"，这是因为用户对计算机硬件故障的重视程度降低，而日益重视对软件的可获得程度。

3. 根本改变愿景

根本改变愿景是指过去的设计企业愿景的背景发生了根本性变化，使得愿景已不足以指导企业的战略设计，甚至会误导企业战略设计，企业需要设计新的愿景。成功企业高层管理者能够将自己的愿景及实现愿景的热情和动力传递给身边的人。同时，企业愿景是使企业具备独特性的根本来源。

扩展阅读 2.1：世界著名公司愿景

---

① 王玉. 企业战略管理教程. 第二版. 上海：上海财经大学出版社，2005：163.

二、企业使命宣言的类型与特征

企业使命，是回答并解决企业为什么存在的问题。企业使命是对企业存在原因的表述，是企业最基本的、区别于其他企业的经营目的，是企业一段时期内最基本的发展方向，反映了企业管理人员对企业性质和活动特征的认识，是企业制定和实施战略的依据。企业使命使处于相似环境中的企业表现出不同的活动特点，也使目前地位相同的企业具有完全不同的未来。在实践中，对企业使命有完整描述的企业，一般将其愿景归纳为一句带有指导作用的抽象表达。

1975年，微软给自己找了一个生存的理由——随时随地帮助人们自由地交流；韩国三星提出"事业报国"；海尔提出"创造世界名牌"。企业的使命从市场及消费者的角度来看就是客户的需求。市场的需求是企业使命的基础。赢利是企业的基本需求，但不是企业的终极追求目标。就好比呼吸重要，但是人活着，不仅仅是为了呼吸，还应该满足社会的某种需求，如果一味地追求赢利，便会动摇企业生存的基础。

企业的使命不是为自己，而是为更广泛的人群服务。明确企业使命是在更广大的领域中寻找企业自身的价值，寻找企业的灵魂。一旦企业的命运与一个伟大的使命联系起来，便可以创造出历史的辉煌。

将价值观转换成实际行动的最佳途径是制定书面的企业使命，它可以将创业者的价值观传达给与企业有关的每一个人。

（一）使命宣言的类型

从一些企业的实践总结资料看，企业对使命的表述可以有以下两类。

1. 打击对手

在20世纪70年代曾有一段以打击竞争对手为本企业生存前提的时期。例如，百事可乐有好几年是以"打垮可口可乐"为全企业要实现的目标，日本本田提出的口号是"挤垮、捻碎、消灭雅马哈"。

2. 发展自身

更多的企业在表述存在目的时采用为自己设立发展方向的方式，主要是让企业内外部都能明确本企业与其他企业、本企业的未来与自己的过去所不同的特征。例如，美国通用电气企业提出的"为用户提供全套解决问题的方案"的口号，使自己与过去的生产和销售电子、电器产品的企业分道扬镳。

（二）使命宣言的特征

企业使命是企业与外界沟通的最基本的正式渠道。通过使命可以将企业的优势信息传递给员工，然后通过员工的努力再把这一信息传递给消费者和潜在消费者。企业使命具有以下特征。

1. 短小精悍

为了能为较多的企业内外部人员和组织识别并记住，使命一般只有几句话，简单地说明企业在一段时期内的发展方向和目的。

2. 简单提示

例如，海尔集团提出的"真诚到永远"既是一种经营哲学和商业道德文化的表白，也是对其企业愿景的描述，主要是交代企业的经营哲学和商业道德文化，包括企业对社会的责任、企业的行为准则、共同的价值观等。除此之外，企业文化提示还包括企业对利益关系集团的态度。

（三）企业使命宣言的内容[①]

对一个企业而言，没有唯一的使命表述内容。使命表述的内容在篇幅、格式和细节上因企业的不同而大不相同。一般而言，具有实际指导意义的企业使命应包括如下内容。

1. 管理哲学

管理哲学是对企业理念的落实，阐明了企业最基本的信念、价值观、抱负和哲理选择，是企业的行为准则。管理哲学反映了企业的基本价值观、企业内共同认可的行为准则、企业共享的信仰。因为管理哲学受企业所处社会基本文化和价值观的影响，所以，处于同一社会（国家）的企业会有相近管理哲学；而处于不同社会（国家）的企业在管理哲学上表述会有很大差异。例如，美国企业往往更注重那些使企业在市场上活动成功的有形因素，如产品、技术、结构等，而日本企业在管理哲学的表述上更强调共同愿景、职工参与和责任感等无形因素。对从事跨国经营的企业来说，认识所在国度的基本价值观和道德文化底线，适时调整管理哲学是一个重要的战略关注点。

2. 公共形象

企业使命中强调公共形象反映了企业对环境重要性的认识，反映了管理人员认识到企业是一个开放的系统，是社会系统的一部分，反映了企业对社会责任的认识。重视对商标的培养与维护、坚持积极的商业道德文化、坚持依法经商、在商务活动中注意环境保护和环境投资、重视人才的吸引和培养、重视维护客户利益、支持社区建设和教育事业等都是企业建立积极的公共形象的典型活动。而那些贪图短期利益，生产和出售假冒伪劣商品，严重污染环境或伤害职工和社会利益的企业则在社会上形成了难以扭转的不良形象，成为不受社会欢迎的对象。不同国家对社会形象的认识是不同的，有不同的基本道德文化准线，进行跨国经营的企业需要对此有所认识。

3. 自我评价

自我评价是企业对自己经营优势和劣势的客观分析，企业经过自我评价可以确定自己在竞争中的地位。近年来，不少企业在使命中增加了对客户和质量的重视。英国经济学家情报社在20世纪末对位于34个国家的企业中的350名高级经理进行了调查，确定了21世纪初期影响企业战略的四个关键因素，其中处于首位的就是"客户对更高质量和服务的要求"。不少企业因注重客户满意度而获得竞争优势。在使命中包括客户满意可以使客户服务成为企业优先的任务、支配企业的其他活动、使客户服务的目标和标准更为

---

① 王玉. 企业战略管理教程. 第二版. 上海：上海财经大学出版社，2005：165-167.

明确、使产品和服务更符合客户要求。

4. 经营主线

经营主线概括描述了企业的经营活动，它包括对企业顾客、市场、技术的确认，阐明了企业需要满足的对象、企业竞争的场所以及企业能提供的产品或服务。经营主线明确了企业经营的主要产品和服务业务以及技术与企业相关的程度。通过阐明企业的长处和竞争优势，确定经营活动范围和自身能力，制定竞争的基准，经营主线也就确定了企业的定位。

5. 经营目的

经营目的是企业未来一段时期内需要达到的活动结果，反映了企业生存、发展和获利的能力，也反映了企业自身及其有关利益集团对企业的期望和要求，表明了企业的战略方向。

企业经营目的包括经营目的和社会目的两类，其中经营目的又分为三类：生存目的、赢利目的和发展目的。生存是企业经营目的的前提，只有能够生存的企业才有可能赢利和发展。在新建阶段和环境发生重大变化时企业要特别重视生存目的。赢利是绝大部分企业经营的最终目的，它包括长期赢利目的和短期赢利目的两类：长期赢利目的是指企业经过一段时期的能力积累，能在未来某个时期表现出赢利的业绩，或是企业在较长一段时期内从总体上赢利；短期赢利目的是指企业要在当期表现出明显的获利能力和具体的利润业绩。发展目标的内涵很广，具有长期性，发展意味着企业竞争能力的提高和适应环境能力的提高。同时，表现出发展潜力的企业更能吸引优秀人才和优质资源，更具备发展的机会。从这点来看，具备发展能力的企业更有生存和赢利能力。

（四）企业使命宣言的描述[①]

使命宣言是发展企业的地形图，是指引正确方向的指南针，在企业经营偏离道路时可对其予以纠正。当人们为一个必须做出的决定争论时，它是可以回头寻求帮助的地方。使命宣言通常只有一句话那样长，能够很容易地被人理解，并朗朗上口。要尽力避免诸如"我们的企业要服务顾客"这样一般的字句，这样的句子太笼统了，既不鼓舞人，也没有声明什么或告诉别人什么。

1. 设计使命宣言的第一步：选择动词

一种有效的宣言总是表达行动，而不是理念，而且，这一宣言会以足够具体的词语对企业使命进行描述。因此，每一种宣言都至少包括一个行为动词。是什么推动着企业，什么表达是企业希望具有的行为。每一个人都会受不同的动词表达的吸引，企业的目标就是找出那些令使命宣言制定者都受鼓动和激励的动词，或者至少设计一项包括吸引每个人的动词的使命宣言。

2. 设计使命宣言的第二步：确定对象

企业选择了最有意义的动词之后，要确定谁是企业要服务、帮助、保护或告知的对

---

① 王吉鹏. 企业文化理念体系构建实务. 北京：中央编译出版社，2005：96-99.

象，尽可能详细地讨论你的企业在为谁服务。为了设计出一个一句话的使命宣言，可能要更广泛地阐明对象，而不要把对象缩小到单个产品的市场或只会在短期内购买你的产品的一群人。

3. 设计使命宣言的第三步：明确产品或服务是什么

企业应明确企业将会为目标顾客提供什么服务、产品或利益。同样，应明确使命宣言中的什么内容足以延伸到企业目前的产品之外，并且足以阐明全体成员所共有的发展战略。

使命是为所有员工和各项活动提供动力的根本源泉，所有的政策、程序、策略及方法都应当符合使命的要求。企业的正式使命常常由高级管理部门确定，有时由一名顾问或其他员工参与决定。尽管企业常常制定有鼓动性和影响力的使命宣言，并公之于众，但许多企业确定的使命并不能如实地反映企业的行为和行动，其信奉的使命可能与现行的使命相去甚远。

确定一项组织使命是否被真正采纳的关键是企业行为是否体现了使命的要求，整个企业的目的、日常工作及各项提案是否与之相符。

以零售企业为例，零售企业的使命不应随时间和商品的不同而变化，而应是相对固定不变的。就是说，它不仅在今天是适用的，而且在今后 5 年、10 年，甚至 20 年都是适用的。它应该抽象概括一些，在环境变化时也无须随之变化。而且，它不应该表述为经营哪些类别的商品或品牌。

扩展阅读 2.2：世界著名公司使命宣言

化妆品商店的使命不应是出售"兰蔻""欧莱雅""羽西""倩碧"化妆品，而是帮助消费者满足美容需要；服装店的使命是使女士们显得美丽动人；书店的主要使命是帮助各年龄段的人们拥有丰富的精神世界；礼品店的使命是帮助人们更好地表达他们的爱意；摩托车店的使命是使人们的交通变得快捷、舒适和安全。

第二节　企业哲学和企业价值观

美国《财富》杂志发表文章指出：没有强大的企业文化，没有卓越的企业价值观、企业精神和企业哲学信仰，再高明的企业经营战略也无法成功。

一、企业哲学的内涵、外延及发展

（一）企业哲学的内涵

企业哲学是企业进行各种活动、处理各种关系所遵循的总体观点和综合方法，是企业一切行为的根本指导思想。它反映企业对发展经济的历史使命和责任的认识与态度，研究企业管理主体与客体的辩证关系，阐明企业活动与外部环境的关系，揭示企业运行的一般规律与管理的内在规律。

企业哲学的根本问题是"企业与社会的关系""企业与人（员工、顾客）的关系"，以及"企业中的人与物、人与经济规律的关系"问题。企业哲学不仅要回答"企业为什么而存在"的问题，而且要回答"企业应该如何存在、发展"的问题。或者说，企业哲学不仅要回答企业如何去做（how）的问题，而且要回答企业应该做什么（what）和为什么要做（why）等问题。

（二）企业哲学的外延

企业哲学对企业管理哲学具有指导作用。企业管理哲学包括企业的时间哲学、系统哲学、权威哲学、人性哲学等，是企业围绕管理活动而产生的系列哲学理论。

1. 时间哲学

时间哲学指企业领导者在解决问题时，对时间选择的偏好所形成的思维定式。比如，有的企业偏好采取"过去性"，解决问题时总是先看有无惯例；有的企业尤其是西方企业注重"未来性"，相信时间就是金钱，崇尚突破、创新；有的企业常怀着一种"以不变应万变"或"一动不如一静"的抗拒变化心理；有的企业则"欢迎变化"并主动变化。对时间观念的不同认识，会导致企业采取不同的发展战略和步骤。

2. 系统哲学

系统哲学指企业领导者的习惯性思考角度和视野的广度与深度。比如，信奉系统哲学的企业领导者，处理问题时注重系统性、全面性，既看到有形的方面（如企业物质文化），也注意无形的方面（如企业精神、企业伦理文化）。不具有系统哲学的企业领导者，易犯"见木不见林""头痛医头、脚痛医脚"的毛病，往往以个人主观的价值判断来代替客观事实，只看到有形的资源实体，而看不到无形的因素。

3. 权威哲学

权威哲学指企业领导者习惯地选择可以有效地改变他人行为的方式。权威哲学可分为先进性权威哲学和保守性权威哲学。前者认定管理知识含有科学性与艺术性，科学性部分可以按部就班地学习，艺术性部分可以利用创新知识、科学知识和个人经验得到；后者只相信管理知识的艺术性或经验性，认为资历、经验才是影响他人行为的力量。

4. 人性哲学

一些企业了解员工的需求，认真研究员工的心理特征、价值取向，尊重人，鼓励员工全面发展，推行符合人性、以人为中心的管理。

（三）企业哲学的发展

泰勒建立了以科学管理闻名于世的管理哲学，被西方学者称为有"宗教热情"的企业哲学家。毕业于牛津大学的詹尼弗·谢尔顿，于1923年出版了《管理哲学》，指出企业的根本问题是在"生产物的方面"和"生产人的方面"做出恰当的平衡，生产机械的方面同人的因素相比处于次要地位。

切斯特·巴纳德把组织要素规定为"协作热情""共同目的""思想交流"三要素，并把它们的综合情况作为衡量组织与环境平衡度的标准。他的观点在管理学史上具有划时代的意义，后人称之为管理学上的"巴纳德革命"。以梅奥、罗特利斯伯格和怀特海为代表的"人际关系学派"，批判了科学管理学派的"经济人"概念，第一次提出了"社会人"概念，强调了建立在人际亲密感和依赖感基础上的非正式组织的意义，从而为从理性主义的企业哲学向人本主义企业哲学转化架起了一座桥梁。小克劳德·乔治把这一时期的管理哲学称为"科学的人道主义"。彼得·德鲁克提出"目标管理"，再次试图"把人和任务结合起来"。目标管理哲学既基于"专门化"的科学主义原则，又基于重视人的作用的人本主义原则。

20 世纪 80 年代，西方企业哲学中的人本主义复兴。托马斯·彼得斯认为，企业的核心问题就是主人翁问题。目前，人本主义已成为西方企业哲学的主流。现代企业管理哲学以人为本，突出把人当作"人"来管理，关心、爱护、尊重、培养人，注重人的全面发展，而不是把人当作物、当作工具来管理。

扩展阅读 2.3：雪佛龙企业文化——追求卓越与可持续发展

日本企业管理哲学大致可归结为"一个目标、两种精神、三个观念、四项原则"，即追求管理合理化目标，具有创新精神和敬业精神，信奉"时间观念""整体计划观念""严格质量管理观念"，根据低成本、安全、弹性管理和人性管理四项原则来行事。

二、企业文化的核心——企业价值观

"价值观"是一个哲学名词。在哲学中，价值所揭示的是客体对于主体所具有的意义。能够满足主体需要的客体属性，对于主体而言有意义，被认为是有价值的。马克思就曾经指出"价值这个普遍的概念是从人们对待满足他们需要的外界物的关系中产生的"。[①]

作为指示意义的企业价值观是在企业长期实践过程中形成的，是团结、激励职工的精神力量，在决定企业的行为取向时起着主导作用。企业价值观是整个企业文化系统，也是整个企业经营运作及战略发展的导向，是调节、控制与实施企业日常经营操作的文化内核，是企业文化的核心。企业价值观结构如图 2-1 所示。

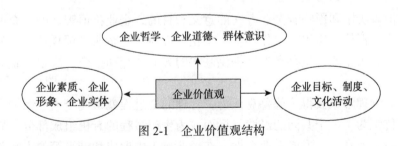

图 2-1 企业价值观结构

（一）企业价值观的含义、特征和作用

1. 企业价值观的含义

所谓企业价值观，是一个企业的员工在长期生产经营实践中形成的对本企业生产经

---

① 马克思《评阿瓦格纳的政治经济学教科书》卷，《马克思恩格斯全集》第 19 卷 406 页.

营行为、职工的工作行为及企业的公众形象等总的看法，是一个长期形成的较全面的价值观念体系，它表现为一种较稳定的心理定式和文化积淀。它是职工对某事或某项行为的一种深层的认定，而不是一种浅层的或一时一事的好恶。它是企业职工根据自身的文化背景（例如所受教育的种类和程度）、信仰、为人处世的准则，以及对企业领导风格、经营行为的领会和感悟综合而成的一种观念体系，是一种企业群体人格的人生价值追求。

2. 企业价值观的特征

作为企业这样一个经济组织所特有的价值观体系，企业价值观具有一些独有的特征。

（1）直接经济性。企业的价值观，即企业的各种价值观念、价值追求、价值取向、价值标准，都直接和企业生产经营挂钩，以企业的运行和发展为依托，都直接与企业经营目标、产品质量、企业经营性行为等衔接。

（2）市场竞争性。竞争是市场经济的天然属性，企业必须适应市场的变化，适应竞争的变化。因此，企业价值观的生成、强化和发展，必然受市场机制的作用，以实现优胜劣汰、适者生存。

（3）情感色彩性。企业价值观是在企业这块小天地的和谐文化氛围中生成的，因此，它的存在与发展都直接与企业注重感情色彩，注重人情味，注重团体意识，以至于注重某些有益的非组织活动相联系。

（4）具体可感性。企业价值观是指导人们创造价值、实现人生价值的可感性最强，而且最具体形象的价值观。企业员工的人生价值追求，可以通过经济收入和企业目标、企业道德文化、企业文体活动、企业形象等任何一个方面具体地、直接地感受到，接触到。

（5）构成复合性。从人生价值追求视点上看问题，人们到企业里来，带着多种的价值追求。一是要取得基本的生活保障，二是要有所成就，三是希望有一个和谐、富有激情的工作和生活环境以及良好的人际关系等。这反映了企业价值观是一个由基本经济要求、伦理道德文化要求等多个子系统构成的复合价值系统。

3. 企业价值观的作用

企业价值观决定和影响着企业存在的意义和目的，企业价值观影响到企业的各个方面，包括个人、群体、组织、工作环境、文化等方面，是企业各项规章制度的价值和作用的评判标准，为企业的生存和发展提供基本的方向和行动指南，决定了企业全体员工的行为取向。

美国著名管理学家彼得·德鲁克认为，管理的全过程就是使个人、团体和社会的价值观指向和传统为了一个共同的经营目标而成为生产过程的有机组成部分。树立企业价值观，对更新企业观念，形成企业个性，在企业员工中形成和谐平等的人际关系，正确处理个人、企业、社会和国家的关系，使企业不断向更高的目标前进，都具有十分重要的意义。

（二）企业价值观的塑造

企业价值观的塑造就是要确立一个企业的共享价值体系。它的基本任务是保证价值观念体系本身是卓越的，能获得全体员工的认同。企业价值观的塑造应从以下几个方面做起。

1. 观念的转化

美国和日本把善于抓职工价值观念转变的企业家称为提高型、动员型、鼓励型、振奋型、激励型、劝诫型、布道型的企业家。这些转化型领导的特点就是注重抓好经营战略和价值观念的更新和转化；注重唤起人们对生活意义的深思与深层开发，激励人们对自己的工作、生活、技术等进行卓越的追求，实现人生价值向高层次发展；有意探求怎样作为良师益友，为人师表，以示范效应推动人们实现自我人生价值。

2. "生长点"的选配

企业价值观的生成、强化与发展，是通过若干"生长点"的选择与科学的组合、匹配而实现的。一般来说，企业价值观的"生长点"体现在产品（服务）上，企业行为上，企业资信、声望与形象上，以及企业目标、制度、民主、道德文化、团体意识、文体活动、企业实体、企业素质等方面。主要问题是"生长点"的选择和如何配置。从总体上考察，"生长点"的选配大都是按照基本模式塑造的，即以经济价值为主体，以社会价值为主导，以环境价值为依托。

3. "闪光点"的开发

所谓"闪光点"，是指足以引发、唤起职工（消费者或社会公众）赞美、首肯、赞同，以致成为其传扬、以身模仿的企业价值的"亮点"。从企业价值观的构塑角度来说，一要善于捕捉"闪光点"；二要善于将其升华到企业价值追求上来；三要善于诱发更多的人，以致全体职工、同人们的认同。

4. 感情投资

企业中亲如一家的情感、亲密无间的心灵上的沟通，以及由此造成的和谐氛围等，都是人们价值认同、价值凝聚的一个极为重要的条件和形式。从某种意义上说，没有一定的感情投入，企业价值观念是树立不起来的。

5. 整合配置

塑造企业的价值体系要进行整体、总和的配置，要按照基本模式的要求，并根据本企业的特点，进行科学配置。具体做法可以分三步：第一步先将本企业价值构成放入一般模式的"主体、主导、依托"中去，把它们分解为主体、主导、依托三个组成部分；第二步，具体阐明总体价值内涵及价值功用；第三步，比较子项的大小和主次。

（三）企业哲学与企业价值观的关系

企业哲学与企业价值观的关系表现为以下几方面。

1. 企业哲学是企业价值观方法论的基础

企业在经营过程中对"正竞争"与"负竞争"、"得顾客"与"失顾客"、"损失"与"弥补"、"正广告"与"反广告"等辩证关系的处理，以及树立企业的价值观，都必须以哲学逻辑为依据。

2. 企业价值观对企业哲学具有抉择和支配作用

企业有什么样的居于核心地位的企业价值观，就会选择什么样的哲学方法为其服务。企业价值观之所以支配企业哲学，是因为企业价值追求直接包含了来自国家或企业本身的功利性、经济性要求，它们并不是直接从企业哲学中引申出来的。

3. 企业哲学的指导作用往往小于企业价值观

尽管企业哲学对企业行为起直接的指导作用，但这种指导作用往往小于企业价值观的指导作用。因为企业价值观不变，企业行为往往是难以改变的。

另外，企业价值观与企业文化的各子项的关系是：在企业价值观与企业目标、企业民主、企业道德文化、企业制度、群体意识、企业文化活动、企业实体、企业形象、企业素质等各子项之间，各子项是价值观这个核心的载体，即具体体现；价值观这一核心文化支配决定了各子项文化，同时，每一子项又反作用于核心项。

三、企业价值观

企业价值观是组织持久的本质。它是一般性的指导原则，不能把它与具体的生产或经营做法混为一谈，不能为了经济利益或短期的好处而放弃它。"目光远大的企业价值观不需要理性的或外在的理由，它们不随趋势和时尚的变化而变化，甚至也不随市场状况的变化而变化。"[①]

企业价值观是指为实现使命而提炼出来并予以倡导的，指导企业员工共同行为的永恒的准则。它是一种深藏在员工心中的东西，决定、影响着员工的行为，并通过员工日复一日的行为表现出来。企业价值观也是用以判断企业行为和员工个体行为正确与否的根本原则，它表明了企业要提倡什么、反对什么。不管是世界 500 强企业，还是我们国内的优秀企业，企业价值观都无一例外地在其中发挥着巨大的作用。企业价值观，可以使我们的企业的"基因"与众不同，有利于企业员工形成共同的行为标准，起到简化和优化管理等作用。企业 价值观在整个企业文化体系中居于核心地位，是最有效的管理工具之一。一个企业要获得持续发展，关键之一就在于培育自己的企业价值观。

（一）企业价值观的作用和影响

诺贝尔经济学奖得主诺思曾说："自由市场经济制度本身并不能保证效率，一个有效率的自由市场制度，除了需要一个有效的产权和法律制度相配合之外，还需要在诚实、正直、公正、正义等方面有良好道德文化的人去操作这个市场。"技术、高科技可以学，制度可以制定，但企业全体员工内在的追求这样一种企业文化、企业伦理文化层面上的东西却是很难移植、很难模仿的。在这个意义上说，企业理念才是最终意义上的第一核心竞争力。而企业伦理文化、企业信用、企业商誉是企业理念不可或缺的基本要素。如果说一个企业一开始就是以赚钱为其企业价值观，把消费者的利益抛在一边，那么这个企业是不可能维持长久的。唯有诚信至上，企业才能百年不衰。

现代企业如果不讲商誉、不讲经济信用，与它的社会地位也是极不相称的。现代企

---

① [美]詹姆斯·柯林斯，杰里·波拉斯. 企业不败. 刘国远等译. 北京：新华出版社，1996：p.97.

业有雄厚的资金、先进的技术、优秀的管理人员，应当而且能够承担企业的伦理文化责任和相应的经济信用。讲求企业信用是一种责任，其目的不是单纯的利润，利润应当是履行企业信用的自然回报。因此，企业的核心竞争力是企业文化中的企业理念和企业价值观。

任何企业（包括高新技术企业），产品竞争力是企业竞争力的最直接体现，围绕产品竞争力做文章是提升企业竞争力的关键。而产品竞争力是由技术竞争力决定的，所以说技术是第一竞争力。而技术竞争力是由制度竞争力决定的，制度高于技术，制度是第一竞争力。认识到此还远未结束，这是因为，制度无非物化了的理念的存在形式，没有正确的理念就没有科学的制度，因此，理念高于制度，理念才是第一竞争力。总之，理念决定制度，制度决定技术，技术决定产品。企业拥有正确的、不断创新的理念，才具有最强的竞争力。

先进的企业总是导入先进的理念。海尔集团的张瑞敏在 1984 年企业亏损 147 万元的创业年代，首先提出的就是企业文化先行、企业理念先行。现代企业的竞争已从产品平台的表层竞争转向深层次的理念平台的竞争。

美国哥伦比亚大学商学院《跨国企业竞争力》课题组在研究世界 500 强时发现：它们树立的企业核心理念几乎很少与商业利润有关。在惠普公司 1999 年的年度报告中，专门有一节讲到惠普的企业价值观：为了企业的发展，我们努力创造和革新，但是有些东西是亘古不变的，这就是我们企业的价值观——我们对人充分信任和尊重，我们追求高标准的贡献，我们将始终如一的情操与我们的事业融为一体，我们通过团队，通过鼓励灵活和创新来实现共同的目标，我们致力于科技的发展是为了增加人类的福利。

企业短期的繁荣可以通过许多方式实现，但是企业持续增长的力量却只能从人类几千年来形成的价值公理中获得。波特在《竞争战略》一书中从赢利能力角度解释了企业的成败。他认为，产业竞争的五种力量的相互作用，会反映在产业或企业的赢利能力上。企业的战略是否成功也主要通过利润大小来判断。但是，企业最终的竞争力取决于它在一系列价值中如何进行价值选择，共有价值观——诚信的理念才是企业竞争力的动力源。

扩展阅读 2.4：美国微软公司的价值观

（二）使企业价值观在员工的行为上得以体现的具体措施

1. 做好企业价值观的提炼，使之成为企业真正需要的、员工共同的企业价值观

企业的企业价值观要体现企业主要领导的经营哲学与理念，但是如果在企业价值观的提炼过程中，只是体现企业主要领导的经营哲学与理念，是不妥当的。而这又是在企业价值观的提炼过程中经常会出现的现象。

企业价值观是指导企业所有员工共同行为的、永恒的准则。它应该体现企业员工共同的思想，而不是老板或者高层管理人员的个人意志，这是其一。还有另外一种情况，就是企业价值观的提炼，没有从企业的现实情况出发，一味地模仿行业标杆（或者国内外的著名企业），互相抄袭企业价值观，没有从自己企业的特殊个性、自己企业所面对的

特殊环境出发，真正挖掘自己企业经多年的发展沉淀下来的良好价值观。"上下同欲者胜"，在进行企业价值观的提炼时首先要解决"同"这个问题。这里的"同"是指企业的企业价值观应体现企业全体员工理念的一致性和与企业特性的匹配性。

2. 做好企业价值观的传播，让企业价值观所倡导的理念无所不在

在企业价值观提炼好的基础之上，就要对企业的企业价值观进行大张旗鼓的宣传，不要让它躺在文件柜里面。要利用各种有形的文字宣传、新员工的文化培训、专门组织的主题交流活动、典型示范、各种仪式等途径来进行宣讲，让员工感觉到企业的核心价值所倡导的理念无处不在。

3. 通过制度建设来保障企业价值观所倡导的理念得到落实

制度是企业所有人遵守的共同的行为准则。制度规范的内容主要有两类：一类是通过制度来进行惩罚，目的就是使制度所表述的内容不发生，这种制度我们可以理解为惩罚型制度；另一类是通过制度来进行奖励，目的就是促使制度所表述的行为多发生，这种制度我们可以理解为奖励型制度。我们可以将企业价值观里面所鼓励的行为，通过制度建设来进行保障，一旦有这样的行为出现，马上通过制度进行奖励，鼓励这样的行为。对于那些我们不希望出现的行为，我们就可以通过那些惩罚型制度进行打击，以减少这样的行为的出现，来保障企业价值观的权威性。通过这样一"扬"一"抑"，来落实、发扬企业的企业价值观。

4. 通过企业高层管理的亲身示范，宣导企业所倡导的企业价值观

所谓"成也萧何，败也萧何。"企业管理层，特别是高管层，对企业价值观的倡导和示范，将直接决定企业所倡导的企业价值观得到顺利落实。企业管理层，特别是高层管理者是企业价值观的主要决定者，但在现实中，往往也是企业价值观不能有效落地的破坏者。他们经常会通过自身的随意行为，干扰甚至破坏企业的企业价值观，使得企业的企业价值观变为"墙上企业价值观"——把企业价值观挂在墙上。这一现象在企业高层领导人发生更替的时候发生较多。所谓"己所不欲，勿施于人。"企业的企业价值观管理者，特别是高层管理者，都不能带头遵守企业价值观，企业价值观谈何能得到有效落实呢？企业价值观是倡导出来的，是企业管理者，特别是高层管理者亲身垂范出来的。

美国著名管理学家沙因在《企业文化生存指南》（*The Corporate Culture Survival Guide*）一书中指出：大量案例证明，在企业发展的不同阶段，企业文化再造是推动企业前进的动力源，企业文化是核心竞争力。

例如，宝洁（P&G）是一家以信任为企业价值观基础的企业。在企业"主人翁精神"的企业价值观之下，宝洁给予员工高度的信任与自由度，不仅让员工自行安排工作内容与优先顺序，也不要求员工打卡，一切由员工自我管理，并赋予员工自主权与决策空间。因为宝洁相信员工会以对企业整体最有利的方式进行规划，这种信任员工、尊重员工的信念，也是主人翁精神企业价值观能够有效落实的关键之一。同时为了让信任基础能够有效落实，P&G 有周期的检查系统（check balance system）作为配套措施，以确保企业整体运作顺利进行。对于 P&G 而言，信任不是毫无限制地放任，也不意味主管完全放手

不管，因此，在组织运作上，就需要检查机制来整合。一方面，P&G 可以借此落实以信任为基础的经营哲学；另一方面，检查系统让所有事情的进展都在公司掌控之中，公司不会因为信任而放任员工导致其音讯全无，产生无法得知其表现好坏与事情进展等无法容忍的不确定性。由此可知，检查机制的确有其必要性，例如，通过定期与不定期的报告与讨论，主管可以充分掌握工作进度与状况，并给予适时的指导与建议，这不仅无损于对员工的信任，反而可更有效地落实信任。综上所述，宝洁的企业文化制度设计充分体现了企业价值观的要求，因此，中国企业在进行企业文化建设时要认真考虑其是否符合企业的核心理念。

（三）我国企业价值观的建立

建立我国企业的企业价值观应注意以下两点。

（1）在企业文化建设中，要狠抓企业信用体系建设，建立并强化全社会，特别是企业经营者、经理人的商誉意识和经济信用意识，注重权利与义务相统一的思想建设和制度建设。

商誉意识和经济信用意识是建立在社会公平交易、公正交易基础之上的。假、冒、伪、劣产品充斥市场，虚假广告坑害消费者是违背公平交易、公正交易的结果。要铲除假、冒、伪、劣产品充斥市场，虚假广告坑害消费者的现象，就必须从思想上到制度上建立和强化人们的公平交易、公正交易意识，要让更多的企业经营者、经理人认识到：重视企业商誉和企业信用，可以赢得更多的合作者，赢得他们更多的信赖和支持；企业讲商誉、讲信用可以为自己创造更多的商机和企业效益。

（2）每个企业要从自身做起，积极营造公平竞争的市场经济秩序。在市场竞争中，有些企业高谈商业道德，自身却不愿遵守。一旦市场中形成不顾商业伦理、恶性竞争的环境，所有企业都选择不遵守商业规范，则不仅市场环境堪忧，各企业在恶性竞争中也会付出很大的代价。

而如果所有企业都能从我做起，积极吸收中国传统商业文化的精华，树立讲求诚信、以义取利的企业核心价值观念，就会形成良好的市场氛围与格局，在市场环境得以净化的同时，企业经营与利润也能够得到保证。

第三节　企业精神和经营管理理念

几乎所有的现代企业都有一个共同点，即认为一个企业必须有自己一种独特的精神。而企业文化在理论和实践中体现出来的企业经营及管理理念又对企业精神有一定的指导作用。

一、企业精神的内涵、特点和意义

（一）企业精神的内涵

所谓企业精神，是企业群体在长期生产经营中形成的一种信念和追求，是某一特定企业基于自身具有的性质、任务、宗旨、时代要求和发展方向，为使企业获得更大发展，经过长期精心培育而逐步形成的，它是企业价值观体系的外化，它用简洁明了的语言，表现出企业在一切行为和一切观念中的主导意识，体现了企业的价值取向。其主要包括主人翁精神、敬业精神、团队精神、竞争精神、创新精神、服务精神。

企业精神是时代意识与企业个性相结合的一种群体精神追求，是企业员工群体健康人格、向上心态的外化，是员工群体对企业的信任感、自豪感和荣誉感的集中表现形态。它往往以简洁而富有哲理的语言形式加以概括。例如，长虹的企业精神"创新、求实、拼搏、奉献"，海尔的企业精神"敬业报国、追求卓越"等。

企业精神作为企业神圣不可改变的信念，必须成为企业每一个员工的行动指南。一个企业的力量来自全体员工，要把这些不同年龄、不同性格、不同心态，甚至不同民族、不同国籍的人维系在一起，只有靠倡导一种共同的企业信念或企业精神。这种共同的企业信念或企业精神，将引导企业全体员工走向一个共同的目标。

（二）企业精神的特点

企业精神，作为企业文化的主体范畴有以下特点。

1. 时代性

企业精神是时代精神在企业这个微观经济组织中的积极折射，因此，它不能超越时代的一般特征。企业精神既是一个企业浓缩、聚集整个时代精神的结晶和闪光点，又是一个企业探索、创造、构塑新的时代精神的微观形式。

2. 卓越性

企业精神是企业最先进的意识和向上风貌的反映，其中必然具有内生性的创造、创新、竞争、进取、求精和追求卓越意识等基因。具有卓越特性的企业精神是企业活力和财富的源泉。任何企业经营的成功与事业的进步，无不是积极创新、卓越追求的结果，因而，从企业发展角度看，追求卓越是当代企业精神的基本属性。

3. 独特性

企业精神源于企业生产实践，是企业文化特质，即最富个性、最先进内容的反映。对一切宏观文化，企业都给以改造、重塑，形成具有企业这种微观生产经营个性特点的企业精神。不同的企业，有着不同的企业精神个性特征。

4. 导向性

企业精神体现企业性质、任务、宗旨与发展方向。企业精神直接同经济、个别企业的经营挂钩；企业精神具有极为明确、具体的微观组织个体的性质、任务、宗旨和发展方向；企业精神的优秀与低劣、成功与失败，可以透过产值、利润等经济指标表现出来。

（三）企业精神的意义

企业精神作为一个企业积极向上的群体意识的体现，其意义大致表现在以下四方面：第一，企业精神代表着全体员工精神风貌，是企业凝聚力的基础；第二，企业精神是引导全体员工前进的指针，是激励员工进步的驱动力；第三，企业精神是企业无形的创业动力，它可以提升企业形象，对社会也能产生一种感召力；第四，企业精神是企业生机活力的源泉，也是批判企业行为的重要依据。

二、企业精神的培育

优秀的企业总是积极寻求、精心表达、全力以赴、坚持不懈地培育企业精神。企业精神的培育任务和塑造步骤如下。

（一）企业精神培育的三项任务

要培育企业精神，需要完成三项基本任务。

（1）找出最适合本企业发展的精神，或者说对本企业最有价值的精神。找出最适合本企业的精神的途径，一般采用"多渠合流"的方法。企业精神并不神秘，它来自实践。古今中外的实践，都会产生思想和精神。

所谓"多渠合流"的方法，是指把本民族历史上的优秀精神、本国其他企业的优秀精神、本企业历史上产生的优秀精神、本企业当前实践中先进模范人物萌发的优秀精神、外国企业文明竞争中的优秀精神，都采集起来加以消化、吸收，并根据本企业当前和未来发展的需要，将其融汇成为本企业的最合适精神，使最合适精神引起全体员工的共鸣，变成全体员工共享的精神财富。

（2）使企业的全体员工对企业精神产生共鸣，被企业精神同化。该任务通常采用"多方引导"的方法来完成。一是领导者反复灌输和以身作则地引导；二是通过宣传体现企业精神的楷模和模范人物的先进事迹来引导；三是放手让员工群众自己引导自己，发动大家对企业精神的培育提建议、想办法。

（3）以最佳精神从事企业的生产经营等实践活动，并在实践中丰富和发展这种最佳精神。企业精神的物质化及丰富与发展的任务，要通过全方位的"多种实践"来完成。有关企业的一切活动，无论是生产、经营、销售、科技、教育、生活、服务、文体等，都自觉地以企业精神作指导来开展，并且不断总结新经验，加深理解、不断完善。

（二）现代企业精神的塑造步骤

参与精神、协作精神、奉献精神、开拓精神等都是现代企业精神的主要内容。企业精神的塑造是一项长期艰巨的系统任务。从过程来看，它经过三个阶段：企业精神的确认阶段、倡导阶段和深化阶段，它们密切关联、层层递进。

（1）企业精神确认阶段的任务是把企业精神确认下来，明确其名称、内涵和外延。该阶段主要进行企业文化知识的宣讲普及，广泛发动员工征集企业精神，最后进行确认。

（2）企业精神倡导阶段的任务是广泛宣传企业精神，使员工从思想上了解它、接受它，从行动上开始实践它、体现它。企业领导要带头实践企业精神，有意识地树立人物典型，鼓动、引导员工深刻认识企业精神的内涵，增强实践企业精神的自觉性。

（3）企业精神深化阶段的任务是使员工实现从"要我做"到"我要做"的转变，将企业精神人格化、具体化、形象化，并转化为具有群体精神的个体意识，使员工成为具有企业精神的"企业人"，使践行企业精神成为员工完全自觉的行为，成为一种"本能"。

以上塑造企业精神的三阶段是人们对企业精神内涵的认识由低到高、由浅入深的过程，也是从实践中来，到实践中去，并通过员工的实践不断丰富和发展的过程。

扩展阅读 2.5：惠普公司的企业精神

三、企业精神的表达

企业精神若表达得好能促进企业精神的培育，反之，会使企业精神生长缓慢。独具特色的企业精神的表达方式大致可划分为以下八种类型。

1. 比喻式

比喻表达的方式形象生动，而且也能突出个性。同样是艰苦奋斗或艰苦创业，有的将其表述为"蚂蚁啃骨头"精神，有的将其表述为"土鸡生洋蛋"，有的将其表述为"螺蛳壳里做道场"，等等。这种比喻生动活泼，较严肃庄重的表述，更能使职工进入精神激发状态。

2. 故事式

给企业精神取一个富于个性的名称，通过讲厂史中的一个故事来阐明其根据，并进一步展示它的内容，这就是故事式的表达。这种表达方式富于个性、形象生动，而且将表达与解释融合在一起，好记好懂，能够起到提高精神境界、鼓舞士气的作用。

3. 品名式

品名式是用企业产品的商标名称来表达企业精神的方式。产品商标用于表达企业精神，必须符合两个条件：

（1）该产品是名牌，在社会上有一定的知名度和美誉度，用它来表达企业精神能使职工产生自豪感。

（2）该产品商标的名称和企业精神的内容有相似、耦合等关系，从而能形象生动地将企业精神个性化。

例如，上海自行车厂生产的"永久"牌自行车，在国内外有较高的知名度与美誉，"永久"一词又和该厂的企业精神中"永久的顾客"的内容相耦合，该厂的企业精神表示为"永久精神"就属于品名式表达。

4. 口号式

"口号"不可能很长，言简意赅，它们用于表达企业精神有着天然优势。绝大多数中外企业精神都是用口号来表达的，例如，"正大无私的爱"——泰国正大集团，"IBM 就是服务"——美国 IBM 企业。

扩展阅读 2.6：IBM 企业精神——IBM 就是服务

5. 主要式

不追求全面，而是将企业精神的最主要之处突出地表现出来，就是主要式表达。如"一厘钱精神"，是指把"少花钱、多办事"的艰苦奋斗精神提到首位;"视今天为落后"的精神是强调永不满足;"饥饿精神"是强调 24 小时的危机感。

6. 厂名式

厂名一般只用做企业精神的名称,但如果厂名本身的含义和企业精神的内容相耦合,就可以用于企业精神的表达。例如,某制药厂叫第九制药厂,那么称该厂的企业精神为"九药精神",不过是给出了企业精神的名称罢了。如果说厂名叫"爱心制药厂",那么,"爱心精神"就不仅仅是名称,而且表达了企业精神的内容。

7. 人名式

当企业出现了英雄模范人物,而其先进事迹又广为流传时,用这位英雄模范人物的名字表达企业精神,往往能收到体现个性、形象生动的效果。如用"铁人精神"来表达大庆精神,就非常有个性,而且极为生动形象,富于感染力。

8. 目标式

以企业所要达到的目标来表达企业精神就是目标式表达。著名的老字号药店"同仁堂"的企业精神表达为"同修仁德、济世养生",表达了其真诚爱人、服务社会和民众的目标指向和精神追求。

四、企业经营管理理念

企业理念是与企业哲学紧密相关的。它是企业经营管理和服务活动中的指导性观念,对于企业价值观、企业精神的确立具有指导作用,它回答的是企业应该怎样去做的问题。美国摩托罗拉公司将企业的理念表述为"我们将怎样做"。这表明:企业理念以企业哲学为基础,是企业哲学的具体化,但与企业哲学有明显的区别。此外,"企业理念"应对的是"事业",而不是具体的"事物",所以,企业理念的表述必须是战略性的、哲学性的,而非具体的。在本质上,企业哲学和企业理念是相通的。

企业哲学的理念有很多,包括人才理念、人力资源理念、人本理念、财富理念、时间理念、质量理念、服务理念、信誉理念、效益理念、审美理念、利益理念、文明理念、知识理念、信息理念、竞争理念、发展理念、卓越理念、风险理念、民族理念、国际理念等。

企业哲学不同,具体的理念也就不一样。

企业文化,从形式上来看是指人的价值理念,从内容上看是指反映企业行为的价值理念,从性质上看是指付诸实践的价值理念,从属性上看是属于企业性质的价值理念,从作用上看是属于规范企业行为的价值理念,或者说企业文化是真正解决企业问题的价值理念。企业理念把企业文化按作用范围分为三大类,即经营性企业文化、管理性企业文化和体制性企业文化,并相应地总结了企业文化的理念。[①]

(一)经营性企业文化理念

经营性企业文化理念,是指在企业经营活动中员工所应具有的价值理念,其包括以

---

① 魏杰. 企业文化塑造——企业生命常青藤. 北京:中国发展出版社,2002.

下内容。

（1）内在性诚信理念。企业内在地自觉遵守诚信的原则，完全以诚信的理念来指导经营活动。

（2）主动性市场理念。企业主动地去爱护和开拓市场，而不是被动地接受市场。主动性市场理念要求注重爱护市场，注重市场的潜在需求，注重创造市场。

（3）能动性创新理念。企业具有强烈的创新冲动，愿意主动创新，通过各种创新方式推动经营活动。企业必须主动地、能动地进行创新，尊重和激励创新，注重创新的投入，依靠不断创新而走在前列。

（4）自觉性法律理念。企业自觉遵守法律，并且自觉利用法律来维护自己的利益。

（5）全方位性经营理念。企业既重视生产经营，又重视资本经营，全方位地推进自己的经营活动。

（6）理性化双赢理念。企业不仅要考虑自己的赢利，也要考虑客户的利益。双赢理念是推动企业利益与消费者主体地位有效结合的重要保证。

（7）有效性竞争理念。企业依靠自我提升竞争力，要在考虑外部状况及社会和竞争对手状况的条件下获得自己的利益。

（8）可持续发展理念。企业必须考虑其未来发展问题，要能够保证企业长期存在和可持续发展。

（9）快速应变理念。企业能够根据外部环境的变化迅速调整自己的经营活动，随着技术发展、市场变化、观念变化、竞争对手的变化、产业的变化、经济形势的变化而快速变化。

（10）多层次性品牌理念。企业注重利用各种层次的品牌来实现自己的经营目标。企业必须注重创造品牌，充分利用品牌、维护品牌和提升品牌。

（11）预警性反危机理念。企业主动地预见未来可能遇到的危机，主动地反危机，而不是被动地反危机或接受危机。

（12）比较优势理念。企业通过强调自己的比较优势而获得突出竞争力。所谓比较优势，就是在专业化协作和分工中，企业做自己做得最好的事情。

（13）开放性拓展理念。企业要注重全方位地创造比较优势，既要开拓国内市场，也要开拓国际市场。

（二）管理性企业文化理念

管理性企业文化理念，指在企业管理活动中员工应具有的价值理念，其包括以下内容。

（1）责权利对称性管理理念。在企业管理活动中，尤其是在处理各种矛盾和关系时，企业要坚持追求责任、权力、利益三者的有效结合，使三者之间具有对称性。

（2）高效率性管理理念。只有将管理收益和管理成本有效地结合起来，才能形成一种高效率性管理。管理也是一种生产要素，管理中也存在成本和收益的对比关系。

（3）共享共担性管理理念。企业与员工在利益上共享，风险上共担。

（4）互动性管理理念。在管理过程中，既要强调管理者素质的提高，又要考虑被管理者能力的增长，两方面互动，共同发展。

（5）员工主体自觉性管理理念。把员工外在约束与主体自觉性有机结合起来。

（6）人本主义管理理念。将员工视为企业的主人，尊重其自身的价值观念和个性，以人为本，争取实现员工个体目标与企业整体目标的一致。

（7）理性化管理理念。指管理现代化与企业实际情况相结合的管理理念。

（8）有序化管理理念。企业的管理目标与管理手段要有效结合，有序运行。

（三）体制性企业文化理念

体制性企业文化理念，是指为了维系企业体制的存在，人们应拥有的价值理念。企业制度的建立和运行，需要价值理念的支持，员工对企业制度有充分的认同。其主要包括以下理念。

（1）契约理念。其有两层含义：①在企业制度的设计中要以契约原则为指导，企业制度体现了契约精神，它得到当事者的共同认可或共同承诺；②企业员工应该以契约精神来对待企业制度，认真执行自己的承诺和认同，主动而自觉地适应企业制度。

（2）共赢平台理念。其包含两层意思：①在企业制度的设计中，要充分考虑企业实际上是各种生产要素的自我利益的平台，把企业设计为一种共赢平台；②任何生产要素都要保护和维护企业这个平台，只有在这个平台上，当事者才能实现一种共赢。共赢平台理念是构造企业制度的基础。

（3）内在融合理念。其包含两层意思：①在企业制度的设计中，要贯彻内在融合的原则，界定企业内部的各种关系；②在执行企业制度时，要以内在融合的原则来对待企业及所有当事者。

（4）忠诚理念。其指企业制度建立在相互忠诚的基础上，任何当事者都应该以忠诚原则对待企业制度，对待所有当事人，把整个行为建立在忠诚的基础上。

（5）团队精神理念。在企业制度的设计及贯彻中，要充分发挥团队的作用，体现团队精神理念，要求所有员工把团队精神作为行为准则。

（6）敬业进取理念。在企业制度的安排上，要能够促进当事者最大限度地发挥自己的作用，促使当事者敬业进取。

（7）等级差别理念。其包含两层含义：①企业的制度设计要认可员工的等级差别；②员工也要承认企业中存在等级差别，要以平衡的心态对待这种差别。

（8）效率唯一性理念。企业制度的安排必须以效率为中心，把效率的提高作为出发点和基础；同时，企业员工也用效率理念来看待企业制度，最大限度地提高自己的效率。

（9）制度至上理念。在企业的制度安排和企业运行过程中，任何人都不能违反企业制度，忠于企业制度是员工的行为及理念的出发点。

（10）生产力中心理念。企业的制度安排必须能够保证生产力的有效发展，要求员工以生产力中心理念来看待企业制度。

第四节　企业形象和物质文化

企业形象与物质文化作为企业文化的重要组成部分，带给社会大众的是人们对一个企业的总体印象，人们不一定能明确感受到企业价值观或企业精神，但是一定能够对与其相应的有形存在的事物有种扑面而来的真实体会。

一、企业形象的内涵和作用

（一）企业形象的内涵和特点

企业形象就是企业以自己的产品质量、服务水平、企业信誉、职工素质和视觉标志，在社会上和消费者心目中所形成的总体印象，是企业整体素质的外在表现。企业形象是企业无形的、潜在的资源，是可物化的无形资产。

1. 企业形象的内涵

企业形象是由诸多要素构成的一个有机体系。它主要包括以下几个方面。

（1）产品形象指产品的质量及先进程度、产品的服务和用户满意程度。"西门子"就是"高质量的代名词"，据称有这个商标的产品已无须再去做广告，因为西门子就是最好的广告。

（2）环境形象是企业内外生产和生活条件建设的总体表现，环境形象对于企业来说，如同一个人的外观，反映企业的整体管理水平、经济实力和精神面貌。

（3）员工形象是企业员工在职业道德文化、专业训练、文化素养、精神面貌、言谈举止、服务态度和装束仪表等方面的总体素质。员工形象应体现出同舟共济、荣辱与共，关心企业经营，重视企业效益，珍惜企业声誉的责任感。

（4）领导形象是企业领导人的思想、政治素质，知识结构，工作经验，组织指挥决策能力，公关意识，人格秉性，气质风度等给外部公众和内部员工留下的印象。一个领导者的形象关系到企业的生存发展。

（5）公共关系形象是企业公共关系专业人员在企业公共关系战略思想的指导下，通过有计划、有步骤、长期的努力建立的一个维护社会利益，符合企业实际，便于社会公众记忆的形象。有效的公关活动和措施是提升企业形象的良好手段。

（6）企业的社会形象是企业给社会公众长期留下的认识形象。良好的社会形象是企业不断参与社会活动而树立的。通过参与社会活动，企业能够有效地收集、传播信息、情报，与企业的关系者和潜在的关系者进行交流和沟通。各类社会活动是企业树立形象的主流渠道。企业通过这些活动，谋得社会公众对企业的信赖与好感。

2. 企业形象的特点

企业形象的特点主要表现在以下四个方面。

（1）对象性。企业形象在不同的社会公众对象中有不同的理解和认识。企业要与方方面面的社会公众打交道，而公众自身的需要、动机、价值观、兴趣、爱好、文化素质等千差万别，导致他们对企业形象的认识途径、认识方法有所不同。因此在塑造企业形象的过程中，要研究社会公众一般与个别的兴趣、爱好、需求等，尽可能取得社会公众的认同。

（2）效用性。企业形象代表着企业的信誉、产品的质量、人员的素质、管理的效率、股票的价值等，是企业重要的战略资源，是企业的无形资产，同时也是一种生产力。一个名牌企业的形象价值有时高得令人难以置信，但却是真实存在的。因此企业形象的塑造和建设是关系企业生存和发展的百年大计。

（3）整体性。企业形象包含的内容范围相当大，从物到人、从产品到服务、从经营到管理、从硬件到软件，无所不及，其具有多方位、多角度、多层面、多因素的特点，是一个复杂的系统。

（4）相对稳定性与可变性。企业形象一旦在社会公众心目中形成某种心理定式，一般很难改变，即俗话说的"先入为主"，表现出相对稳定的特征。当然，相对稳定性并不意味着一成不变，只要企业变化的信息刺激足够大，且这些变化又正是公众所关注的，那么公众对企业的态度和评价就会发生改变。

（二）企业形象的作用

在市场经济的大潮中，企业的竞争越来越激烈，优胜劣汰的自然法则既给每个企业提供了生存和发展的机遇，也使每个企业面临着被挤垮和破产的危险。因此，一个企业如果没有树立起优良的企业形象，是不可能在激烈的竞争中取胜的。优良的企业形象是企业的无价之宝。

1. 对企业内部的凝聚和激发作用

优良的企业形象，可以激发企业成员的自豪感和光荣感，增强企业的向心力和凝聚力，从而提高企业员工的积极性和创造性，使企业充满活力。众所周知，在一个领导与职工之间关系十分融洽、产品声誉十分高、厂容厂貌整洁美丽的企业中，职工的精神状态一般说来就比较积极向上，其比较容易产生一种快适感、荣誉感和安全感，由此可产生热爱企业、关心企业、热爱本职工作、做好本职工作的思想感情，进而把这种感情化为积极工作，为企业多做贡献的实际行动。由此可见，优良的企业形象有助于企业成员形象的提高。

2. 对企业外部的吸引和输入作用

首先，优良的企业形象有利于吸引消费者，扩大产品市场。优良的企业形象是生产优良产品的保证，能给消费者一种信任感、安全感，这将在消费者购买商品的行为中起引导作用，使具有优良企业形象的企业产品成为消费者的最爱。如日本松下、索尼电器公司等，由于在消费者心中形象美好，因此，消费者信任它们的任何一种产品。

同时，优良的企业形象有利于吸引人才。"花香自引蝶飞舞"，人才总是往声誉好、环境好、效益好的企业流。优良的企业形象有利于企业获得顺畅的原料供应和产品销售渠道，经销商总是愿意与信誉好的企业建立供货关系。优良的企业形象有利于吸引银行贷款和社会资金。银行和政府贷款时、国内外企业和私人投资时、人们购买股票时等都愿意与形象好、有安全感的企业打交道，建立经济往来。优良的企业形象还有助于获得政府和社会的好感，使政府和社会乐于对其提供帮助或给予谅解。

二、树立独具特色的企业形象

（一）塑造企业形象的原则

塑造企业形象是科学，也是艺术。在实际运作中我们既要按照其内在的规律办事，又需要创造性地工作。在塑造企业形象的实践中，我们要坚持以下原则。

1. 差别化原则

树立企业形象要突出个性，强调差别化。一要突出行业特色、企业特色；二要根据客观需要，着力抓好突破口；三要应用象征性标记，如商标、店徽等，通过视觉识别设计，使企业特征易于传播、便于记忆，使企业形象深入人心。

2. 整体性原则

企业形象的塑造，涉及企业的方方面面。首先，企业价值观、伦理道德文化和企业精神是企业形象的精髓和灵魂，对企业形象有着决定性的影响，而企业形象是企业价值观、伦理道德文化和企业精神的外在表现。因此，塑造企业形象，不能离开企业价值观、伦理道德文化和企业精神的培育。其次，企业形象的塑造，有赖于全体员工的共同努力。因此，塑造企业形象绝不仅仅是领导者的事，而是全员的事。最后，企业形象的塑造必须与企业的技术创新、经营创新、市场开发结合起来，与企业管理的完善结合起来，充分利用新闻媒体，做好宣传推广，才能收到较为理想的效果。

3. 战略性原则

树立企业形象是企业对未来的投资，是一项长期的任务，需要企业投入较大的精力和费用，花费很长的时间，需要有目标、有计划、有步骤地实施。树立企业形象，实际上包含三种行为：挽救形象、维护形象、更新形象。因此，企业必须把塑造形象作为一项战略抓紧抓好，才能使企业形象经常处于良好状态，常变常新，成为推动企业发展的特有力量。

（二）塑造企业形象的基础和主要内容

塑造企业形象是一种高层次、高品位的竞争手段。如果没有质量、信誉及良好的客户管理为基础，企业形象只能是"无源之水""无本之木"。

塑造企业形象的基础要素如下。

1. 质量

质量是企业的生命，是企业产品形象和服务形象的本质特征。只有在保证质量的前提下，企业提供的产品和服务才谈得上形象的问题。需要指出的是，现代企业强调质量，不仅重视产品质量，更重视服务质量。只有为顾客提供优质服务，才能提高企业的知名度、美誉度和信赖度，从而在顾客心目中树立起代表着无形资产价值的企业形象。从企业文化的角度看，服务还有着深厚的文化内涵，它是"尊重人的价值，尊重人的需求"的现代理念的反映。成功的企业深知，质量是企业形象的生命，殚精竭虑地谋求产品质量和服务质量的提高，不仅能够树立良好的企业形象，也是更新企业形象的关键。

2. 信誉

信誉是企业长期提供优质产品和优质服务的必然结果。一个信誉良好的企业，必定具有过硬的产品质量和一流的服务质量。企业在销售产品和销售服务的同时，也在销售着企业的信誉。良好的企业信誉是企业及其产品的知名度、美誉度和信赖度的体现，是构成企业形象的基础。讲求企业信誉，就要贯彻诚实守信的经营原则，无论是企业领导者还是企业员工都应视信誉如生命，在企业管理和经营服务活动中，领导取信于员工，员工取信于企业，企业取信于顾客，取信于合作者，取信于社会。

3. 顾客满意度

无论是企业的质量还是信誉，都是以满足顾客需求的程度来衡量的。顾客满意度的概念就是要企业建立为顾客服务、使顾客满意的管理系统，显示以顾客利益为重的真诚，将顾客满意所引发的对企业的信任和忠诚作为企业最重要的资产。可以说，使顾客满意是树立企业形象的根本目的和根本出发点。

综上所述，企业的质量和信誉构成了企业形象的基础，而这个基础又以顾客满意度为核心和灵魂。所以塑造企业形象的过程实质上是处理企业与顾客、企业与社会公众的关系的过程。可以这样说，塑造企业形象的基础，就是打好"群众"基础，就是要赢得消费者和社会公众的心，在日益激烈的市场竞争中，唯有使顾客满意的企业才是不可战胜的。

企业形象的塑造可以从以下三方面抓起。

（1）讲究外显形象的设计和完善，强化视觉传达的效果和宣传效果，集识别与美感于一体。

（2）不断提高产品和服务质量，立足企业综合实力形象的增强，企业产品质量、技术装备、资金资产、经济效益等物资要素，构成了企业的综合实力形象，它与企业的外显形象和内在精神形象相匹配、相得益彰。综合实力形象是企业形象的基石，也是增强市场竞争力的必备条件。

（3）加强与企业成员和社会公众的沟通。企业要获得优良的企业形象，必须加强与企业成员特别是社会公众的沟通，这种沟通主要有赖于公共关系工作的展开，诸如新闻宣传、记者招待会的召开、联谊会的召开、广告发布、接待工作的开展、制作宣传资料、参与公益活动、参与赞助等。

三、寓无形于有形——企业的物质文化

（一）企业物质文化的含义

企业物质文化是由企业的各种物质设施中蕴涵的文化价值以及企业产品中的文化价值两部分构成，它是一种以物质为形态的表层企业文化，它将企业所创造的文化品位、文化理念通过物质设施和产品表达出来，以其直观形象被更多的人感知。

企业物质设施中的文化价值，主要是指以下几方面。

（1）企业容貌（包括被人工改造过的自然环境）。这是企业文明的一种标志和象征。

从厂房的建筑造型、色彩装饰到利用空间的结构布局，从环境到各种物品的摆放，都能反映出一个企业的管理水平和风格，体现了企业文化个体性的特点。

（2）劳动环境的优化。这不仅能提高生产效率、保证劳动安全，而且还能相应地提高工人的劳动兴趣，激发员工对企业的忠诚感、义务感和责任感。

（3）必要的生活娱乐设施。其包括文娱场所、体育设施、图书馆、职工学校等。美化生活娱乐环境，能使职工感到企业这个大家庭和谐、温暖，增强企业凝聚力。

（二）企业物质文化的历史发展

现代企业物质文化的发展大致分为以下几个阶段。

（1）企业物质基础设施完善的同时开始了传统工商企业向现代企业的转变。

（2）现代大量分配性的营销企业问世，刺激了消费，鼓励了生产，又推进了企业生产物质文化的创新与突破。

（3）大量现代化生产性企业，伴随着生产技术、物质基础的重大进步，伴随着巨大的社会需要应运而生。

（4）产品性质、技术要求和合理化经营结合起来，一旦找到了适度的物质文化前提，便形成了现代大量生产和大量分配相结合的公司经营。

（5）社会经济基础设施、金融、银行和其他配套条件的进一步完善，导致了横向联合、纵向联合和混合联合的公司发展三部曲，最终形成了巨型企业和公司。

（6）各种物质技术条件的进一步发展，世界市场、国际贸易、国际金融条件的初步形成和巨大发展，导致了跨国公司的出现和长足发展。

（三）企业物质文化的内容构成

1. 企业容貌与劳动环境

企业不论其生产方式如何，劳动者的生产经营活动总是在一定环境中进行。因此，企业的内外环境如何，直接影响劳动者的情绪、心理和生产积极性，更影响劳动效率。劳动者处在有利于身心健康和劳动操作的生产环境中，情绪稳定，精神饱满，注意力集中，工作效率也随之提高。反之，如果一个企业环境脏、乱、差，则会使其员工心情不佳，行为粗鲁，产生疲劳感和烦躁感。这样不但会降低工作效率，对人的心理健康也有很大损害。在一个企业内部，构成劳动环境的因素很多，有气候、照明、噪声、色彩等。在我国，有一些企业借鉴国外的先进管理经验，采用"色彩管理法"，在人们经常工作的劳动环境中，巧妙地涂上符合人们心理特点的不同色彩，如墙壁、走道、地板、设备等都配上受人欢迎的色彩，既有效地区别了生产环境中的不同部位，又给人一种赏心悦目的感觉。

2. 企业产品文化

企业产品中的文化价值和文化作用，是现代产品的重要部分，它透过一般认为的产品物质功能和使用价值，着重于产品所包含的文化价值和文化影响。这些文化价值和文化影响貌似无形，但实实在在影响到产品的声誉和销路。

企业产品文化主要包括以下 10 项：

（1）企业产品构成的物质特质；

（2）企业产品要素、部件的整合与系统结构；

（3）企业产品的物理、化学、生物等性状与功能；

（4）企业产品造型、包装、商标等选择；

（5）企业产品结构与系列；

（6）企业产出情况，产品资源与能源投入—产出情况；

（7）企业产品生命周期（成长曲线）；

（8）企业产品开发能力、潜力和方向；

（9）企业产品的技术基础；

（10）企业产品生产与消费的生态与环境影响。

企业产品文化管理与建设，都是围绕以上 10 项企业产品文化内容进行和展开的。

3. 工具体系文化

企业工具体系文化即企业生产手段文化，是企业物质文化主要部分之一。 企业工具体系文化通常包括以下 10 项内容：

（1）企业生产资料各种物质特质；

（2）企业工具、生产手段简单构成、系统结构；

（3）企业工具体系及其结构；

（4）企业能源、动力体系及其结构；

（5）企业传动装置、系统及其结构；

（6）企业机器设备系统层次结构及其布局；

（7）企业工具体系效能、性质；

（8）企业工具体系的生态与环境影响；

（9）企业工具体系寿命周期；

（10）企业工具体系成本核算。

作为企业物质文化组成部分的企业工具体系文化的工具体系三大构成，即工具、传动、发动，无论是部分的，还是整体的突破或革命，都会引起企业物质文化的巨变。

4. 企业管理物质文化

伴随着近代生产力革新而出现的近代科学技术、教育的发展，为管理物质文化的大发展奠定了基础。企业管理物质文化就是在这种背景下出现与发展起来并且构成了企业物质文化的重要部分。

企业管理物质文化通常包括以下 10 项：

（1）企业管理物质文化特质，例如，什么样的控制、核算、监测、沟通或通信工具；

（2）企业管理物质手段结构与整合；

（3）企业管理物质手段体系统组合和空间分布；

（4）核算、账户物质手段体系；

（5）直接生产过程、现场监测、控制手段体系；

（6）产品质量监测、检验手段体系；

（7）办公系统；

（8）信息处理、存储、传递系统；

（9）职业培训系统，包括职工与管理者培训系统；

（10）公共关系与外界物质系统。

在现代社会，随着大型公司的出现，新的文明纪元的开始，企业管理物质文化日渐重要。

第五节　企业灵魂人物的信念与魅力

1983年10月17日，美国《幸福》杂志刊登了这样一段话："企业文化是一种真实而有力量的存在，也是一种难以改变的存在，改变文化的努力在企业内外很少能得到支持。如果你在修正企业战略时碰到文化问题，最好是避开它，如果你不得不直接干预文化，务必谨慎从事，不要对成功寄予过高的期望。"这段话不仅道破了许多企业在文化变革中的沉痛教训，更清楚地表明了一个道理：谁也不能否认和忽视企业文化尤其那些为此呕心沥血的企业家们。因为，一个企业的兴衰，一个企业文化建设的成败在很大程度上取决于企业家们。松下幸之助对于松下、比尔·盖茨对于微软、张瑞敏对于海尔，雷军对于小米等都具有决定性作用。我们可以从国际、国内许多著名大公司发展的历程中清楚地看到这一点。企业的兴衰与企业家休戚相关，这些企业家就是各自企业的灵魂人物。他们的信念和魅力来自他们的个人素质与他们所体现的企业家精神。

一、企业家的魅力

"entrepreneur"（企业家），是法国经济学家萨伊于1800年前后提出的概念，指那些"将经济资源从生产力和产出较低的领域转移到较高的领域"的企业经营者。科斯认为，企业家是能"从确认现实经济中不能完全掌握所有交易信号这一事实出发，迅速捕捉到对买卖双方都有利的交易机会，并作为中间人参与其间，来促进交易机会的实现"的企业经营者。著名经济学大师熊彼特认为企业家不是一般的企业经营者，而是那些在经营管理活动中倡导和实行创新的经营者，他认为"企业家是不墨守成规，不死循经济循环轨道的，他常常创造性地变更轨道"。现代企业管理之父德鲁克在其名著《创新与企业家精神》一书中反复阐述具有创新精神并将新东西运用于实践的企业经营者才是企业家。因此，企业家这一称谓表达着创新、拼搏、活力、进取、负责、冒险精神。企业家是市场经济时代的弄潮儿，是一个企业的掌舵人，对于其所在的国家以及整个世界的经济都有推波助澜的作用。

作为企业家应具备的基本素质，即企业家个人魅力的源泉，至少应包括身体素质、道德素质、心理素质、能力素质等基本素质。

（一）企业家的身体素质

身体素质是其他各项素质的基础，一名成功的企业家必须具备健康的身体、充沛的精力，否则，难以胜任其工作。企业家的工作强度是一般人无法相比的，成为一名企业家首先必须具有强健的体魄和充沛的精力，这是出色完成各项工作的最基本的保证。

（二）企业家的道德素质[①]

人无德不立。一个成功的企业家必须具备正直无私的道德品质。一方面，正直无私的企业家更能吸引优秀员工。"不正直谈不上领导"，每个领导都需要跟随者。跟随是一种信任行为，也就是对领导者有信心。"正直"是领导者必备的品质，因为它是一种力量，能鼓舞别人。企业家正直无私，一心为企业，可以强烈地感染员工，激励员工为企业的发展壮大付出无私的努力。正如松下幸之助所说，"知识、方法固然重要，但更重要的是高尚无私的人格，使员工受感召而一无保留地奉献"。

另一方面，正直无私的品质有助于企业家做出有利于企业长远发展的决策。任何一个渴望成功的经营者都应具有不为一己私利、私欲、私情所束缚的道德品质，只有在正直无私品质的主导下，企业家在为企业做决策时才不会急功近利、鼠目寸光，而会着眼于企业的长远利益，甚至宁可为企业的长远发展主动牺牲一己私利。因此，一个企业要实现持久的经营成功，企业家必须具备正直无私的道德素质。

（三）企业家的心理素质

企业家的心理素质，是指企业家个人的心理条件，包括企业家的自我意识、气质、性格、情感等心理要素。企业家致力于企业经营管理活动的特殊性，往往要求企业家具有与常人不同的心理条件。

1. 坚持到底与坚忍不拔的性格

英特尔的总裁认为企业家"执着才能生存"。企业家不是空想家，而是实干家。他必须为企业订立一个实际可行的目标并根据目标制定实施方案与策略，兢兢业业，胜不骄败不馁，一步一个脚印地向目标靠拢，有着不达目的决不罢休的干劲。

2. 自信、自主的意识特征

古语云：胜人者有力，自信者强。企业家必须怀有强烈的自信心，以此感染下属、合作对象乃至顾客。作为企业领导人，他必须勤勉负责，充满乐观精神。他们绝不墨守成规、因循守旧、优柔寡断、畏首畏尾，而是勇往直前、无所畏惧。自信是企业家的第一心理要素，没有自信心，是很难成为企业家的。伴随自信心而来的是思维和决策中的自主性。他们乐于独立思考，绝不人云亦云，不为众议所动，自我意识强，善于抓住机遇，勇于展露自我的才华。

3. 强烈的危机感

企业家必须具有生于忧患，死于安乐的意识。危机、挑战是一种压力，更是企业发展的动力。企业家作为企业领航人，特别是在企业发展最顺利、最迅速的时候，要有危机意识，对企业的发展前景有清醒的认识。

4. 淡泊功名利禄

一流的企业家绝不能仅计较个人的利益得失。他们心目中必须有一个高远的理想，

---

① 陈春花. 企业文化管理. 广州：华南理工大学出版社，2002：96-97.

追求崇高的人生价值。为此，他们不沽名钓誉、斤斤计较，而是着眼大局、放眼未来。

5. 乐于面对挑战

市场形势瞬息万变，企业时刻面对内外挑战。企业家必须直面挑战，无畏无惧，并乐在其中。知之者不如好之者，好之者不如乐之者。只有乐于面对挑战，企业家才能带领企业克服难以计算的挑战，发展壮大企业。

6. 刚强、果敢、坚毅、开朗而不懦弱、犹豫、封闭

无论是创业型的企业家还是守业型的企业家，在性格上一般都倾向刚强，这可以使企业家经受住任何挫折打击；果断的性格增强了企业家决策的胆略和魄力，坚毅的性格保证了企业家实现既定目标的坚韧性，开朗的性格扩展了企业家的感染力。而这些是企业家必备的性格。

7. 胸襟广阔、宽容大度

成功的企业家必须具有博大的胸襟和宽容的态度。中国台湾的企业研究人员经过长期的研究，发现了一个有趣的事实：企业家的胸襟与企业的发展规模成正比。

（四）企业家的能力素质

企业家的能力素质主要是指企业家的决策能力，识才、育才、用才的能力，公关、协调能力等。

1. 决策能力

企业家是企业的最高决策者。当前，经营战略已成为现代企业兴衰成败的关键，其正确与否取决于企业家的决策能力。制定正确经营战略要求企业家不为市场的短期波动和眼前得失所迷惑，应有高瞻远瞩、运筹帷幄的战略统筹能力和微观洞察力，而且要从善如流、多谋兼听，善于在纷繁复杂的竞争环境中捕捉能为企业带来发展的机会。一旦经过自己周密的思考和判断，需要做决策时企业家要有决策的魄力，当机立断、敢于冒险。当断不断、反受其乱。

2. 识才、育才、用才的能力

《三国志》中有一句名言："功以才成，业由才广。"人才是成就事业的最关键因素，因而，领导的至关重要的职责是识才、育才、用才，领导应是伯乐。杨元庆能成为"少帅"离不开柳传志的慧眼。一个企业要兴旺发达，其领导人必须具备知人善任、举荐贤能的能力。

3. 公关、协调能力

企业是一个大系统，企业内部的各个组织、部门是企业的子系统，大系统的高效运转，全赖于各子系统的支持和配合。企业家的决策得到企业内部各组织、各部门不折不扣地贯彻执行，要求企业家拥有较强的沟通协调能力，使执行者充分理解决策的动机、内容、目的等，深化认识并自觉协调各自行动，减少在执行过程中由于信息不充分、不完整而可能出现的摩擦，从而降低管

扩展阅读 2.7：国货为什么这么火？——浅谈"白象食品"的翻红原因

理成本。另外，企业所处的外部环境，与政府、投资方、传媒、银行、顾客及供应商、竞争对手等关系息息相关。处理、协调好与它们的关系，不仅需要企业公关部门去做深入、细致的沟通，而且需要企业家去周旋，为企业发展创造和谐、宽松的社会环境。因此，"内求团结，外树形象"，这两方面都需要企业家具备公关能力。

二、企业家精神

无论是早期的企业家还是当代的企业家，无论是我国的企业家还是国外的企业家，为了能够不断地激励自己和员工们去顽强拼搏，在经营管理实践中，必然会形成各具特色的企业家精神。在企业中，企业家无疑是核心人物，我们不仅能从企业的经营管理中看到他的这种地位，而且能从企业精神的形成和发扬中再次证实企业家的这种作用。正如德鲁克指出的："企业家精神是'非经济的'事物，它深刻地影响，而且的确引导经济，而它本身却不是经济的一部分。"

一般来说，企业家精神主要包括求实精神、创新精神，敢于承担风险的精神，追求卓越的精神。

（一）求实精神

一方面，企业家具有实干精神。要使企业在市场竞争中站住脚，不断扩大规模，扩充自身实力，就必须持续进行技术更新改造，降低成本、提高产品质量；正确处理内部人际关系、分配关系及与外部宏观经济的各种关系。这一切都要求企业家脚踏实地、身体力行地去组织实施，切实提高企业的劳动生产率。另一方面，企业家的每一项决策、规划、措施都应符合企业实际。在具体思路和理论上，企业家应该强调一定的超前性、先进性，但要以现实的承受能力为限度，而非盲目地决策指挥，照抄照搬成功的企业文化、决策方法等，不能超越客观允许的条件。

（二）创新精神

从一定意义上讲，企业家成为企业家，在很大程度上取决于他们的开拓创新精神。熊彼特是第一位系统阐述企业家精神的经济学家。他在《经济发展理论》一书中指出，企业家的创新精神，是决定企业兴衰的关键。开拓创新精神是在市场经济规律作用下形成的，要在市场竞争中求得生存和发展，唯有采取"人无我有，人有我优"的开拓创新策略。企业家的任务是"创造性的破坏"。美国企业家老约翰·洛克菲勒说，作为一个企业家，"假使你想成功，你就该自己开辟一条新道路来，而本身沿着一条成功的道路走下去"。创新意识是企业家精神的本质特征，也是企业家精神得以实现的基本条件。而开拓精神是建立在强烈的创新意识基础之上的，成功的企业家无不具有开拓创新的精神特征。

何谓创新？创新就是改变资源的产出。创新行动赋予资源一种新的能力，使它能够创造财富。凡是能够改变已有资源创造财富的行为就是创新行为。企业家必须学习如何进行系统化的创新。由于变化提供了人们创造新颖、与众不同的事物的机会，企业家应视变化为健康的标准，有目的、有组织地寻找变化，对这些变化可能提供的经济或社会创新的机遇进行系统的分析。创新不一定是技术上的创新，甚至可以不是一个实实在在的"东西"。从影响上看，只有少数的技术创新可与报纸或分期付款这种社会创新抗衡。中国企业家调查系统组织的"2000 年中国企业经营者问卷跟踪调查"的结果显示，对"最能体现企业家精神的是什么"这一问题的回答，企业经营者选择"勇于创新"的比重最高，为 47.7%。

日本本田公司创始人大久保睿塑造的"本田精神"就特别强调创新精神，他把"本田精神"归结为三大观点："人要有创造性，绝不模仿别人；要有世界性，不拘泥于狭窄地域；要有被接受性，增强互相的理解。"索尼公司创始人盛田昭夫强调"永不步人后尘，披荆斩棘开创无人问津的新领域"，"干别人不干的事"。他在《走向世界》一书中把开拓新技术称为"求生存的手段"和"企业生存之路"。日本日立公司的创始人小平浪平把"日立精神"归结为三点，即"诚""和""开拓精神"，开拓精神就是继往开来、先忧后乐、永不停止地开拓。他终生最信奉的一句话是"人生不满百，常怀千载忧"。

（三）敢于承担风险的精神

正如德鲁克所指出的："制定决策是不可避免的，而任何决定的实质就是不确定性。""需要确定性的人不可能是好的企业家。"敢于承担风险的精神是企业家特有的一种精神素质，指企业家在决策、用人等企业领导活动中所具有的为达到既定目的，敢于承受风险的气魄和胆略。

敢于承担风险精神是企业家精神不可缺少的组成部分。企业家在市场竞争中面临的变数非常多，不管对经营决策进行多么科学详细的预测、论证，风险仍然存在，这是现代市场经济的特点。敢于承担风险并不是刻意不去降低或规避风险。一个企业要生存，首先要降低其风险成本。企业家要尽量去掌握信息，降低企业的风险成本。

（四）追求卓越的精神

美国管理学者劳伦斯·米勒说："卓越并非一种成就，而是一种精神。这一精神掌握了一个人或一个公司的生命与灵魂，是一个永无休止的学习过程，本身就带有满足感。"由此可见，追求卓越、争创一流就是一种永不满足的进取精神。同时，追求卓越也体现了一种竞争精神，"人无我有，人有我新，人新我优"，这种"最佳、最新、最优"的竞争意识就是企业家追求卓越的精神。只有具备这种精神，企业家才能产生一种傲视群雄、勇往直前的大无畏气概。[①]

2017 年 9 月 27 日，360 集团创始人兼 CEO 周鸿祎表示，企业家要有追求卓越、敢闯敢试、敢于承担风险的精神，同时创新需要有健全的法律法规来保障。企业家需要有担当精神。只要党和政府坚持以经济建设为中心，坚持科技兴国，只要企业坚持依法经营，任何困难都只是暂时的。360 集团从美国退市，以 100%中国公司身份参与到国家基础设施的网络安全事业，我认为是一种担当。同样，360 还要积极参与到"一带一路"、京津冀协同发展、军民融合等一系列国家重大战略的实施中。

---

① 陈亭楠. 现代企业文化. 北京：企业管理出版社，2003：253.

重要概念

企业愿景　　企业使命　　企业哲学　　企业价值观　　企业品牌

企业理念　　企业形象　　企业物质文化　　企业家精神

案例分析2

娃哈哈用"家"文化打造核心竞争力

同步测练与解析2

自学自测　　　　扫描此码

第三章

企业行为的道德透视与现实反思

经典名言

子曰："夫孝，德之本也，教之所由生也。身体发肤，受之父母，不敢毁伤，孝之始也。立身行道，扬名于后世，以显父母，孝之终也。夫孝，始于事亲，中于事君，终于立身。"

孝悌之至，通于神明，光于四海，无所不通（无所不能）。

——曾子《孝经》

弟子规	圣人训	首孝悌	次谨信	泛爱众	而亲仁	有余力	则学文
父母呼	应勿缓	父母命	行勿懒	父母教	须敬听	父母责	须顺承
亲所好	力为具	亲所恶	谨为去	亲爱我	孝何难	亲憎我	孝方贤
非圣书	屏勿视	蔽聪明	坏心志	勿自暴	勿自弃	圣与贤	可驯致

——李毓秀《弟子规》

作者感悟

健康比财富更重要，精神比物质更重要，常识比知识更重要。

学习目标

通过本章学习，你应该了解公司行为的道德分类及其相互关系，明确企业道德行为的现实价值，理解企业失德行为的伦理思考，熟悉 217 份企业伦理道德问卷的调查数据、反映的问题以及与其相对应的对策建议。

重点与难点

1. 市场经济与企业伦理道德的关系
2. 道德契约的规范性要求

3. 道德行为的现实价值

4. 如何理性分析企业的失德行为

5. 如何加强我国企业伦理道德建设

◆ 导读

上市公司向前高管追偿 26 亿，康美药业胜算有多大？

近日，ST 康美将矛头对准前任高管，发布公告向公司前董事长、副董事长、董秘追偿 26.08 亿元。表面上看是不讲人情，实则浸透了过往辛酸。康美药业，从千亿中药白马股到"A 股史上最大造假公司"，而本次被控诉追偿的前任高管正是始作俑者。2024 年 3 月 13 日，ST 康美公告，公司向前董事长马兴田、副董事长许冬瑾、董秘邱锡伟追偿 26.08 亿元。同时向广东正中珠江会计师事务所追偿 3.41 亿元，该所在 ST 康美业绩造假的三年时间为其提供审计服务。总计超过 29 亿元的追偿数额，在 A 股可谓开创先河。这不是康美药业第一次创造"A 股之最"。2021 年 11 月 12 日，康美药业被判向 52037 名投资者赔偿投资损失约 24.59 亿元，马兴田、许冬瑾、邱锡伟等承担连带清偿责任。

康美案，也成了我国证券史上迄今为止判决赔付金额最高、获赔人数最多的案件，同样也是新《证券法》确立中国特色证券特别代表人诉讼制度后的全国首例证券虚假陈述责任纠纷集体诉讼案。ST 康美董秘处对《中国新闻周刊》表示，对前高管与中介机构提起的诉讼，正是基于公司 2021 年 11 月对投资者进行的约 25 亿元的赔偿，目的是维护上市公司及全体股东的合法权益。马兴田、许冬瑾夫妇不仅是公司的前任高管，更是康美药业的创始人，一手缔造了轰动一时的"300 亿造假案"。2019 年，康美药业承认公司在 2017 年虚增货币资金 299.44 亿元。后证监会查明，康美药业在 2016 年至 2018 年上半年，累计虚增营业收入约 300 亿元，累计虚增货币资金约 886 亿元。作为重磅后续，本次 ST 康美追索巨额损失，虽然石破天惊，但是有据可依。当然，康美案的涉事高管们"难逃法网"。2021 年 11 月，马兴田因操纵证券市场罪、违规披露、不披露重要信息罪等数罪并罚，被判处有期徒刑 12 年并处罚金人民币 120 万元。许冬瑾及其他责任人员 11 人，因参与相关证券犯罪，被分别判处有期徒刑并处罚金。但讽刺在于，按照 2005 年《证券法》，即便是顶格处罚的标准，证监会 2020 年 7 月对康美药业实控人马兴田夫妇分别处以 90 万元的罚款，对康美药业的处罚也仅为 60 万元。300 亿造假被罚 60 万元，彼时不少声音质疑，这样的处罚是否"罚酒三杯"？正是基于此，本次 ST 康美对首恶的 26 亿元追偿虽暂无结果，但作为迟到了近 4 年的后续，其意义更显得弥足珍贵。虽然本案是行业第一次出现数目如此巨额的高管追偿，但这条追责之路已有"成功"的先行者，的确有董监高"反向"赔偿公司的案例。

以追首恶为目的，既有"法理"，又有"情理"，ST 康美是有一定胜算的。关键是即便过了法院这一关，被执行人的清偿能力也成为 ST 康美能否拿到赔偿的决定性因素。承担 100%连带责任，并不等同于拥有 100%的偿付能力。想要从"首恶"手中拿到真金白银，并不容易。而今，马兴田等三人已经锒铛入狱，其清偿能力不容乐观。

（资料来源：于盛梅. 中国新闻周刊，2024.3.22）

现代企业怎样处理与"利益相关者"，即股东、董事会、监事会、雇员、顾客、供货商、竞争对手、社会组织、政府团体及自然环境之间的关系，形成现实的企业伦理与社会责任问题，表现为可查验证的公司行为。[①]我们不能完全像"正统的"微观经济学那样，将企业真实经济生活中的不确定性抽象成生产函数，同理因为企业作为经济体系的社会存在，其经营理念的选择及处理与利益相关者的伦理道德尺度也不能视为企业的"外部性"问题。

企业伦理、社会责任与会计道德管理理论起源于公司治理、企业管理与社会责任实践。本章将深入研究企业伦理、社会责任与会计道德管理（使命）的内涵与外延，其起源，公司在承担社会责任时应当遵循的基本原则，企业社会责任的范围与限度等理论问题；本章将探讨企业与社会、政府、社区、股东、投资者、债权债务人、消费者、员工及各方利益相关者的社会责任关系，尤其关注企业与利益相关者责任关系模型与边界划分。图 3-1 是企业和利益相关者的社会责任关系。

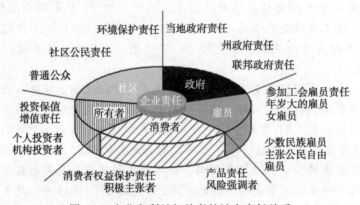

图 3-1　企业和利益相关者的社会责任关系

近年来，中外资本证券市场少数公司诚信缺失严重，将上市作为赚钱的手段，不择手段炮制假账，虚构赢利，蒙骗公众，牟取私利。不少知名上市公司因巨额造假纷纷破产倒闭。中外社会的企业腐败现象甚是严重，层出不穷的企业失德对社会造成巨大危害。因此，很有必要对契约经济与道德契约、企业伦理环境与公司道德行为展开分析。

第一节　契约经济、道德契约与信用机制

从契约论的角度讲，企业具有的伦理特征是企业履行与利益相关者的长期隐含契约的客观内在要求。我们发现，人类社会、经济体系及企业的进步和发展与企业合乎伦理的经营观念及行为息息相关、密不可分。

为了使市场经济中的利益驱动合理合法，保证市场运作能够按公平、公开、公正原

---

① 公司行为，从道德角度可分为公司道德行为与公司失德行为。公司道德行为肯定是公司合法行为，公司合法行为大多是公司道德行为，而极少数公司合法行为不一定合乎道德的要求，进而表现为公司失德行为。当然，公司违法行为肯定是公司失德行为。

则进行，并能真正发挥义利共生理论的作用，我们应当用道德契约规范市场各方面主体行为，建立强有力的信用机制，从而优化企业伦理道德环境。

市场经济中的经济活动都是通过契约（合同）来确认、实现的，所以，市场经济从这种意义上说是契约经济。契约道德是市场经济重要的道德基础。据工商行政部门统计，目前我国经济契约的签约率仅为63%，而履约率仅为50%，在世界上少有的低。签订契约和履行契约的基础是契约道德，即日常提到的信用。契约失效就是经济失信。所以，企业伦理道德中的一个重大问题就是如何做到守信。

目前，市场经济秩序混乱，重要原因之一是企业伦理道德缺失，而企业伦理道德缺失尤以契约道德缺失最为明显，"三角债"就是例证。利用资产重组、债务重组、关联方交易等作假手段，盖出于此。

企业伦理道德缺乏不是市场经济秩序混乱的深层次原因。深层次原因是体制转换期间市场秩序失控。在相当长一段时间内，人们只把市场经济视为"逐利经济"，只知逐利，不知规则，直至无视道德与法律。不受任何约束的利益驱动是市场秩序混乱的根本原因，我们不仅要从道德根源上寻找经济秩序混乱的原因，还需要从制度根源上寻找经济秩序混乱的原因。

一、道德契约的规范性要求

道德契约的规范性要求包括以下几个方面。

（1）买卖是建立在交易各方相互意见一致的基础上的。各自只对自己的行为负责，道德契约对一切当事人都有约束力。

（2）契约约定的买卖是交易各方在地位平等的基础上，按各自的意志自由选择的结果。任何第三者包括国家在内，都必须尊重当事人的自由意志。

（3）改善实现道德契约的环境。这里需要公平竞争的客观环境，同时实现道德契约需要法律的保护。只有在充分竞争的环境里，契约道德才能被人们普遍接受。只有在这样的环境条件下，谁遵守契约，谁就能从交易中获得最大利益；反之谁不遵守契约，谁就会被淘汰。

企业道德契约的关键问题见图3-2。

二、信用机制与有序竞争

1. 有契约必须履行，必须讲究信用。有契约而不履行，就是不守信

"信"是一种德行，一种道德规范。规范我国经济生活，当务之急是启动全社会的企业与个人信用机制，建立企事业单位及个人信用档案，为有序竞争创造条件。因为"市场经济的本质就是信用经济，诚信问题不解决，我国经济体制的改革就难以继续，与国际规则接轨、防范金融风险则更是一个遥远的话题。西方发达国家用了150多年的时间，才建立起较为成熟的社会信用体系，我国正处于经济转轨最关键也是最艰难的时期，建立社会信用任重而道远"（林毅夫，2002）。[1]

---

[1] 饶邦安. 林毅夫等知名人士放言：建立信用制度势在必行. 决策与信息，2002，(5)：2-3.

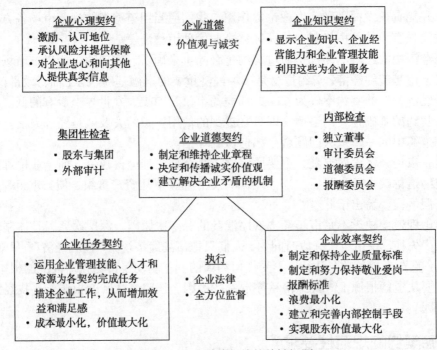

图 3-2　企业道德契约的关键问题

2. 信任，作为一方对另一方的期待，本身就蕴涵着一方对另一方的评价

信任是一种主体评价，代表着一种社会交往模式。在市场经济发达社会，信用既不是超功利的，又有信任、期待对方的含义。但信任要有一定物质做保证，它同纯粹道德范畴的"信"的区别，在于其是从功能分析的视角去把握的。

在人类社会中，对他人的期待是社会公共生活中不可缺少的，否则公共生活不可能存在。这种期待的实现可以有两种方式。一种是通过外在机制来实现，即采取法律的和社会制裁的方式来强制实施某些规则。在这种方式下，期待总是比较容易获得回报的。另一种则是靠内在机制通过信任实现。但后者能起作用的范围是有限的。有时候，无论是道德范畴意义上的信任还是经济学功能分析形成的信用，都会失灵，这时，期待便会落空，产生信用危机。

当前中国的市场经济中，竞争似乎与信任格格不入。谁都对自己今后的命运缺乏信心，往往持捞一把就走的心态。以假充真、以次充好，甚至一锤子买卖，充斥市场，竞争取胜变成欺诈取胜。如果竞争是健全而有序的，企业就应当以优质产品取胜，淘汰劣质产品。这样的竞争自然会同信任联系在一起，竞争与信任可以是相互作用的。

三、市场经济中信用机制的调节器

信用机制在市场经济中，需要多方面的中介进行调节保护，最终通过利益驱动，给道德领域带来积极效应，加强信用机制建设。

信用机制调节器包括个人的道德修养、法律的制约、社会舆论导向、社会管理和消费者自觉等内容。

（1）人们的道德观念与道德修养。个人在社会生活各个领域扮演种种角色，如"经济人""道德人""政治人"等。市场主体（经济人）有什么样的道德观念和道德修养，在很大程度上影响市场经济条件下的社会道德状况。在旧的道德标准已经不能维系人心，而新的社会责任感还没有树立起来时，就会出现极端恶劣的道德状况。所以，必须加强对个人的道德教育，必须强调个人的道德修养。

（2）法律。道德修养是自律的。保障社会道德不滑坡的另一条防线就是法律。一方面法的威慑力量可以防止利益驱动对人类共同道德准则的破坏和侵犯；另一方面法律的威慑力量可以保证市场内部竞争中的公正与公平。

（3）社会舆论导向。在激烈的市场竞争与利益驱动面前，个体的道德选择与守法观念往往被社会舆论左右。

（4）社会管理。国家政权对社会生活的管理是利益驱动与道德状况之间最重要的环节。政府如果廉洁，对经济生活的宏观控制有力，就能创造出一种局面：在市场经济的利益驱动为社会带来巨大好处的同时，社会道德状况不会恶化，而会趋向良好。如果政府的权力高度集中而缺乏任何制衡，那么此权力就会导致腐败。在这种权力下，不但市场正常有序的关系被扭曲，社会道德状况也必定大滑坡。

扩展阅读 3.1：资本市场容不得"忽悠式回购"

（5）消费者自觉指消费者形成一种有组织的力量来维护自身的利益。

第二节　权钱交易、不公正经济与会计假账的关联分析

一、权钱交易的制度经济学分析

（一）权钱交易的制度分析

社会游戏规则称为制度。本小节从制度角度考察经济运行，分析制度产生和变迁对资源配置的影响。制度是约束、激励、保护个人行为的规则，人在不同的制度环境中，将表现出不同的行为方式，人的行为方式是制度的函数。经济制度对人们的经济行为起决定性作用，并需要很长时间反复实践，多次博弈才能逐步形成和完善。

（二）权钱交易的博弈论分析

通俗地讲，博弈论分析是研究决策者在某种竞争过程中，最终结果无法由自己控制，需要根据其他参与竞争者来选择策略时，个人为了取得最佳结果而应采取何种策略的数理和方法。

1. 两种博弈

合作博弈，探讨合作的形成过程以及合作中的成员如何分配他们的支付，强调集体理性，强调效率、公正、公平；非合作博弈，揭示个体在其他局中人的策略给定的条件

下，应选择的策略，强调个人理性、个人最优决策，其结果可能有效率，也可能无效率。

2. 价格制度

"经济人"在最大化自身效用时需要相互合作，而合作中又存在冲突。为了实现合作的潜在效益和有效地解决合作中的冲突，人们制定了各种制度，以规范各自行为。其中价格制度是最重要的制度之一。

3. 博弈与契约

现实中，市场参与者之间的信息一般是不对称的，这就使得价格制度常常不是实现合作和解决冲突的最有效的制度，企业、家庭、政府等非价格制度便应运而生，其显著特征是参与人之间有相互作用。如果一种制度安排不能满足个人理性，就不能实行下去，所以，解决个人理性与集体理性的矛盾的方法，不是去否定个人理性，而是设计一种机制，在满足个人理性前提下，达到集体理性。

4. 信息的重要性及影响

扩展阅读 3.2：解码胖东来——何以"出圈"又"出彩"

由于在他人信息不完全的情况下，自利的"经济人"往往会利用一切现行体制下可能的机会，以损害他人或公众利益的办法，为自己牟取利益，即具有私人信息的一方，可以利用自己在信息上的优势，采取机会主义的行为。所以，信息在人群间的不对称分布，对个人选择行为方向及制度的安排有着重要影响。

5. 委托-代理理论

非对称信息的博弈论，包括两类：道德风险和逆向选择。道德风险是指双方签约后，具有私人信息的一方，会产生机会主义行为的风险；逆向选择是指在双方签约前，具有私人信息的一方所进行的机会主义行为产生的后果。通常，我们把具有私人信息的一方视为代理人，不具有私人信息的一方视为委托人，因此产生了委托代理关系。黑色经济的"假账丛生"就产生在这种委托-代理关系之中。

（三）权钱交易：会计假账丛生的社会根源

"官员腐败"是现代社会各个国家面临的通病。我国腐败现象发展迅猛的势头，既危及和破坏法律的权威性和有效实施，又破坏我国社会主义的经济基础，动摇着我国社会的政治基础。笔者认为"官员腐败"是会计假账丛生的重要社会根源。通过各种媒体和渠道，我们收集了百名"贪官录"，这百名贪官个人贪污、受贿金额合计高达 2 亿元，给国家直接造成的经济损失高达 2000 亿元。而"黑色经济"的会计账目，不是"假账真算"，就是"真账假算"，"官出数字，数字出官"，盖出于此。腐败的"黑色经济"是当今假账泛滥的重要社会根源之一。

产生腐败的微观原因，是公共权利"委托代理"合同的不完善。腐败发生在某个特定人身上，与其时间观念、消费观念、法制观念等个人偏好密切相关，但腐败的普遍存在必然有其制度原因。转型经济中制度的诸多特点，特别是过渡性和不完善性，为腐败的发生和泛滥提供了肥沃的土壤。腐败不仅与宏观的社会背景有关，作为一种行为选择，腐败实际上是建立在个人得失、个人效用算计基础上的一种个人行为选择。一般的腐败作为社会的常态，其产生主要是既定偏好下个人理性处理的结果。而在特定的社会背景下，作为社会问题出现的特定的腐败，源于体制改革未完全到位。

我们需要从微观到宏观，从个体到整体，再到改革时期特殊制度条件，层层深入分析，才能完整、全面、深刻、透彻地认识到腐败及假账的产生根源。

二、不公正经济是会计假账产生的直接条件

当前，在全世界范围内有五种比较突出的不公正经济，这五种不公正经济就是会计假账产生的直接条件。

1. 权力经济

权力者用手中之权同企业做交易，借助"关系""批文""差价"获得不义之财。企业靠权力之助等"寻租"行为而破坏了市场经济活动中的起点公平，从而不用通过公平竞争就轻易获得非法利润。这种经济不公正的社会存在，反映到人的意识中，就是掌权者中流行的"有权不用，过期作废"。此种腐败属于结构性的"政经勾结"和"权钱交易"，需要从体制上解决。

2. 人情经济

人情经济或称经济人情化。其指借人伦、人情，在权力者协助下，干预经济过程以中饱私囊。于是就出现金融领域里的大量人情贷款，企业与企业之间的人情供给、人情销售，企业内部用人方面出现裙带、故旧关系。人情经济本质上又是长期计划经济一统天下局面的延续。

3. 地方保护主义经济

地方保护主义经济只关注地方利益、部门利益，而不顾国家和全局利益，搞地区封锁和部门垄断。

4. 短期经济

如果社会上流行的是个人拼命巧取豪夺，谁也不去关心、注意这种短期经济将以牺牲长远的、全局的利益为其成本，那么长久下去，这个社会在精神上就会沉沦。短期经济行为既有道德上的原因，又有体制上的原因。企业作假就是短期经济的突出表现。

5. 贿赂经济

行贿受贿均属腐败，是经济上的黑洞，也是产生会计假账的温床，更是会计做假账的直接通道与现实源头。

第三节　企业道德行为的现实价值

一、人类社会发展客观要求企业行为必须合乎道德规范

在人类社会不断进步的今天，人们普遍认为法律是管束个人行为的灵丹妙药，制度

是规范集体行为的紧箍咒，科学技术是人类创造美好生活的敲门砖，文化知识是人类提高生活水平的制胜法宝，似乎伦理道德成为无足轻重的赘物和唠叨的说教。殊不知法律管不住道德败坏后可怕的人心（这才是各种社会问题百出的总根源），科学技术乃是一把善恶两向的双刃剑。科学技术在给予人类改善自身生存条件的力量的同时，也赋予了人类毁灭自己的能力：当今世界各国拥有的核武器已经足以将地球毁灭上百次，此外有多种多样的大量新式的大规模杀伤性武器先后登场，并链接现代电脑技术，地球的安全与人类的生存完全掌握在按钮和控键之下。

1. 对企业道德文化水平整体提高的强烈需求和迫切呼唤

如果人类不重视伦理道德，即使社会再进步、法制再健全，科学技术也可能成为人类毁灭自身的利器，人类也就不可能享受科学技术带来的丰硕成果。令人感到可惜的是，在科技飞速发展的今天，人们对道德的重视程度却远不及古人，长此以往科技与道德的两极分离可能使地球的安全与人类的生存面临巨大威胁。为了避免悲剧的发生，真正的出路是人类道德的全面回升。只有法律与道德得到同等重视，依法治国与以德治国并举，标本兼治，才能从根本上扭转社会风气下滑的局面，中国方能重新确立诚信。人类社会从来就没有像今天这样面临对道德水平整体提高的强烈需求和迫切呼唤。

公司从产生以来，就一直是社会性的存在。从公司组成的本义看，"公司是企业的组织形式。公司由两个以上的企业与个人集资并根据国家法令组成。公司实行经济核算，具有法人资格；分有限公司、无限公司、股份有限公司等形式。企业或个人利用公司集中的资金、技术与人才，主办独资企业无力经营的现代化大公司，以扩大规模，增强经营，并提高市场竞争能力"[①]。在经济全球化的今天，公司的任何行动都会对利益相关者产生重大的影响。因此，人类社会发展要求公司用社会公共道德标准来规范企业自身的经营活动。

2. 企业的经营行为体现着人类社会文明的进步程度

在近代工业化发展进程中，企业的经营行为体现着人类社会文明的进步程度。亚当·斯密提出的"经济人"人性本体论为企业经营模式奠定了文化伦理基础。[②]其后的大卫·李嘉图也认为人是有限理性的"经济人"。泰勒所创立的标准化科学管理中也反映了这样的思想。福特把"经济人"应用于实践创造了一种现实企业的生产模式。可以说"经济人"人性本体论反映出社会仍处于低水平道德的层面上。

在"经济人"的假设下，企业将追求自身的"利润最大化"作为天经地义的终极目标。后来人类文明程度的发展客观内在地要求企业伦理水平的提高，企业行为对人性的假设也逐渐由"经济人"过渡到"社会人"，进而发展到"文化人"。正如福山在《信任：社会道德与繁荣的创造》中所说的那样[③]，一个充满信任的有效且合乎伦理的企业组织是成就资本主义经济的关键要素，这种合乎伦理的企业组织与社会的文明进步互相作用，共同反映着这个社会的文明进步程度。反之，不合伦理的企业经营行为有损社会的文明

---

① 辞海. 1989 年版缩印本. 上海：上海辞书出版社，1994：317.

② 亚当·斯密. 国民财产的性质和原因的研究. 郭大力，王亚南译. 北京：商务印书馆，1979.

③ 弗朗西斯·福山. 信任：社会道德与繁荣的创造. 李宛蓉译. 北京：远方出版社，1998.

与进步，企业的伦理行为在社会文明进步中的催化作用不可低估。据报道，世界著名的IBM公司在跨国经营过程中的交易是在既不行贿也不受贿的情况下进行的，他们坚持这样一种价值准则，即使在与当地的行贿受贿企业的订货竞争中败北，也要体现本企业的伦理价值观，从而显示了较高水准的伦理道德，IBM公司也长期保持着稳定发展的良好态势。IBM的做法有其值得称道和我国企业学习的地方。

3. 从成本与效率角度考察，合乎道德约束的企业行为胜于合乎法律约束的企业行为

从社会效率与公平的角度讲，合乎道德约束的企业行为与合乎法律约束的企业行为相比，前者的社会成本低，而且效率高。

人类社会为了维持法律与国家的尊严，需要设置公安、警察、法院、检察院、监狱等机构，这些机构都是非生产性的组织，社会为了处理违法案件需要付出相当巨大的成本。据报道，为了追回某地生产的假化肥，执法人员兵分几路，奔赴东北、华北等地，行程千里，调查、取证、核实，消耗了大量人力、物力、财力及时间。如果将假农药、假种子、假化肥等假冒伪劣产品使农户歉收、绝收的损失，假酒直接导致消费者残疾、生命丧失的损失等全部加在一起算，则人类所付的社会成本数目就会更大。可是，法律的约束并不能扼制、消灭、杜绝某些企业的非伦理行为。就打假而言，我国虽然近年来出台了一系列法律、法规和政策，但是消费者受假货危害的事情仍有增无减，据权威部门近年的统计，我国大多数消费者在不知情的形式下购买过假冒伪劣商品，深受其害，打假已经成为我们经济生活中挥之不去的困惑与难题。

固然，人类社会的法律约束是必需的，特别是我国社会主义市场经济还处于起步不成熟时期更需要法制的维护与保证。值得称道的是，伦理道德对企业行为的约束是无成本，或者低成本的，并且效率高。原因是企业的道德行为可以不需要专门机构与人员监督执行，完全是发自企业内部与企业员工本身的自律行为。这种类似福山认为的"自发社会力"的强度越大，则由该"自发社会力"为核心所形成的规模企业组织与经营形态结成的社会的经济效率就越高。显然，无须并超越法律约束的企业自觉合法合理、运作优点突出，这也就是企业伦理在跨入21世纪之时显示其重要性的原因。

企业伦理问题的前身是以企业伦理道德的称谓出现的。企业伦理道德问题经历了从不被重视到被世人广为关注的过程。20世纪70年代以来，欧美日等国开始对"企业道德""社会公正""正义""功利"等伦理问题重视起来。进入20世纪80年代，地球环境资源问题日益成为企业必须认真处理的课题。20世纪80年代中期，世界观察学会的莱斯特·R.布朗先生在《虚假的安全感》一文中就告诫世人："尽管人类的活动一直在改变自然环境，20世纪后期的破坏却属前所未有。2022年11月，世界人口达80多亿，他们的集体行动能够在一个大陆，甚至在全球造成自然体系的改变。随着人为压力的增长，人与自然维持系统的关系会跨过要害界限走向崩溃。"由资深专家组成的世界观察学会的书明确指出，全球面临粮食短缺，饥荒严重，人类淡水资源过度消耗，各国渔业资源日趋枯竭，高空酸雨与大气污染严重，海洋与森林珍稀物种濒临灭绝以及能源枯竭，人口过快增长等问题。我们认为，这些全球共同面临的问题中，大多数与企业经营战略、企业伦理道德密切相关，企业伦理水平直接关系着人类生存的前途与社会发展的命运。

二、企业伦理存在于市场经济体系的发展过程之中

一般认为，市场经济在不同的时代、不同的国家与不同的社会制度中各有特色。不过，有两个特点是非常相似的，即市场优化配置资源与企业自主经营性。这两个共同特点又是以人类共同的伦理价值观，如诚信与公平等为基础的，企业伦理存在于市场经济体系的发展过程之中。

我们看到，市场经济体系按照价值规律与等价交换原则推动生产要素流动，以及将社会资源优化配置到效益好的项目上去，给企业以巨大压力和内外部动力，导致优胜劣汰。然而，市场经济体系能否有效运作有前提条件。美国学者大卫·J. 佛里彻（David J. Fritzsche）发现至少有三个条件：一是拥有支配私有财产的权力，二是拥有买卖产品和服务的自由选择权；三是能获得与这些产品和服务相关的准确信息。

在市场经济中，如果买卖双方不能自由地交换产品，或是提供的产品和服务信息不准确，人们就可能错误地选择购买某些劣质的产品和服务。而市场体系是按销售量来配置资源，这样资源将会流向那些低劣的环节，使市场体系优化配置资源的运作失去效用而导致"优不胜、劣不汰"。那么，始作俑者就会在企业经营过程中产生种种不合伦理的行为。在经营过程中，如果企业使用不准确，或是错误的信息误导消费者去购买一些不良产品或服务，会产生两个恶果：一是使生产单位的产出成本因生产诸环节的无序而陡然增加，这些企业没有能力持续经营下去而自毁前程；二是消费者用有限的货币购买了与承诺不符的劣质产品和服务，消费者满意度减小，这些企业必然会伤害顾客，那么作为上帝的顾客被这些企业得罪，结果自然是企业失去市场而被迫破产关门。

显然，无论是贿赂还是提供欺骗性信息，或是其他如出售假冒伪劣产品及歧视等种种不合伦理的企业经营行为都扭曲了市场体系，破坏了市场体系有效运作的前提条件，导致了资源的错误配置。而优胜劣汰的市场机制是任何企业与个人都无法左右的，最终受害的是这些不合乎伦理经营的企业自身。而那些循规蹈矩、合法合理经营的企业会在优胜劣汰的市场机制作用下如鱼得水，不断发展壮大。因此，合乎伦理道德的企业行为是市场体系有效运作的现实基础。

三、企业伦理是提高管理水平与产品质量，提升企业形象的关键

良好的企业道德体现在尊重人与信任人上。尊重人就是使职工能按自己的意志自觉自主地工作。信任人会使企业形成强大的凝聚力。如美国通用电气的日本子公司——左光兴产实行"无章管理"，最大限度地减少企业内部人际间的紧张关系，增强员工之间的信任和上下级之间的信任。企业规定：即使在企业最困难的时候也绝不准许辞退任何一名员工。企业认为不需要设打卡机，因为从打卡机上看不到经营者与员工之间的情感与信赖。企业的高度信任，使全体员工更加自重自爱，从没有任意迟到早退现象发生。企业不规定老年职工退休年龄，只要本人愿意，而且身体条件许可，可一直工作到过世。这样员工的晚年生活得到了保障，精神上也有寄托。该企业实行"无章管理"后，年销

售额在通用电气的所有海外子公司中独占鳌头。这都能体现出企业伦理道德在企业管理中不可替代的优越性。

企业经理层要以身作则，诚恳平等地对待下级，在以高尚的动机对职工进行情感投资，以健康的方式对职工进行激励的同时，还应满足职工思想、文化、修养等深层次的需求。根据马斯洛需求层次论，人对物质的需求并不是最高层次的需求，自我实现才是人的最高层次的需求。美国通用电气总裁斯通——一位曾被选为"世界最佳经营家"的企业巨子，曾亲自探望加利福尼亚州销售员哈桑因痢疾住院治疗的妻子。哈桑后来知道此事，感激不尽，以努力的工作报答这位企业家，使加州的销售业绩名列前茅。通用电气从上到下直呼其名，无尊卑之分。企业经理层在尊重员工、诚恳平等地对待下级方面做出了很好的榜样，企业的成功与此是分不开的。

单纯的物质激励对产品质量的提高存在许多负面作用。据国外调查研究，单纯物质激励效用不能持久。而健康的企业伦理把企业形象和信誉看得比生命还重，因而十分注重解决产品质量问题。

消费者在产品使用过程中将对其产生理性认识，这种认识能对消费者将来的重复购买和产品信誉的广泛传播产生很大影响。在现代企业的生产过程中，企业制定了严格的条例和制度，如目前最典型与最完善的把人的行为规定在一个起码应该做到的尺码上的强制性管理方法 ISO 9000，这种强制性管理使人们处于"要我干"的状态。企业伦理对员工的影响，例如宣传"我提供优质产品给他人的生活带来了幸福，我提供劣质产品给他人的生活带来了烦恼"的伦理观念，使员工感到荣誉感或羞耻感，再加

扩展阅读 3.3：2023 年《财富》中国上市公司 500 强排行榜揭晓

上企业经理层能充分调动人的积极性的尊重员工的管理，便使职工从过去的"要我干"转变为"我要干"，创造性地去努力工作，精益求精，创造品质卓越的产品。

有了企业伦理观念，企业处理与社会之间的关系时，就会更多地从社会本位出发，取利但又不造成外部不经济。企业的外部不经济，包括企业向外部排污，影响居民的生活环境和质量；企业本身对产品设计不科学，留下安全隐患，造成了消费者使用产品过程中，发生人身伤亡事故。在重视企业伦理的情况下，国外的企业已普遍重视产品设计的安全性问题。这种变化显然是从顾客（社会）角度出发考虑问题的结果，而不是从企业节约成本的角度出发的结果。要杜绝我国现阶段企业的种种不良行为，除了靠不断完善法制，使企业遵纪守法外，树立良好的企业形象和信誉，增强企业的道德约束力，也同样重要和紧迫。企业必须增强道德感，形成社会本位观念来处理企业与社会、企业与顾客之间的关系。这种观念对最终清除假冒伪劣商品，提高整个社会的产品质量是有益的。

四、企业伦理是锤炼企业自身创新精神与竞争优势的永恒动力

"创新精神"是管理大师熊彼特赋予企业家以区别于一般的投资者或生产管理者的核心精神，这是现代企业在激烈的市场竞争中脱颖而出并发展壮大的根本原因。还要明确，"创新"对一个企业或一个国家来说是其生存、发展的原始动力与力量源泉。缺乏创新

能力的企业其命运是可以预料的：失去顾客与市场而无法获得竞争优势。那么，企业的新精神从何而来？怎样才能在竞争中取胜？

企业的成功依赖企业特有的创新精神与竞争优势，而支撑企业成功的核心因素之一是企业经营行为必须合乎伦理。那些国际老牌的跨国企业，我国的"百年老店"，成功靠的就是合乎伦理道德的经营理念及实践。可以说，伦理道德是企业长期成功必备的精神品质，是激发企业创新的永恒动力。

美国两位教授尼丁·诺利亚与詹姆期·昌佩的研究表明：传统命令与绝对服从的管理支配模式和单向交流只能激发员工 10% 的创造力。诺利亚与昌佩没有深入研究潜藏的 90% 的创造力靠什么去激发。但是，这两位学者指出企业经理层明确要做一项重要的职能工作，那就是"必须不懈地追求企业的诚实正直"，这两位教授认为"正直是信任的基础，而信任则是管理控制一个灵活机动的网络组织的基础"。这个思想也被福山扩展表达为"一个社会信任度的高低成为其影响经济的重要文化因素"。这种英雄所见略同的论述正好说明了企业伦理道德不仅对企业发展，而且对社会稳定都是至关重要的。可以说，这两位学者没有深入揭示出潜藏的另外 90% 的创造力的激发，有一大部分依赖企业内部每个成员的伦理道德水平，这也就可以帮助我们发现一个重要事实背后的原因：为什么20 世纪 90 年代美国企业倡导的"创新精神""团队意识""企业文化"等观念能在全球迅速得到认同。

由"创新精神""团队意识""企业文化"等提炼而成的企业伦理能够使企业员工的活动规范于特定的安排之中，使他们无须为彼此的工作与利益而讨价还价。原因在于，企业里的所有员工都遵循大家认同的伦理规范，相互信任，亲如一家，企业内部的凝聚力增强，减少了员工的流动和员工之间的摩擦，从而降低了不确定性风险，员工更开放地、更乐意地接受和进行批评与自我批评，而不是对批评采取抵制的态度。这样，员工就会对企业工作更加负责，他们会寻找并发现完成工作的最佳方法，对产品与服务质量认真负责，由此，企业的经营成本与交易成本就会大为降低。

反之，非伦理的企业行为不但有损企业自身的近期利益，更可怕的是还会断送企业自身的长远利益。有市场研究资料显示：有的企业因蒙骗而得罪一个消费者可能会获一时小利，而一个消费者上当受骗的现身说法所引起的连锁反应会影响 25～30 个人的购买决心，这种企业就陷入贪小利而吃大亏的不利局面。在现代社会，网络与媒体十分发达，企业在某一商品、某一时间、某一地区局部的不道德行为，通过网络或媒体的曝光一夜之间就可以传遍世界各地，它给企业造成的负面影响往往是人们所难以预料、无法想象的。在市场上，无数事实证明，企业经营的非伦理行为对企业的近期"报应"是直接而明显的，这类企业很快就产品积压，资金短缺，而且其还可断送企业的长期利益，使企业最终失去顾客，失去市场而破产倒闭。

综上所述，企业的伦理价值观念与道德规范水准，不仅影响企业的生命周期、企业自身的学习能力与企业的长期竞争优势，而且对于国家的繁荣昌盛、中华民族伟大复兴、人类的未来和我们赖以生存的地球环境越来越具有决定性的意义。作为企业处理与利益相关者关系行为准则与规范的企业伦理逐渐成为企业生存发展的关键因素之一。所以说，遵守企业伦理是企业履行与利益相关者长期隐含契约的内在客观要求。

五、企业道德治理是公司治理的最基本层次

我国企业已步入公司治理改革新阶段。如何借鉴市场经济发达国家的经验，建立和完善适合中国国情、与国际接轨的公司治理结构与机制，实现企业在微观层次的"入世"，已经成为政府、企业界及理论界共同面临的课题。为了完善我国公司治理结构与机制，我们必须重视与健全企业的道德治理机制。原因如下。

（一）企业的道德治理机制内生于公司治理结构与机制之中

一方面，公司治理的这套制度安排中，已经包含了既定的道德原则，累积的道德思想已经通过法律、法规等嵌入公司治理制度的形成过程，同时制度又包含着人们深厚的道德情感；另一方面，公司治理的制度安排又成为约束员工行为的道德原则的基本层次，而这些道德原则是有扩展性的。企业的所有利益相关者，特别是员工，在遵循制度的同时，也对公司治理机制中蕴涵的道德原则有评判的权利。这虽然增加了对企业管理道德问题理解的复杂性，是引起企业思想文化冲突的原因之一，但同时也是孕育新的公司治理制度的起点。

（二）企业道德治理机制的运行将促进公司治理机制的运行

道德通过权威进行传承，用以维系道德治理的秩序，使一代又一代人从这个组织中获得正义感，使他们认同公司治理机制的合理性。道德治理机制在运行的过程中，可以使置于其中的成员对这个机制有一种心理上的依恋情感。它使人们从事企业活动时，自觉地选择他们认为最恰当的道德原则，促进其他公司治理机制的运行，比如决策机制、激励机制与监督机制的运转。道德情感主要是指一个人对道德问题产生的情绪，它将促进人们按既定公司治理原则行事。

（三）道德治理机制将加强公司治理机制的稳定性

一方面，基本的道德伦理观念已经通过法律以及法规的形式，固化在法规的制度安排之中，这将对企业道德治理机制的稳定性产生基础性的影响，这个层面的稳定性，来自法律的威严，因此该稳定性将相对更为持久与坚定。另一方面，企业道德治理机制在运行的过程中，也在履行一个选择的功能，符合正义观念的公司治理原则与机制，将被不断地优化与传承，从而使符合正义原则的公司治理结构保持相对的稳定。

总而言之，正如亚当·斯密在两百多年前所表达的那样："自爱、自律、劳动习惯、诚实、公平、正义感、勇气、谦逊、公共精神以及公共道德规范等，所有这些都是人们在前往市场之前就必须拥有的。"[①]按公司治理制度本身的目标要求所设计出的这套制度的形式能孕育正义的美德，遏制与正义背道而驰的愿望与抱负。道德原则可以帮助公司治理的制度安排形成一种自我的支持力量，要做到这一点，这些原则必须与社会的普遍的道德原则吻合。因此，我们研究企业道德治理机制及公司治理安排时，首先必须考虑企业设立之初，应有什么样的机制约束嵌入公司治理之中更符合企业发展内在的价值原则。

---

① 亚当·斯密. 财产权利与制度变迁. 上海：上海三联书店，1991：38.

道德治理属于公司治理的最基本层次，道德治理的目标能够促进公司治理目标的实现，道德治理的边界与公司治理的边界一致，道德治理的效益基于其他治理成本的节约，道德治理是降低治理风险的最有效手段，道德治理的实现机制与其他治理机制相伴而生。道德治理是公司治理的本源，反过来，道德治理只有通过其他治理机制的实现才能表现出普遍的有效性。对处于公司治理活动中的个体来说，其活动的出发点只有与制度的一般原则相适应，才是道德的，才能促进其他公司治理机制的实现，成熟的道德治理机制能给企业带来长久的稳定。

我们查到世界著名的财经日报英国《金融时报》2003 年春天公布的 2002 年世界"最受尊敬的企业"排行榜①，其显示通用电气（GE）连续五年位居首位，进入前五名的其他企业分别是微软、IBM、可口可乐和丰田汽车。

联系丑闻频出的现状，2002 年英国《金融时报》的调查问卷中特别设立了一个关于企业道德的问题：哪家企业最诚信？最终，通用电气名列榜首，丰田第二，微软第三。因为通用和丰田得到的评价是"财务干净、领导有方"。微软得到的评价是"没有负面消息"。结果还显示，企业的诚信度和是否受人尊敬息息相关，最受尊敬的 10 家企业都排名诚信榜的前 50 位，最受尊敬的前 10 名企业中，有 7 家企业被同行认为极具诚信，它们分别是通用电气、微软、IBM、可口可乐、丰田汽车、通用汽车和沃尔玛。

《金融时报》评选的世界"最受尊敬的企业"排行榜是著名的企业声誉的报告单。榜单由全球最大的普华永道国际会计事务所组织，经过全世界范围内的 1 万名资深高级经理人评选确定。

评选结果表明，韦尔奇先生依然是世界最受尊敬的企业领导人。另一位在 2002 年 5 月退休的 IBM 领导人郭士纳排在第二位。同样著名的计算机制造商的掌门人迈克尔·戴尔从上次的第八位上升为第四位。沃伦·巴菲特，一位对技术热潮袖手旁观的投资人，排第五位。美联储主席艾伦·格林斯潘也首次入选，排第八位。另一位新入选的是本田汽车的 Hiroyuki Yoshino，其排第九位。

而业界巨擘美国在线——时代华纳企业因业绩下滑，资产缩水，高层领导纷纷更换，人们对其毫无尊敬可言，其理所当然被赶出前 10 名。总部设在法国的全球第二大媒体集团维旺迪环球 2001 年排名第 33 位，由于债务危机和假账丑闻，其现在掉到 50 名之后。它因冲销了 109 亿美元的商业损失费用，成为业界的破落户。银行业也受到丑闻冲击，花旗集团上年排名第 10 位，现跌到了第 15 位。

第四节　企业失德行为的伦理思考

一、利益驱动与"道德滑坡"

任何一种经济体制也是一种伦理道德和文化体制。任何一种经济体制实际上都蕴涵

---

① 参见《中国对外贸易》2003 年第 6 期，新闻链接.

着某种伦理道德规范和标准。利益驱动，从市场经济的运行来看，是市场机制的必然表现。从个人来看，利益驱动是其成为商品生产者或者商品交换者必须遵循的规律。为了最大限度实现商品交换价值，他必须权衡利害得失，以经济利益作为交换活动的主要准则。市场对道德的双重作用正是通过利益驱动来实现的。利益驱动激发每个人对功利价值的追求。而摆脱了狭隘的宗法性共同体束缚的独立个人，在缺乏适当社会规范条件下，很容易走向个体本位。个体本位的过度发展，势必造成社会生活的无序和个体主义泛滥，其结果是对他人和社会利益的漠视、侵犯。我们不能说，利益驱动本身必然带来这些道德生活的负面作用，但它在缺乏约束的条件下，易于诱发不道德和反道德行为。企业失德行为就是这种负面效应的综合表现。

利益驱动，说到底就是金钱驱动，崇尚个人利益，追求金钱。事实上，虽然没有金钱，在现代市场经济社会里不能办事，但金钱绝对不是万能的。

在经济体制改革过程中，有道德"爬坡"与"滑坡"两说。"道德滑坡"是用旧观念来看新情况。道德观需要统一于历史观。新时期需要新的经济，从而决定要有新的道德观与市场经济相联系。道德的概念也是与时俱进的。经济上讲的利，包括"利己"和"利人"，市场经济讲究的利益导向、公平竞争、优胜劣汰、等价交换、互惠互利等，不管我们对它们的看法如何，不也是一种道德吗？"滑坡"论只注意到了市场经济条件下出现的道德消极现象，没有看到利益驱动力对推动社会发展前进的巨大作用。

在激烈竞争的市场经济中，利润维系着每一个企业的命运，企业应该通过诚实劳动、产品质量和优质服务获得利润。然而，我们悲哀地看到，贪婪愚昧使人忘记本性。在现实生活中只要有人悬出高价天价，不管多么可耻的行为，面临多么严厉的法律制裁，总有人愿意去干，钱好像可以买到一切。有的经营者为了追求利润，不惜采取各种非法途径。制假贩假、欺诈行骗、商业贿赂、行业垄断等不正当竞争行为，犹如商海里的一股浊流，加之会计假账广为泛滥和会计信息大量失真，严重败坏了社会风气，极大扰乱了市场经济秩序。这种无视伦理道德准则，违反法律、法规，不顾公众意识的企业和个人有时可能会侥幸获得"成功"，骗取短期与局部利益。但只要撕开虚伪的外衣，当那些见不得人的权谋诡计公示于天下之时，也就是他们失败之时。违背伦理道德的竞争也许能躲过一时，但逃不过永远。不择手段渔利的企业，也许会在商战中偶尔赢得一个回合，却不可能在市场大潮中站稳脚跟，持续稳定发展。

二、企业失德行为的理性分析

事实上，不正当竞争和企业失德行为既损害了广大消费者和诚实经营者的正当权益，又使企业本身失去了社会的信任，从而被客户抛弃，为大众所谴责，情节严重的必将受到法律严惩，走上自毁之路，正所谓"多行不义必自毙"。在这个意义上讲，不正当的市场竞争永远不可能造就赢家。

现在在英美及西欧、日本的较多先进企业内部逐步建立起严格的伦理制度和监管机制。大多数世界 500 强企业制定了成文的伦理准则来规范员工的行为。国际企业界改变旧有偏见，把企业目标定位在追求利润与推动社会良性循环的变迁上，使企业能够长久、持续、协调地生存下去，并且发展壮大。

扩展阅读 3.4：足球协会原主席陈戍源受贿案

西方国家数百年市场经济发展历史表明：企业伦理与职业道德对市场经济的健康运行具有重要意义。"诚信是市场和企业的基石。企业违反诚信规则无异于饮鸩止渴，毁了自己，殃及社会。"[①]从中国证券市场先后发生的深原野、琼民源、鄂猴王、郑百文、银广夏、黎明股份、大庆联谊、麦科特与张家界等上市企业造假被曝光及中天勤企业倒闭，到国外的美国安然（Enron）企业假账案、世界通信（Worldcom）企业最大破产案、施乐（Xerox）企业财务欺诈案与安达信（ArthurAnderson）审计丑闻案，再到法国维旺迪集团企业财务危机案与韩国最大企业集团 SK 集团企业假账案，再到荷兰阿霍尔德会计丑闻案与最近在意大利掀起轩然大波的帕玛拉特企业金融诈骗案，一个个企业造假事件被揭穿，一串串触目惊心的企业假账证实着以上的真理。

上述大案要案对中外资本证券市场和国内外投资者造成极大伤害，给世界各国和广大股民造成数额重大的经济损失和难以估量的精神损失。那些涉案的上市企业及其高级管理层必然要面临法律的严厉制裁，涉案的"证券企业、资信评级组织、律师事务所、大众媒体、政府监管机构和民间自律组织都难辞其咎。政府宏观经济调控部门更应深刻反省"[②]。

企业失德行为产生的表面原因是，社会经济环境不佳，法律不健全，执法不从严，惩处不得力，法律无法约束人们的各种不良行为；实际上，根本原因则是人们的道德标准下滑，真假、善恶、美丑、忍狂、好坏、是非、忠奸等界限模糊，无法约束人们的不良心灵，进而导致不道德行为的发生。

扩展阅读 3.5：新东方企业文化升级

我们要像保护无时无刻要呼吸的空气和每天要喝的水一样保护我们今日社会中无处不在的商业诚信道德。商业诚信道德当受到彻底的损害之后，犹如一个人患上了不治之症一样，这个社会也完了，没治了。美国乔治敦大学商业道德系主任乔治·布伦凯特介绍说，若干年来，美国很多大学的商学院给学生灌输的思想是：只要是为了大量赚钱，可以不择手段、不计代价、不讲方式，在物质利益的驱动下也不必顾虑任何社会责任和任何诚信道德规范。连续不断的企业造假案不能不引起中外大学的商学院（含管理学院）对教学思想的全面反思，其应该在狠抓专业技能教育的同时，高度重视商务管理的诚信道德教育，并把诚信道德教育放在首位。

重要概念

企业行为　　公司治理　　企业道德行为　　企业失德行为

---

① 葛家澍主编. 上市公司财务舞弊案剖析丛书. 北京：中国财政经济出版社，2003.
② 葛家澍主编. 上市公司财务舞弊案剖析丛书. 北京：中国财政经济出版社，2003.

案例分析3

证监会：坚决破除财务造假"生态圈"

同步测练与解析3

自学自测　　扫描此码

第四章

企业伦理道德文化原则

经典名言

大道之行也，天下为公。 选贤与能，讲信修睦。

故人不独亲其亲，不独子其子。 使老有所终，壮有所用，幼有所长。 矜寡孤独废疾者，皆有所养。

男有分，女有归。 货恶其弃于地也，不必藏于己。力恶其不出于身也，不必为己。是故谋闭而不兴，盗窃乱贼而不作。 故外户而不闭。是谓大同。

——《礼记·礼运》

作者感悟

德商比情商更重要，情商比智商更重要，信誉比信钱更重要！

学习目标

通过本章学习，你应该了解企业伦理道德规范系统的构成，理解推行集体主义原则旨在形成企业团队精神，掌握并能熟练运用企业伦理道德的三大具体原则——诚实守信原则、义利统一原则和公平与效率兼顾原则。

重点与难点

1. 功利性与超功利性、自律性与他律性的统一
2. 企业诚信的内在要求
3. 公平与效率兼顾的含义及要求

导读

从传统儒家思想到新儒商精神

传统的儒家思想强调"以仁为本"，孔子将"仁"定义为"爱人"，认为一个人如果能够做到恭敬、宽容、诚信、勤慧、慈爱，那就算是"仁"。

儒家经典《大学》中说："生财有大道，生之者众，食之者寡，为之者疾，用之者舒，则财恒足矣。仁者以财发身，不仁者以身发财。"意思是：生产财富有正确的途径。生产的人多，消费的人少；生产的人勤奋，消费的人节省，如此财富才会保持充足。仁爱的人仗义疏财以修养自身德行，不仁的人不惜以生命为代价敛钱发财。

中国古代涌现了以子贡、范蠡、白圭、王亥等为代表的商人群体，这些人身上都烙印着深刻的儒家痕迹，特别是孔子门生子贡，他被誉为"儒商之祖"，支撑起儒家思想在经商方面的高度。

所谓"儒商"，并不是指读书人经商或商人有读书人的气质，而是商人要以儒家"人为本""和为贵"的理念为基础，有家国天下的情怀，经商则是取财有道的一种途径和方法。

党的十八大以来，习近平总书记在重要讲话中多次提及"企业家精神""企业家作用""企业家才能"等关键词，充分体现出党中央对企业家群体的高度重视，加之中华优秀传统文化复兴掀起时代热潮，促使"儒商精神"在近年迅速升温，备受推崇。

面对全球经济复杂多变的发展趋势以及高质量发展的现实要求，企业家亟须通过新思路、新方法实现突围。向历史要智慧、要经验、要启示——正是在这样的背景下，"儒商精神"被许多中国企业家运用到日常经营管理中，助推企业转型升级，提升企业凝聚力、品牌影响力、产品竞争力，"儒商精神"也在此基础上不断发展形成"新儒商精神"。

（资料来源：李公绥，《企业管理》杂志，2022.5.15）

第一节　集体主义原则：打造优秀企业团队

从计划经济体制转向市场经济体制，同时也是个人义务本位转向个人权利本位。因此，在市场经济体制下，个人利益更加突出。这种市场经济不是放任自由的传统市场经济，而是国家宏观调控的现代市场经济，是以公有制为主体的社会主义市场经济。现代市场经济竞争的主体不仅仅是劳动者个人，企业已成为社会主义市场经济的价值主体和功利主体，是兼容伦理性和经济性的协作利益集合体。集体主义精神在企业中就表现为企业的凝聚力、向心力和命运共同体，企业行为及其结果既具有直接的经济意义，又具有重要的伦理意义。

2019 年 10 月 27 日，中共中央印发《新时代公民道德建设实施纲要》，明确提出要把社会公德、职业道德、家庭美德、个人品德建设作为着力点。推动践行以文明礼貌、助人为乐、爱护公物、保护环境、遵纪守法为主要内容的社会公德，鼓励人们在社会上做一个好公民；推动践行以爱岗敬业、诚实守信、办事公道、热情服务、奉献社会为主要内容的职业道德，鼓励人们在工作中做一个好建设者；推动践行以尊老爱幼、男女平等、夫妻和睦、勤俭持家、邻里互助为主要内容的家庭美德，鼓励人们在家庭里做一个好成员；推动践行以爱国奉献、明礼遵规、勤劳善良、宽厚正直、自强自律为主要内容的个人品德，鼓励人们在日常生活中养成好品行。显然，集体主义原则是我们建设企业道德规范系统的基本原则，旨在形成企业团队精神。

企业道德原则，首先应充分体现集体主义这一共产主义基本原则的精神，充分体现社会公众对企业管理工作的基本业务要求；其次应体现企业管理工作的基本特点，成为规范企业员工的行为和进行企业道德评价的基本标准。要使共性和个性有机结合起来，仅用一个企业道德基本原则是难以囊括的。因此，我们设计企业道德的具体原则有三个，它们之间的关系参见图4-1。

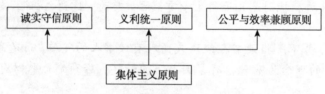

图 4-1　企业道德原则关系构成

一、企业推行集体主义原则的理论依据

虽然企业是由人创立和经营的，但其作为一个整体，是一个不可分割的系统。当然企业员工也会有其个人行动自由，但企业行为一般来说都是集体行为。因此，企业实践活动有理由要求把集体主义作为原则，从而形成企业团队精神，以期提高企业主体的经济利益。

集体主义原则成为社会主义道德的基本原则，并不是偶然的，在道德理论方面具有充足依据。从社会主义道德最一般原理上看，集体主义原则必然是社会主义道德的基本问题的具体体现和集中反映。一切道德问题都是围绕集体主义这一道德基本问题展开的，最后必须借助道德基本原则方能解答其他道德理论问题。所以，集体主义原则是一切道德理论的核心，是解答疑难道德理论的基本原理。从这个意义上讲，集体主义原则贯穿马克思主义道德理论体系的始终，必然成为马克思主义伦理学的基本道德原则。从社会主义道德规范体系上看，集体主义原则在本质上是该体系规范之一，且高于别的具体规范，是说明和统驭别的具体规范的最高道德规范，处于该道德体系的最高层次，并对其以下层次的具体道德规范和道德范畴起着指导作用。从社会主义道德评价体系上看，人们评价善恶的尺度、评价利益的尺度，作为劳动力标准的尺度往往具体化成集体主义尺度。也就是说，集体主义原则是衡量人道德境界高低的最基本的评判标准。

集体主义原则成为社会主义道德的基本原则，在我国现实道德生活中是可行的，集体主义原则也应该是调整我国现实道德关系的主要手段。一方面，从可行性角度看，生产资料公有制占主导地位的社会主义经济形式为集体主义原则的运行奠定了切实的经济基础；以中国共产党为核心的政治体制，以工人阶级为主体的国家体制和以乡村镇街农民居民组成的最基层政权组织为集体主义的实施奠定了可行的组织基础；有一定程度社会主义觉悟的广大社会公众的思想道德水平为集体主义的实施创造了直接思想前提。另一方面，从道德调节手段角度看，长期以来，无论是道德理论，还是道德实践，人们争论及分歧的焦点总是集体与个人的关系。人类道德发展历史表明，相对于利己主义、功利主义和个人主义，集体主义具有巨大的道德价值和旺盛的生命力，它在提高公民的道德品质和改善社会风气等方面发挥着巨大的作用，推动着社会政治经济全面健康发展，也加快了个人物质生活及精神生活走向全面自由的进程。

二、集体主义原则辩证地统一集体利益与个人利益

社会主义的集体主义原则的首要任务是辩证地统一集体利益与个人利益之间的关系。在我们社会主义国家，实现集体利益与个人利益的辩证、有机的统一，是社会主义的集体主义原则所追求的最高道德目标，是社会主义道德的核心内容。

何谓集体利益？集体利益是以无产阶级为核心的所有劳动社会公众的整体利益，是由无产阶级与广大社会公众组成的集体在政治、经济、精神、文化诸多方面利益的总和。其系统价值目标与共产主义理想的集体利益一致，是介于理想的集体利益与虚幻的集体利益之间的一种现实的集体利益。什么是个人利益呢？个人利益是劳动者个人全部需求的总和。这种个人利益首先体现为解决个人在经济上需求的个人经济利益，在今天还分别体现为满足个人在政治、文化、精神等诸多方面需求的个人政治利益、个人文化利益和个人精神利益。

个人利益在任何时候、任何地方都是一种客观存在，且有正当个人利益与不正当个人利益之分。在一定的历史条件下上述的两种个人利益有时还会相互转化。还应明确，只有社会、国家、民族根据社会生产力的实际情况相对公平地提供和分配给个人的利益，才是正当的。我们每个人应当根据社会的道德尺度，合理恰当地节制个人的无穷尽欲望，克制个人的无穷尽的物质与精神需要，追求正当的个人利益，放弃且排斥不正当的个人利益，从而与集体利益保持道德目标和手段上的协调一致。在坚持社会主义的集体主义原则过程中，怎样才能实现集体利益和个人利益的辩证统一？以下提出了三方面要求。

1. 集体主义原则强调集体利益与个人利益之间的辩证性

集体利益与个人利益是辩证的关系，既有统一性又有不一致性。统一性一方面表现在集体利益是个人利益总和的载体，是个人利益最直接、最现实、最权威、最集中的代表。另一方面，个人利益是构成集体利益的必要元素，是健康发展的、极其活跃的。不一致性表现在集体利益偶尔会与个人利益相冲突。但是从长远和整体来看，集体利益与个人利益是一致的。

2. 集体主义原则强调集体利益与个人利益的统一性

首先，从集体利益角度看，集体利益不是虚构的，不是完全凌驾于个人利益之上的利益实体，而是实实在在的由集体中各个具体成员所追求的个人利益在集体方面所表现的总和。其次，从个人利益角度看，个人利益不是孤立的，不是完全脱离集体之外的利

益个体，不是独立于集体利益之外的纯粹的个人利益，而是实实在在的个人利益，但是这些个人利益应该体现集体主义精神并且被集体认同。集体主义原则最高目标就是促使集体利益与个人利益相互依赖、和谐共生、同步实施、共同完善，实现集体利益与个人利益的根本统一。

3. 集体主义原则强调集体利益与个人利益的辩证统一

集体主义原则要求集体利益和个人利益辩证统一赖以存在的基础是集体利益高于个人利益。虽然，我们知道集体利益与个人利益都很重要，但权衡两者，集体利益更为重要。集体主义原则强调集体利益至上的原因是只有更关注现实的、真实的集体利益，集体中的个人利益方才得以最佳实现。集体利益没有实现，个人利益就无法实现。也就是说，实现了集体利益才有可能实现个人利益，集体利益的实现是个人利益实现的前提条件，是个人利益实现的基础。在集体利益至上性这一点上，我国有源远流长的传统，俗语有云："国家兴亡，匹夫有责。"集体主义原则倡导集体利益至上，其出发点和归宿是兼顾集体利益与个人利益两个方面。

三、集体主义原则强调和颂扬自我牺牲精神

集体主义原则在强调集体利益与个人利益的辩证统一、明确集体利益至上性的同时，强调在十分必要之时，个人利益应该服从集体利益，甚至不惜牺牲个人利益来维护集体利益。当然这种个人的自我牺牲不是随时随地、随意随机的，而应是一种在必要的情况下，服从和维护集体利益的方式。为了准确地坚持集体主义原则，维护集体主义原则，我们必须摈弃各种形式的不合理的功利主义原则、极端个人主义原则和利己主义原则，使集体主义原则真正发扬光大。

四、企业推行集体主义原则的目标：培养优秀企业团队

任何团队都是一个有机的整体。企业员工个人是完全渴望加入到这个有机的整体之中的。正如利皮特博士所说的："人的价值在于其除了具有独立完成工作的能力外，更重要的是具有和他人共同完成工作的能力。"在现实的市场竞争环境下，根本不可能只凭个人的力量来大幅度地提升企业竞争力，而团队力量的发挥已成为赢得竞争胜利的必要条件，竞争的优势在于你比别人更能发挥团队的力量。一个优秀的企业团队，能更好地坚持企业的经营方针，能更好地完成企业的质量目标；一个优秀的企业团队，能更好地达成顾客的满意度；一个优秀的企业团队，可以把企业带到永续经营的境界。

对于优秀的企业团队来说，集体主义原则影响力是深远的。第一，它能够对团体内个体的行为产生约束及潜移默化的影响，使他们逐渐形成自身的行为规范，并且使团队形成一定的行事风格与准则。第二，它能调整每个个体的期望值，尽力使其保持高度一致，而这个高度一致的期望值正是这个团队所要达成的目标。第三，团队内个体间的互助及影响能产生集群效应，即个体在团队中受到的影响，往往能发挥超出个体原本的能力，这种影响不是主管与部下一对一的互动能够替代的。也正是这种超常规的发挥使得优秀企业更加优秀，极大地提高了其创造价值的能力。而个体间的信息共享，又

有效地解决了团队或是企业内部的沟通和协调问题，从而对一个企业的工作效率起到了深远的影响。第四，优秀的企业团队通常具有很强的凝聚力，而这绝对是团队或企业成败的关键。

组建优秀的企业团队必须满足如下几个条件：

首先，企业内要有共同的目标、共同的期望，这是形成一个团队的首要条件，而这也正是企业与员工的伦理道德规范的重要组成部分。企业与员工的伦理道德规范是企业中一整套共享的观念、信念、价值和行为规则，可以促成一种共同的行为模式。共同的目标、共同的期望亦是促使员工对一个团队、一个企业忠诚的重要方式。影响员工团队意识的关键问题有如下几个：员工是否了解企业的发展目标？他们能否直接影响企业的成功？他们能否明确他们的职责？在创新制胜的知识经济时代，你是否意识到员工的忠诚奉献已成为企业求发展的关键？传统的命令加控制模式对确保企业成功已显得苍白无力，因为你的关键资源就存在于你员工的头脑中。唯有切实了解员工的期望和需求，发展新型的员工与企业关系，才能让员工释放出，而不是被挤出自己的能量。只有这样，一个团队、一个企业才能够茁壮成长，不断地从一个胜利走向另一个更伟大的胜利！

其次，团队内部可以进行良好的沟通协调。我们知道沟通是团队有效合作的前提，正如沃尔玛总裁所说的："如果你必须将沃尔玛体制浓缩成一个思想，那可能就是沟通，因为它是我们成功的关键之一。"丹佛大学斯蒂芬·艾尔布思克（Stephen Erbschloe）所做的一项研究表明，他所研究的46家企业面对互联网带来的商业机会行动迟缓，最主要的两个原因就是：交流的贫乏和行政上的混乱。优秀的企业团队要达到有效的沟通协调目的至关重要的三个条件是：使交流成为一个团队、一个企业里的优先事项，并且让每个员工都知道你重视交流；为员工提供同管理层交谈的机会；建立互相信任的氛围。为了实现良好的沟通协调，领导应该为员工提供更多的交流平台；并且走出办公室与员工近距离亲身交流，而不是仅仅聆听汇报。

再次，要形成一个优秀的企业团队，企业还必须具有优秀的激励机制。因为只有通过激励，才能极大程度地调动员工的积极性和创造性。在优秀的激励机制下，一个团队始终以高昂的士气、进取的精神来实现企业的目标，是公司管理层不懈追求的境界。因此要实行"赛马"机制，通过"赛马"，可以让优秀人才脱颖而出并且得到锻炼。在这样的一个优秀团队内，每个人都有自己的海洋，每个人手中都有一张航海图、一个罗盘，以便能发挥自身的最大潜能。总之，在这样的一个优秀团队内，每个人的精力、兴奋、热情、努力、活力，甚至是开支等这些"E"元素都被激发了出来。

最后，一个优秀的企业团队必须具有创新能力，没有创新能力的团队不能被称为优秀团队。现今，企业面对的是独具慧眼并且具有高智商的客户群，而且客户的需求日趋多样化，这就要求企业团队要具备高度的弹性以及敏捷的创新能力，以便更好地满足客户的要求。在塑造这样的团队时，就要把弹性以及创新能力根植在团队意识内，使每一位员工都习惯于改变并且善于改变。要清楚改变是任何改善的前提，永远不变的就是"变"！

第二节　诚实守信原则：企业经营之灵魂

由于社会的发展和历史的进步，诚信理念伴随着社会经济关系的变化与时俱进。古人在《史记·货殖列传》感叹道："天下熙熙，皆为利驱；天下攘攘，皆为利往。"在诚信面临利益冲突之时，孔子告诫后人"见利思义，见危授命，久要不忘平生之言，亦可以为成人矣"①；"子以四教：文、行、忠、信"②；还说"君子喻于义，小人喻于利"③，"君子之仕也，行其义也"④。在诚信与利益对立而不可兼得之时，孟子说："生，亦我所欲也；义，亦我所欲也；二者不可得兼，舍生而取义者也。"⑤在生意场上，赚钱发财，天经地义，但切不可见利忘义，权衡利义，应舍利取义。晚清著名商人胡雪岩财源亨通的奥秘就在于他"以义取利"和"以德经商"的商贾理念，他讲究"君子爱财，取之有道；战必以义，信而服众；利义统一，仁富合一"⑥，从而成为富甲清末，且名扬天下的大财神，进而赢得"红顶商圣"的桂冠。在当今市场经济时代，"温良恭俭让，让中取利；仁义礼智信，信内求财"的儒商思想和正当的功利主义已为不少企业家接纳吸收，付诸实施，且创造出辉煌的经济效益，产生了巨大的社会影响。这样的成功人士为数甚多，华人首富李嘉诚的事业正如其名，是靠勤勉与诚信取得成功的。他经商成功的理念主要有：做生意首要讲诚实信用，无信不立；名利不是最重要的，道义至上；与人方便、与人为善才能财源广进；耐心及决心是制胜法宝，它的企业的名字长江即是取万涓汇入之意。

世界 500 强企业之一的默克公司（Merck）曾经投入巨资开发生产一种根本不能赚钱的产品，却让很多深受一种病痛折磨的人们摆脱了痛苦，这是典型的基于企业伦理道德的选择。经过 7 年的研究和无数次的临床试用，默克公司终于开发出供人体服用的治疗河盲患者的新药，默克公司专门和世界卫生组织合作，共同出资组成了一个委员会，负责将这些药品安全地送到第三世界国家的病人手里，并且保证这些药品不回流到黑市移作他用。到 1996 年，这个委员会通过和多个国家政府以及志愿组织合作，将治疗河盲症的特效药送到了几百位病患手中，解除了他们的痛苦，使易感人群免受河盲症的威胁。有人曾问，默克公司为何投入巨资开发生产一种根本不能赚钱的产品，默克公司主席魏格洛斯的回答是，当公司发现一种药品可能用来治疗一种足以把人折磨疯的病痛时，唯一符合企业伦理的选择就是去开发这种产品。

创立于 1669 年的北京同仁堂给我们的启示就是仁者无敌，诚信常青。仁德诚信铸造同仁堂金字招牌，今日之同仁堂集团位居全国医药企业 50 强之首，成为中华民族医药产业的骄傲。张瑞敏倡导"真诚到永远"的海尔理念取得巨大效益就是诚信成功的生动典

---

① 程昌明译注. 论语·宪问. 沈阳：辽宁民族出版社，1996：157.
② 程昌明译注. 论语·述而. 沈阳：辽宁民族出版社，1996：75.
③ 程昌明译注. 论语·里仁. 沈阳：辽宁民族出版社，1996：39.
④ 程昌明译注. 论语·微子. 沈阳：辽宁民族出版社，1996：205.
⑤ 张华腾选译. 孟子·告子上. 北京：台海出版社，1997：229.
⑥ 史源. 逆创商机——红顶商圣胡雪岩. 北京：华文出版社，2002：442.

范。2016 年 3 月 4 日，习近平提出，各类企业要把守法诚信作为安身立命之本。依法经营，依法治企，依法维权。

一、企业员工贯彻诚实守信原则的内在要求

《中庸》的作者认为，诚是客观规律的反映，是事物发展规律的本质规定。天道之诚作为天理之本然，是人性的价值本源。在市场经济的伦理道德要求中，诚信是最重要的也是最核心的伦理准则。中国古人云"诚于中而形于外"，没有内心之至诚至信，"做理性的经济人""合作意识"和"合作精神"都将失去实践基础。因此，诚信是上面所说的各种伦理要求的进一步深化。和上面所提的伦理要求相比，诚信更突出了行为主体的自觉性。

"诚"是指诚实，"信"是指信用、信誉、信念。讲诚信是中华民族的传统美德。中国古代思想家十分重视这两种德行，认为其是人的安身立命之本。诚与信是紧密相连的，凡是真正的诚实之举，本身就显示着信用，也肯定能得到别人的信任；而真正守信用的行为，本身就是当事人诚意的反映，所以在评价人的行为时，人们往往将"诚信"连用。在人们的实际生活中，诚信一直是基本的道德准则。欺诈、虚妄、投机取巧的行为总是被人所不齿。竞争行为是市场经济条件下人活动的主要方式，因而诚信同样是评价竞争行为的道德准则。

竞争行为中的"诚"一般具有三方面含义。一是凭自己高质量的产品、技术、信息、服务参与竞争，而不是搞花拳绣腿、哗众取宠。这样的"诚"表现为靠自己的诚实劳动和努力工作去获取利益。二是以诚待人（包括竞争对手）。这表现为遵守市场的基本规则，通过正当的竞争手段去取得竞争优势。三是以诚待事，即以充分的诚意对待自己所从事的事业。企业或个人参与市场竞争，既是检验自己生产、经营与管理的手段，也是自己事业得以延续和发展的一种方式，而不是为竞争而竞争。这个意义上的"诚"体现为一种敬业精神。总之，如果把竞争视为发展自己、体现自身价值的方式，企业或个人就会真正地以"诚"对待竞争。

如果说"诚"在竞争中更多地体现为主体的一种道德观念和精神境界的话，那么"信"在竞争中更多地体现为一种为人处世的态度和作风。两者互为映射，前者是后者的基础，后者是前者的反映。只要以诚待人，以诚待事，就一定能以信取人，以信成事。这样，在竞争活动的各个环节，如生产经营、产品质量、市场营销、企业洽谈、履行合同及服务方式等，就都能本着诚信原则，开展公开、公平、公正的竞争。

还需指出的是，我们将"信"诠释为"信用""信誉"和"信念"，实际上是为了说明"信"在竞争活动中所展示的不同精神境界。"信用"是最一般层次的境界。在具体的竞争行为中，信用只表现为一定的活动方式和行为态度，即表现为行为的客观状况。

讲究信誉更多地依靠企业员工的清醒意识和自觉行动，即企业和员工为了自己的良好信誉而恪守信用。在市场竞争中，经营者（无论个人还是企业）的良好信誉本身就是一笔无形的资产。当然，经营者的信誉表现在产品质量、工艺和技术等硬件方面，但更重要的则是表现在重约守信、真实无妄、诚实守信的软件方面。对信誉的追求表明企业

员工认为竞争活动不仅是为了获取利润，而更重要的是为了展示自己良好的形象和处世为人的品格，把求利和做人结合起来。

信念是"信"中最高层次的境界。信念不仅体现了企业员工充分的自觉性，而且表明了其明确的价值目标。企业员工恪守信用原则，其动机不是出于生意的需要和功利的考虑，甚至不仅仅是为了顾及自己的形象和信誉，而是出于他内心深植的信念，其行动是信念的外化。

二、诚实守信：企业立业之根本要求

对于广大的企业员工来说，坚持诚实守信原则就是要求立足企业实践，践行诚实守信。如果把诚信二字分开，我们认为，"诚"相对于企业员工至少有三层内容：忠诚于自己所承担的企业事业，热爱本职岗位；诚恳善待与自己企业工作有关和无关的人们；热诚勤勉地做好企业工作，精益求精，追求卓越。而"信"相对于企业员工至少也有三层内容：讲究信用，信守诺言，实话实说，只做真账；树立企业信誉，创建企业品牌，提高企业知名度，让公众信服；信任他人，像相信自己一样相信企业同行和他人。

扩展阅读 4.1：领导干部要带头做到诚信

从整体看，企业诚信品质的内容包括良好的企业道德和企业操守、完善的企业信息质量和优质企业服务。所以，完全可以说，诚信是企业立业之根本，是企业之基础。企业诚信建设是一项庞大的系统工程，需要多方面的共同努力。但无论如何，外因只是变化的条件，内因才是变化的根本。从这个意义上讲，企业员工的道德诚信素质将对企业诚信建设产生决定性影响。

企业员工为贯彻诚实守信原则，应具备优秀企业诚信品质，其内在要求如下。

（一）正直客观立场

保持正直客观立场是企业员工具备优秀品质的首要要求。正直是社会公众信赖企业员工的一个关键品质因素，但这种品质很难评价，因为企业员工一个特定的疏忽或委托失误，可能是无意的失误，也可能是缺乏正直品质所致，而企业大案要案更多的是当事企业员工缺乏正直品质而共同舞弊所成。客观指的是企业员工在经营时保持不偏不倚公正态度的能力。由于这种态度包括个人的意识活动，因此对客观性的评价主要基于在弄清事情来龙去脉过程中观察到的企业员工行为及其相互关系。应该看到，正直和客观程度是无法准确度量的。然而，正直客观作为为人之首要品质，企业员工必须牢记在心，并付诸企业实践活动中。

（二）公正平等意识

在社会主义市场经济条件下，建立以诚信为核心的道德秩序，首先要求企业员工具备公正平等意识。企业员工如果没有追求公正平等的意识，就不可能有对诚信的强烈要求；没有机会公正平等地参与，就不可能有公正平等的交易，就不可能有企业权利和企业责任相对应的契约，诚实守信原则也就不可能得到贯彻执行，这样的经济也就不是信用经济、伦理经济，也不是健康可持续发展的经济。

（三）笃信虔敬态度

在讲究公平与效率的市场经济社会中，企业员工要想得到社会及人们的尊重和信任，必须对自己所处的社会、对自己所从事的企业、对社会交往的规则持一种笃信虔敬的态度。市场经济社会中的企业员工，都要靠对自己本职工作的敬业精神和本职工作职业能力来获得社会的尊重、信任。企业员工能诚心诚意地怀着笃信虔敬的态度对待自己的本职工作，本职工作就会更有效率，也会产生更多先进的企业思想。本职工作有效率、有成果，企业员工自然会有社会信誉。企业员工个人信用首先也体现出一种对诚实守信原则的敬畏精神，企业员工应把诚实守信原则看成自己的安身立命之基础。其次，个人信用具体体现在企业工作、个人信贷、个人消费以及个人与他人、银行等交往时的恪守态度之中。

（四）企业经营判断与责任能力

作为企业及其员工应具备的诚信素质，并非仅指人们的人品和情操意义上的信任，更主要的是对人的经营判断及责任能力的信任。在市场经济中社会所要求的"诚信"是以经营判断及责任能力为基础的。企业经营判断与责任能力简单地说就是企业员工负责任地执行企业业务的判别能力。企业员工仅有企业诚信意义上的责任感还不够，还需要实现自己的企业诚信诺言的企业经营判断与责任能力。我们到市场上买商品，首先不是看经营者是否老实忠厚，而是看商品和服务本身是否令人满意；银行和金融机构在货币、资本市场上进行信贷活动，首先不是视其人品是否端正，而是考察其是否具有偿还能力；财务、企业及审计机构在发布财务与企业信息，提交审计报告时，首先不是看其有多少资格证书以及品质德行如何，而是看其能否严格控制质量，坚决不做假账，出具真实客观的财务审计报告，不断提高企业经营判断与责任能力。

第三节　现代企业的义利统一原则

一、义利统一：实现企业道德与利益的最佳结合

义与利的关系是一个长盛不衰的伦理学话题。现代企业为了谋求持续稳定协调的发展，必须寻求义利统一，实现道德与利益的最佳结合。而传统文化的"义利之辨"值得我们把握："利"应以合"义"为导向；合理的"利"为"义"，"义"之所在才是真正的"利"。一旦见利忘义，多行不义必自毙！新时代的企业员工应确立如下"义利观"。

（一）公众利益是终极目的，个体利益不应逾越或凌驾于社会公众利益之上

从形式上来看，企业与客户签订业务合同，似乎应唯客户利益是从。然而，企业服务从本质上观察，其业务约定的最终委托人是社会公众。尤其是上市企业，其众多的现实投资者与潜在投资者、债权人等的利益是天然合理的，只有"公众利益"至上，即在面临不同方案选择的情况下，毫不犹豫地选择能使社会效益最大化的方案，现代企业才会不负公众的期望，最终得以持续发展。

（二）个体利益有其现实合理的存在性，"义"不必游离于"利"之外

强调"公利"（义）为本，并非固守虚假的社会本位主义，以否定"私利"的合理性及其道德上的遵循性，来否定个体利益作为道德目的所具有的本质意义。事实上，个体利益的获取才是使一个社会、一个道德模式的合理性得以确认的最后依据。正因为如此，现代社会承认其企业员工个体利益有其现实合理的存在性，正当之"义"不必，也不应该游离于"利"之外。

（三）当短期利益与长期利益发生冲突时，弃短就长，方为"合义"

企业的制度创新，不仅取决于业界内部的自主选择，还取决于外部的约束偏好。走合伙制之路，可能使短期利益受到损害，因为对于给定的利益而言，合伙制比有限责任制意味着来得低，所以，业内人士缺少选择合伙制的强烈动机。但一味指望用有限责任换取公众的无限信任，显然难以奏效。是应付现在，还是放眼未来，企业不难做出回答：短期利益的土壤里生长不出信用文化，长期利益才是滋养信用文化的雨露。

通过上述三要求的确立，可以初步形成新义利观的框架：公众利益是企业永远的旗帜，个体利益是"义"的物质支撑，短期利益服从于长远利益。企业应记住伟大的思想家孔子的话，他说，虽然富与贵，是人之所欲，但"不义而富且贵，于我如浮云"！

青年学者欧阳润平在其论著《义利共生论——中国企业伦理研究》中认为，企业义利统一原则包括以下内容。

（1）奉行利己不损人、谋利不损义及谋义不损利原则的义利共存，为己必先为人、谋利必先谋义原则的义利共融，不为谋利而谋义原则的义利共生等三个层次。

（2）义利共生型企业伦理及其运行的基本要求是将人道主义、集体主义和科学求是精神贯穿企业的人员、生产、交换、分配及沟通准则之中，体现于企业决策、激励、监督和教育机制之中。

（3）企业实现义利共存价值理想的基本保证是公平正义的法律秩序、合理有效的政治经济制度和良好的社会信用体系。

中西方优秀企业的发展壮大历史也从事实上证明：遵循义利共存、义利共融和义利共生原则是企业伦理发展的必经之路。

二、构建义利统一观为基础的企业信用文化

传统的"信"是与"义"结合在一起的，或者说"信"随"义"走，"义"指向哪里，"信"就实践到哪里。所以，对于部分企业遗失了信用的问题，应从"义"的迷惘中去寻找缘由。

一旦企业融入转型经济的洪流——"利"成为社会关系的基本内容，传统与现实便发生剧烈冲突，并导致了信用文化和信用秩序的迷失。观点一是企业以营利为目的，似乎必须做到舍利取义；观点二是企业作为市场经济微观机制运行的实体，体现着竞争规则和职业精神，既利他又利己，义必须在利前；观点三是企业在通向超然独立的殿堂的途中，不必守身如玉，某些失信行为是可以理解的，也是难以避免的。

显然，第一种观点会导致义与利的对立，第三种观点可能导致实务中对信用的放纵，那么，第二种观点代表着新义利观导向。

正直守信，率先垂范，是现代企业信用文化的基石。一位经营大师说，人本正直，不应被迫正直。企业经常面临如何让客户认可其出具的鉴证报告的问题，此时，诚实地表达自己的专业判断，正直地恪守道德标准，威武不屈、富贵不淫、挫折不馁、诱惑不移！无论外部环境存在多少规范盲区和信号失真，不抱怨、不懈怠，始终守护心中对"义"的那份坚持。企业的职责毕竟非同一般，其"信用指数"有理由高出社会平均水平。

讲究良知，崇尚理性，是现代企业信用文化的主体。有时，客户会提出超越专业规范的要求，试图购买鉴证意见；有时，客户会挖掘专业规范的空白地带，获取非信用利益……企业要么屈服于感性，"食君之禄，分君之忧"，要么登高望远，让良知弹劾盲从。显然，后者是企业的正确选择。

三、肯定合理合法的功利主义

（一）经济与道德相互依赖的基础——正当功利

我们假设的前提，是把一切经济活动定义在"经济人"或"社会人"的基础之上，因此，经济与道德具有可分、不可分的两重性，亟须解决的突出问题是如何正确认识功利，如何解决功利性与超功利性、自律性与他律性的统一？

1. 功利性与超功利性的两面性

市场经济具有功利性，它排斥超功利的道德，而不排斥那些允许个体追求、保持或争取自己正当功利的道德规范。如，在一种对交易双方都能带来利益的买卖中，货真价实、童叟无欺是必须的——这里起作用的是诚实与平等的道德；在借贷活动中，守信用，及时付息还贷是必须的——这里起作用的是守信、负责任的道德；在市场的良性、有序竞争中，机会均等、排斥垄断和特权是必须的——这里起作用的是公平、公正的道德；在独立审计中，委托与被委托是一种买卖关系，但它应当是独立、客观、公正进行的——这里起作用的是企业道德和注册企业师审计职业道德……这一类道德，不能称之为超功利道德，因为它并不要求人们完全放弃自己的正当功利，而只是要求人们放弃对市场经济带来负效应的不正当功利。这一类道德之所以是市场经济需要的，是因为市场经济正常运转的基本前提，是建立在机会均等基础之上的公平竞争。为了保证竞争的公平性，必须确立这样的市场规则：它一方面允许每个个体在竞争中追求自己的正当利益，同时防止其以一己之私的追求堵塞了他人的利益追求。体现在这些规则中的道德便是社会公德。企业市场的伦理道德认同功利性道德，排斥超功利性道德。

2. 自律性与他律性的对立和统一

自律性是正当功利的道德本性。自律——把行善视为目的，他律——为达到自己的物质利益而给他人提供好处的行为。自律同行为的功利性相一致，但纯粹"经济人"的自律与他律又是相互排斥的。而在实际经济生活中的人，在扮演"经济人"的同时，依然具有"道德人"的一面。在市场中就有可能出于某种非功利性的考虑，而放弃追求最大限度的物质利益，仅满足于适度利益。在这样的市场经济参与者的行为中，既有他律，也有自律的成分。处理得好，两者是一致的；处理不好，两者则是相互矛盾的，而且呈此消彼长的状态。"企业假账"就是在两者矛盾无法统一条件下产生的。超功利性是产生"企业假账"的根源之一。

（二）正确理解功利主义

为正确理解功利主义，应注意以下两点。

（1）功利主义不等于利己主义。功利主义可以调整个人利益和公共利益的关系，从而使两者达到和谐统一。功利主义包括功利利己主义，也包括功利利他主义。事务所受企业委托进行审计，需要收费，如果出具的审计报告是独立、客观、公允、真实的，既是利己功利主义，也是利他功利主义，是完全正当的，也有利于市场经济的发展，受法律保护，符合职业道德原则。反之，见利忘义，为了追求利益，出具了虚假审计报告，既损害了自身的功利，也损害了企业功利，更损害了社会公众的功利。

扩展阅读 4.2：2024 年 315 曝光事件汇总：原来这些全是坑

（2）为了发挥功利主义的正面效应，限制它的负面效应，我们以公正原则来补充功利原则，以公平原则来补充效益原则，防止出现损人利己的功利主义行为。

（三）市场经济转型期正确运用功利主义的对策

我国经济体制正处于转型期，人们的功利原则的价值取向，既有积极的一面，促进社会的良性运行；也有消极的一面，妨碍社会的健康发展。应当采取如下对策。

（1）宽容。不是恩赐、施舍，它的前提是平等。承认多元化的价值取向。

（2）批判。宽容是有原则的，但批判不是专制，是一种平等基础上的竞争。

（3）建设。这种价值导向一是反对极端个人主义和纯粹利己主义；二是容忍温和个人主义和合理利己主义；三是在一般条件下提倡现实集体主义和温和利他主义；四是在特殊条件下鼓励理想集体主义和极端利他主义。

（四）功利主义的两种导向的约束机制

（1）内在机制培养人们的社会责任感和义务感，使人们形成心理意识机制，自觉选择正当功利主义行为。

（2）外在机制包括社会经济、政治政策导向，社会赏罚和社会舆论，鼓励和宣传正当功利主义行为。

价值主体归根到底是利益主体，因此，价值取向归根到底是利益导向。在一段时期，利益失衡导致人们的价值观念失衡，人们没有用好这两种机制。

第四节　公平与效率兼顾原则

一、市场经济中的公平、公正、公开、公信规则

市场经济中的公平、公正、公开、公信规则是一种社会的历史范畴，是一种侧重调

解人们交往关系的行为准则。公平、公正、公开、公信观是对这种社会规范的价值评价。应该明确：公平、公正、公开、公信不是一个抽象的、永恒不变的范畴。公平、公正、公开、公信在不同社会领域表现为不同形式。在经济领域，其表现为等价交换；在政治领域，其表现为权利平等；在道德领域，其表现为机会均等。作为历史范畴，其受生产力发展程度影响；作为阶级范畴，其受阶级关系影响。虽然，公平、公正、公开、公信等呼吁很吸引人，但没有充分的物质技术基础来保证它们的实现，其就只能流于空洞的形式。

市场经济需要机会均等的、效率优先的公平、公正、公开、公信原则，具体表现如下。

（1）机会均等。作为市场竞争机制实现的必要条件，机会均等是作为垄断与特权对立物而存在的。

（2）效率优先。效率优先的前提包含在公平、公正、公开之中。

（3）兼顾公平是社会通过政府调控对市场经济的结果所做的一种伦理道德调节。通过这种调节，对人们从市场经济活动中直接得到的收入再进行一次分配，如征收个人所得税。再分配所贯彻的精神就是使原来不公平程度较大的收入之间趋于公平。

（4）经济公平、公正、公开、公信观与经济发展的价值取向有关，是经济发展战略抉择问题，必须引起高度关注。

扩展阅读 4.3：90 家上市公司被记入诚信档案"负面清单"

（5）市场经济的本质是以公众信用为主体的信用经济，以诚信为核心的伦理道德是市场经济建立的基石。

二、公平与效率兼顾原则的含义与要求

（一）公平与效率兼顾原则的含义

为了使市场经济中的公平、公正、公开、公信规则得到切实贯彻，应遵循公平与效率兼顾原则。由于资源的有限性和需求的无限性，管理本身作为一种资源的分配行为，包括对人力资源和物质资源的再分配，在进行企业资源的分配和管理时，怎样处理公平与效率的问题，是企业伦理的一项重要任务。

企业管理中的公平至少包含四层含义。

（1）地位的平等。在市场经济中，作为企业法人的经济组织，不管规模大小、成立先后、地处何方、经营性质如何，都应具有平等经营地位；而作为自然法人的个人，不管学历高低、年龄大小、资产多寡，都应有平等工作地位。

（2）权利的平等。权利体现在多方面，例如对企业信息的了解程度、在企业内部的自由程度、对企业工作的参与程度等，企业员工在各方面都应拥有平等的权利。

（3）机会的平等。包括一切机会平等地面向全体成员，每个成员都有平等选择各种机会的权利。

（4）分配的平等。分配中的平等不等于平均主义，不等于吃"大锅饭"，不要求均分。管理中的公平直接影响员工发挥积极性、主动性和创造性，直接影响管理的绩效。

效率问题是企业壮大的关键要素和企业发展的根本问题，效率是企业组织活动的出发点和衡量标准，是企业高层必须经常思考和长期面对的问题，效率来源于生产要素提供者的积极性、主动性的发挥。"效率实际上有两个基础，一个是物质技术基础；一个是道德基础。只具备物质技术基础，只能产生常规效率。有了效率的道德基础，就能产生超常规的效率。"[①]

公平与效率是无处不在的，而且常常使企业处于两难境地。公平与效率相统一的原则就是要求在企业管理过程中要坚持"效率优先，兼顾公平"这一伦理原则。反对"平均主义"，反对"不患寡而患不均"的习气，反对以公平或不道德方式不讲效率去追求绝对公平，同时反对"效率至上"，反对以不公平或不道德方式去追求所谓效率。应该在注重效率的同时，重视公平，达到企业内部人际关系的日趋和谐，使企业获得长久发展。

（二）公平与效率兼顾原则的要求

为了体现公平与效率兼顾的原则，应该做以下工作。

1. 竞争与合作协调统一

市场经济既是竞争经济，又是分工协作经济。企业可以在竞争与合作中追求公平与效率相统一。虽然，竞争是市场经济的题中应有之义，但市场竞争并非纯经济的行为，它在内容、目的和手段上不仅有"合法"与"非法"之分辨，而且还有"义"与"不义"之区别。作为人类在经济生活中的一种现象，市场经济基本特征是，促使企业利用价值规律和市场规则，以自己的优质产品和服务扩大市场占有额；与此同时，企业通过降低成本使自己凝结在商品中的个别劳动量低于社会平均必要劳动量，从而获得比其他企业更多的利润。在市场中，企业发展的机会是无限的，因此，即使在激烈的市场竞争中，企业之间也不是人们所想象的那种你死我活的关系。市场竞争的目的也不是消灭对手，更不得为此不择手段坑人利己。

在现实经营活动中，企业之间的竞争一方面必须接受法律法规的约束；另一方面也必须受到经营伦理道德的约束，并以此形成规范的、有序的良好竞争，确保市场经济合法且合理运行。一个企业，如果它的行为不讲道德，不合伦理，即使能一时获利，也难以在市场上长期立足，最终会失去顾客而自毁前程。

今天的商场是由各种社会经济关系组成的"生态系统"。在这个庞大的系统中，不同企业各司其职，共存共竞。企业成员总在寻求双赢的共荣关系，不仅在竞争中合作，同时也在合作中竞争。采用既合乎市场经济规律的运作方式，而且符合社会主义精神文明和优秀文化传统的伦理道德准则的行为来加强经营管理和企业管理，有利于整个社会文明的进步，才能真正使企业获得长久的发展，从而实现公平与效率的统一。

2. 控制与自由协调统一

从总体看，现代社会在广泛自由中追求大众的高度民主，但其间不可能缺乏有效的控制，否则会乱套。只有通过控制与自由的协调统一，方能追求真正意义上的公平与效率的统一。

---

① 厉以宁. 道德是调节经济运行的第三种方式. 新华日报，1999-05-06.

经营管理实践表明，控制对于维持企业正常的生产经营活动是必不可少的。控制的根本目的是保证企业的实际活动符合计划的要求，以有效地实现预定的发展战略。但由于各方面的影响，在企业管理活动中，出现更多的是过度控制或控制不足。前者会对企业员工造成伤害，可能扼杀他们的主动性、创造性与积极性，会抑制他们的创新精神，从而影响他们个人能力的发展和工作热情的提高，最终会降低企业的效率。通用电气前总裁韦尔奇明确指出："旧组织建筑在控制之上，但是世界已经今非昔比，世界变化得太快，使得控制成为限制，反而使速度慢了下来。"①控制不足就不能使企业活动有序地进行，不能保证各部门活动进度和比例的协调，会造成企业有效资源的浪费。此外，控制不足可能使企业员工无视组织的要求，我行我素，不提供组织所需的贡献，甚至利用在企业中的便利地位谋求个人利益，导致企业的涣散和崩溃，最终也会降低企业的效率。

控制与自由的协调统一就是要求企业把控制在范围、程度和频度等方面做到恰如其分、恰到好处，既能满足对企业组织活动监督和检查的需要，又能充分尊重企业员工的变化和差异性，给予企业员工自由畅想发挥的空间，从而充分调动企业员工的积极性、主动性和创造性，防止企业与员工之间发生强烈的冲突。企业一方面严格限制员工的言行举止，使其与企业的思想保持一致，体现企业的精神风貌；另一方面又赋予员工较大的行动自主权。实行思想控制旨在维护企业的企业价值观，而员工行动自由则促进了企业事业的发展。所以，韦尔奇指出，"必须在自由和控制之间取得平衡，但是你必须拥有以前想象不到的自由"②。"如果你想从员工身上获取利益，你必须给他们自由，让每一个人都成为参与者。每个人都知道所有事情，那么他们自己就可以做出最适当的决定。"③企业只有在员工的自由和控制之间取得平衡，才能达到公平与效率的统一。

3. 权力与权威协调统一

因为企业经营实践的需要，企业经理层往往会被赋予一定的权力，包括领导权、指挥权、决策权、财务权和用人权等。在企业的现实运行中，如果企业经理层不拥有这些权力，管理的职能就难以实现，整个企业也就可能无法有序运行，而陷于混乱状态。但是，作为一个企业经理层，仅拥有权力是不够的，光靠权力的作用去指挥别人，并不能使人心服口服，而且仅仅依靠权力的指挥棒去指挥别人，这种行为本身就是不道德的，也是不符合伦理标准的。对于企业经理层来说，权力只是一种外在的东西，要有效地管理，除了拥有权力之外，还需要树立相当的权威。

随着社会经济的发展，在越来越富有理性和独立思考的员工面前，一味运用权力的影响去强制实行对被管理者的控制，不仅是不道德的，而且也越来越行不通。西方著名管理学家巴纳德指出："管理者的权威完全取决于下级人员接受命令的程度"，"只有注重管理者自身的道德修养，充分体现管理者的人格魅力，才能真正体现管理的权威"④。这种人格的影响力可能会越来越大，直至削弱甚至抵消一个人的权力的影响。在某些情况

---

① 秦朔. 传播成功学. 广州：广州出版社，1998：138-140.

② 秦朔. 传播成功学. 138-140.

③ 秦朔. 传播成功学. 138-140.

④ 苏勇. 管理伦理学. 上海：东方出版中心，1998.

下，企业经理层的人格对于被管理者的影响力和号召力比权力大得多。所以，权力与权威的协调统一就要求加强企业经理层的人格塑造，提高企业经理层的品质修养。管理层在企业管理过程中要把握权力与权威的伦理界限，正确运用权力和权威，实现公平与效率的统一，以更好地达到企业的目标。

重要概念

集体主义原则　　诚实守信原则　　企业义利统一原则　　公平与效率兼顾原则

案例分析4

宁波方太公司以道御术

同步测练与解析4

自学自测　　[二维码]　　扫描此码

第五章

企业道德责任与社会责任

 经典名言

天命之谓性，率性之谓道，修道之谓教。

诚者，天之道也；诚之者，人之道也。

诚者不勉而中，不思而得，从容中道圣人也。

诚之者，择善而固执之者也。诚则明矣，明则诚矣。

博学之，审问之，慎思之，明辨之，笃行之。

——子思《中庸》

故天将降大任于斯人也，必先苦其心志，劳其筋骨，饿其体肤，空乏其身。

——孟子《告子下》

自爱、自律、劳动习惯、诚实、公平、正义感、勇气、谦逊、公共精神以及公共道德规范等，所有这些理念与行为都是人们在前往市场之前就必须拥有的。

——亚当·斯密

作者感悟

勤劳有饭吃，善良保平安；敦厚传家宝，经书济世长。

学习目标

通过本章学习，你应该明确企业社会责任的内涵与外延；理解企业社会责任的理论基础，掌握企业社会责任所包括的基本内容；了解企业社会回应和企业社会表现的内容；明确企业社会责任评价体系的重要性，把握企业社会责任评价报告和评价标准。

重点与难点

1. 企业社会责任的定义

2. 企业社会责任的经济学、法学和伦理学基础
3. 企业社会责任的基本内容
4. 企业社会回应与社会表现的内涵
5. 企业社会责任评价报告和评价标准

◆ 导读

一份全球民调：中国政府信任度连续三年排名世界第一

根据知名国际公关咨询公司爱德曼自 2022—2024 年发布的年度全球信任晴雨表排名，如图 5-1 所示，中国在本国民众中的信任度连续三年蝉联世界第一。

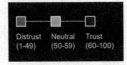

2022 General population	2023 General population	2024 General population
56 Global 27	55 Global 28	56 Global 28
83 China	83 China	79 China
76 UAE	75 Indonesia	76 India
75 Indonesia	74 UAE	74 UAE
74 India	73 India	73 Indonesia
72 Saudi Arabia	71 Saudi Arabia	72 Saudi Arabia
66 Malaysia	66 Singapore	70 Thailand
66 Singapore	66 Thailand	68 Malaysia
66 Thailand	63 Kenya	67 Singapore
60 Kenya	62 Malaysia	64 Kenya
59 Mexico	61 Mexico	61 Nigeria
57 The Netherlands	56 Nigeria	59 Mexico
54 Canada	54 Netherlands	56 Netherlands
53 Australia	53 Brazil	53 Brazil
53 Italy	52 Canada	53 Canada
51 Brazil	51 Colombia	52 Australia
51 Ireland	50 Italy	50 Italy
50 France	49 Sweden	49 S. Africa
48 Colombia	48 Australia	49 Sweden
48 S. Africa	48 Ireland	47 Colombia
45 Germany	48 U.S.	47 France
45 Argentina	47 France	47 Ireland
45 Spain	46 Germany	46 Spain
44 UK	44 Spain	46 U.S.
43 U.S.	43 UK	45 Germany
42 S. Korea	42 Argentina	43 S. Korea
40 Japan	38 Japan	39 Argentina
32 Russia	36 S. Korea	39 Japan
		39 UK

Distrust (1-49)　Neutral (50-59)　Trust (60-100)

图 5-1　2022—2024 年度全球信任度晴雨表排名
引自：2022—2024 年度爱德曼全球信任晴雨表报告
https://www.edelman.com/trust/trust-barometer

爱德曼公司是全球最大的公关咨询公司，24 年来，公司连续发布年度全球信任晴雨表。2022—2024 年，爱德曼公司对全世界 28 个主要经济体的 3.2 万～3.6 万名受访者进行了信任度调查。上图中的数据是信任指数，即对非政府组织、企业、政府和媒体的平均信任百分比。结果显示，中国民众对本国综合信任度高达 79%～83%，连续三年位列世

界各主要经济体首位。排在第二至第五位的分别是印度、阿联酋、印度尼西亚和沙特阿拉伯。相比之下，美国在本国民众中的信任度仅有 46%，处于不被信任的区间，远低于全球平均水平。以 2024 年为例，中国民众对政府的信任度为 85%，对企业的信任度为 81%，对媒体的信任度为 77%，对非政府组织的信任度为 72%，对雇主的信任度为 86%。

中国驻欧盟使团团长张明大使表示，爱德曼公司发布的"信任晴雨表"报告显示，中国政府赢得人民的高度信任，在世界各国首屈一指。这份信任源于中国政府坚持以人为本、为民负责、敢于担当。民众对政府的信任是国家发展繁荣的基础，国家与国家的互信是世界和平稳定的基石。

企业固然以赚取利润和股东利益最大化为基本的经济目标。但是，企业作为社会的一分子，不能不承担相应的环境责任和社会责任。承担环境责任是为了经济的可持续发展，承担社会责任是为了社会的和谐融洽。作为承担多重责任的信息交流方式，企业已经在编制财务报告上着力甚多，现在需要增强的是可持续发展报告和社会责任报告。企业的多重责任之履行状况和业绩如何，是通过各种责任报告向社会表明的。为此，企业应当及时、正确地编写各种责任报告。这对提升公司形象、吸引潜在投资者有着积极意义。

第一节 企业社会责任的本质：道德责任

企业社会责任这一概念最早于 1924 年由英国学者欧利文·谢尔顿提出，其基本含义是企业应该为其影响到其他实体、社会和环境负有责任。事实上，企业社会责任的概念自其诞生之日起就饱受争议，人们对其褒贬不一。

一、企业社会责任的古典观和社会经济观

人们开始认识到仅仅把利润最大化作为企业的目标是不可取的，企业还应当对社会其他利益相关者负责，并由此引发了 20 世纪 30 年代著名的伯尔和多德以"董事对谁承担务"为主题的激烈论战。随后，对企业社会责任的不同认识逐渐形成了两种相对的观点，即古典观和社会经济观。

（一）企业社会责任的古典观

古典观的最重要倡导者是1976年诺贝尔经济学奖获得者、美国经济学家米尔顿·弗里德曼。他认为，在自由企业制度中，企业管理者必须对股东负责，而股东想尽可能多地获取利润，因此，企业的唯一使命就是力求满足股东这一目的。当管理者将企业的资源用于社会产品时，可能会破坏市场机制的基础。企业承担社会责任，生产社会产品，实际上是一种资源的再分配，有人必须为这种分配付出代价。如果企业的社会行为降低了利润和股利，也就是说，企业管理者在未经股东许可的情况下把股东的钱花到了公众利益上，那么股东将遭受损失；如果企业通过降低工资来消化企业社会责任行为的成本，那么员工将遭受损失；如果企业通过提高产品或服务的价格来补偿其从事社会活动的花费，那么顾客将遭受损失，同时，如果市场不接受更高的价格，销售额将大幅度下降，那么企业也就不能生存，结果只能是企业的全部组成要素都遭受损失。因此，企业承担

社会责任将使其成本增加，从而在激烈的市场竞争中处于不利的地位。更重要的是，弗里德曼指出：当企业管理者追求利润以外的目标时，他们实际上是将自己置于非选举产生的政策制定者的地位，而他们并不具有制定公共政策的专长。

（二）企业社会责任的社会经济观

针对古典观的观点，社会经济观明确主张企业应自觉地承担起社会责任。持社会经济观的学者认为：时代的变化使公众对企业的社会预期发生了改变，而企业的法律形式就是对此最好的说明。在美国，企业要经过州政府许可才能成立和经营，同样，政府也有权解散企业。因此，企业已不再是只对股东负责的独立实体了，它必须对建立和维持它们的社会负责。在社会经济观论者看来，企业管理者应该关心其长期的资本收益最大化。为了实现这一目标，企业在创造财富、追求利润最大化的同时，还要承担起对政府、对员工、对消费者、对社区和环境的社会责任，包括遵守法律、法规和商业道德，注重生产安全，保障职业健康，保护劳动者的合法权益以及保护环境，节约资源，支持慈善事业，捐助社会公益，保护弱势群体，倡导良好社会风气等。

扩展阅读 5.1：以 ESG 为引领 深化可持续发展理念

二、企业社会责任的内涵与外延

尽管企业社会责任问题已经越来越多地受到企业界和理论界的关注，但是由于其含义本身的模糊性，加之不同学者研究的视角不一样，因此，有关什么是企业社会责任目前还没有统一的定义。表 5-1 列出了西方学者对企业社会责任定义的不同看法。

表 5-1　西方学者关于企业社会责任定义的主要观点

年份	代表人物	主要观点
1924	谢尔顿	把企业社会责任与经营者满足产业内外各种人类需要的责任联系起来，并认为企业社会责任含有道德因素在内
1963	迈克·伽尔	社会责任的观念意味着企业不仅具有经济和法律的义务，而且还具有某些超出这些义务之外的对社会的责任
1975	塞思	社会责任暗指把企业行为提升到这样一个等级，以至于与当前风行的社会规范、价值和目标相一致
1979	卡罗尔	企业社会责任囊括了经济责任、法律责任、伦理责任和慈善责任
1985	霍德盖茨	社会责任是指企业为了所处社会的福利而必须关心的道义上的责任，企业要对不同集团承担特定的社会责任，这些不同集团主要有股东或业主、顾客、债权人、员工、政府、社会
1998	维尔翰	企业具有超出对其业主或股东狭隘的责任观念之外的对整个社会所应承担的责任

但是，笔者认为阿奇·卡罗尔关于企业社会责任的定义相对来说更加全面、合理。阿奇·卡罗尔企业社会责任定义包括四个具体方面，即企业社会责任是指某一特定时期社会对组织所寄托的经济、法律、伦理和慈善责任的期望。

（一）经济责任

企业必须承担经济责任，把经济责任称为社会责任看起来有点不可思议，但是，实际情况就是如此。美国社会规定企业首先是一个经济机构，也就是说，企业应该是一个以生产或提供社会需要的商品和服务为目标，并以公平的价格进行销售的机构。

（二）法律责任

既然社会已准许企业负起前面提及的生产职责，去履行有关的社会契约，那么，社会就会相应制定一些基本规则——法律，同时希望企业在法律的框架内开展活动。遵从这些法律是企业的社会责任，但是，法律责任涵盖不了社会对企业的所有期望。其主要原因是：第一，法律应付不了企业可能面对的所有话题、情况或问题；第二，法律常常滞后于被认为是合适的新行为或新观念；第三，法律是由立法者制定的，可能体现了立法者的个人利益和政治动机。

（三）伦理责任

法律是重要的，但永远不够用。伦理责任包括那些为社会成员所期望或禁止的、尚未形成法律条文的活动和做法。消费者、员工、股东和社区认为公平、正义的，同时也能尊重或保护利益相关者道德权利的所有规范、标准、期望都是伦理责任所包括的。从某种意义上讲，伦理规范或价值观的变革在立法之前。从另一种意义讲，即使伦理责任反映出的行为标准比眼下法律所要求的要高，也可能只被看做包含和反映新出现的、社会期待企业去迎合的价值观和规范。

（四）慈善责任

企业的慈善活动或行为被视为责任是因为它们反映了公众对企业的新期望。这些活动是自愿的，也就是说，是非强制性的，并非法律要求的，也不是企业一般伦理方面期望的，只取决于企业从事这些社会活动的意愿。不过，社会确实期望企业多行善，慈善从而成了企业与社会之间契约关系中的一个构成部分。这样的一些活动包括企业捐赠、赠送产品和服务，义务工作，与当地政府和其他组织的合作，以及企业及其员工自愿参与社区或其他利益相关者有关活动。

企业社会责任定义的实质内涵是由经济、法律、伦理和慈善这四个方面责任构成的，如表 5-2 所示。

表 5-2　企业社会责任定义理解

责任类别	社会期望	例子
经济	社会对企业的要求	赢利；尽可能扩大销售，尽可能降低成本；制定正确的决策；关注股息政策的合理性
法律	社会对企业的要求	遵守所有的法律、法规，包括环境保护法、消费者权益法和雇员保护法；完成所有的合同义务；承兑保修允诺
伦理	社会对企业的期望	避免成问题的做法；对法律的精神实质和字面条文做出回应；认识到法律能够左右企业的行为；做正确、公平和正义的事；合乎伦理地开展领导工作
慈善	社会对企业的期望	成为一个好的企业公民；对外捐助、支援社区教育，支持健康、人文关怀，文化与艺术，城市建设等项目的发展；帮助社区改善公共环境；自愿为社区工作

资料来源：阿奇·B. 卡罗尔，安·K. 巴克霍尔茨. 企业与社会：伦理与利益相关者. 北京：机械工业出版社，2004：26.

另外，卡罗尔对企业社会责任的定义可用一个四个层次的金字塔图加以形象说明，如图 5-2 所示。

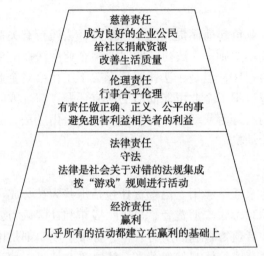

图 5-2　金字塔图

资料来源：Archie. B Carroll. The Pyramid of Corporate Social Responsibility: Toward the Moral Management of Organizational Stakeholders. Business Horizons (July-August 1991. 42. Copyright 1991 by the Foundation for the School of Businessat Indiana University).

该金字塔图描绘了企业社会责任的四个层次。经济责任是基本责任，处于这个金字塔的底部。同时，社会期望企业遵守法律。法律是社会关于可接受和不可接受行为的法规集成。再上去就是企业伦理责任这一层次。这一层次上，企业有义务去做那些正确的、正义的、公平的事情，还要避免或尽量减少对利益相关者（雇员、顾客、环境等）的损害。在该金字塔的最上层，社会希望企业成为良好的企业公民，也就是说期望企业履行其慈善责任，为社区生活质量的改善做出财力和人力资源方面的贡献。

从这个金字塔图中不应该得出这样的理解：企业按由低到高的次序履行其责任。恰恰相反，企业是同时履行其所有的社会责任的。

三、企业社会责任的本质内容：道德责任

企业社会责任的本质内容就是企业必须履行其对社会的道德责任。目前人们所接受的企业社会责任的具体内容十分广泛，大致可以概括为以下几个方面道德责任。

（1）对顾客：企业应该对顾客忠诚，深入调查并千方百计地满足顾客的需求；广告要真实；交货要及时；价格要合理；产品使用要方便、经济、安全；产品包装不应引起环境污染；实行质量保证制度；提供周到的售后服务。

（2）对供应者：企业应该讲信誉，严格执行合同。

（3）对竞争者：企业应该公平竞争，不诽谤对手，放弃不正当竞争。

（4）对政府、社区：企业应该执行国家的法令、法规，照章纳税，保护环境，提供就业机会，支持社区建设。

（5）对所有者：企业应该及时、如实公布财务会计信息，提高投资收益率，提高市场占有率，使股票升值，主动做到信息对称。

（6）对员工：企业应该公平对待员工的就业、上岗、报酬、调动、晋升，努力创造安全、卫生的工作条件，积极开展丰富的文化、娱乐活动，员工参与管理，企业加强对员工的教育、培训，与员工分享利润。

（7）在解决社会问题方面：企业应该救济无家可归的人，安置残疾人就业，资助失学儿童重返校园，在高校设立奖学金，支援边穷地区经济发展，帮助老人，资助文化、教育、体育事业。

四、企业社会责任与企业伦理

企业社会责任与企业伦理有着密切的联系。从内容上看，狭义的企业社会责任主要指道德责任。企业自然要负担经济责任，因为这是其自身利益之所在，法律责任也是要负担的，而以前忽视的正是道德责任。换句话说，企业社会责任观念的提出主要是针对道德责任的。可见，企业社会责任与企业伦理在内容上是一致的，要求企业讲究伦理道德，实质上就是要求企业履行社会责任，反之亦然。

从对象上看，企业社会责任的对象与企业伦理涉及的领域基本一致，此外，企业社会责任观念的提出为企业伦理的兴起打下了基础，而企业伦理学的发展，有利于进一步明确企业的社会责任。当然，企业伦理与企业社会责任还是有区别的。企业伦理强调权利与义务两个方面，企业社会责任只注重责任；企业伦理是双向的，企业社会责任是单向的；企业伦理旨在明确怎样处理好企业与利益相关者的关系，企业社会责任重在回答企业在社会中应尽什么样的责任；企业伦理还包含员工的职业道德规范，企业社会责任则不涉及个人的责任。

第二节　企业社会责任的理论基础与内容要求

一、企业社会责任的经济学基础

随着经济社会的发展，公司的快速成长导致了公司股权的分散，股东的核心控制地位也日益受到威胁，公司权力不再完全操纵在股东手里。对于公司权力的转移，美国经济学家阿道夫·贝利和米恩斯1932年合著了经典著作——《现代股份公司与私有财产》，提出了"贝利米恩斯假说"。"贝利米恩斯假说"认为，大公司的高速成长导致公司股权的日渐分散，从而弱化了股东权力，与此同时，经营者取得了公司的控制地位。因此社会应当朝着"新的公司活动"和"置公司于社会利益之下"的方向发展。新的公司活动，指公司既不像过去那样单纯地为股票持有人的利益服务，也不像现在这样被公司管理者用来为自己谋利益，而是为社会利益服务，所有者的要求或管理者的要求都不能反对社会的持久利益。贝利和米恩斯指出：大公司的管理应当发展为一种纯粹中性的技术统制，把各个社会集团的各种要求加以平衡，并且按照公共政策，而不是根据私人的贪欲，赋予每一个集团一部分收入。这一观点，成为20世纪80年代利益相关者论的前身。古典经济学家之所以认为公司经理运用种种权力时必须顺从股东所期待的行为标准，是因为公司经理依赖股东投入的资本，也就是说公司经理必须使企业活动经得起股东的考察和判断，因此市场判断限制了公司企业家的活动。但是现在市场判断已经丧失了大部分效力，因为限制大公司的力量不在于股东，而在于舆论的压力和政府的干预。这两个主要力量的存在，使得公司不能任意行使其权力，而必须从公司顾客和整个社会的利益出发，从而使现代公司成为一个服务性的组织，而不至于成为专横的机构①。

1941 年，美国制度经济学家詹姆斯·白恩汉在《经理革命：世界上正在发生什么》一书中第一次提出了经理革命的概念，将公司中经理的地位提升到了社会统治阶级的高度。白恩汉认为，虽然从法律角度看，所有权和管理是可以分开的，但从社会学的角度来看，所有权本身就意味着管理，因此真正的所有者（而不是名义的所有者）必然是接近生产手段和产品分配的人，经理阶级正是这样的人，而对大多数股票持有人来说，所有权有着非常次要的性质，因为他们很少有接近生产手段的管理权，而且没有比较决定性的管理权，故经理阶级是社会上最有权力的人，既是管理者，又是实际的所有者②。

1967 年新制度学派重要代表人物加尔布雷斯在出版的《新工业国》一书中指出：现代公司的权力已经从资本家手里转移到技术结构阶层手里，因为谁掌握了最不可或缺的或最重要的生产要素的供给，谁就拥有权力。200 多年前，土地是最重要的生产要素，所以地主掌权；后来，资本代替土地成为最重要的生产要素，故权力也就转移到资本家手里；现在由于资本的供给日益丰裕，资本失去了决定性生产要素的地位，取而代之的是专业知识，于是权力转移到专门知识的拥有者——技术结构阶层的手中。原来掌权的资本家成了正在消失的形象，虽然公司的章程将权力置于资本所有者手中，但技术和计划要求把这种权力转移到技术结构阶层那里。那些未拥有专门知识的股东，对现代生产、技术和业务活动越来越不了解，所以对公司经营无权过问。随着股东人数的增多，每一个股东的投票权所起的作用日渐减少。由于权力的转移，现代公司的结构发生了重大变化，由原来的金字塔式变为圆圈式。因为资本家不再掌权，所以现代公司的目标已经发生了根本的变化。加尔布雷斯认为：凡是权力转移到"技术结构阶层"的公司即为"成熟的公司"，而"成熟的公司"并不一定要使它的利润最大化，它也不会这样做。理由之一是技术阶层的收入主要是薪水和奖金，而不是股息，如果企业追求最大限度的利润，得到好处的是最不忠于本企业的股东们，而技术结构阶层却要为此承担风险，所以出于自身利益的最基本考虑，技术结构阶层不得不把防止亏损放在获取最大限度利润之前，因为亏本会搞垮技术基层，赚得多也只能使别人受益③。因此，公司的目标已不再是追求最大限度的利润，而是持续稳定地发展。

到了 20 世纪 80 年代，利益相关者理论勃然兴起，它对股东本位主义发起了强有力的挑战。其核心就是公司的目的不能局限于股东利润最大化，而应同时考虑其他利益相关者——员工、债权人、供应商、用户、所在社区及经营者的利益，企业各种利益相关

① 邹进文. 公司理论变迁研究. 长沙：湖南人民出版社，2000：72-88.
② 邹进文. 公司理论变迁研究. 长沙：湖南人民出版社，2000：89-91.
③ 邹进文. 公司理论变迁研究. 长沙：湖南人民出版社，2000：92-98.

者利益的最大化才应是现代公司的经营目的。这不仅公平而且具有社会效率，因为企业与各利益相关者的真诚合作可以为企业赢得竞争优势。利益相关者理论认为，经济关系具有典型的合作博弈或囚犯难题的特征。完全合作可以使参与者的总支付最大，然而背叛在一次性博弈中却是一种优势战略。但企业在真诚合作方面赢得的声誉在长期内可以使合作的结果取代背叛的结果，使自己在鼓励专用投资、互惠交易、吸收新的交易伙伴和投资者方面获得优势。利益相关者的治理由于促进利益相关者之间的合作关

扩展阅读 5.2：优享网约车的社会责任

系，因而是有效率的。希尔和霍恩斯建立了一个利益相关者——代理模型，他们指出，当真诚合作使长期利润最大化时，股东应鼓励经理采取这一战略，但由于契约的不完善和机会主义行为，股东的背叛行为随时可能会出现，为了在该模型中维护合作战略，企业必须与其员工和交易伙伴建立一种有形的长期契约和制度保障。

从上述公司理论的发展历程可以看到，随着公司规模的发展和随之而来的股权分散，股东与公司之间的密切关系日益松弛，股东必将丧失只为自身利益运营公司的权利。因此，公司的目标将不再是股东利益最大化，而是公司利益相关者的利益最大化。

二、企业社会责任的法学基础

随着社会制度由封建制度过渡到资本主义制度，个人主体意识日益受到重视，产生了以保护个人权利、崇尚个人自由、尊重个人意识自治的以个人为本位的中心观念。与此相呼应，法律在设计上极度尊重个人财产和坚持所有权绝对的原则。在这个时期，个人利益作为一种绝对的利益被法律自始至终地保护着。对个人利益的尊重，就是对社会利益的尊重，因为个人利益和社会利益是一致的。亚当·斯密提出的个人利益与社会利益的一致性为人们追求个人利益提供了理论基础。亚当·斯密认为："个人追求自己的利益，往往能使他比在真正出于本意的情况下更有效地促进社会利益。"[①]边沁也认为"社会是一个个人的总和，社会利益是个人利益的总和——只要每个人真正在追求他自己的最大利益，最终也就实现了社会利益最大化。"[②]然而，个人本位思想的泛滥终究导致了劳资对立等严重的社会后果。到了19世纪末期，随着人们对社会利益的关注，加上以庞德、耶林等为代表提出的社会利益理论的推动，人们逐渐认识到"社会利益包括并高于个人利益"。法律的目的就是获取社会利益，社会利益是法律的创造者，是法律的唯一根源，所有的法律都是为了获取社会利益而产生。社会利益理论的崛起为法律或国家限制个人自由、干预个体行为创造了理论基础，个人利益的极度膨胀及过分追求导致的社会问题越来越被人们重视，制止纯粹利益取向的市场短期行为和机会主义已成为法律不可推卸的责任。社会利益观念的兴起与企业责任的提出是一脉相承的，其平衡协调个人与社会利益，将个体对利益的追求置于社会整体利益的发展上进行评价，最后实现对个体利益可持续最大化的追求，这已成为社会责任发展和相关立法活动展开的基础。

---

① 亚当·斯密. 国民财富的性质和原因研究（下卷）. 北京：商务印书馆，1974：27.

② 林树德. 西方近代政治思想史. 武汉：华中师范大学出版社，1989：210.

公平和效率都是法律的基本价值。法律往往通过保证机会公平来实现公平，通过缩小贫富差距来实现公平；通过确立和保障市场经济制度来保证经济效率，通过解决市场失灵来提高效率；通过法律的可确定性，确立和保障市场经济制度、降低成本，运用确定的科学方法来提高效率。在效率和公平这对矛盾中，效率一般占主导地位，为了实现营利最大化的目标，公司应追求尽可能高的效率。但同时，也要考虑公平的道德因素，如果公司一味追求高效高利而破坏社会的公平正义，最终社会中所有的个体将不得不为此付出沉重的代价。

三、企业社会责任的伦理学基础

20世纪50年代末60年代初美国出现了一系列企业经营中的丑闻，包括受贿、规定垄断价格、欺诈交易、环境污染等。公众对此反应强烈，要求政府对此进行调查。1962年，美国政府公布了一个报告——《对企业伦理及相应行动的声明》。20世纪70年代初期，企业伦理问题引起了美国公司更为广泛的关注。美国企业越来越多地卷入了非法政治捐款、非法股票交易、行贿受贿、弄虚作假、窃取商业机密等活动，人们感叹企业中相当一部分管理者已经达到了道德沦丧的地步。由此引发了整个社会对企业伦理问题的关注。

伦理学是关于道德的学说，是道德思想、道德观念的系统化和理论化。它所要解决的问题既多又复杂，但伦理学的基本问题则是道德和利益的关系问题。用中国传统思想家的话来说，就是义和利的关系问题。这个问题包括两个方面：一方面是经济利益和道德的关系问题，即经济关系决定道德，还是道德决定经济关系，以及道德对经济关系有无反作用的问题；另一方面，也是与上述问题直接相关的，就是个人利益和社会利益，或者说局部的、单个组织的利益和社会整体利益之间的关系问题。伦理学论证了为什么单纯将追求利润最大化作为企业社会责任是不合适的，尤其论证了为什么企业社会责任应该包含道德责任。无疑，伦理学的产生和发展为企业社会责任理论奠定了基础[①]。

四、企业社会责任的基本内容

企业社会责任的本质内容就是企业必须履行其对社会的道德责任。目前，人们所接受的企业社会责任的具体内容十分广泛，大致可以概括为以下几个方面。

（一）企业对员工的责任

员工是企业财富的创造者，企业的发展离不开员工的贡献。一个富有社会责任感的企业应该善待自己的员工，充分尊重员工的价值，发挥员工的创造性。

（1）为员工提供安全、健康的工作环境是企业的首要责任。员工为企业工作是为了获得报酬维持自己的生存和发展，企业不应以为员工提供工作为由而忽视员工的生命和健康。

（2）企业应在招聘、报酬、培训、升迁等方面为员工提供平等的机会。企业要为不

---

① 苏勇. 现代管理伦理学——理论与企业的实践. 北京：石油工业出版社，2003：34.

同性别、年龄、民族、肤色和信仰的员工提供平等的机会，不得人为地划定限制。

（3）企业应为员工提供民主参与企业管理的渠道，为实现自我管理企业创造机会。员工在企业中虽然处于被管理者的地位，但同样有权利参与企业的经营管理。企业应当尊重员工民主管理的权利，重视员工的意见和要求，这样也有助于调动员工的工作积极性。

（二）企业对消费者的责任

企业是为获得最佳经济效益而向消费者提供某种产品或服务的组织。消费者是企业产品或服务的购买者，对企业的生存发展具有重大意义，它是企业生存的基础和发展的前提与保证，企业利润的最大化最终需要依赖消费者的认同来实现。因此，企业的一切行动都要以消费者的利益和要求为导向，充分尊重消费者的合法权益。

（1）向消费者提供优质的产品和服务是企业最基本的责任。消费者购买企业提供的产品和服务是为了满足自身的某种需求，按照公平交易的原则，企业必须为消费者提供令其满意的产品和服务。

（2）企业应尊重消费者的知情权和自由选择权。消费者在购买产品前有权通过企业提供的产品信息对产品进行全面的了解，以便在多种商品中做出选择。企业应当通过广告、宣传材料和说明书等方式向消费者提供真实的产品信息。

（3）企业应该通过各种途径了解消费者的需求，利用消费者的思想和建议等来对产品、服务和流程进行改进和创新，最大限度地满足消费者的需求。随着人们生活水平的提高和消费观念的转变，随着买方市场向卖方市场的进一步过渡，一种新型的以人为本、消费者至上的理念正逐步得到强化。这种新理念要求企业不仅要以消费者为整个生产过程的终点，更重要的是以消费者为整个进程的起点①。

扩展阅读 5.3：奔驰 3 月起将陆续召回 28.3 万辆，怎样惹的祸？

（三）企业对所在社区的责任

社区就是企业赖以生存的环境，没有一个好的环境，企业将难以生存，更谈不上持续健康的发展了。企业与社区的关系就好像鱼和水的关系一样，鱼离不开水，只有水才能给鱼提供生存发展的机会和空间，它们一荣俱荣、一损俱损，企业关爱社区就是关爱自己。只有社区支持企业的发展，企业才能如鱼得水、畅游自如。因此，企业要实现自己的发展目标，就必须促进社区的发展。

在推进社区发展的过程中，企业不仅要扮演好"居民"的一般角色，还要力争充当主要角色。企业应通过了解社区的具体需求以及自身具备的资源，选择能够使社区的需求与企业拥有的资源相匹配的社区活动项目，制定出切实可行的社区活动计划，从而在社区这个大舞台中找准自己的定位，最大限度地发挥自身的积极作用，为社区的建设做出自己应有的贡献②。另外，企业应积极支持慈善公益事业，例如，资助文化、教育、

---

① 熊胜绪，黄昊宇. 企业伦理文化与企业管理. 经济管理，2007，04.
② 田野. 企业在建立和谐社区中的作用与途径. 企业文明，2007，01.

体育事业，帮助老弱病残，支援老少边穷地区经济发展，对遭受自然灾害的地区进行捐赠等。

（四）企业对政府的责任

在市场经济条件下，政府对企业不是单纯的管理和控制，更多的是监督、协调和服务。

（1）企业应当遵守法律、法规，依法诚信纳税。企业如果想做大做强，长久地经营下去，遵守国家的法律、法规是一个基本的前提。否则，即使企业经营得再出色，一旦有了违法的污点，也将失去社会的认可，遭到社会舆论的谴责，严重的可能会导致整个企业的灭亡。实践证明，遵守政府法律、法规的企业常常能被国家或当地政府给予更多的自由甚至一定的认可和奖励，从而有利于企业保持持续稳定的发展。

（2）企业应当支持政府的社会公益活动、福利事业和慈善事业，以此服务于社会。政府是代表国家对社会进行组织、协调、监督和管理的组织，它所代表的是社会公益。企业积极参与政府组织的社会公益活动、福利事业和慈善事业，是服务社会、造福人类的积极表现。

（五）企业对股东的责任

在市场经济条件下，企业与股东的关系实际上是企业与投资者的关系，这是企业内部关系中最为重要的内容。企业对股东的责任和一般的社会责任不同，它是通过对股东负责的方式体现出来的。

（1）企业对股东的最基本责任是对法律所规定的股东权利的尊重。法律的规定是每一个企业必须遵循的、应当履行的最基本的责任。企业若是违反了法律的规定，侵犯了股东的利益，就是对股东严重的不负责任。

（2）企业要对股东的资金安全和收益负主要责任。投资人希望通过对企业的投资获得丰厚的回报，企业应当满足股东这个基本期望。

（3）企业有责任向股东提供真实的经营和投资方面的信息。企业必须保证向投资者公布的信息是真实可靠的，任何瞒报和谎报企业信息、欺骗股东的行为都是不道德的，企业对此要负道德和法律的双重责任。

（六）企业对环境的责任

企业对环境的污染和消耗起了主要作用，是环境问题的主要责任者。大大小小的企业每天都在吞噬着自然资源，排放着有害废弃物。当今大多数的环境问题，如不可再生资源的耗竭、可再生资源的衰减、环境污染加剧、生态平衡的破坏等，都与企业活动有关系。因此，作为环境问题的主要责任者，企业为了与环境和谐发展，更为了自身的可持续发展，应当主动承担对环境的责任。

（1）企业对环境的首要责任是树立人与自然和谐发展的价值观，努力做到尊重自然、爱护自然，合理地利用自然资源。企业必须遵循环境保护与经济发展同步的原则，不能以牺牲环境换取经济增长。企业应该以保护环境来优化经济增长，在保护环境中求发展，实现经济和环境的双赢。

（2）企业要以绿色价值观为指导，强化绿色角色意识，实施绿色管理，积极倡导绿色生产和绿色消费。企业应积极构建绿色供应链管理，实现循环生产模式。绿色供应链是把环境融入整个供应链中，通过资源综合利用和环境保护，降低整个生产活动给人类和环境带来的危害，最终实现经济效益和环境效益最大化。绿色供应链的管理体系模式包括绿色设计、绿色采购、绿色生产、绿色物流和绿色回收。

（3）企业要严格自律，按照绿色审计的要求进行严格的企业自我管理。绿色审计就是把环境因素作为企业管理的重要内容。企业在日常经营管理中应严格自律、自我监督、自我检查，杜绝危害环境的任何不正确的观点和做法。[①]

（七）企业对供应商的责任

企业的供应商参与了企业价值链的形成过程，对企业的生产经营有着举足轻重的影响。因此，企业应该讲信誉，严格执行合同。此外，企业应当建立对供应商的核查和评估机制，促进供应商履行企业社会责任，确保形成与供应商共同承担社会责任的一体化战略。企业应该采用国际上通用的标准，由专人对供应商的情况进行评估检查，并与供应商保持顺畅的沟通，如定期召开供应商会议，定期公布核查结果，对不符合标准的供应商提出限期改进的建议，与在规定期限内仍达不到要求的供应商解除合约[②]。

（八）企业对竞争者的责任

在市场经济中，企业与企业之间是一种相互依存的关系，双方都在为获得或维持自己的利益而相互较量，任何一种旨在削弱或剥夺竞争对手利益的行为都将遭到对方的强烈抵制，要么两败俱伤，要么虽然一方获胜，但却可能无法赢得消费者。一个富有社会责任感的企业应当遵循公平竞争的原则。公平竞争是指竞争者之间所进行的公开、平等、公正的竞争，它对市场经济的持续健康发展具有重要作用，可以使社会资源得到合理的配置，并最终为整个社会带来巨大的福利。因此，在市场竞争中，企业应当采用合理合法的竞争手段，杜绝腐败和贿赂行为的发生[③]。

第三节　企业社会回应与社会表现

一、企业社会回应

企业社会回应是继企业社会责任之后出现的一个概念，它是关于企业社会责任的另一种表达用语，是行动导向的企业社会责任。

（一）不同学者对企业社会回应的理解

下面是不同学者对企业社会回应的理解。

（1）罗伯特·阿克曼和雷蒙德·鲍尔指出"责任的含义是承担义务，它强调的是动机而不是绩效"。他们还说"对社会要求做出回应比决定做什么要复杂得多。已经决定了

---

① 曹凤月. 企业道德责任论. 北京：社会科学文献出版社，2006：33.

② 国家发改委运行局. 瑞典企业履行社会责任的实践. 经济管理文摘，2007，05.

③ 叶陈刚. 企业伦理与会计职业道德. 北京:高等教育出版社，2005：99.

的事情怎么去做是管理者的任务，它绝不是件小事"。[1]因此，他们认为社会响应的概念能更好地描述问题的关键。

（2）威廉·弗雷德里克认为，企业社会回应指的是企业对社会压力做出反应的能力。组织的机制、程序、安排和行为模式的综合作用决定了组织对社会压力做出反应能力的大小。他进一步指出，倡导企业社会响应就是促进企业绕开社会责任这样的哲学问题，而集中考虑更具体的问题，即怎样对环境压力做出有效的反应。

（3）赛思将回应社会需要的企业行为进行了分类，提出一种三个活动领域的见解：社会义务、社会责任和社会回应。他认为，社会义务是企业对市场的影响力量和法律约束予以回应的行为；社会责任意味着使企业行为够得上通行的社会规范、价值观和期望的水平；关于社会回应，他认为"企业对社会压力应该怎样回应并不重要，从长远的观点来看，企业在生机勃勃的社会系统中应该起到什么样的作用，这才是重要的"。

（4）艾文·爱泼斯坦对社会回应讨论的重点主要放在过程上面。他认为，企业的有些问题是内部和外部利益相关者的不同要求和期望引起的，而企业社会回应着重关注对企业预测、回应和管理这些问题的能力进行确定、运用和评价的过程。

（二）企业社会回应的对象

一般而言，企业需要认真回应的是对企业拥有潜在巨大影响的社会事项和利益相关者需要。有些学者认为，社会事项最终都是由利益相关者发起的，因此企业社会回应可以通过利益相关者的管理来实现。然而，由于不同利益相关群体的需求和关注的社会事项不同，因此企业不仅需要对关键的利益相关者做出及时的回应，而且需要对重要的社会事项做出回应。

1. 企业对社会事项的回应

企业面临的社会事项根据影响力和紧迫性两个维度可以划分为四种类型，它们按照企业应该考虑的优先顺序排列依次是：影响大且紧迫的事项、影响大但不紧迫的事项、影响小但紧迫的事项和影响小且不紧迫的事项，如图5-3所示。

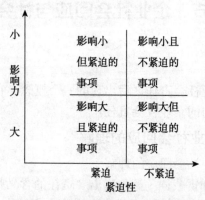

图 5-3　企业所面临的社会事项分类

资料来源：高勇强. 企业社会回应管理. 当代经济管理，2006，05.

---

① Robert Ackerman, Raymond Bauer. Corporate Social Responsiveness: The Modern Dilemma.Reston Publishing Company, 1976: 6.

企业对社会事项的回应一般是根据社会事项的生命周期过程来进行的。罗伯特·阿克曼和雷蒙德·鲍尔关于社会事项生命周期过程的研究得到了大多数学者的认同。他们将社会事项的生命周期分为三个阶段：政策阶段、学习阶段和组织承诺阶段，在不同的阶段企业应该采取相应的行动，如图 5-4 所示。

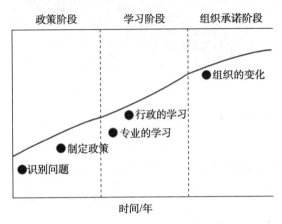

图 5-4　企业社会回应的三阶段模型

资料来源：Ackerman, Bauer. Corporate socia lresponsiveness: the modern dilemma, 1976.

社会事项生命周期的第一阶段是政策阶段，在这一阶段企业社会回应的主要工作是识别问题和制定政策。在这一阶段，企业开始意识到它所需要做出回应或采取行动的外部环境部分。而如何做出回应则需要企业管理者制定出合适的政策，政策是企业针对合适的环境部分做出合适回应的框架。

社会事项生命周期的第二阶段是学习阶段，这一阶段企业社会回应的主要工作包括专业的学习和行政的学习。专业学习是指企业聘请对某些社会事项熟悉的专家来指导和帮助企业。但是，专家不可能独自解决企业所面临的问题，他们需要企业内部人员来具体决策和执行。当负责组织日常事务的企业管理人员对处理社会事项的程序非常熟悉时，就出现了行政学习。无疑，企业社会回应需要企业各级管理人员和全体员工的协作。

社会事项生命周期的第三阶段是组织承诺阶段，这一阶段企业社会回应的主要工作是在组织方面做出变化。在前两个阶段学习到的政策和程序必须被企业接受并成为企业行为的一部分。也就是说，它们必须成为企业的一部分和它的标准运作程序，这个过程被称为新社会政策的制度化。而且，在这一阶段，企业往往需要针对社会事项做补充性报告和审计，并且绩效评价的标准也需要包含对社会事项的考虑[①]。

2. 企业对利益相关者的回应

Mitchell 等人从影响力、紧急性和合理性三个角度对企业的利益相关者进行了分类，如图 5-5 所示。

---

① 詹姆斯·E. 波斯特. 企业与社会:公司战略、公共政策与伦理. 北京：中国人民大学出版社，2005：83-84.

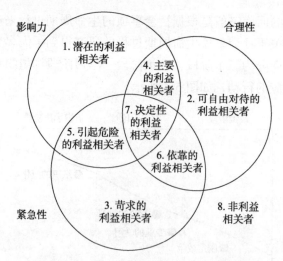

图 5-5　基于三个特性划分的利益相关者模型

资料来源：Mitchell, Agle, Wood. Toward a theory of stakeholders identification and salience: defining the principle of who and what really counts. Academy of Management Review, 1997.

企业应该优先考虑的利益相关者是处于中心位置的决定性的利益相关者（标号 7），其次应考虑主要的利益相关者（标号 4）、引起危险的利益相关者（标号 5）和依靠的利益相关者（标号 6），再次应考虑潜在的利益相关者（标号 1）、苛求的利益相关者（标号 3）和可自由对待的利益相关者（标号 2）。

企业需要对利益相关者做出回应，主要是因为利益相关者对企业的期望与他们对企业绩效的感知之间出现了差距。如果缩小这一差距，企业有四种可以选择的策略：

（1）不改变绩效，但通过教育和信息改变公众对绩效的感知。

（2）如果无法改变公众的感知，就改变用来描述绩效的符号，使它与公众的感知一致。

（3）通过教育和信息尝试改变社会对企业绩效的期望。

（4）如果上述三种策略都不能弥补差距，那么就改变企业绩效，使它与社会的期望更加匹配。

Savage 等人认为，对利益相关者回应的策略应该建立在对其进行分类的基础上，他们提出的分类依据是利益相关者与组织合作的可能性和利益相关者对组织构成威胁的可能性。他们提出的策略如图 5-6 所示。

支持型利益相关者与企业合作的可能性大而对企业构成威胁的可能性小，他们可能是企业董事会、管理层、员工、消费者、供应商等。对于他们，企业应该采取参与型策略，让他们参与企业的经营管理。

无足轻重型利益相关者与企业合作和对企业构成威胁的可能性都很小，他们可能是某些弱小的社团组织、消费者和没有组织起来的股东。对于他们，企业应该采取监控型策略，力图使他们不发生对企业的不利变化。

非支持型利益相关者与企业合作的可能性小，但对企业构成威胁的可能性大，他们可能是企业的竞争对手、政府、媒体、工会等。对于他们，企业应该采取防范型策略，即对他们保持高度警惕，防止他们对企业产生不利影响。

利益相关者与组织合作的可能性	大	利益相关者类别 IV 利弊兼有型 策略：合作	利益相关者类别 I 支持型 策略：参与
	小	利益相关者类别 III 非支持型 策略：防范	利益相关者类别 IV 无足轻重型 策略：监控

图 5-6　组织利益相关者类型与策略

资料来源：Savage, Nix, Whitehead, Blair. Strategies for assessing and managing organizational stakeholders. The Excutive, 1991.

利弊兼有型利益相关者与企业合作的可能性大，同时对企业构成威胁的可能性也大，他们可能是临时工、消费者或客户。对于他们，企业应该采取合作型策略，即通过改善与他们的关系，实现企业与他们的合作[①]。

二、企业社会表现

企业社会表现是企业接受社会责任和采取社会响应策略的结果。

（一）卡罗尔的企业社会表现模型

卡罗尔模型的第一个方面是关于企业社会责任的，包括经济、法律、伦理和慈善四个方面的责任。第二个方面是关于企业社会回应的连续体。伊恩·威尔逊认为，企业可以采取的社会回应战略有四种：反应、防御、适应和主动寻变。第三个方面是涉及社会或利益相关者问题的。（见图 5-7）

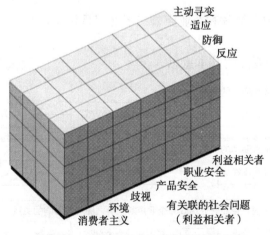

图 5-7　卡罗尔的企业社会表现模型

资料来源：Archie·B. Carroll, "A Three-Dimensional Conceptual Model of Corporate Social Performance", Academy of Management Review, 1979.

---

① 高勇强, 企业社会回应管理,《当代经济管理》, 2006. 05.

（二）斯蒂芬·L. 瓦蒂克和菲利普·L. 科切兰的企业社会表现模型

斯蒂芬·L. 瓦蒂克和菲利普·L. 科切兰的企业社会表现模型是在卡罗尔的模型基础上发展起来的，如表 5-3 所示。

表 5-3　斯蒂芬·L. 瓦蒂克和菲利普·L. 科切兰的企业社会表现模型

原则	过程	政策
企业社会责任	企业社会响应	社会问题管理
经济	反应性	确认问题
法律	防御性	分析问题
道德	适应性	采取对策
自行处理	主动性	

资料来源：Steven·L. Wartick, Philip·L. Cochran. The Evolution of the Corporate Social Performance Model. Academy of Management Review, 1985, 10: 767.

他们认为，社会问题管理不能仅仅停留在确认问题上，还应该包括分析问题和采取对策，一句话，就是要包含完整的管理——社会问题管理。他们进一步把企业社会责任维、企业社会响应维和社会问题管理维分别视为原则维、过程维和政策维。

（三）企业社会表现与财务绩效的关系

在企业社会表现与财务绩效之间关系的研究中，先后出现了三个不同的观点。

（1）对社会负责任的企业的赢利能力是最强的，其社会表现能够促进财务绩效、企业声誉的提高。

（2）企业的财务绩效对其社会表现起着推动作用。当企业的营业收入可观时，就可以看到企业有着较好的社会表现，财务绩效或是先于社会表现，或是与社会表现一起出现。

（3）社会表现、财务绩效和企业声誉三者之间是相互影响的，在它们相互影响的过程中很难确定哪一个因素起的作用最大。

图 5-8 给出了三个观点的基本意思。

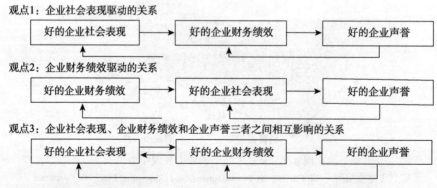

图 5-8　企业社会表现、企业财务绩效和企业声誉三者之间的关系
资料来源：阿奇·B.卡罗尔，安·K.巴克霍尔茨. 企业与社会：伦理与利益相关者.
北京：机械工业出版社，2004：38.

第四节　企业社会责任的评价体系

一、企业社会责任报告

我们应当把企业履行社会责任的情况也纳入社会公开机制之中，可采用财务与社会责任两者相结合的报告模式，以透明的方式向社会公开企业运作的综合效果。

企业报告内容及格式如下。

扩展阅读 5-4：交易所发布指引 450 余家上市公司 2026 年将强制披露 ESG 报告

（一）封面和目录

（二）公司概况

1. 公司从事的行业、经营范围、注册地址、办公地址及邮政编码、国际互联网网址、电子邮箱、公司股票上市交易所、股票简称和股票代码、企业法人营业执照注册号、税务登记号码及公司聘请的会计师事务所名称和办公地址等。

2. 公司的法定代表人及其致词。

3. 公司董事会主要成员介绍。

4. 公司的发展战略。

5. 公司的价值观、企业文化。

6. 公司对社会做出的承诺。

7. 公司与股东、员工、政府、社会组织、商业合作伙伴、媒体、社区和顾客等利益相关者的信息沟通体系。

（三）公司年度重要事项

公司按事项发生的时间顺序分月进行报告。报告主要包括公司本年度所取得的成就、面对的挑战以及所采取的应对措施等。

（四）公司财务报告

公司财务报告主要包括对本年度以及上一年度资产负债表、利润表和现金流量表的披露并显示资产负债、利润、现金变化方向及比例。对于需要补充说明的某些重大项目另外予以报告。

（五）企业社会责任报告

企业应按照员工、消费者、投资者、政府、社区、环境、商业合作伙伴、竞争者以及其他几大部分分别进行报告。基本报告内容及格式见表5-4。

以下各项说明内容均是我国《劳动法》的有关规定。

（1）童工是指未满十六周岁，与单位或者个人发生劳动关系从事有经济收入的劳动或者从事个体劳动的少年、儿童。

表 5-4　企业社会责任报告

各利益相关者	内容	本年度	上一年度
员工	是否有雇佣童工的现象		
	未成年员工占员工的比例		
	员工工资水平是否超过当地最低工资标准		
	是否发放加班工资及其标准		
	工资支付率		
	是否为所有员工缴纳各类社会保险费		
	员工是否享受带薪休假		
	员工薪酬的增长比例		
	是否按照规定设立安全生产管理机构或者配备安全生产管理人员		
	重大安全事故发生率		
	职工生产事故死亡率		
	职业病发病率		
	是否为所有员工定期进行健康检查		
	平均每日及每周工作时间		
	平均每周休息日数		
	平均每日及每月加班时间		
	女员工生育享受产假的天数		
	是否建立了工会组织		
	员工参加工会组织率		
	是否有体罚现象		
	是否遵循平等自愿和协商一致的原则与所有员工签订劳动合同		
	劳动合同的内容是否符合《劳动法》的有关规定		
	劳动合同的试用期是多长时间		
	是否有在下列情况下解除劳动合同的现象：①员工患职业病或者因工负伤并被确认丧失或者部分丧失劳动能力；②员工在规定的医疗期内患病或者负伤；③女员工在孕期、产期、哺乳期内		
	在员工招聘、培训、报酬等方面是否存在性别、种族歧视等		
	是否建立了员工培训制度		
	年度员工培训支出		
	人才流失率		
消费者	顾客流失率		
	消费者投诉次数		
	是否实现了全面质量管理		
投资者	企业总销售增长率		
	净资产收益率		
	资本保值增值率		
	企业税后净利润增长率		
	研发费用占年度销售额的比重		
	年度新产品销售额占销售总额的比例		
	每股股利及股利支付率		
	公布的财务报告是否经过审计真实可信		

续表

各利益相关者	内容	本年度	上一年度
政府	有无违反国家法律、法规被查处的记录		
	企业的罚款支出		
	企业诉讼与仲裁事项		
	年度纳税总额合计		
	企业每元总资产纳税额		
社区	新创造的就业机会		
	安排残疾人、下岗工人及退伍军人就业情况		
	安排大学生实习情况		
	参与了哪些公益活动		
	慈善捐赠金额占税前利润的百分比		
环境	环保支出占当期销售额比重		
	能源投入产出率		
	原材料投入产出率		
	水资源循环利用率		
	单位产出废弃物排放量		
	处理废弃物比例		
	环境污染违法记录的次数		
商业合作伙伴	合同履约率		
	长期拖欠或无故克扣供应商款项的次数		
竞争者	公司章程或制度中是否有明确的反腐败和反垄断内容		
	违反公平竞争原则的次数		
其他			

（2）未成年工是指年满十六周岁未满十八周岁的劳动者。

（3）有下列情形之一的，用人单位应当按照下列标准支付高于劳动者正常工作时间工资的工资报酬：

①安排劳动者延长工作时间的，支付不低于工资的百分之一百五十的工资报酬；

②休息日安排劳动者工作又不能安排补休的，支付不低于工资的百分之二百的工资报酬；

③法定休假日安排劳动者工作的，支付不低于工资的百分之三百的工资报酬。

（4）从业人员超过 300 人的企业，应当设置安全生产管理机构或者配备专职安全生产管理人员；从业人员在 300 人以下的企业，应当配备专职或者兼职的安全生产管理人员，或者委托具有国家规定的相关专业技术资格的工程技术人员提供安全生产管理服务。

（5）国家实行劳动者每日工作时间不超过八小时、平均每周工作时间不超过四十四小时的工时制度。

（6）用人单位应当保证劳动者每周至少休息一日。

（7）用人单位由于生产经营需要，经与工会和劳动者协商可以延长工作时间，延长时间一般每日不得超过一小时；因特殊原因需要延长工作时间的，在保障劳动者身体健康条件下延长的工作时间每日不得超过三个小时，每月不得超过三十六个小时。

（8）女职工生育享受不少于九十天的产假。

（9）劳动合同应当以书面形式订立，并具备以下条款：

①劳动合同期限；

②工作内容；

③劳动保护和劳动条件；

④劳动报酬；

⑤劳动纪律；

⑥劳动合同终止的条件；

⑦违反劳动合同应负的责任。

（10）劳动合同可以约定试用期，试用期最长不得超过六个月。

当然，这份报告的内容及格式不可能适应所有的行业，应将上述报告内容作为企业报告的最基本内容，企业还可以根据自身的实际情况进行添加和补充。

二、企业社会责任评价标准

上一节介绍的企业社会责任报告所包含的各项指标，有的是定性指标，有的是定量指标，而且它们的计量单位也不同，因此很难将所有的指标进行汇总。但是，如果我们在评价过程中直接给定各项指标的评分标准，将计量单位不同的各项指标进行定量和定性考核，按照规定的评估标准直接给出该项指标的最后得分，就可以消除不同计量单位对指标评价的异质性影响。这种方法的好处在于，操作简便、直观、易于推广，既能避免主观随意性，又省去了大量烦琐的数学计算，并且能有效地贯彻企业社会责任的管理理念[①]。

下面是各项指标的评分标准。

以工资发放表和岗位职工花名册为依据，发现使用童工现象记 0 分，没有使用童工记 100 分。

未成年工占员工的比例＝未成年工人数/员工总人数

本项指标得分＝（1－未成年工占员工的比例）×100

$$本项指标得分 = \frac{员工人均平均工资（剔除企业部门经理以上人员的工资）}{最低工资标准} \times 100$$

以工资发放表和员工的工作记录为依据，凡是应发放加班工资而未发放加班工资的人日数超过应发放加班工资总人日数的 1%，本项指标记 0 分，否则记 100 分。

工资支付率＝实际发放工资额/应发放工资总额

本项指标得分＝工资支付率×100

劳动保险合同率＝实际缴纳社会保险费额/应缴纳社会保险费总额

本项指标得分＝劳动保险合同率×100

本项指标得分＝享受带薪休假的员工人数/员工总数×100

本项指标得分＝员工薪酬增长比例×100

① 李立清，李燕凌. 企业社会责任研究. 北京：人民出版社，2005：386.

企业按照规定设立安全生产管理机构或者配备安全生产管理人员的，为其记 100 分，否则记 0 分。

　　本项指标得分 =（1 - 重大安全事故发生率）× 100

　　本项指标得分 =（1 - 职工生产事故死亡率）× 100

　　本项指标得分 =（1 - 职业病发病率）× 100

　　本项指标得分 = 参加健康检查的员工人数/员工总数 × 100

核查前 12 周员工平均工作时数，

　　本项指标得分 =（1 - 平均工作时数超过 44 小时的周数/12）× 100

随机抽取 5%～10%的员工以及一周的休息记录，

　　本项指标得分 = 一周内休息员工人数/抽查员工总数 × 100

随机抽取 5%～10%的员工以及一周的工作记录，

　　本项指标得分 =（1 - 一周工作时数超过 60 小时的员工人数/抽查员工总数）× 100

　　本项指标得分 = 女员工平均享受的产假天数/90 × 100

企业建立了工会组织记 100 分，否则记 0 分。

　　本项指标得分 = 员工参加工会组织率 × 100

如果发现使用体罚的现象记 0 分，没有发现则记 100 分。

　　本项指标得分 = 签订劳动合同的员工人数/员工总数 × 100

　　本项指标得分 = 劳动合同符合规定的份数/劳动合同总数 × 100

凡发现企业劳动合同试用期超过六个月记 0 分，未发现记 100 分。

在表中所列情况下解除劳动合同的，发生一次扣企业 20 分。

在员工招聘、培训、报酬等方面存在性别、种族等歧视的现象，发生一次扣企业 20 分。

企业建立员工培训制度的记 100 分，否则记 0 分。

　　本项指标得分 = 年度员工培训支出/营业利润 × 100

　　本项指标得分 =（1 - 人才流失率）× 100

发生一次侵犯员工隐私的情况扣 20 分。

有记录显示员工参与企业决策的企业，一次为其加 10 分。

　　本项指标得分 =（1 - 顾客流失率）× 100

发生一次顾客投诉情况扣 20 分。

　　本项指标得分 = 产品质量合格率 × 100

企业没有进行过虚假广告宣传的记 100 分，否则记 0 分。

　　本项指标得分 = 企业总销售增长率 × 100

　　本项指标得分 = 资本保值增值率 × 100

　　本项指标得分 = 企业税后净利润增长率 × 100

　　本项指标得分 = 研发费用占年度销售额的比重 × 100

　　本项指标得分 = 年度新产品销售额占销售总额的比例 × 100

　　本项指标得分 = 股利支付率 × 100

企业公布的财务报告经过审计真实可信，记 100 分，否则，记 0 分。

企业违反国家法律、法规被查处，一次扣 50 分。

本项指标得分 = 罚款支出/税后净利润 × 100

发生企业诉讼与仲裁事项时，企业败诉一次扣 20 分。

本项指标得分 = 实际纳税总额/应纳税总额 × 100

本项指标得分 = 企业每元总资产纳税额 × 100

本项指标得分 = 新就业人数/员工总数 × 100

本项指标得分 = 安排残疾人、下岗工人及退伍军人就业的人数/员工总数 × 100

本项指标得分 = 安排大学生实习人数/员工总数 × 100

本项指标得分 = 以本企业名义公开直接投资公益事业的经费/
企业广告费总额 × 100

本项指标得分 = 慈善捐赠金额占税前利润的百分比 × 100

本项指标得分 = 环保支出占当期销售额比重 × 100

本项指标得分 = 能源投入产出率 × 100

本项指标得分 = 原材料投入产出率 × 100

本项指标得分 = 水资源循环利用率 × 100

本项指标得分 =（1 − 单位产出废弃物排放量/行业平均水平）× 100

本项指标得分 = 处理废弃物比例 × 100

企业发生一次环境污染扣 20 分，后果特别严重的直接记 0 分。

本项指标得分 = 合同履约率 × 100

发生长期拖欠或无故克扣供应商款项的，一次扣 20 分。

企业公司章程或制度中有明确的反腐败和反垄断规定记 100 分，否则记 0 分。企业违反公平竞争原则一次扣 20 分。

说明：每项指标最高得分不得超过 100 分，最低为 0 分。涉及扣分的指标，从 100 分开始扣；涉及加分的指标，从 0 分开始加。指标权重既可以采取等权的方法确定，也可以由专家委员会根据经验确定。

三、投资项目的后评价

后评价是对重大的投资项目或产生较大社会影响的投资项目，除了进行成本收益分析外，还应进行国民经济效益和社会效益评价。

后评价实际是项目管理工作的必要内容与程序，其意义如下。①有利于提高投资和经营管理决策的水平。后评价既然是对投资项目的再次审查评价，就可以发现并分析原来进行国民经济效益评价和社会效益评价中存在的不足或错误，对提高评价决策水平具有极大的帮助。②有利于提高项目或企业的宏观经济效益与社会效益。对投资项目的后评价是立足社会角度进行的，如果我们发现存在什么对宏观经济效益不利的因素，必须采取有效措施降低。这样，不仅有利于社会经济效益的提高，而且对改善企业经营管理水平也是有力的促进。③有利于促进树立崇尚以社会责任为重的风气。由于后评价立足社会角度对投资项目进行审查评价，其评价过程对企业员工和社会都是一种教育，而对某些不顾社会公德与社会责任的人则是一种谴责。[①]

四、企业社会责任报告应该通过审计鉴证其公信力

　　欧洲会计专家协会可持续性审核主席认为："没有经过审核的企业社会责任报告，比广告好不了多少。"为加强对企业履行社会责任情况的监督力度，保证企业对外披露的社会责任信息的真实性与公允性，我国也应实施企业社会责任审计制度，就像企业财务报告在公布前需要经过会计师事务所的审计一样来审计社会责任。各级政府审计机构应主动承担起建设和谐社会的监督职能，加紧研究和实施社会责任审计制度。

重要概念

　　企业社会责任　　道德责任　　企业社会回应　　企业社会表现
　　企业社会责任评价

案例分析5

中石油：双赢互利、共同发展

同步测练与解析5

自学自测　　[二维码]　　扫描此码

---

① 任蔼堂，喻晓宏，雷新途. 社会管理会计　北京：中国物价出版社，2002：198.

第六章

企业资源环境责任与可持续发展

经典名言

执道者德全，德全者形全，形全者神全。神全者，圣人之道也。

托生与民并行而不知其所之，忙乎淳备哉！功利机巧必忘夫人之心。若夫人者，非其志不之，非其心不为。

虽以天下誉之，得其所谓，謷然不顾；以天下非之，失其所谓，傥然不受。天下之非誉，无益损焉，是谓全德之人哉！

——《庄子·天地》

为天地立心，为生民立命，为往圣继绝学，为万世开太平。

——张载

作者感悟

思想决定行动，思路决定出路；人脉决定命脉，性格决定命运。

学习目标

通过本章学习，你应该了解全球环境的现状以及资源紧缺的严峻形势，明确妥善处理资源环境约束与经济发展之间矛盾的重要性；理解全国范围的 451 份资源环境责任问卷调查分析情况；把握企业履行资源环境责任的严峻挑战与历史机遇的真正意义；明确企业履行资源环境责任实现可持续发展的内在动力与政策建议。

重点与难点

1. 理顺企业与环境的关系，明确保护环境应与经济同步发展
2. 理解企业履行资源环境责任面临严峻挑战与历史机遇
3. 理解企业履行资源环境责任实现可持续发展的内在动力
4. 理解企业履行资源环境责任实现可持续发展的政策建议

导读

平安发布《中国平安可持续发展报告》

日前，中国平安连续第 15 年发布《中国平安可持续发展报告》，全面展现了中国平安 2023 年在可持续发展道路上的实践与探索，并从可持续的战略管理、可持续的业务、可持续的运营、社区可持续的治理，以及气候变化与碳中和五个方面进行了详细介绍。2023 年平安在已公开结果的国内外主流 ESG 评级结果中，持续保持中国领先、行业领先。其中 MSCI ESG 评级为 A，为综合保险及经纪行业亚太第一。

2023 年，面对宏观环境的复杂性和不确定性，中国平安坚持以客户需求为导向，深化"综合金融+医疗养老"战略，完善公司治理及风险管控机制，为广大客户、员工、股东和社会实现长期、稳健、可持续的价值最大化而持续奋斗。

在客户服务方面，平安督促各成员公司积极迭代升级自身主力产品和服务。2023 年，平安建立"三省"价值评价体系，首次发布《三省能力价值报告》，围绕康养生态、车生态、投资理财、信贷产品、保险产品、综合服务六大主题全景式地展现了金融保险及医疗养老领域的前沿市场趋势，不断提升"综合金融+医疗养老"服务的覆盖面、可得性和满意度。截至 2023 年 12 月末，消费者权益保护培训覆盖率达 98.5%。

在员工及代理人权益保障方面，平安员工满意度达 87 分，核心人员持股计划和长期服务计划覆盖范围员工超 10.3 万人、比例达 36%，员工性别比例均衡。薪酬之外，平安为员工提供了商业保险、高端医疗健康保险、企业年金、定期体检、内购产品、员工关怀计划（EAP）等福利。

在股东权益保护方面，平安高度重视对投资者的合理投资回报，制定了合理的派息政策。自 A 股上市以来，除个别年份外，每年均实施年度与中期两次现金分红。2023 年，平安每股派息 2.43 元。自 2012 年起，累计分红总额超过 3000 亿元，现金分红水平连续 12 年保持上涨。同时，平安建立了高效的投资者关系管理机制，通过制度要求与程序保障，全面保护股东，尤其是中小股东的权益，本年度组织现场业绩发布会 2 次、电话业绩发布会 2 次，参加投资者会议共 354 次。

在社会责任方面，平安自 2018 年开始开展"三村工程"，助力乡村振兴。2023 年，平安提供产业帮扶振兴资金 407.29 亿元，完成消费帮扶 1.68 亿元。截至 2023 年底，累计提供产业帮扶振兴资金 1179 亿元，消费帮扶累计超 8 亿元，并通过开展乡风文明 100 活动，已累计建立 1434 个党建共建点，落地"振兴保"项目 295 个，撬动产业发展资金 42.3 亿元，累计带动 77.5 万农户增收 93 亿元。

中国平安表示，公司始终以人民为中心，以客户需求为导向，坚定不移地走中国特色金融发展之路，积极践行绿色低碳可持续发展理念，承担经济社会良性运转"压舱石"的使命担当，持续打造国家信赖、国民喜爱、与时俱进的民族品牌，为客户、员工、股东和社会创造长期、稳健、可持续的价值回报，以金融高质量发展助力强国建设和民族复兴伟业，以自身行动贡献助推中国式现代化建设。

（资料来源：蒋佳元. 羊城派，2024.3.28）

四十多年的中国改革开放取得了重大成就，我国经济多年来以 8%～10%的速度迅猛发展，GDP 总量已跃然排名世界第二，中国的崛起令世人瞩目，然而支撑起 GDP 这令人瞩目的高增长的是以高投入、高消耗、高污染"三高"为特征的传统工业经济发展模式，这就不可避免地造成了日益严重的资源环境问题。而作为带动经济增长的主体，企业应积极履行自身的资源环境责任，实现可持续发展。同时，资源环境责任的履行也是企业可持续发展的主观能动性要求，积极履行自身的资源环境责任的企业能更好地面对来自内外界的挑战，变挑战为机遇，实现可持续发展，推进和谐社会建设。

第一节　企业与环境：保护环境与经济同步发展

环境是一个国家生存、繁衍、发展的基本前提。一旦一个国家的环境遭到破坏，失去生存条件的将是整个国家和民族。一旦环境破坏超过"临界值"，大自然往往就不会再给人类机会，以致后来者没有纠正错误、"重新选择"的余地，或者要付出十倍、百倍于当初预防、及时治理的代价。所以，环境保护不能走先污染、后治理的老路，而应该以预防为主、防治结合。

另外，环境问题最容易引发企业与当地公众利益之间的矛盾，也容易引起国际社会的关注。近年来，全球环境的污染和破坏已发展成为威胁人类生活和发展的世界性重大问题，世界各国已经逐渐把保护生态环境、实现可持续发展的问题提上了议事日程。因此，企业在环境问题上的做法将直接影响企业的形象。企业在经营过程中，必须考虑企业行为对人类命运和生态环境的影响。企业必须遵循环境保护与经济发展同步的原则，不能以牺牲环境换取经济增长，而应当合理、有效开发资源，开发环保技术，为社会提供绿色产品。企业应该以保护环境优化经济增长，在保护环境中求发展，实现经济和环境的双赢。

一、威胁人类生存的全球十大环境问题

由联合国列出的威胁人类生存的全球十大环境问题为：

（1）全球气候变暖；

（2）臭氧层的耗损与破坏；

（3）生物多样性减少；

（4）酸雨蔓延；

（5）森林锐减；

（6）土地荒漠化；

（7）大气污染；

（8）水污染；

（9）海洋污染；

（10）危险性废物越境转移。

我们只有一个地球。我们虽然拥有比较丰富的自然资源，但它并不是取之不尽、用

之不竭的。"坐吃山空"的悲剧正在我们身边普遍而悲壮地演绎着。日渐枯竭的资源之手已经向世界敲响了刺耳的警钟，以下这一组数据也许会让我们惊骇不已。人们赖以生存的水，据有关资料报告，将越来越成为制约人类生活的重要问题，到 2030 年，全球可能面临 40%的水资源短缺。有关资料显示，有经济建设和社会生活血液之称的石油，可供人类开采的储藏量不足 2 万亿桶，开采时间不超过 95 年。之后全球经济的发展将更多地依赖煤炭，但十分遗憾的是，具有"黑色钨金"之称的煤炭，最远到 2500 年前后将消耗殆尽，矿物燃料将出现山穷水尽的可怕情景。与人们生活、生命息息相关的森林，其存量到 20 世纪末已经消耗过半，而今还在以每年 1600 万公顷的速度减少，严重地威胁着大量野生动植物的生存，致使三四万种野生植物濒临灭绝，占世界已知植物总数的12.5%。

　　人类进入 21 世纪的第二个十年以来，全球气候整体变暖，各种自然灾害频繁，旱、涝、热浪、饥饿、贫困交替，因资源引发的地区和国家间战事不断，地震、海啸、飓风、台风此起彼伏，特别是 2011 年春天的日本地震海啸导致多个核电站爆炸、瘫痪进而引起大范围核泄漏与核辐射，对人民生活与地球安全产生严重影响。长期以来，人类传统的价值观只强调人类对自然的权利，而忽视对自然的义务，把自然界当做取之不尽并可肆意挥霍的材料库和硕大无比可以乱掷污物的垃圾桶。对自然资源进行疯狂的掠夺和挥霍，加剧了自然资源危机，致使人类陷入当前的生态困境。身后有余忘缩手，眼前无路想回头。严峻的资源紧缺形势必须引起我们的警惕，我们要妥善处理好资源环境约束与经济发展之间的矛盾。

二、企业应承担保护环境节约资源的责任

　　企业对环境的污染和消耗起了主要作用，是环境问题的主要责任者。遍布世界各地的大小企业每天都在吞噬着自然资源，排放着有害废弃物。当今世界的大多数环境问题，如不可再生资源的耗竭、可再生资源的衰减、环境污染加剧、生态平衡的破坏等，都与企业活动有关系。因此，作为环境问题的主要责任者，企业为了与环境和谐发展，更为了自身的可持续发展，应当主动承担生态责任。企业生态责任与企业社会责任紧密相连，前者是后者的组成部分。企业生态责任包括三个方面，即企业对自然的生态责任、对市场的生态责任和对公众的生态责任。企业对自然的生态责任是指企业应当弥补传统价值观只强调人类对自然的权利而忽视对自然的义务的缺陷，自觉地保护自然，向自然奉献。企业对市场的生态责任是指企业要以市场为导向，生产绿色产品，严格遵守环保制度，提供满足市场需求的健康产品，走高效能、低污染、低能耗的产品生产之路。企业对公众的生态责任是指企业要强调机会、利益均等，维护"代际公平"，不能以牺牲后代人的利益来满足当代人的需求。

　　从长远来看，保护环境最明智的办法就是减少和阻止环境恶化的发生。事实上，企业在承担保护环境责任方面，应该采取主动寻变的方式，而不是被动反应。比起等到问题已经非常严重时才动手解决的方式，主动寻变（预测并着手处理）更具有实际意义，而且代价较小。水污染就是一个典型的例子，好多年来，企业对清理河水、湖泊和其他

水道的问题不够重视，现在水污染已经严重危及人类的健康，企业不得不花费大量人力、物力和财力去解决这类事情。

三、企业应积极发展循环经济

循环经济就是遵照生态学的规律，充分利用自然资源的新的经济模式，由传统的资源—产品—污染排放的单向线性开放式经济过程转向资源—产品—再资源—再产品的闭环反馈式循环过程。循环经济以自然资源的节约、保护和完全利用为宗旨，充分考虑可耗竭资源和可再生资源的有效配置，最大限度提高资源的利用率，其本质是一种生态经济。它遵循的基本原则是"3R"原则，即减量化、再使用和再循环。其中减量化原则属于输入端方法，要求较少原料和能源特别是无害于环境的资源投入来达到既定的生产和消费目的，即对废物的产生是通过预防的方法而不是末端治理的方式来加以避免。再使用原则属于过程性方法，要求制造的产品和包装容器能够以初始的形式被反复利用，要求制造商尽量延长产品的使用期，呼吁抵制一次性用品。再循环原则属于输出端方法，要求生产出来的物品在完成其使用功能后能重新变为可以利用的资源，而不是不可恢复的垃圾，其强调废品的回收和废物的综合利用。

循环经济就是要借助对生态系统和生物圈的认识，特别是产业代谢的研究，找到能使经济体系与生物生态系统正常运行相匹配的可能的革新途径，最终建立理想的经济生态系统。

国际社会在 20 世纪 90 年代确立了可持续发展战略，一些发达国家继之把发展循环经济、建立循环社会作为实施可持续发展战略的重要途径。过去的 200 年里，人类向大气层排放了数万亿吨二氧化碳，如同给地球造了个大棚，让地球无法散热，所以二氧化碳又称为温室气体。为遏制全球变暖，减少二氧化碳排放是首要任务。2020 年 9 月 22 日，在第七十五届联合国大会上，我国碳中和的目标被确定了下来，将力争 2030 年前实现碳达峰，2060 年前实现碳中和。

第二节　全国范围的 451 份资源环境责任问卷调查分析

20 世纪 80 年代以后，企业履行资源环境责任与可持续发展[①]的关系成为企业战略管理研究中的重要问题。早期一些研究得出的基本结论是，企业履行资源环境责任必然会导致企业成本增加，从而必然会降低企业经济效益，进而削弱企业的竞争力，不利于企业可持续发展。换句话说，企业履行资源环境责任与可持续发展二者之间是负相关关系。这个观点得到了很多人的认同，包括相当多的中国企业家。这就从很大程度上导致了中

---

① 可持续发展是指满足当代的需求而不危及后代满足他们自身需求能力的发展。可持续发展是关于高质量的生活和健康、社会公正、繁荣和维持地球生物多样性供给能力的综合目标。社会、经济和环境的这些目标相互联系并相互支持。可持续发展可以视为表达社会整体更为广泛的期望的一种方式。2010 年 11 月 1 日，国际标准化组织(ISO)在瑞士日内瓦国际会议中心举办了主题为"共担责任，实现可持续发展"的 ISO 26000(社会责任指南标准)。孙继荣. ISO 26000 的形成过程及核心内容. WTO 经济导刊，2010，(11).

国当今的发展局面：一批企业家富了，与此同时的是过去的"山清水秀、蓝天白云"变成现在的"山秃水臭、灰天黑云"。

事实上，企业履行资源环境责任会加重企业负担、不利于企业可持续发展的这一观点单纯从短期的经济效益来看是有一定道理的。然而，当我们从企业长期的整体效益来综合考量企业履行资源环境责任对企业可持续发展的影响时，便能发现企业履行资源环境责任对企业可持续发展能力的积极影响。

本章试图探析企业履行资源环境责任与可持续发展能力提高之间正相关的联系。为了得到社会大众对企业履行资源环境责任与企业可持续发展相关问题的看法，本章笔者采取了问卷调查的方法。问卷由 28 道选择题及 1 个收集被调查者相关信息的表格组成。问卷内容主要涉及被调查者对我国资源环境现状的看法和对企业履行资源环境责任的现状、问题与未来的反思。

在亲人、老师、朋友及同学的帮助下，本章笔者进行了广泛的问卷调查，在 2010 年 12 月到 2011 年 3 月的四个月的时间里通过纸质、网络媒介向外发放调查问卷共计 500 份，回收有效问卷 451 份，有效问卷率达 90.2%。本人还专程前往河北，河南开封，湖北武汉、黄冈蕲春与福建厦门等地了解企业履行资源环境责任现状，获得不少感性认识。

本次调查资料具有较强的代表性和广泛性。从被调查者地域分布来看，本次调查涵盖北京、上海、天津、重庆四大直辖市，香港与澳门及深圳厦门特区和全国各省（除西藏、台湾地区）省会及部分地级市，地域覆盖广；本次调查对象年龄区间为 18 岁以下、18～25 岁、26～30 岁、31～40 岁、41～50 岁、51～60 岁、60 岁以上，各年龄段分布比例分别为 2%、34%、22%、22%、14%、4%、2%；从被调查者的学历来看，学历从低到高比例分别是高中 12%、专科 17%、本科 47%、研究生 22%、博士 2%，中高等学历占大多数；从被调查者的社会身份来看，被调查者中 56% 为企业人士，44% 为非企业人士，在企业人士中董事占 6%、总经理占 10%、部门经理占 31%、普通员工占 53%，在非企业人士中学校师生占 51%、公务员占 32%、农业人员占 14%、离退休人士占 3%，基本涵盖了各社会身份的人，具有广泛的代表性；从被调查者单位规模看，100 人以下的单位占 26%、101～500 人的单位占 28%、501～1000 人的单位占 14%、1001～3000 人的单位占 10%、3001 人以上的单位占 22%，问卷调查较为均匀地涵盖了不同规模的单位。

本次问卷具体问题及各问题选项选择百分比如表 6-1 所示。

表 6-1　"企业履行资源环境责任与可持续发展"调查问卷统计表

问题 ＼ 答案 ＼ 选项	A	B	C	D	E
1. "十二五"提出面对日趋强化的资源环境约束，必须增强危机意识，树立绿色、低碳发展理念，以节能减排为重点，健全激励和约束机制，加快构建资源节约、环境友好的生产方式和消费模式，增强可持续发展能力。您对此的态度是什么？	非常赞同 58%	赞同 26%	比较赞同 11%	没有明确态度 3%	反对 2%
2. 保护环境、节约资源是事关人类长久生存与企业可持续发展的头等大事，您对此怎么看？	非常赞同 58%	赞同 26%	比较赞同 13%	没有明确态度 2%	反对 1%

续表

问题 \ 答案（选项）	A	B	C	D	E
3. 1972年《增长的极限》作者认为由于世界人口增长、粮食生产、工业发展、资源消耗和环境污染等是指数增长而非线性增长，全球增长将会因为粮食短缺和环境破坏于21世纪某个时段内达到极限。避免人类的"灾难性的崩溃"的最好方法是限制增长，即"零增长""低增长"。您对此怎么看？	非常赞同20%	赞同29%	比较赞同19%	没有明确态度13%	反对19%
4. 代际公平理论即代内的横向公平与世代的纵向公平，前者应该给世界各国以公平的发展权、公平的资源和环境使用权；后者表明人类赖以生存的自然资源与环境是有限的，当代人不能因为自己发展与需求"竭泽而渔"而损害后代人利益，要给后代人以公平享用自然资源与清洁环境的权利。您对此怎么看？	非常赞同45%	赞同35%	比较赞同15%	没有明确态度4%	反对1%
5. 现在我国人均耕地面积只有世界人均水平的1/3左右，人均淡水资源不到世界人均水平的1/4，人均原油量只有世界人均水平的8.6%左右，我国是一个资源非常贫乏的国家，节约资源不宜延迟。然而我国单位产值耗能是世界平均水平的4.8倍，而能源利用率只有世界平均水平的30%左右。故而我国企业从资源消耗型的粗放经营转向节约型的集约经营是当务之急，您对此怎么看？	非常赞同46%	赞同34%	比较赞同17%	没有明确态度2%	反对1%
6. 全世界钢产量的45%、铜产量的62%、铝产量的22%、铅产量的40%、锌产量的30%、纸制品的35%都来自再生资源的回收利用，而我国同类资源回收利用的情况则要差得多，故我国应大力发展循环经济（如再生资源回收和垃圾分类回收制度，推进资源再生利用产业化——开发应用源头减量、循环利用、再制造、零排放和产业链接技术等），您对此怎么看？	非常赞同49%	赞同31%	比较赞同18%	没有明确态度2%	反对0%
7. 与世界的发达及发展中国家和地区相比，我国的水、空气与食品质量，您觉得如何？	好9%	一样14%	差45%	很差但没办法24%	没有比较8%
8. 您认为目前我们国家环境污染与资源浪费非常严重的问题严重吗？	非常严重37%	严重40%	有一定问题17%	存在问题，但不大5%	没有问题1%
9. 您认为我国当前食品安全（水果蔬菜与鱼肉家畜污染、保健品与饮料奶粉质量）问题严重吗？	非常严重37%	严重41%	一般14%	有一定问题7%	没有问题1%
10. 坚持生态保护与环境保护优先和自然恢复为主，从源头上扭转生态环境恶化趋势。您对此怎么看？	非常赞同43%	赞同39%	比较赞同13%	没有明确态度4%	反对1%
11. 有专家认为，资源粗放使用与环境污染会严重制约经济发展，不能以环境污染与低效使用资源发展经济，况且唯有生存（如淮河污染已经危及沿河1.6亿居民生活），方能谈发展。您对此怎么看？	非常赞同38%	赞同40%	比较赞同17%	没有明确态度4%	反对1%
12. 有人认为，企业要发展难免会造成环境污染，只能边发展边污染边治理，您对此说法赞同吗？	非常赞同18%	赞同25%	比较赞同16%	没有明确态度12%	反对29%

续表

问题 \ 答案 选项	A	B	C	D	E
13. 您自己的资源环境保护意识如何,比方您在工作和家庭生活中会不会重复利用水与纸张?	强,工作和家庭中会多次重复利用28%	比较强,工作和家庭中会简单重复利用49%	一般,工作中不重复利用,家庭中重复利用18%	没有意识到,都不会5%	
14. 您在工作和生活中有没有见到浪费资源与污染环境的人或事?	经常37%	有51%	没有注意10%	基本没有2%	没有0%
15. 当您在工作和生活中面临浪费资源与污染环境的人或事的时候,您会怎么做?	反对,并制止23%	反对,但不会去制止65%	无所谓10%	可以理解2%	
16. 您认为当前造成环境污染与资源浪费问题的首要原因与次要原因是什么?	政府监管不力39%	企业追求经济利益35%	缺乏先进技术11%	社会缺乏环保意识15%	
17. 您认为企业应对环境负多大程度的责任?	非常重大25%	重大60%	一般12%	可有可无2%	无责任1%
18. 您是否觉得现阶段中国企业只重视经济利益,而忽略了自身的企业环境责任?	全部如此13%	大部分如此67%	一般如此17%	小部分如此3%	不是如此0%
19. 作为消费者,您在选购商品时,是否会将生产此商品企业的环境责任声誉作为一个选择依据?	每次都会7%	经常会38%	偶尔会32%	很少会20%	从不会3%
20. 您在选购商品时,有环保产品和非环保产品供您选择,质量一样,但环保产品比非环保产品贵,您会考虑环保产品吗?	无论价格贵多少都会14%	稍微超出可接受范围也会44%	在可接受范围会40%	不会2%	
21. 您对我国企业履行企业环境责任的情况满意吗?	非常满意5%	满意22%	不满意57%	非常不满意14%	无所谓2%
22. 您觉得跨国公司与国内企业在企业环境责任方面总体来说谁做得好些?	跨国公司40%	国内企业51%	差不多5%	都不好2%	无所谓2%
23. 您认为积极履行企业环境责任对企业提升自身声誉有没有益处?	非常有益40%	有一定益处51%	没有益处5%	没有联系2%	不知道2%
24. 您认为积极履行企业环境责任对企业提高自身竞争力有没有益处?	非常有益33%	有一定益处54%	没有益处8%	没有联系4%	不知道1%
25. 您认为积极履行企业环境责任会使企业增加成本吗?	严重增加成本,且没什么收益14%	短期看会增加成本,长期看收益大于成本76%	企业非但不会增加成本,反而可减少成本6%	不知道4%	
26. 企业履行环境责任的好坏及由此可能带来的对企业声誉的影响是否会影响您工作的心情与动力?	非常有影响17%	有一定影响55%	不确定19%	没有5%	无所谓4%
27. 您觉得以下哪些是使企业履行企业环境责任的首要因素与次要因素?	消费者环保意识的提高和绿色消费需求的扩大34%	社会公众和投资者对企业环境表现愈益关注33%	政府的环境法规日臻完善27%	经济全球化的发展和绿色贸易壁垒的兴起6%	
28. "十二五"规划中提到将"建设资源节约型、环境友好型社会,大力发展循环经济"作为工作的重要着力点,您如何看待中国建设资源节约型、环境友好型社会与大力发展循环经济的前景?	非常乐观12%	乐观31%	谨慎乐观42%	不乐观13%	很悲观2%

第三节　企业履行资源环境责任的严峻挑战与历史机遇

一、有效应对绿色贸易壁垒的兴起，推进企业国际化进程

（一）各国资源环境保护与隐性关税——"绿色贸易壁垒"

随着经济全球化的理念不断深入人心，全球经济一体化发展的不断深入，传统的贸易保护主义政策——设置关税壁垒受到国际社会的广泛批评并被越来越多的国家放弃，其对国际贸易的影响也越来越弱。然而，另一种"隐形"贸易保护政策——利用环境概念设置"绿色壁垒"以保护本国企业却被越来越多的国家采取。

初期，全球特别是发达国家民众资源环境意识的觉醒使"绿色消费"成为一种主流消费习惯，正是这种消费习惯促使很多国家设置"绿色壁垒"以保护自然资源环境，然而到了后期，"绿色壁垒"的作用慢慢变了味，它逐渐成为某些国家对本国贸易进行保护、对他国贸易进行隐蔽制裁的一种手段。

在全球资源环境问题日益严峻的今天，越来越多的国家以诸如防止全球变暖、保护生物多样性、保护本国生态环境、保护本国资源等为名，对进口产品强制采取绿色标志制度、绿色技术标准、绿色反倾销、绿色包装制度、烦琐的绿色卫生检疫制度、绿色关税和市场准入这六类手段，已达到限制某些外国商品进口，甚至阻止某些外国商品的进口，从而保护本国产品的目的。

（二）资源环境短板导致我国企业在国际贸易中深受其害

据国家统计局，2023 年全年货物进出口总额 417568 亿元，比上年增长 0.2%。其中，出口 237726 亿元，增长 0.6%；进口 179842 亿元，下降 0.3%。进出口相抵，贸易顺差 57884 亿元。民营企业进出口增长 6.3%，占进出口总额的比重为 53.5%，比上年提高 3.1 个百分点。我国企业广泛参与国际经济合作，与全球经济联系日益紧密，为国际经济的繁荣做出了杰出的贡献。

然而，我国的多数企业参与的是国际产业链的下游分工——制造。一方面，没有核心竞争力——技术专利，我国企业更多地依靠劳动力价格、运输和原材料价格等方面的制造成本优势占据国际市场；另一方面，资源环境经营落后，我国企业获得资源环境认证的产品很少。

也正因此，当越来越多的国家设置"绿色壁垒"时，用严格的环境技术标准、烦琐的检验审批程序来对我国出口商品设置出口障碍时，我国大量企业因无力适应新标准而破产，少数企业为了适应新的标准，不得不在生产的各个环节重新投入大量的人力物力，企业成本大大提高，价格优势不再有，失去大量国际市场份额。这给我国企业带来巨大打击。据商务部科技司统计，中国纺织品服装出口因绿色贸易壁垒造成的损失，自 2000 年开始每年都在 10 亿美元以上，其中欧盟、日本和美国绿色贸易壁垒造成的损失合计占到 75%以上。2008 年金融危机之后这种态势愈演愈烈，因绿色贸易壁垒引起的损失增幅在 50%以上。据统计，2015 年欧盟有关方面通报的纺织服装产品召回事件中，有 48%涉

及中国产品。2019 年 11 月，欧盟市场关于服装，鞋类、纺织品的召回共有 21 例。其中，涉及中国的 6 项。

（三）国际视角下的企业履行资源环境责任机遇与挑战并存

越来越多的"绿色壁垒"对企业来说既是挑战也是机遇。"绿色壁垒"从客观上来看要求企业积极履行资源环境责任，可以说，国际社会对企业履行资源环境责任状况越来越重视。企业履行资源环境责任已成为企业参与国际贸易的通行证，从这个角度看，这是想依靠国际市场发展壮大的企业无法回避、必须承担的责任，这是挑战。而从另一方面看，对于积极履行自身资源环境责任取得"通行证"的企业来说，这是相对于没有取得"通行证"的企业的决定性的竞争优势，这就是履行自身资源环境责任的企业的机遇。

2018 年 9 月 24 日，国际标准化组织（ISO）在瑞士日内瓦国际会议中心举办大会。中国代表团充分利用 ISO 大会契机，与"一带一路"共建国家举行多场多双边会谈，宣传我国标准化最新发展，就标准化战略规划制定、"标准联通共建'一带一路'行动计划"、标准促进质量安全提升的良好实践、标准互认、法治化营商环境合作项目等展开深入交流，并就在老年经济、可持续发展、金融服务、循环经济等领域共同推动国际标准的制定达成共识。

二、转变经济发展方式，建设资源节约型与环境友好型社会

2020 年 9 月 25 日《中华人民共和国国民经济和社会发展第十四个五年规划和 2035 年远景目标纲要》中明确提出：坚持绿水青山就是金山银山理念，坚持尊重自然、顺应自然、保护自然，坚持节约优先、保护优先、自然恢复为主，实施可持续发展战略，完善生态文明领域统筹协调机制，构建生态文明体系，推动经济社会发展全面绿色转型，建设美丽中国。[①]

本章问卷调查第 1 题："十二五"提出面对日趋强化的资源环境约束，企业必须增强危机意识，树立绿色、低碳发展理念，以节能减排为重点，健全激励和约束机制，加快构建资源节约、环境友好生产方式和消费模式，增强可持续发展能力，受调查者对此的态度是非常赞同的占 58%，赞同的占 26%。本章问卷调查第 2 题：保护环境、节约资源是事关人类长久生存与企业可持续发展的头等大事，受调查者对此的态度是非常赞同的占 58%，赞同的占 26%。两题调查结果相当一致。

然而，现实情况是我国资源严重短缺，浪费惊人；我国环境持续恶化，社会经济的科学发展可能难以为继；严重的资源环境问题可能会引发严重的社会问题。可以说，严重的资源环境问题不仅成为制约当前发展的障碍，更可能成了埋在后人生存发展道路上的一颗定时炸弹，必须引起我们的高度关注。

（一）我国资源严重短缺，浪费惊人

我国资源方面的问题，一句话概括就是"先天严重不足，后天浪费严重"。我国资源总量丰富但人均占有量匮乏：我国人均占有土地 0.1 公顷，约为 12 亩，不到世界人均水

---

① 新华社，2020 年 9 月 25 日，第十四个五年规划和 2035 年远景目标纲要全文来了！

平的 1/3；我国水资源总量为 28100 亿立方米，人均淡水资源量仅为 257 立方米，仅为世界水平的 1/4，在世界银行连续统计的 153 个国家中居第 88 位，作为世界 21 个贫水国之一的中国，600 多座城市中，缺水的就有 300 多座；我国现有森林面积约占世界森林面积的 4%，人均森林面积仅为 0.12 公顷，人均蓄积量 8.9 立方米，分别是世界人均值的 1/6 和 1/8；据报道，我国石油资源可采储量为 130 亿～150 亿吨，仅占世界总量的 3%左右，但国内石油需求与日俱增，2023 年超过 7 亿吨，而我国人均原油量只有世界人均水平的 8.6%左右；矿产资源虽然总量比较丰富，但人均占有量不足，仅为世界人均水平的 58%。同时又存在三个突出问题：一是支柱性的矿产（如石油、天然气、富铁矿等）后备储量不足，储量较多的则是部分用量不大的矿产；二是小矿多、大型特大型矿床少，贫矿多、富矿少，矿产开采利用难度大；三是资源分布与生产力布局不匹配，西部蕴藏的矿产需要较高成本才能运到需矿的东部。

在资源短缺的同时，资源浪费又非常突出。资源的产出率、回收率和综合利用率低，生产、流通和生活消费方面的浪费惊人。如现有用水资源应用技术落后，水资源利用率低，我国工业万元产值用水量为 103 立方米，美国为 8 立方米，日本为 6 立方米，我国工业用水的重复利用率为 55%左右，而发达国家平均为 75%～85%。我国单位产值耗能是世界平均水平的 4.8 倍，而能源利用率只有世界平均水平的 30%左右；全世界钢产量的 45%、铜产量的 62%、铝产量的 22%、铅产量的 40%、锌产量的 30%、纸制品的 35%都来自再生资源的回收利用，而我国同类资源回收利用的情况则要差得多。

本章问卷调查第 5 题：现在我国人均耕地面积只有世界人均水平的 1/3 左右，人均淡水资源不到世界人均水平的 1/4，人均原油量只有世界人均水平的 8.6%左右，我国是一个资源非常贫乏国家，节约资源不宜延迟。然而我国单位产值耗能是世界平均水平的 4.8 倍，而能源利用率只有世界平均水平的 30%左右。故而我国企业由资源消耗型的粗放经营转向节约型的集约经营是当务之急，受调查者对此态度是非常赞同的占 46%，赞同的占 34%。

本章问卷调查第 6 题：全世界钢产量的 45%、铜产量的 62%、铝产量的 22%、铅产量的 40%、锌产量的 30%、纸制品的 35%都来自再生资源的回收利用，而我国同类资源回收利用的情况则要差得多，故我国应大力发展循环经济（如遵守再生资源回收和垃圾分类回收制度，推进资源再生利用产业化——开发应用源头减量、循环利用、再制造、零排放和应用产业链接技术等），受调查者对此态度是非常赞同的占 49%，赞同的占 31%。两题调查结果相当接近。

（二）我国自然环境持续恶化，社会经济的科学发展可能难以为继

我国环境方面的问题也十分严峻。自然环境污染严重。本问卷调查第 8 题表明，受调查者认为目前我们国家环境污染与资源浪费的问题非常严重的占 37%，严重的占 40%，可见我国环境令世人担忧。

1. 水污染触目惊心

环保部 2022 年 5 月 29 日发布的 2022 年《中国环境状况公报》（以下简称《公报》）显示，全国地表水Ⅰ～Ⅲ类水质断面比例为 87.9%，比 2021 年上升 3.0 个百分点，好于

年度目标 4.1 个百分点；劣 V 类水质断面比例为 0.7%，比 2021 年下降 0.5 个百分点。地下水方面，监测的 1890 个国家地下水环境质量考核点位中，Ⅰ～Ⅳ类水质点位占 77.6%，V 类占 22.4%。210 个监测水质的重要湖泊（水库）中，Ⅰ～Ⅲ类水质湖泊（水库）比例为 73.8%，劣 V 类为 4.8%。204 个监测营养状态的重要湖泊（水库）中，贫营养状态湖泊（水库）占 9.8%，中营养状态占 60.3%，轻度富营养状态占 24.0%，中度富营养状态占 5.9%。

2. 大气污染严重威胁居民健康

对于我国大气环境状况，《公报》做了如下表述："在空气方面，去年全国 339 个地级及以上城市细颗粒浓度为 29 微克/立方米，比 2021 年下降 3.3%，好于年度目标 4.6 微克/立方米。优良天数比例为 86.5%，好于年度目标 0.9 个百分点；重度及以上污染天数比例为 0.9%，比 2021 年下降 0.4 个百分点。京津冀及周边地区、长三角地区、汾渭平原重度及以上污染天数比例分别比 2021 年下降 0.9 个百分点、0.2 个百分点、1.0 个百分点。"全国酸雨区面积约 48.4 万平方千米，占陆域国土面积的 5.0%，主要分布在长江以南-云贵高原以东地区。

我国大气污染主要分为以下几种污染。

（1）二氧化硫污染。以煤炭为主要能源的我国，煤炭消耗量随着经济快速增长而不断增加，二氧化硫排放总量也因此急剧上升，由二氧化硫排放引起的酸雨污染范围在不断扩大、酸度在不断增强，直接造成我国土壤、水体的大范围酸化，农业减产。全世界三大酸雨区，其中之一就在我国的长江以南地区，而全国酸雨面积占国土资源面积的 30%。《公报》显示，二氧化硫对人体健康危害很大。长期暴露于二氧化硫浓度较高的空气中，可以引起人体呼吸系统疾病，改变肺的防病机制，加重心血管疾病患者或慢性肺部疾病患者的病情，甚至造成死亡。

（2）烟尘和粉尘污染。火力发电厂和工业锅炉是烟尘和粉尘的主要排放源，目前我国许多电厂使用的多为低效除尘器，烟尘和粉尘排放量因此居高不下，严重危害了大气环境。

（3）机动车排气污染。受经济高速增长的影响，我国机动车数量十几年来迅猛增长，汽车排放的氮氧化物、一氧化碳和碳氢化合物排放总量也因此逐年上升。

（4）固体废弃物污染。我国固体废物产生量持续增长，2022 年，全国工业固体废物产生量为 41.1 万吨，比 2010 增加 1 倍多；另外，我国固体废物处置能力严重不足，2022 年固体废物处置量为 8.9 亿吨。大部分的危险废弃物仅处于低水平综合利用或简单储存的状态。严峻的形势是，已有的固体废物造成的环境问题尚未得到解决，新的问题就接踵而来：以废弃电器产品为代表的新型固体废物不断增长，农村固体废物污染问题也日益突出。资料显示，全世界垃圾年均增长速度为 8.42%，而中国垃圾增长率达到 10% 以上，中国已成为世界上垃圾包围城市最严重的国家之一，我国 2/3 的城市已经被工业垃圾、生活垃圾包围了。

（三）严重的资源环境问题可能引发严重的社会问题

环境污染事件频发，引起了广泛关注和担忧。近年来，随着我国经济的快速发展，环境污染问题日益突出，不仅对人类健康造成了严重威胁，而且对自然生态环境造成了巨大破坏。根据世界银行的数据，我国近年来环境污染事件频繁发生，包括大气污染、水污染、土壤污染等多种类型。其中，最为严重的是大气污染和的水污染。日益恶化的环境问题直接威胁到中国的社会稳定。

本章问卷调查第 4 题显示，根据代际公平理论即代内的横向公平与世代的纵向公平，前者应该给世界各国公平的发展权、公平的资源和环境使用权；后者表明人类赖以生存的自然资源与环境是有限的，当代人不能因为自己的发展需求"竭泽而渔"而损害后代人利益，要给后代人公平享用自然资源与清洁环境的权利，受调查者对此态度是非常赞同的占 45%，赞同的占 35%。

可以这样说，如果现在还走通过"拼资源、拼环境"发展经济的老路，我国经济将陷入发展的瓶颈，从更深远的角度看，这将导致严重的社会问题。故而建设资源节约型、环境友好型社会已迫在眉睫，"十四五"提出的"把新发展理念完整、准确、全面贯穿发展全过程和各领域，构建新发展格局，切实转变发展方式，推动质量变革、效率变革、动力变革，实现更高质量、更有效率、更加公平、更可持续、更为安全的发展。"正是在这种背景下对中国经济过去走过的道路反思的结果。

（四）国家视角下企业履行资源环境责任的机遇与挑战并存

企业应该意识到，在国家战略确定将建设"资源节约型、环境友好型社会"作为加快转变经济发展方式的重要"着力点"大背景下，企业积极承担自身资源环境责任已是大势所趋。

国家层面的决策对企业来说既是挑战也是机遇。国家对资源环境的高度重视代表了社会的价值取向，这就要求企业要以更加积极的态度投入更多的精力履行自身的无法回避必须承担的资源环境责任。违反国家相关法律存在被关停风险，所以企业必须调整自己，以适应社会价值取向的转变，这是挑战。另外，对于积极履行自身的资源环境责任的企业来说，不断提高的资源环境准入制度将淘汰不履行资源环境责任的企业，拒无法履行资源环境责任的企业于行业之外：法律层面上不断加深的行业壁垒，从市场竞争的角度看，是履行自身资源环境责任企业的机遇。

2013 年 2 月下旬至 3 月，环境保护部组织北京、天津、河北、山西、山东、河南六省（市）环保厅（局），以地下水水质异常和群众反映强烈的区域为重点地区，以废水排放量与理论产生量明显不一致、建有渗坑渗井或旱井的企业为重点目标，全面排查华北平原地区工业企业废水排放去向和污染物达标排放情况，查处污染地下水的环境违法行为。40 天中共出动执法人员 75604 人（次），检查涉水排污企业 25875 家，查处各类环境违法行为 558 件。各级环保部门对 424 家企业责令限期改正；对 88 家企业处以罚款，总额达 613 万余元；另有 80 家企业的违法问题已经立案，正在履行处罚程序。本次检查发现有 55 家企业存在利用渗井、渗坑或无防渗漏措施的沟渠、坑塘排放、输送或者存贮污水的违法问题，其中天津 5 家、河北 6 家、山西 1 家、山东 14 家、河南 29 家。

宏观层面上企业可能更多是出于外部压力被动地履行自身资源环境责任，而当我们站在微观经济效益层面分析企业履行自身资源环境责任对企业可持续发展的影响时，我们能发现企业持续主动履行资源环境责任的内在动力。

第四节　企业履行资源环境责任实现可持续发展的内在动力

一、降低能耗与成本，节约资源，优化管理，增强竞争力

人们普遍认为履行资源环境责任会给企业带来成本负担，削弱企业竞争力。然而，当仔细研究之后，我们会发现履行社会责任其实有助于企业降低能耗，节约资源，减少成本，优化企业管理，增强竞争力。

从理论上来说，美国著名管理学家迈克尔·波特（1991）认为："恰当设计的环境规制可以激发被规制企业创新，产生效率收益，相对于不受规制的企业，这可能会导致其具有绝对竞争优势；相对于规制标准较低的国外竞争者而言，环境规制通过刺激创新可对本国企业的国际市场地位产生正面影响。"

（一）资源节约责任与企业可持续发展

履行资源责任，利用技术创新、升级，引入节约资源、可循环的生产技术，生产方式和生产工艺，开展资源综合利用，开发可再生资源，建立起低消耗量、高利用率、可循环的生产流程，可以有效地节约资源和能源，有效地利用原材料和回收利用废旧物资，最大限度地利用资源。通过循环利用企业副产品或废弃物取得经济效益，减少各项资源费用，获得"创新补偿"，使企业成本明显降低，进而获得经济效益。

扩展阅读 6.1：甘肃大力推进土地资源节约集约利用

（二）环境保护责任与企业可持续发展

履行环境责任，提高企业的环境管理水平，对传统的生产方式进行改造，实现清洁生产（使用清洁的能源与原材料，通过清洁的生产过程，生产出清洁的产品），获得了"创新补偿"；更好地遵守国内及国外的环境法律、法规，获得进入国际市场的"通行证"，获得了"先动优势"；促使企业节约能源，将废弃物转化为可利用的资源，减少污染，降低经营成本，变事后处理为源头预防，迎合了"绿色消费"观念。做到了以上方面有助于树立企业形象，提高企业的知名度，增强利益相关者对企业发展前途的信心及支持力度，最终达到增强企业竞争力、提升企业赢利能力、增加价值、实现企业可持续发展的目标。

本章问卷调查第 17 题提出，企业应对环境负多大程度的责任？受调查者认为该负非常重大责任的占 25%，认为负重大责任的占 60%。本章问卷调查第 21 题提出，当问及受调查者对我国企业履行企业环境责任的情况满意吗，回答不满意的人占 57%，回答非常不满意的人占 14%。

二、满足绿色消费主张，扩大市场份额，提升市场占有率

随着公众资源环境意识的觉醒，绿色 GDP（国内生产总值）概念的深入人心，低碳

生活的兴起，环保主义的实践，消费者越来越倾向于绿色消费。企业履行环境责任水平日益成为消费者购买产品或服务时考虑的重要因素之一。

一方面，消费者越来越注重选择符合无害于身体健康、节约资源、保护生态环境的产品。符合节约资源、环境友好要求的产品越来越受到消费青睐，消费者用自己的购物喜好投出了选票，关心资源环境愿意为此类商品支付较高价格的消费者越来越多，从而使积极履行资源环境责任的企业获得溢价的机会。本章调查问卷的第 20 题很好地体现了这一点。第 20 题的问题是"您在选购商品时，有环保产品和非环保产品供您选择，二者质量一样，但环保产品比非环保产品贵，您会考虑环保产品吗？"

如图 6-1 所示，98%的被调查者表示自己愿意为环保产品支付溢价，绿色消费深入人心，这表明企业生产的环保产品不会因价格偏高而受到绿色消费者冷落。企业履行环保责任生产环保产品大有市场。

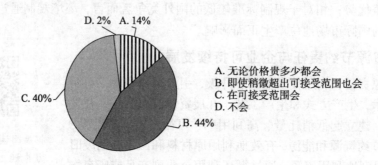

A. 无论价格贵多少都会
B. 即使稍微超出可接受范围也会
C. 在可接受范围会
D. 不会

图 6-1　环保产品与价格的关系

另一方面，当积极履行资源环境责任的企业得到更多关注，政府、社会公众、消费者肯定企业为积极履行资源环境责任做出的努力时，企业市场形象便得到了提高。

本章问卷调查第 23 题也证明了这一点，当被调查者被问到"您认为积极履行企业资源环境责任对企业提升声誉有没有益处"时，91%的被调查者认为有益处。

更进一步，在本章调查问卷第 19 题中，当被调查者被问到"作为消费者，您在选购商品时，是否会将生产此商品企业的环境责任声誉作为一个选择依据"时，如图 6-2 所示，7%和 38%的被调查者分别表示"每次都会"和"经常会"。

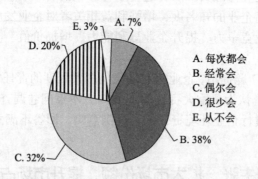

A. 每次都会
B. 经常会
C. 偶尔会
D. 很少会
E. 从不会

图 6-2　选购商品与环境责任声誉关系

随着公众对企业履行资源环境责任的认识不断加深，履行资源环境责任水平低的企业，市场份额将会被履行资源环境责任水平高的企业占领。高涨的"绿色"需求带来的收益完全可以弥补企业履行资源环境增加的成本。

三、取得众多相关方支持，形成多赢局面

在激烈的微观市场竞争中，企业积极履行资源环境责任的意义不仅在于对内降低自身经营成本，对外迎合消费者消费主张，而且在于企业可以有效地避免或化解经营中资源环境方面的风险。企业通过发布相关资源环境责任履行报告可以增强包括资本市场的利益相关者，内部员工及供应链上下游合作者对企业可持续发展的信心及支持力度，形成多赢局面。

1. 降低融资成本，繁荣资本证券市场

企业资本市场的利益相关者，诸如提供企业保险的保险机构、提供企业贷款的银行、提供企业实收资本的投资者，越来越看重企业履行资源环境责任的情况。其本质原因在于企业积极履行资源环境责任能降低能耗、节约资源、减少企业生产成本、优化企业管理，在降低企业资源环境风险的同时，增强企业竞争力，从而带来更高的、更持久的财务价值。

2. 以人为本，提高人力资源效率

当被调查者被问到"企业履行资源环境责任的好坏及其对企业声誉的影响是否会影响您工作的心情与动力"时，如图6-3，17%的被调查者表示"非常有影响"，55%的被调查者认为"有一定影响"，这表明当企业积极履行资源环境责任时能鼓舞员工士气，反之，若企业声誉因企业没有履行资源环境责任而受到损害时，对士气的打击也是不能忽视的。

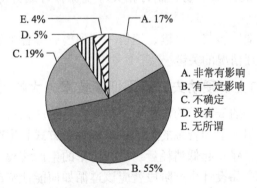

A. 非常有影响
B. 有一定影响
C. 不确定
D. 没有
E. 无所谓

图6-3 资源环境责任、企业声誉与工作心情动力的关系

积极履行资源环境责任的企业更容易吸引人才并激发员工的工作热情和工作效率。清洁的环境、优秀的企业文化以及良好的企业形象更能吸引高素质的人才加盟，在优秀的企业工作，能激发员工的工作热情和工作效率。

3. 更好融入产业链，优化生产结构，实现绿色生产

积极履行环境责任的企业也更容易受到供应链上下游合作者的支持。处在产业链核

心地位的企业，越来越重视其供应链上下游各方履行资源环境责任的情况。越来越多的零售商、分销商只向履行资源环境责任的供应商或厂商购货。近年来，沃尔玛、家乐福、雅芳、通用电气等超过 50 家跨国公司巨头开始在订单中加上社会责任的条款，其中很重要的一部分就是资源环境责任的履行情况，它们要求企业必须通过相应的审核才能进入其电子订单系统。可以预见，未来随着公众资源环境意识的日益高涨、绿色消费的日益流行，这种由市场力量推动的节约资源保护环境的压力肯定会进一步增大。这样，企业只有很好地进行资源环境管理，才能成为产业链核心企业的供应商或分销商，否则大额订单会流失。

第五节　企业履行资源环境责任实现可持续发展的政策建议

一、企业：履行资源环境责任的主力军

企业作为履行资源环境责任的主力军，应注意做好以下几点。

（一）高度重视资源环境责任的履行

作为履行资源环境责任义务的主体，在明晰履行资源环境责任的积极意义之后，企业首先应把履行资源环境责任上升到宏观经营管理战略层面的高度，把自身成长与社会、环境的可持续发展联系起来制定企业宏观经营管理战略，进行长期环境投资，使自身与社会、环境健康协调发展，达到天人合一的企业文化新局面。

有了宏观战略层面的重视，下一步需要在微观战术层面设置相应的组织体制将其贯彻实施。具体在战术操作层面，可设立环境专职部门，其工作职能主要是负责收集信息、执行环保标准、组织开展环保活动、制订相关环境保护计划并对外披露资源环境责任报告。

从产品的设计、制造、包装、运输、销售一直到售后等各个生产流通环节，才是真正检验企业履行环境责任情况的关键。

（二）在资源节约上下硬功夫，运用低碳技术，大幅提高资源利用效率

从企业资源环境责任的资源节约角度看，首先，企业应在控制资源成本上下功夫，利用技术创新，升级、引入节约资源的生产技术、生产方式和生产工艺，开展资源综合利用，开发可再生资源，建立起低消耗量、高利用率的生产流程。其次，企业应做好资源的循环使用工作，在产品设计生产阶段就应该遵循如何能让资源尽量循环的思路，大力开展产品创新以提高旧产品可回收性、资源可重复利用性。

（三）在环境保护上花大力气，生产环保商品，提供环保服务

从企业环境责任的资源环境保护角度看，一个可行的思路是在企业原有管理系统中引入按 ISO 14001 标准建立起来的环境管理体系，同时建立起环境信息披露制度。ISO 14001 系列标准是由国际标准化组织制定的环境管理体系标准，是针对全球性的环境污染和生态破坏越来越严重，臭氧层破坏、全球气候变暖、生物多样性的消失等重大环

境问题威胁着人类未来的生存和发展，顺应国际环境保护的发展，依据国际经济贸易发展的需要而制定的。它融合了工业发达国家环境管理的先进经验，可操作性强，可以实现从产品的设计、制造、包装、运输、销售一直到报销处理全过程的环境管理控制。

扩展阅读 6.2：国网辽宁电力发布 2023 年履行社会责任实践报告

企业在原有管理系统中引入 ISO 14001 标准可以提高企业的环境管理水平，实现清洁生产（清洁的能源与原材料、清洁的生产过程、清洁的产品），更好地遵守国内及国外的环境法律、法规，获得进入国际市场的"通行证"，促使企业节约能源，利用再生废弃物，降低经营成本，变事后处理为源头预防，迎合"绿色消费"观念，有助于树立企业形象，提高企业的知名度，增强利益相关者对企业发展前途的信心及支持力度，最终达到增强企业竞争力，提升企业赢利能力，增加价值，实现企业可持续发展的目标。

实施环境信息披露制度指通过施行环境会计与发布环境影响报告书的方式进行企业环境信息披露。施行环境会计，计量、记录企业经营活动与环境保护的关系，企业的污染指标、环境防治、开发利用成本费用，评估企业的环境绩效及环境经营活动对财务成本的影响等；发布环境影响报告书，对外阐述企业履行环境责任的指导方针、环保目标、措施、取得的成果、做出的努力和企业活动对环境带来负荷等信息，向社会展示企业积极履行环境责任的良好形象。

（四）开展节约资源保护环境公益活动，成为优秀负责任的"企业公民"

开展有关节约资源保护环境的公益活动也有助于提升企业形象。企业通过和政府、社会的合作开展有关节约资源保护环境的公益活动，本身就是企业积极履行资源环境责任的一种体现，满足了政府、社会的期望，同时是对企业形象的一种有效宣传，为企业直接或间接地带来了更多的客户和发展机会，为企业自身的发展创造了良好的外部环境。对内，加强了员工节约资源保护环境的意识，营造了良好的企业氛围，同时企业形象的提升有助于员工产生归属感，能激发员工的工作热情和工作效率。

二、政府：推动企业履行资源环境责任实现可持续发展的主导力量

企业履行资源环境责任不仅能使企业可持续发展，更能极大促进整个社会的可持续发展。从一方面来看，这与政府"十二五"提出的"建设资源节约型、环境友好型社会"，成为加快转变经济发展方式的"重要着力点"是相符的。从另一方面来看，作为一个社会主义国家，公有制经济在我国所有制结构中占主体，而作为公有制经济的管理者，政府责无旁贷应该成为推动企业履行资源环境责任的主导力量。

扩展阅读 6.3：向污染"亮剑"精准发力见成效

在市场经济环境中，政府主导推进企业履行资源环境责任的方法应当"从主要用行政办法保护环境转变为综合运用法律、经济、技术和必要的行政办法解决环境问题"[①]，政府部门应将更

---

① 温家宝 2006 年 4 月 17—18 日第六次全国环境保护大会讲话。

多的精力投入到运用法律、经济、技术和必要的行政手段建立起长效的、有利于企业积极履行资源环境责任平台任务当中去。

借鉴发达国家政府的先进经验，我国政府可从以下几个方面入手推动企业履行资源环境责任。

（一）转变发展观念，切实贯彻节约资源保护环境的基本国策

我们必须改变只重 GDP 增长而轻视资源节约环境保护，为了经济与资源环境协调发展，我们应采取从紧和严厉的资源环境政策。①完善各项法律、法规和标准体系，提高各种环境准入门槛，采取严格的环境监管措施，加快淘汰落后产能，对排污企业实行严格的达标治理[①]。②运用价格杠杆。建立能够反映资源稀缺程度和环境治理成本的价格形成机制，产品价格应体现污染治理的成本，使污染治理成本内部化。定价应充分考虑资源的稀缺性和环境治理成本，对市场调节的价格也要进行有利于节约资源保护环境的指导和监管。双管齐下，加强对企业履行环境责任的约束。

（二）采取措施对企业履行资源环境责任予以支持

企业履行资源环境责任初期投入往往大于收益，这就需要政府在政策、经济、舆论和影响消费者方面予以大力支持。在政策方面，政府应建立和完善企业履行环境责任激励机制，引入市场机制。例如，美国推行的排污权交易值得借鉴，市场是资源配置的最优方式，将"排污权"变成一种资源，积极履行环境责任的企业可以省下多余的"排污权"出售给"排污权"不够的企业，获得利益，这样不仅激励积极的企业做得更好，也会促使没做好的企业努力改善，企业就会在价值规律作用下自觉履行环境责任。在经济方面，政府应在企业履行环境责任的初期给予其融资、税收、土地等方面的经济优惠，帮助企业降低初期成本。在舆论和影响消费者方面，政府应大力倡导公众绿色消费和环境保护理念，引导消费者形成科学的消费观念，为绿色产品开辟市场。政府应对积极履行资源环境责任的企业进行表彰和宣传，并帮助此类企业提高美誉度，以调动企业积极性。

（三）扶持环保产业，发展循环经济

现阶段对于我国的多数中小企业来说，要求企业自己引进昂贵的环保、资源循环的设备来履行资源环境责任既不实际也无必要。不实际指大多数中小企业缺乏引进昂贵的环保、资源循环设备的资金，不必要指每个中小企业都拥有一套自己的昂贵的环保、资源循环设备从资源配置角度看是一种浪费。一个更好的方法是由专业化的环境产业公司来为企业履行资源环境责任提供专业化的服务。一方面中小企业不用占用自有资金引进昂贵的环保、资源循环设备；另一方面也形成了规模效应，避免了重复建设。专业化的环境产业公司可以提供更好的服务，其提供的服务包括环境保护和资源循环使用。

环境保护一方面包括环保设备的生产与经营，主要有水污染治理设备、大气污染治理设备、固体废弃物处理处置设备、噪声控制设备、放射性与电磁波污染防护设备、环保监测分析仪器、环保药剂等的生产和经营；另一方面包括环境服务，指为环境保护提供技术、管理与工程设计和施工等各种服务。资源循环主要是指资源综合利用，指回收

---

① "十二五"的大幕已开启环境拐点何时到来？人民日报，2011-01-06.

的各种产品、废渣、废液、废气、废旧物资等的综合利用。两种服务要求国家在宏观层面上扶持环保产业，发展循环经济，扶持并帮助发展一大批从事专业化环境产业的公司。在政策上，政府应颁布相关的法律政策措施，可以借鉴日本政府出台的《环境基本法》《推进建立循环型社会基本法》和相关的专项法规，尽快建立和完善我国的相关法律，使相关产业发展有章可循。在经济上，政府应给予环境产业企业优惠的融资条件，通过财政投入支持环境产业技术研究，鼓励民间资本进入环境产业，完善政府、企业、社会等多元环境保护投融资机制。

扩展阅读 6.4：新能源汽车迎来汽车报废潮！废电池流向何处

（四）引导增强和发挥公民的责任意识和监督作用

通过本章调查问卷的第 1 至 12 题，我们发现，大部分被调查者对我国严峻的资源环境现状有着清晰的认识并赞成对此改进。同时，第 13、14 题也表明大部分被调查者具有良好的节约资源保护环境的意识。

当被调查者被问到"当您在工作和生活中面临浪费资源与污染环境的人或事的时候，您会怎么做？"如图 6-4 所示，仅有 23% 的被调查者选择"反对，并制止"，有高达 65% 的被调查者选择"反对，但不会去制止"，这表明社会公众资源节约环境保护的主人翁责任意识有待加强。

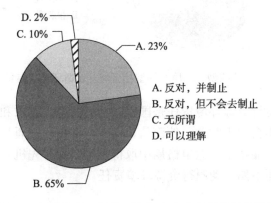

图 6-4 浪费资源、污染环境与主人翁责任意识的关系

为了更好地发挥社会公众的主人翁意识，政府应支持社会建立一套有效的资源环境监督体系，充分调动社会的力量。政府应支持建立环境 NGO（非政府组织），让公众更广泛地参与资源环境监督；建立起一个有效的资源环境问题举报制度，鼓励和发动民众对有关浪费资源、破坏环境行为进行举报，支持引导资源环境公益诉讼。对涉及公众资源环境权益的发展规划和建设项目，政府要利用听证会、论证会或社会公示等各种形式，听取公众意见，强化社会监督。

"十二五"规划中提到将"建设资源节约型、环境友好型社会，大力发展循环经济"作为今后工作的重要着力点。2011 年 3 月 5 日温家宝总理在第十一届全国人民代表大会第四次会议上所做的《政府工作报告》中提出，今后五年，我国经济增长预期目标是在明显提高质量和效益的基础上年均增长 7%；并表示我们要扎实推进资源节约和环境保护，积极应对气候变化，加强资源节约和管理，提高资源保障能力，加大环境保护力度，加强生态建设和防灾减灾体系建设，全面增强可持续发展能力。我们要努力使非化石能源占一次能源消费的比重提高到 11.4%，单位国内生产总值能耗和二氧化碳排放量分别降低 16% 和 17%，主要污染物排放总量减少 8%～10%，森林蓄积量增加 6 亿立方米，森林覆盖率达到 21.66%。我们要切实加强水利基础设施建设，推进大江大河重要支流、湖泊和中小河流治理，明显提高基本农田灌溉、水资源有效利用水平和防洪能力。显然，中央政府希望在明显提高质量和效益的基础上降低增长速度，计划年均增长 7%，从而推进全社会范围的资源节约和环境保护，这一重大决策具有深远意义。

如图 6-5 所示，43% 的被调查者对中国建设资源节约型、环境友好型社会与大力发展循环经济的前景表示非常乐观与乐观（见本章调查问卷统计表第 28 题），42% 的被调查者则表示谨慎的乐观，表示不乐观的达 13%，表示很悲观的达 2%。

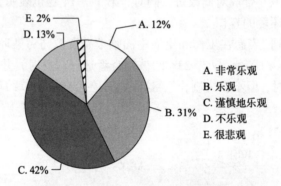

图 6-5　资源节约型、环境友好型社会与发展循环经济前景的关系

综上所述，企业履行资源环境责任是国家、社会的客观要求和企业可持续发展的主观能动，可能初期成本会大于收益，然而从长期看，谁更积极履行资源环境责任，提前采取绿色战略，谁就更能在未来竞争格局中取得主动、赢得先机。企业与其被动被要求承担资源环境责任，还不如主动履行资源环境责任。

重要概念

资源环境责任　　　循环经济　　　企业可持续发展

案例分析6

比亚迪推动汽车产业无铅化：启动电池的绿色革命

同步测练与解析6

自学自测

扫描此码

第七章

企业内部管理道德规范

天行健，君子以自强不息；地势坤，君子以厚德载物。

——《周易乾·象》

太上曰：祸福无门，惟人自召；善恶之报，如影随形。

所谓善人，人皆敬之，天道佑之，福禄随之，众邪远之，神灵卫之，所作必成，神仙可冀。欲求天仙者，当立一千三百善。欲求地仙者，当立三百善。

夫心起于善，善虽未为，而吉神已随之。或心起于恶，恶虽未为，而凶神已随之。其有曾行恶事，后自改悔，诸恶莫作，众善奉行，久久必获吉庆，所谓转祸为福也。

故吉人语善、视善、行善，一日有三善，三年天必降之福。

——《太上感应篇》

作者感悟

道德决定法规，法规决定自由；年龄决定长度、忠孝决定高度。

学习目标

通过本章学习，你应该知道投资者是企业的上帝，了解董事会、独立董事与监事会的道德责任，掌握企业经理层道德人格的塑造，理解企业与员工之间存在同舟共济的关系。

重点与难点

1. 投资者是企业的上帝
2. 董事会、独立董事与监事会的道德责任
3. 企业经理层道德人格的塑造
4. 企业与员工之间同舟共济、休戚与共的关系

导读

山西天元集团公司："助人成功"，更要"助人成长"

　　山西正和天元科贸集团（简称"山西天元集团"）坐落于山西省阳泉市洮河桥南1号，公司创建于1982年，2002年成功改制，现发展成集家用电器销售、废弃电器电子回收无害化处理、绿色家电再制造、新能源汽车销售和报废汽车回收处理等多产业为一体的绿色环保型多元化集团。2012年至2021年，公司累计拆解各类废旧家电769万台，综合利用各类废弃资源19万吨，合规处置和利用各类危险废弃物1.72万吨，综合利用率达到98.3%，减少温室气体排放85.6万吨。天元坚定走绿色环保、可持续、高质量发展的道路，以高度的社会责任感和发展理念赢得社会信赖。

　　作为集团创始人，李景春坚持学习践行儒家商道智慧，并将其融入企业经营和管理实践，逐步形成了"帮助人成功"的企业精神和"公益、慈善、仁爱、感恩"的企业文化，收获了企业和员工的幸福，实现了企业文化生态、产业生态、环境生态和社会生态的和谐统一，集团也成为实现达己与利他和谐共进的平台。李景春将企业文化建设作为公司首要战略，以儒家文化作为企业文化的精神源泉，构建了企业文化体系，明确提出企业使命、目标、愿景，形成了天元"成人达己"的文化理念，确立公司第一目标是"实现员工幸福、为社会创造价值"，以"家"文化落地"成人达己"。公司立家规、树家风、传家训，构建了"四代、四用、五看、六法则、八心、十修在当下"的文化体系。多年来，天元持续学习践行中华优秀传统文化，将其融入企业经营和管理实践，致力于做一家"行道义、懂恩德、值得托付"的百年幸福企业，并以"帮助人成功"的企业精神为引领，时刻利益大众、照顾百姓、回馈社会，保持了稳健发展的势头。

　　（资料来源：李景春，《企业管理》杂志，2022.5.15）

　　世界上存在着不同的企业形态及股东表现形式，不同国家和地区、不同时期同一类型企业的股东形式各具特点，即使同一国家同一时期的不同企业的股东形式也有差异。相应地，这些股东与企业的伦理关系、所承担的责任和所享受的权利也不可能完全相同，所以对股东形式进行合理的分类有助于我们全面理解企业与股东之间的伦理关系，为我们科学地认识每一类股东的权利和责任提供切实可行的思路。

第一节　企业与股东：投资者是企业的上帝

一、企业与股东的形式及组成

（一）企业组织形式的演进与特点

　　对于各类个体而言，为了充分地利用各自拥有的资源，从其自身利益来讲，就有必要相互联系起来组成一个个的企业。这同时也就决定了现实生活中的企业形态及其与股东所形成的特定关系。因此为了揭示和理解企业与股东之间的伦理关系，我们有必要从企业与股东的角度对企业形态进行科学的分析。从与股东的关系来看，企业可分为个体制企业、合伙制企业和公司制企业。

个体制企业指一个股东拥有并独立经营的企业。作为股东的个人和经营单位之间没有法律上的区别，企业的目标也正是业主个人所追求的目标。个体制企业是历史最久、最简单的企业形式。股东对企业财务、人事等重大问题拥有完全的控制权，同时对企业债务负无限责任。

合伙制企业是由两个或两个以上的股东为营利而组成的经济实体。合伙人有两种：有限责任合伙人和一般合伙人。有限责任合伙人不直接管理企业，对企业债务负有限责任；一般合伙人对企业负无限责任，承担企业的管理职责。这类企业特点是，多个合伙人共同出资拥有企业，共同控制、支配企业，共同享有收益权，共同对企业债务负责。

公司制企业是按公司法登记成立的，以营利为目的的社团法人组织。在这类企业中，企业的股东一般不再直接管理企业，而是将资产的实际占用权和支配权交给公司法人；股东享有选择并监督企业的经理层的权利，享有剩余索取权、企业的最终控制权并以其投入的股本对企业债务负有限责任，从而极大地减少了其承担的风险，但企业股东不得退股。

实际上，企业的经营管理是通过企业中相互制约的机制实现的。企业中一般设立董事会、监事会、股东会三个机构，分别代表了经营权、监督权和所有权。这种三权均衡配置，严格分工，适当突出经营权的结构有利于各种权力发挥其独立作用而又相互制约，一方面保证了股东通过用"手"投票（通过股东会和董事会）或用"脚"投票（通过股市）选择、监督企业经理层，保护自身利益的权利；另一方面又保证了企业生命的延续性，为企业各利益主体谋求企业长远发展创造了前提条件，有利于社会资本的集中和经营管理科学化。正如 21 世纪之初形成的所有权与经营权分离理论指出的："企业的成败掌握在职业经理手中，而股东则投资于表现出非凡管理技能和营利的企业。"然而，实际上并非如此简单，各个国家缘于不同的文化、信仰以及政治经济背景等因素，在企业制中仍存在不同形式的企业所有权。企业从拥有控制权的主体的不同可以分为以下几种形式：家族控制型企业、金融控制型企业、经理控制型企业和国家控制型企业。

由于世界上存在着不同的企业形态及股东表现形式，不同时期，不同国家或地区，不同企业的股东又各有特点，但就对企业的控制程度的性质而言，其无非有企业管理股东和投资股东这两大类。

管理股东指拥有全部或大部分企业产权从而对企业具有很大的经营控制权的股东，这类股东主要存在于个体制企业、合伙制企业（有限合伙人除外）、家族控制型企业、金融控制型企业中。投资股东指拥有相对较少的产权从而对企业控制程度较弱甚至不去控制企业的股东，其主要是有限合伙人。

（二）企业股东的权利和责任

尽管股东与企业的伦理关系因不同的企业而异，但一般来说，股东因对企业的所有权而应当享有的权利和承担的责任都有共性。

1. 企业股东的权利

股东对企业资产的拥有权（其中包括转让资产的权利），即股东应享有的受法律和道德保护的最基本的权利，是企业对股东承担的最基本义务。

股东拥有剩余控制权，即拥有企业中除了那些属于员工（包括高层企业经理层）享有的权利以外的权利控制权。具体表现为股东在制定企业使命、决定经营目标、实施经营策略以及亲自经营企业或委派、评价、监督高层企业经理层等方面的权利。

股东拥有剩余索取权，即取得与其所担风险相应的企业收益中扣除用来支付各项主要要素报酬和投入品价格之后的余额的权利。

股东在企业解散时有权参加分配并有权获得份额内的剩余财产。

企业制的股东还有获得企业经营情况方面的信息（财务、报告）的权利和新股摊认权。股东享有企业章程或其他有关法规、规则规定的其他权利。

现实中损害股东权利的现象不胜枚举，尤其是中国的许多国有企业和一些改组而来的股份有限企业、有限责任企业该现象多，表现为忽视企业股东的存在，追求企业经理层个人报酬的最大化，即企业经理层福利和利益最大化；忽视股东的存在，追求内部人报酬最大化；有的企业还能够操纵利益账户，通过建立假账（常常是两本账），保留"小金库"，乱摊成本等形式变相地减少股东收益；有的企业因循守旧，不能采用新的技术成果改进和更新设备，不能保证固定资产的正常维修，不能有效利用固定资产，造成其闲置。

2. 企业股东的主要责任

股东应及时如数供应自己所应提供的财务资源。

股东应对企业经营成果最终负责。股东既然享有剩余控制权，就决定了其必然对企业行为的最终结果负责；股东必须促使企业同与之有关的各利益主体保持协调的关系；股东还应有较强的民族责任心和自豪感；股东还应承担法律、法规、企业章程或企业其他利益相关者期望股东承担的其他责任。

扩展阅读7.1：覆盖最广！吉利发布员工持股计划，3.5亿股，首批惠及一万多名员工

实际中常有违背上述股东责任的股东行为发生。有些事情表面上看好像能给股东带来某些好处，但事实上只要加以跟踪观察和分析就会发现这些行为损害了企业、产品形象，严重地危及企业的正常发展乃至生存，最终无疑会导致包括股东在内的各利益相关者遭受损失。

二、企业与股东的内在利益关系

以企业制为主要形式的现代企业制度，是经过市场经济上百年的筛选和塑造，逐步形成、发展和完善起来的。它既可以体现公有制的利益要求，又适应市场经济的运行要求。因此，建立现代企业制度，是为今后我国国有企业在市场经济条件下的长期、稳定、健康、快速地发展提供根本性的制度保证，是实现公有制与市场经济结合的基本形式，符合国有企业的现实要求和长远发展要求。

建立现代企业制度是发展社会化大生产和市场经济的必然要求，我们所要建立的现

代企业制度，就是在社会主义市场经济条件下，根据现代企业固有的性质和要求，按照世界通行的国际惯例和标准，塑造的适应社会主义市场经济发展要求的，能自主经营、自负盈亏、自我发展、自我约束的法人实体和市场竞争的主体。现代企业制度的特征是产权明晰、权责明确、政企分开、管理科学。在这里我们重点分析以企业制为主要形式的现代企业的内部利益关系。

（一）现代企业的内部利益关系的协调与制衡

企业管理结构是现代企业制度的核心。现代企业区别传统企业的根本点是所有权和经营权的分离。企业管理结构的全部内容，是在契约制度的基础上，通过各种机制，既充分调动各种企业内部利益主体的积极性，又对各种内部利益主体形成有效的约束，即形成相互制衡，保证各种利益主体自身的应有利益与权力，从而实现企业决策的科学化与最优化。因此，企业管理结构是一个复杂的制度体系。一般来讲，企业管理结构主要包括下述内容。

1. 法人治理结构

法人治理结构主要用来界定股东与企业经理层的相互关系。法人治理结构的核心是契约制，其内容包括三个方面，首先是经济契约，即在股东与企业经理层之间形成责权利内在统一的相互关系。人对利益和权力的追求是无限的，靠什么约束？只能靠责任来约束。其次是道德契约，指将股东与企业经理层之间的经济契约贯彻到股东与企业经理层的道德规范中，其主要内容是在没有任何外在监督的条件下，双方都不会索取不该归自己的利益和权力。最后是环境契约，指将经济契约贯彻到股东与企业经理层的整个社会环境中，即股东与企业经理层不应在外部交往中索取不属于自己的利益。

2. 委托经营结构

作为委托人的股东将财产授予代理人经营，由于委托人和代理人的目标函数不一致，以及信息不对称，代理人就可能利用自己的信息优势，采取机会主义行为来谋求自身利益，而损害委托人利益。因此，尽管所有权与经营权的分离可以产生代理收益（分工效果和规模效果），但委托人为使其效用最大化而通过合约监控代理人的行为产生代理成本也是必然的。只要存在委托经营关系，就会产生利益冲突，如果这种冲突不可能通过完备的契约得到解决，那么企业管理结构问题必然在企业中产生。企业管理成为必要，关键在于企业中存在的两个问题：一是代理问题；二是不完备合约（契约）问题。

（二）企业伦理与股东利益相互影响

企业伦理的目的就是适应企业内外部环境变化的要求，公正、合理地处理各利益相关者之间的复杂关系，使权利责任在各个利益相关者之间重新进行合理分配，推动企业健康成长，而绝不是削弱股东的权利，减少股东的收益。

1. 企业伦理维护股东的合理利益

首先，从根本上讲，股东的利益与企业利益是一致的，只有企业兴旺发达，才能给股东带来更多的利益。股东建立企业的最原始动机之一就是追求尽可能多的利益，也正是这种对利益的追求，决定了企业是一个营利性组织，而非社会公共福利机构，从而客观上推动了企业的成长壮大，为社会积累了财富，推动了经济的发展和社会的进步。

其次，企业本质上是利益相关者缔结的一组合约，有股东投入的物质资产，也有职工投入的人力资产以及债权形成的资产等。按照谁贡献谁受益的原则，这些产权主体都有权参与企业"剩余"分配。这就意味着股东并不是企业获利过程中起支配作用的唯一主体，任何企业的获利都是在其与内外部环境交换物质和信息的基础之上，在各利益相关者的共同参与下实现的。

最后，企业经营环境的巨大变化，特别是信息社会的到来，客观上也要求企业突破原来服务于股东单方面利益的狭隘局限，建立起体现各利益相关者利益的合理的企业经营思想。原因如下。

（1）资本的相对充足，相对地降低了股东在企业中的地位。正如美国金融界新秩序的建筑师米歇尔·米尔肯所说："在工业社会，资本是一种稀有资源，但在当今的信息社会中资本却十分充足。"

（2）资本的可替代性，事实上也弱化了股东在企业中的地位。在财富的生产过程中，资本本身的地位趋向削弱，知识的地位稳步上升。

（3）企业的目标并不是使用资本，而是谋利，故能影响利润的才是关键性的因素。今天，大多数产品的真正价值取决于产品的知识含量，价值是全体员工努力的结果，而非某个人努力的结果。

（4）新的经济正以加速度向前发展，企业必须在它的竞争对手把它挤垮或模仿它的产品之前，以更快的速度把它的新产品投入市场。

最后，企业伦理也有保护股东切身利益的需要；信息革命扩大了金融和经营之间的鸿沟，使得金融资本相对集中而经营权力却大量分散，出现践踏股东权利的迹象。

2. 股东道德对企业伦理具有举足轻重的影响

首先，股东特别是管理型股东对企业目标、企业宗旨、企业发展战略的形成具有重要影响，其经营理念、行为模式将会极大地影响企业的经营行为。其次，股东特别是管理股东是企业文化的倡导者和表率。自日本首次引入企业文化导致企业成功以来，企业文化已成为促进企业发展的巨大动力和手段。企业文化建设能否成功虽然取决于很多因素，但最重要的还在于股东。他们把企业的价值观和信念传输给员工并首先做出表率，可以产生巨大的带动效应。由于企业文化的核心就是企业伦理，因此企业股东也是企业伦理的倡导者和表率。日本松下电器的创始人松下幸之助认为自己担负了经营企业的社会责任，他明确提出日本松下电器的目标是促进整个企业的成长及增进社会福利，与此同时还要进一步致力于世界文化的发展。正是在松下幸之助的倡导和示范下，松下电器由一个手工作坊发展为世界一流的著名企业。

三、股东与管理者之间的道德规范：委托经营，信息对称

股东与企业经理层之间的关系可以视为一种契约关系，在这种关系中，股东把企业委托给企业经理层，让企业经理层经营，以实现其利益。这里，真正的问题是如何通过

一定的机制来保证企业经理层服务于股东的利益，保证股东与企业经理层之间"契约"的实现。在经济契约之外，股东与企业经理层之间还存在重要的伦理道德规范。

企业经理层目标和股东目标的不一致性，以及二者之间明显的信息不对称性导致了股东主要面临如下风险。

（1）股东只能观察到经营结果，而不能直接观察到企业经理层的行为存在着隐形行为的道德风险。

（2）企业经理层在给定的自然状态下做出自然的选择行动，股东能观察到企业经理层的行动，但观察不到自然的选择状态时存在着隐形信息的道德风险。

（3）企业经理层为了实现自己的目标故意错误地报告信息，会使股东面临"逆向选择与道德风险"，如企业经理层装饰豪华办公室、买高档汽车等。

股东总是希望企业经理层按其利益来选择行动，但股东不能直接观察到企业经理层究竟选择了什么行动，所能观察到的只是另一些变量，而这些变量则是由企业经理层的行动和其他外生随机因素共同决定的。所以，股东的问题是如何根据所能观察到的信息来监督和奖惩企业经理层以激励其选择对自己最有利的行动。

（一）股东监督企业经理层

为了避免道德风险和逆向选择，股东就必须获取更多的信息，制定各项规章制度，建立各种监控机制，约束企业经理层的权限，监督企业经理层的行为，在发现其背离股东目标时给予其一定的处罚甚至解聘他。但这要发生昂贵的成本，既包括由于监督而直接增加的费用，又包括由于监督而使企业经理层不能及时采取措施丧失时机所带来的损失，因此应在这种监督成本和因为监督而可能给股东带来的收益之间进行权衡。

（二）股东激励企业经理层

企业经理层的个人报酬同企业的运营成果挂钩，可鼓励他们采取符合企业最大利益的行动。这也涉及成本问题，如果激励成本过低，则不足以激励企业经理层，股东的权益得不到有效的保护；如果激励成本过高，股东又得不到应得的收益，因此只有适当的激励才能在一定程度上调整股东与企业经理层之间的利益冲突。

企业经理层的激励可以采用与企业产出相关的工资、奖金等货币形式，也可采用股票期权等形式，但对于行为和绩效难于监督的高层企业经理层而言，可以让其拥有部分剩余索取权和控制权，如使之拥有企业股票或债券，成为企业的股东或准股东，他的报酬就会直接同企业运行的绩效和结果挂钩；另外，如果某些人员的产出难以计量，可以用等级制的提升职位制度来监督其努力程度。由于股权分散，似乎没有人能够监督高层企业经理层，此时可以给予等级制的高级经理一揽子的津贴，并使这些津贴取决于企业的整体经营绩效，为高层企业经理层提供刺激和动力。

股东与企业经理层之间的关系可以视为一种契约关系，在这种关系中，股东把企业委托给企业经理层，让企业经理层经营，以实现其利益。这里，真正的问题是如何保证企业经理层服务于股东的利益，保证股东与企业经理层之间"契约"的实现。经济学家承认，很多机制，如董事会的监督、正式的控制体制、预算上的限制、激励报酬体系等能完成这个任务。但现代企业伦理学认为，企业经理层仍需担负对股东的伦理道德责任，才能更完美地终结与股东之间的委托经营关系。因此，股东应特别关注企业经理层对某些伦理理念的反应，企业经理层对某些伦理理念的反应调查结果见表 7-1。

表 7-1　企业经理层对某些伦理理念的反应

	完全不同意		不太同意		一般		比较同意		完全同意	
	频数	百分比/%	频数	百分比/%	频数	百分比/%	频数	百分比/%	频数	百分比/%
善有善报，恶有恶报	8	2.7	31	10.3	39	13.0	117	39.0	105	35.0
人都是自私的	27	9.0	103	34.3	54	18.0	63	21.0	53	17.7
做生意运气很重要	9	3.0	43	14.3	59	19.7	107	35.7	82	27.3
吃苦在前，享受在后	3	1.0	23	7.7	43	14.3	107	35.7	124	41.3
一个人活着总要做点有意义的事情	2	0.7	11	3.7	24	8.0	53	17.7	210	70.0
生意归生意，朋友归朋友	7	2.3	40	13.3	40	13.3	62	20.7	151	50.3
讲信用是经营的根本	3	1.0	8	2.7	18	6.0	40	13.3	231	77.0
商业中适当夸张和吹嘘是必要的	46	15.3	96	32.0	53	17.7	65	21.7	40	13.3
把握机会的能力是商业成功的关键	3	1.0	12	4.0	24	8.0	76	25.2	185	61.7
无奸不商，无商不奸	109	36.3	99	33.0	33	11.0	37	12.3	22	7.3

资料来源：苏勇，陈小平.MBA 管理伦理学教学案例精选.上海：复旦大学出版社，2001：18-19

（三）企业经理层为全体股东利益服务

任何企业，一旦利润达到最大点，不采取应变的措施，就会超越这个利润最大化的点，此时企业就会亏损。因此作为企业经理层，当企业达到利润最大点的时候，就要为企业，为股东重新绘制一幅边际利润的底线，这样才可以保证企业的利润底线，这是企业经理层的责任。作为企业的经理层，他有必要而且有责任认识到，在哪个方向，企业应该采取何种措施和社交手段，使企业向边际利润最大化方向发展，以及发展的途径是什么。

（1）卓越的企业经理层做事情首先要有目标，要把目标作为企业的组织原则。知道自己的企业要做什么，为什么要这样做，并且要把企业的目标通过员工贯彻到企业的各个方面。这些都是事情的本源问题。目标的三大要素，分别是使命、远景和价值。使命，就是通过大家共同努力，达到某个既定的目标；远景，是通过可以衡量的目标来说明解释结果；价值则为结果提供了非常具有意义的原因。

（2）企业经理层应十分清楚企业的目标，与股东利益保持一致，为股东利益服务。而一个企业的价值，就是改变他人的生活。企业经理层应该意识到企业对他们意味着什么，其除了完成工作以外，重要的是为这个企业做出贡献。

企业经理层必须为了结果进行管理，并且要通过与他人的共同努力，来实现利润的增长，这是商业的精髓所在。因为利润，是一种深层的条件，如果一个企业没有利润，就无法生存，所以作为以营利为目的的企业不能从事没有利润的亏本工作；利润，同时是一种成本，以及未来要达到的某种指标。但是利润，不是最终的目的，只是一种手段。

四、股东和利益相关者之间的伦理道德规范

企业利益相关者是指受企业行为影响或可影响企业行为的任何个人、群体和组织，通常包括顾客、供应者、竞争者、政府、社区、股东、员工等。企业股东与利益相关者的关系是客观存在的，没有这种关系，企业也就不复存在，企业股东的利益也就无法实现。如何协调企业股东与利益相关者的关系，我们可以借鉴荣事达企业集团 1997 年 5 月 18 日通过的《荣事达企业竞争自律宣言》。

企业股东与利益相关者之间的伦理道德规范，是以社会为前提条件的：

（1）企业通过对社会做出贡献的方式谋求利润的最大化，企业在满足股东利益的同时，还要考虑其他利益相关者的利益。

（2）企业经营活动与社会伦理规范有关，可用社会伦理规范来评价企业经营活动。

（3）法律是最低限度道德标准，企业应按高于法律要求的伦理规范从事经营活动。

支持企业股东与利益相关者之间的伦理道德规范的主要理由如下：

（1）企业与利益相关者存在休戚与共的关系，只有考虑了利益相关者的利益，企业的利益才能得到保障。

（2）由于不完全竞争、外部效果和信息不对称的存在，股东利益最大化不一定能给社会带来最大好处。以空气污染为例，一家工厂喷出有害气体损害当地居民的健康和财产，而该企业又不为此支付任何费用，其实际上把成本转嫁给了他人和社会。

（3）法律是人们必须共同遵守的最起码的行为规范，它只能对触犯了"最起码的行为规范"的行为予以追究，对一般不道德行为并不追究，法律只规定什么是不应该的、禁止的，而没有指明什么是应该的、值得鼓励的。然而，除了禁止的，并非都是应受鼓励的，中间还有既不禁止也不受鼓励的行为。法律反映的是昨天的道德准则，不一定符合今天和明天的社会期望。法律是数年一修订，而社会是在不断发展变化的，因此，难免会出现法律滞后于现实的情形。仅仅守法不大可能激发员工责任感、使命感，不大可能赢得顾客、供应者、政府、社区、公众的信赖与支持，也就不大可能取得卓越成就。

（4）利润与道德既有对立的一面，又有相辅相成的一面，利润与道德是可以兼得的。企业经营道德性假设是客观存在的，尽管企业经理层不一定考虑过这一问题，但事实上，他们的每一项决策、每一个行为总是受特定的道德性假设支配。道格拉斯、麦格雷戈视人性假设为管理的理论假设。同样，企业经营道德性假设也是一种管理理论假设，所持假设不同，管理实践将随之大不一样。

第二节　董事会、独立董事与监事会的道德责任

由于企业生产规模不断扩大，企业股东人数越来越多，经营业务日益复杂，加之股东管理能力、管理经验与时间、精力等种种客观条件的制约，不可能所有的股东都参与企业的日常经营管理，企业只能由专业经营人员（即经理层）来负责经营，从而使企业所有权与经营权产生分离。企业所有权当然归全体股东所有，而企业经营权则归经理层所有。因股东人数众多，受管理成本的限制，每年只能举行为数不多的几次股东会，股

东无法对企业的日常经营做出决策，因此企业需要一个常设机构来执行股东会的决议，并在股东会休会期间代表全体股东对企业的重要经营做出决策，这个机构就是董事会。显然，董事会责无旁贷地承接了对全体股东的道德责任。

从委托代理理论的角度看，在股东与董事关系中，股东是委托人，董事则是代理人；而在董事与经理的关系中，董事是委托人，经理则是代理人。显而易见，股东与经理之间是比较复杂的双层委托代理关系。在股东、董事及经理的委托代理关系中，股东（委托人）所关心的是自己财产的安全、保值和增值，董事、经理（代理人）却有着自己的利益目标（比如相互攀高的年薪报酬与奢华的在职消费等）。可以肯定，如果没有高尚的诚信品质与道德修养、有效的约束和监督，他们很难站在股东的立场上追求企业资产的有效使用。当董事、经理自身的利益与企业的利益发生偏离甚至冲突的时候，他们可能会牺牲企业及股东的利益而追求自己的最大利益，由此而做出的经营决策不当、滥用权力乃至中饱私囊等逆向选择行为必然会引发道德风险，引起企业及股东利益的损失，这种损失就是"代理成本"。"代理成本"概念的提出，把如何在保证企业经营者拥有一定权力的条件下，对其进行有效的监督约束，以减少代理成本和控制代理风险、控制逆向选择以降低道德风险的难题摆在了各国立法者面前。在这种背景下，企业的独立董事制度与监事会制度在大陆法系国家①孕育而生，并通过各国企业立法制度的发展逐步走向成熟与完善。

一、董事会的道德义务与独立董事的道德责任

（一）保持独立性，形成独立自主人格

所谓保持独立性，是指董事与独立董事在履行董事会业务、参加董事会决策时应当在精神上和形式上超出一切界限，独立于企业经理等管理层，其目的是取信于企业各种利益相关者。这种独立性的需要有两层含义，即精神上的独立与形式上的独立。

精神上独立，要求董事和独立董事明确，他们表面受聘于委托单位，而在精神层面自己则受托于社会公众。董事和独立董事只有与委托单位保持精神上的独立，保持独立自主人格，才能够以客观、平等的心态表达董事和独立董事的意见。

形式上的独立，是对第三者而言的，董事和独立董事必须在第三者面前呈现一种独立于委托单位企业经理等管理层（少数执行董事例外）的身份，即在他人看来董事和独立董事是独立的、无倾向性的。由于董事和独立董事意见是外界人士决策的依据，因而董事和独立董事除了保持精神上的独立外，还必须在外界人士面前呈现形式上的独立，只有这样才会得到社会公众的信任和尊重。

董事和独立董事尽管接受委托单位的聘请开展董事和独立董事业务，而且向委托单位领取报酬，但董事和独立董事应始终牢记自身承担的是对于整个社会公众的责任，这就决定了董事和独立董事必须与委托单位和外部组织之间保持一种超然独立的关系。因

---

① 大陆法系，又称为民法法系、法典法系、罗马法系、罗马日耳曼法系，大陆法系首先产生在欧洲大陆，后扩大到拉丁族和日耳曼族各国，它是以罗马法为基础而发展起来的法律体系的总称。大陆法系典型代表国家主要指法国和德国，还包括过去曾经是法、西、荷、葡四国殖民地的国家和地区，以及日本、泰国、土耳其等国家。

此，可以说，独立性是董事的灵魂，对于独立董事而言其重要性更是不言而喻的。

（二）勤勉尽责、客观求是，真诚为企业谋取正当利益

勤勉尽责、客观求是就是指董事和独立董事对有关企业事项的调查、判断和意见的表述，应当保持客观中立的立场，以企业客观存在的事实为依据，勤勉尽责、实事求是，不掺杂个人的主观意愿，也不为委托单位或第三者的意见所左右，在分析问题、处理问题时，决不能以个人的好恶或成见、偏见行事；董事和独立董事在工作中必须一切从实际出发，注重调查研究、分析，只有深入了解实际情况，兢兢业业，勤奋尽责，认真负责，才能取得主观与客观的一致，做到董事和独立董事的意见与结论有理有据。

真诚为企业谋取正当利益，主要是要求董事和独立董事必须忠实于受聘的企业，提高董事和独立董事对企业的忠诚度。真诚为企业谋取正当利益对董事和独立董事的具体要求是：模范遵守企业章程，忠实履行董事和独立董事职务，在保障社会公众利益前提下维护企业正当利益，对那些明知危害社会公众利益而违规违法、不择手段追求企业不正当利益的行为，董事和独立董事必须想方设法加以制止，不得利用在企业的地位和职权为自己谋取私利；不得利用职权收受贿赂或者获得其他非法收入，不得侵占企业的财产；除依照法律规定或者经股东会同意外，不得泄露企业秘密。企业董事和独立董事应当向企业申报所持有的本企业的股份，其在任职期内不得转让；企业董事和独立董事应当向企业说明自己所获利益。

（三）善管守信，维护企业资产，审慎行使决议权

善管守信义务源于董事和独立董事与企业之间的委任关系。董事和独立董事作为受任人，在执行职务中应尽监管人的善管守信义务。尤其在企业所有权与企业经营权分离的情况下，董事和独立董事对企业的正常运转负有高度的道德责任以及不可推卸的法律责任。所以，强化董事和独立董事的善管守信义务是十分必要的。董事和独立董事的善管守信义务可以分为以下四条。

1. 董事和独立董事必须维护企业资产

企业资产是企业业务活动的前提，维护企业资产的安全、完整、保值、增值是对董事会这个业务执行和经营决策机关组成人员的最基本要求。为此，董事和独立董事必须做到，不得私自挪用企业资金或者擅自将企业资金借贷给他人；不得将企业资产以其个人名义或者以其他个人名义开立账户存储；不得以企业资产为本企业的股东或者其他个人债务提供担保。董事和独立董事按这些要求做，可以防止企业资产化为个人资产，保证企业财产的安全。

2. 董事和独立董事在董事会上有审慎行使决议权的道德义务

董事和独立董事不仅负有上述对企业的善管守信义务，也应承担因未尽到义务而应负的责任。董事和独立董事不得从事损害本企业利益的活动，否则，企业可对其行使归入权，即将从事上述活动的所得收入归企业所有。董事和独立董事执行职务时违反法律、行政法规或者企业章程的规定，给企业造成损害的，应当承担赔偿责任。董事会的决议违反法律、行政法规或者企业章程，致使企业遭受严重损失的，参与决议的董事和独立

董事应对企业负赔偿责任。从董事和独立董事与企业的委任关系看，可将董事和独立董事对企业的赔偿责任视为因债务不履行所致。但是，如果就董事和独立董事违反善管守信义务和危及企业资产而言，董事和独立董事损害本企业利益的行为可能是侵害企业财产权的行为，因而将赔偿责任视为侵权责任也是有道理的。董事和独立董事对企业的赔偿责任不是单一性质的，而是多元性质的问题。

扩展阅读 7.2：深交所公开谴责*ST 长生及其董事长高俊芳等 7 名高管

3. 对董事和独立董事竞业禁止的道德义务

这里的竞业禁止，即对竞业行为的禁止，是指特定地位的人不得实施与其所服务的企业具有竞争性质的行为。在股份有限制企业中，董事和独立董事是具有特定地位的人之一。依新《公司法》规定，董事和独立董事不得自营或者为他人经营与其所任职企业同类的企业。其行为要素是董事和独立董事自营或为他人经营的企业与所任企业同类。

一旦企业董事和独立董事违反上述竞业禁止规定，企业可以依法行使其归入权。新《公司法》做出这些规定，主要基于这种行为对企业的危害性。董事和独立董事从事上述竞业行为，就很有可能夺取企业的交易机会，还可能利用对企业商业秘密的了解，对企业造成损害。无疑，新《公司法》对董事和独立董事竞业禁止义务的规定尚需进一步完善：一是要明确董事和独立董事实施此种行为应向股东会说明其重要事实，取得股东会的认可；二是应仅禁止股东会未认可的上述行为；三是要确认企业行使归入权的程序和时效；四是上述行为如果给企业造成损失，有关人员还应赔偿企业损失。

4. 对董事和独立董事私人交易限制的道德义务

私人交易，是指有特定地位的人为自己或他人与企业进行交易。在股份有限企业中，董事和独立董事是特定地位的人之一。新《公司法》规定，董事和独立董事除企业章程规定或者股东会同意外，不得同委托的本企业订立合同或者进行交易。这表明，董事和独立董事的私人交易是受到新《公司法》限制的。具体地说，董事和独立董事欲与企业订立合同或进行交易应有企业章程的规定作为依据。如企业章程无此规定，董事和独立董事应向股东会说明事实，取得股东会的同意。如果股东会同意，则可进行此种交易，否则不能进行。如果股东执意进行此种交易，则该交易在法律上无效。新《公司法》做出这一规定的目的，是防止董事和独立董事为谋私利而牺牲企业利益。

我国新《公司法》第四十七条明确董事会对股东会负责，行使下列职权：

（一）召集股东会会议，并向股东会报告工作；

（二）执行股东会的决议；

（三）决定企业的经营计划和投资方案；

（四）制定企业的年度财务预算方案、决算方案；

（五）制定企业的利润分配方案和弥补亏损方案；

（六）制定企业增加或者减少注册资本以及发行企业债券的方案；

（七）制定企业合并、分立、解散或者变更企业形式的方案；

（八）决定企业内部管理机构的设置；

（九）决定聘任或者解聘企业经理及其报酬事项，并根据经理的提名决定聘任或者解聘企业副经理、财务负责人及其报酬事项；

（十）制定企业的基本管理制度；

（十一）企业章程规定的其他职权。

二、监事会的组成、职权与道德责任

监事会源自西方大陆法系国家，是监督理事会的简称。根据西方国家公司法的规定，监事会具有如下特点：监事会是股份有限企业的常设监督机构，负责监督董事会、经理层执行业务的情况，一般不参与企业的业务管理，对外一般无权代表企业。

监事会是公司法人治理的制衡机构。在企业治理结构[①]中，股东会是企业的最高权力机构，但其是一个会议体机构，只在例会期间行使权力，日常实际行使企业权力的则是董事会、经理层。股东会为了避免失控于董事会、经理层，必须建立一个机构来监督董事会、经理人的受托代理行为是否与股东的意志相符，从而使股东的利益得到保障。行使这个监督权的机构就是监事会。

我国新《公司法》第五十二条规定：有限责任企业设立监事会，其成员不得少于 3 人。国务院颁布的《国有企业监事会暂行条例》（2000）第二条规定：国有重点大型企业监事会由国务院派出，对国务院负责，代表国家对国有重点大型企业的国有资产保值增值状况实施监督。我国各地在《国有企业监事会暂行条例》的框架下对国有企业监事会的人员有各自不同的要求。例如《上海市国有企业监事会管理暂行规定》中要求：（国有企业）监事会成员的数目应为不少于 3 人的奇数。监事会成员一般应包括以下人员：一是出资者的代表（或股东代表）；二是有关方面的专家；三是职工代表。

我国新《公司法》第五十四条规定，监事会或者监事有权行使下列职权：

（1）检查企业财务；

（2）对董事、高级管理人员执行企业职务的行为进行监督，对违反法律、行政法规、企业章程或者股东会决议的董事、高级管理人员提出罢免的建议；

（3）当董事、高级管理人员的行为损害企业的利益时，要求董事、高级管理人员予以纠正；

（4）提议召开临时股东会会议，在董事会不履行本法规定的召集和主持股东会会议职责时召集和主持股东会会议；

（5）向股东会会议提出提案；

（6）依照本法第一百五十二条的规定，对董事、高级管理人员提起诉讼；

（7）企业章程规定的其他职权。

在以下特殊情况下，监事会有权代表企业：一是当企业与董事间发生法律纠纷时，

---

① 公司治理结构，狭义地讲是指投资者（股东）和企业之间的利益分配和控制关系，包括公司董事会的职能、结构、股东的权利等方面的制度安排；广义地讲是指关于公司控制权和剩余索取权，即企业组织方式、控制机制和利益分配的所有法律、机构、制度和文化的安排。它所界定的不仅是所有者与企业的关系，而且包括利益相关者（包括股东、债权人、公司职工、顾客、供应商、当地社区居民、政府等）之间的关系。公司治理结构决定企业为谁服务（目标是什么），由谁控制，风险和利益如何在各个利益集团中分配等一系列根本性问题。

除法律另有规定外，由监督机构代表企业作为诉讼一方处理有关法律事宜；二是当董事自己或他人与本企业有交涉时，由监事会代表企业与董事进行交涉；三是监事调查企业业务及财务状况，审核账册报表时，代表企业委托律师、会计师或其他监督法人。新《公司法》首次明确监事会、不设监事会的企业的监事行使职权所必需的费用，由企业承担。监事会、不设监事会的企业的监事发现企业经营情况异常，可以对其进行调查；必要时，可以聘请会计师事务所等协助其工作，费用由企业承担。

那么，监事会如何履行道德责任呢？

（一）遵纪守法，尽职尽责，严格监督

当前，我国企业也面临全面实施法治的任务。由于遵纪守法是每个公民应尽的义务和责任，监事人员必须以身作则，应严格遵守国家的财经纪律（财政纪律、信贷纪律等）和财务制度（如费用开支标准、成本开支范围），贯彻执行国家的法律，如《经济合同法》《公司法》，特别是《公司法》，牢牢树立公司法治的思想，使企业工作早日走上全面法治的轨道。

所谓尽职尽责、严格监督，是指监事人员不屈服于任何人的意志，严格按照国家有关法律、法规、财经政策与制度，尽职尽责，通过审核凭证、账簿、控制预算或计划的执行，对本单位的每项经济活动的合理性、有效性进行监督，制止损失浪费，维护财经法纪，提高经济效益。

1. 明确企业的监督职能

企业监督是企业的基本职能之一，是我国经济监督体系的重要组成部分。有效发挥企业监督职能不仅可以维护财经纪律和社会经济秩序，对健全企业基础工作，建立规范的企业工作程序，也起到重要作用。企业监督职能也称控制职能，是指监事人员对特定对象经济业务的合法性、合理性进行审查。合法性是指各项经济业务符合国家的有关法律、法规，遵守财经纪律，执行国家的各项方针政策，杜绝违法乱纪行为；合理性审查是指检查各项财务收支是否符合特定对象的财务收支计划，是否有利于预算目标的实现，是否有违背内部控制制度要求等现象，为增收节支、提高经济效益严格把关。

在社会主义市场经济条件下，必须加强企业监督。市场经济是法治化的经济，活而有序的社会主义市场经济，要求各单位的经济活动必须在法律、法规、制度规定的范围内进行。搞违法活动，是任何一个成熟而健全的市场经济国家所不允许的。企业监督作为我国经济监督体系的重要组成部分，必须在维护社会主义市场经济秩序，保障财经法律、法规、规章贯彻执行中发挥重要作用。

加强企业监督，必须以财政经济法律、法规为依据。开展经济工作必须依据财政经济法律、法规，这是经济工作顺利进行的重要保证。监事人员和单位负责人应当明确辨别经济业务是否合法，要以财政经济法律、法规、规章为依据做出准确的判断，并做出恰当的处理，对不认真履行企业监督职责，干扰、阻挠监事人员履行企业监督的行为，要坚决依法予以追究，扭转企业监督弱化的现象。

2. 监事人员应以身作则，模范遵守财经法规

为了做到严格监督，监事人员必须培养自己公正、客观的品质和忠于职守的精神，

从国家和人民的利益出发，以有关政策和法规为标准，不带任何成见和偏见去开展企业监督工作。实施严格监督，更为重要的是监事人员必须从自己做起。对监事人员具体要求如下。

（1）自觉遵守财经纪律和经济法规，严于律己，大公无私，不谋私利。

（2）积极主动宣传解释财经法规和制度，使有关人员了解、掌握并自觉遵守。

（3）在工作中严格把守关口，从实际出发，善于区别各种情况，宽严结合。进行严格监督，最后必须落实到实处。

（4）积极支持促进生产，搞活流通，开发财源的一切合理、合法开支，坚持抵制揭发违反财经纪律、偷税漏税、铺张浪费、假公济私、行贿受贿、贪污盗窃等不道德的行为，不怕打击报复，维持监事人员的尊严，忠实地执行法律赋予的权利，以促进社会主义建设的发展。

3. 对经济活动实施严格的事前监督、事中监督和事后监督

企业监督工作要始终贯穿经济活动的全过程，要把企业监督寓于决策之中，寓于管理之中，寓于日常的财务业务之中，这样，既可以防患于未然，又能及时解决出现的各种问题，避免造成大的损失。具体来说，这一规定就是要监事人员运用一定的方法、手段和企业资料对本单位的经济活动进行严格的事前、事中和事后的监督。

事前监督是指在企业各项经济业务活动的准备阶段，监督人员以财经政策、制度和企业计划为准绳，对企业经济合同、经营计划等做合法、合理、合规、经济性的审查，使之符合规定要求。

事中监督是监督人员在企业生产经营过程中以计划、定额、预算等为标准，对生产消耗、成本升降、资金使用、收益大小加以控制，及时发现并校正执行中的偏差，促使预定目标得以实现。

事后监督则是指监督人员在一个生产经营过程完结之后运用企业资料对其进行检查，对经营全过程做出评价，并检查企业工作的质量，为下一个生产经营过程做全面准备。

4. 把握企业监督工作重点，增强监督工作的有效性

企业监督工作的重点应该是根据党和国家对经济工作的要求来保证经济工作沿着正确的轨道运行，不断提高经济效益。因此，企业监事人员要围绕这个重点，抓住经济活动中的重要环节，开展监督工作。

要积极发挥把关作用。目前，国家经济政策尚不健全，并存在执行不力的情况下，个别领导立足于单位的小天地，无视财经纪律的现象到处可见。有的为了"创政绩，捞选票"往往置国家政策、纪律不顾，任意挥霍国家财产；有的为了搞福利，谋私利，随意侵吞国家财产。面对这些情况企业监事人员绝不能睁只眼、闭只眼，类似问题都是非常有害的，是与企业职责格格不入的，必须坚决予以纠正。

（二）公正审查，廉洁执法

关于公正审查，廉洁执法，具体应做到以下两点。

1. 公正审查，正确处理各种不同类型的经济利益关系

公正审查是指监事人员应当具备正直、诚实的品质，公平正直、不偏不倚地对待有关利益方，不以牺牲一方利益为条件而使另一方受益。

监事人员在处理审查业务过程中，要正确对待与被审查单位有利害影响的各方面关系人，诸如债权人、所有者、政府、企业职工、企业管理当局等。这些人与被审查单位有着密不可分的利害冲突。监事人员在处理审查业务时，保护了债权人的利益，可能会损害所有者的利益；保证了所有者的利益，可能会损害政府的利益；维护了企业职工的利益，有时会影响企业管理当局的利益。这些关系人利益纵横交错，关系非常复杂。所以，企业监事人员，在审查过程中，包括准备阶段、实施阶段和终结阶段，都应保持正直、诚实的心态，不偏不倚地对待利益各方，不掺杂个人私心、主观立场，做到使各方面利益关系人都能接受并认可。

2. 廉洁执法，适时对违规的董事、独立董事或经理提起法律诉讼

廉洁执法是指企业监事人员在审查监督中必须保持清廉洁净的情操，在独立、客观公正基础上，恪守国家任何有关法律、法规及制度的规定，依法进行合理、合法的审查监督业务，不得利用自己的身份、地位和执业中所掌握的被查单位资料和情况，为自己或所在的单位谋取私利，不得向被查单位索贿受贿，不得以任何方式接受被查单位的馈赠礼品和其他好处，不得向被查单位提出超越工作正常需要之外的个人要求。

市场经济越发达，企业监事人员在经济生活中的地位愈重要，发挥的作用越大。企业监事人员如果工作失误，或有欺诈行为，会给有关企业、国家或第三方造成重大损失，严重的甚至导致经济秩序的紊乱。

当董事行为损害企业的利益时，监事会有权要求董事和独立董事纠正。如果监事会纠正了董事和独立董事的错误后，董事和独立董事及时赔偿了企业的损失，企业的损失则得到了弥补。董事和独立董事拒不赔偿企业损失，则会酿成以企业为原告，以董事和独立董事为被告的损害赔偿诉讼。对此，有两个问题是需要讨论的。一是谁代表企业提起诉讼。既然监事会有权纠正董事和独立董事损害企业利益的行为，它的职权也自然可以延伸到代表企业提起对董事的诉讼。二是董事对公司的赔偿责任的性质。从董事和公司的委任关系看，可将董事对公司的赔偿责任视为因债务不履行所致。但是，如就董事违反忠实义务和危及维护公司资产而言，董事损害本公司利益的行为可能是侵害公司财产权的行为，因而将赔偿责任视为侵权责任也是有道理的。由此，董事对公司的赔偿责任已不再是单一性质的，而是多元性质的。

因此，强化企业监事人员的法律责任意识，严格对企业监事人员履行法律责任的管理，以保证其职业道德和监督质量，意义重大。

扩展阅读 7.3：上实发展涉嫌违规遭证监会处罚，董事唐钧面临210万元罚款

第三节　企业经理层道德人格的塑造

"企业精神"实际上就是企业经理层人格精神的延伸，而企业凝聚力的强弱在很大程

度上取决于企业经理层的道德人格魅力。道德人格是企业经理层素质的内在与轴心，决定着企业经理层的人格质量。因此，企业经理层道德人格素质包括内在化的知识、经验、能力、品质等。

企业经理层具有道德人格主要表现在企业经理层具备良好的思想、精神和工作作风。具体看，首先，企业经理层要有大公无私、公而忘私的忘我精神，一心为公，严于律己，宽以待人。其次，企业经理层要有一丝不苟，实事求是的工作作风，有成绩不夸大，有缺点不缩小，勇于批评与自我批评，用严肃的态度、严格的精神，去做好企业各项工作。再次，企业经理层要有雷厉风行、艰苦奋斗的实干作风，要言行一致，不尚空谈，追求务实，树立威信，带领职工群众沿着企业正确的发展轨道前进。最后，企业经理层要有密切联系群众的民主作风，要有群众观点，走群众路线，工作上依靠群众出谋划策，生活上关心群众疾苦，全心全意依靠工人阶级办好企业，牢固树立"公仆"意识。有上述作风品质，企业经理层才能有效树立个人威望，发挥自己的领导力，通过科学决策，领导企业在市场挑战中保持强大的竞争力。

杜莹等（2005）研究证明，企业经理层在现代社会中具有较高的社会地位，时代也赋予了他们发展经济、传播先进文化、促进社会道德水平提高的社会责任。[①]同时，企业经理层担负着发展企业、振兴企业、实现民族腾飞的重任，决定了其必须富有理想、廉洁奉公、遵纪守法、崇尚信誉、公正待人、尊重员工、坚忍不拔、锐意进取、忧国爱民，先天下之忧而忧、后天下之乐而乐。这样才能团结员工、凝聚人心、振兴企业。目前而言，社会主义企业经理层，道德人格风范更应该具有责任意识、廉洁作风、创新精神、博大胸怀。可以说，强烈的创新精神、永不停止的经济冲动、坚忍不拔的内在毅力、对市场变化的灵敏触觉、极强的复合素质，是企业经理层的永恒主题。以上相互关联构成"企业经理层道德人格"的基本要素。

在企业经理层中，处于最高的企业经理是企业 CEO，即 Chief Executive Officer，而 Chief Ethics Officer，即首席道德官，或企业伦理主管，正好也可简单表示为 CEO，所以我们认为，首席执行官首先应该是首席道德官（虽然首席执行官不一定兼任该职务），他应该是企业道德楷模。在我们的专题调研中，当问及"企业 CEO 是首席执行官，是否首先应该是首席道德官，是企业道德楷模"，非常赞同的有 71 人次，占 32.87%，赞同的有 114 人次，占 52.78%，这也印证了我们以上的想法。

从 2002 年 10 月到 2003 年年底，美国就有 100 多家企业聘请伦理长，因为美国致力于从制度与机构设置上规范企业伦理，纽约证券交易所要求所有的上市企业都必须设立伦理规范，该项规定的实施使许多企业纷纷聘用伦理主管。华尔街的一系列丑闻使美国企业主管明白，对员工进行商业伦理训练，重要性不亚于收支平衡或行销等业务训练。国际纸业企业伦理长伯格说："如果企业看重伦理道德，这种美誉在今天的市场上是一种竞争优势，不仅客户对你忠诚，而且你也可赢得员工的忠诚。"[②]

那么，怎样塑造企业经理层道德人格？对企业经理层有哪些道德规范要求？

---

① 杜莹等. 企业家的社会地位与社会责任. 道德与文明，2005(2)：69-72
② 大松. 最新的职务：企业伦理长. 中国企业家，2003(1)：80

一、依法为民经营：企业经理层的经营方向

民即人民，亦指社会公众，人民是一个历史范畴。在任何时代和任何国家，人民的主体就是劳动群众、社会公众。依法为民经营就是企业经理层为劳动群众服务，为绝大多数人服务。依法为民经营规范的确定，正是社会公众的集体利益在企业道德观念上的集中反映。依法为民经营规范贯穿经营过程的始终，落实于本职工作的方方面面，是企业活动的最低界限。企业经理层就是通过依法为民经营，来体现为社会公众服务目的。显然，依法为民经营规范与毛泽东同志倡导的全心全意为人民服务精神相吻合，也体现习近平新时代中国特色社会主义思想对企业经理层的根本要求，与"人人为我，我为人人"及"取之于民，用之于民"的规范是一致的，同时体现了经商管理活动的基本要求和主要特点，反映了社会公众对企业经理层的特别要求。依法为民经营规范的主要内容如下。

（一）把社会公众的整体利益放在首位，合法开展规范经营

企业经理层在经商理财过程中，首先必须把社会公众的整体利益放在首位。无论在什么时候，什么情况下，绝不做对社会公众有害的事情。因为，社会公众利益就是整体利益，把社会公众利益放在首位就是要把满足整体利益作为本职工作的出发点和归宿。凡是有悖于整体利益的事情，不仅自己不能做，也要反对他人去做。

（二）企业经理层做社会公众的"好管家"

为社会公众做"好管家"，这是依法为民经营规范对广大企业经理层提出的直接要求。依法为民经营规范要求企业经理层理财得当，恰到好处，好上加好，低耗高效；要求企业经理层做到聚财有道，用财有效，生财有方。为了聚财有道，企业经理层应该熟悉财经法规，洞察市场行情，集聚恰当资财，以便生产经营；为了用财有效，企业经理层应该精打细算，勤俭节约，量力而行，统筹规划，积极参与预测，参与决策，编制全面预算，把有限的钱财用到刀刃上，讲究资财使用效果；生财有方，就是要求企业经理层积极做好资金使用决策，关注货币的时间价值，不断提高资金使用效率。

扩展阅读 7.4：重温《出师表》：高管您勤勉尽责了吗？

（三）恰当处理长远利益与眼前利益关系

在经商管理实践活动中，企业经理层必须恰当处理企业长远利益和眼前利益的关系。应该看到，在一定的历史阶段，企业的长远利益与眼前利益是一致的。但在某一个特定时点上，由于劳动生产力的水平和社会财富的有限性，企业的长远利益与眼前利益可能会呈现差异，存在一定程度的矛盾性。

企业经理层在本职工作中，不能单纯为了满足企业的眼前利益而不顾长远利益，特别要克服生产经营的短期行为；不能借口企业的长远利益而不顾及眼前利益，应促使企业员工的生活水平随着时间的推移逐步得到提高。也就是说，依法为民经营规范要求企业经理层在兼顾企业的长远利益的同时，不断满足企业眼前利益的需要。

（四）妥善处理社会利益与企业利益关系

从总体上看，由于社会主义公有制的建立，企业利益包含在全体社会利益即社会的整体利益之中。因此，社会的整体利益与企业利益应该是一致的。但在现实生活中，两者之间仍然会产生一些矛盾。企业经理层在经商理财工作中，不得以企业利益去损害社会的整体利益，也不得以社会的整体利益去取代企业利益。马克思曾经明确指出："共产主义既不拿利己主义来反对自我牺牲，也不拿自我牺牲来反对利己主义……"正确的做法是按照客观经济规律，根据国家的方针、政策和法规妥善处理社会利益与企业利益之间的关系，使两者在尽可能的条件下达到和谐的统一。

二、廉洁奉公：企业经理层的行为准绳

所谓廉洁，是指清白、节俭、高洁、干净。"廉"的反义词是"贪"，"洁"的反义词是"污"，"廉洁"与损公肥私和贪污盗窃相对立。《楚辞·招魂》篇写道"朕幼清以廉洁兮"。王逸注"不受曰廉，不污曰洁"。《淮南子·原道》也写道"夫得其得者，不以奢为乐，不以廉为悲"。所以，"廉洁"就是廉洁清正，不谋私利。所谓奉公，是指奉行公事，主持正义，讲求公道，不偏不倚，与假公济私相对立。《史记·廉颇蔺相如列传》中写道"以君之贵，奉公如洁，则上下平"。应该明确，奉公的基本依据是法律、法规和制度。因此"奉公"就是奉公执法，不畏权贵，不唯上，不唯钱，只唯法，只唯实。廉洁奉公要求洁身自好，操守为重，廉洁清正，奉公执法，照章办事，主张为公众谋福利。企业道德理论把廉洁奉公从干部道德规范上升到企业道德规范的高度，是经商管理工作的特殊职能所规定的，是广大社会公众对企业经理层的客观要求。廉洁奉公是经商活动的行为准绳。

企业经理层的职业生活，说到底就是经商理财，是通过使用价值的运营对价值运动实施反映、核算、控制和管理，是对使用价值所实施的监督。正是这一职业生活的特点，决定了企业经理层首先必须是廉洁奉公、公私分明的人，而社会也以此为标准考查其是否具有企业管理资格，企业经理层在社会生活中的职业威信和信誉的取得，在很大程度上依赖于这种企业道德规范和企业道德品质。

企业制使企业经理层肩负起管理社会及单位的金钱账务这一重要的职业使命，也使得廉洁奉公在职业生活中显得更为重要。因为，企业经理层一旦有渎职行为，受到损害的必然是全社会的利益，是人民大众的利益。所以，企业道德的廉洁奉公规范反映社会对企业经理层在管理活动中的责任、权力、利益等方面的根本要求。作为社会主义企业道德规范之一，廉洁奉公规范包括如下内容。

（一）企业经理层做到廉洁清正，操守为重

在市场经济条件下，廉洁清正是企业经理层正确执行国家财政经济法规、政策和制度，履行企业职责的基本保证，是社会主义企业道德的重要标志，是衡量企业经理层是否称职的重要尺度，是企业经理层最起码的道德品质。根据廉洁奉公规范要求，企业经理层怎样做到廉洁清正呢？

1. 洁身自爱，切忌以权谋私

企业经理层要培养洁身自好，自尊自爱，不贪不占，干净明白的高尚品德，就应该珍惜自己的企业经理层身份，重视自己的品质、荣誉、情操和人格，提倡"老老实实做人，认认真真做事，明明白白获取"，彻底放弃"金钱至上、货币万能"的没落人生哲学，要认识到自己手中的经商管理权利是人民神圣权利的一种表现。惩治、清除腐败是党和国家当前面临的重大任务。在企业领域我们要尽力清除以权谋私现象。

2. 保护公共财产不受侵犯

广大企业经理层应深刻认识到自己管理的财产是社会主义的公共财产。我们知道，大陆法系强调社会利益至上性，而英美法系则强调个人利益至上性。我国宪法明确规定"社会主义的公共财产神圣不可侵犯"。爱护公共财产是每个公民应尽的道德义务。企业经理层理所当然应该成为履行这一义务的模范。这也是企业经理层对祖国、人民和社会主义事业的忠诚、热爱的体现。企业经理层要把好"关"，守好"口"，决不容许任何人以任何借口和任何方式挥霍浪费和侵吞人民的公有财产，要与化公为私、损公肥私、盗公利私的行为进行坚决的斗争。

3. 自我约束，严禁舞弊贿赂

自我约束，也称自我控制，就是指一个人对自我思想和个人行为的内在的、内心的、内化的、内部的管理、约束和控制。一个人的自觉性体现在政治思想自觉性、道德情操自觉性、文化素质自觉性和职业工作自觉性等诸多方面。自我约束要求每个企业经理层应严格按照企业道德规范和企业道德范畴的基本要求，时时处处及方方面面都对自己的思想观念和行为活动加以反思、检查及分析，促使自己的企业道德境界不断向更高的层次迈进。

4. 加强学习，造就廉洁清正的高尚道德品质

企业经理层要想具备廉洁清正的高尚道德品质，就必须加强学习，自觉提高思想觉悟和道德水准。原因在于，一个人高尚的廉洁清正道德品质不会与生俱来，也不可能从他人处获取，唯有通过长期的自觉学习、深刻的自我改造和复杂的社会实践，方能锤炼出廉洁清正的优秀品质。

（二）企业经理层做到秉公执法，率先垂范

廉洁奉公规范不仅要求企业经理层做到廉洁清正，更重要的是要求企业经理层自觉做到秉公执法。何谓秉公？所谓秉公就是在任何时候、任何地方，做任何事情，企业经理层都要出以公心，主持公道，讲究公平、公正、公开，不偏不倚。秉公执法就是做到不畏权势，唯法独尊，唯法是从，唯法独上。企业经理层是在为国家依法经营执法。秉公执法就是依法经营，是为社会尽职尽责的具体表现。同时秉公执法是企业经理层最主要的职业行为之一，是企业经理层应该尽到的职业责任和道德义务，是企业道德规范的重要内容。秉公执法，既是由社会主义本职工作的性质决定的，也是全社会对企业经理层的必然要求，是企业道德规范体系的现实基础。根据廉洁奉公规范要求，企业经理层怎样才能做到秉公执法呢？

1. 熟悉法律，精通政策

企业经理层是对企事业单位的人力、财力、物力的使用价值形态与价值形态进行综合系统控制、监督使用的重要管理者。经商管理机构是国家管理法纪和制度的重要维护执行者，是协调各种经济实体内部及其与外部各方面经济联系的中介纽带。应该明确，全部经营工作与活动都必须以国家立法机关和国家行政机关制定和认可的经商管理法律、法规、准则为准绳。应该明确"依法经营、依法核算、依法监督"是企业管理工作的关键。经商管理法律控制约束着经商管理日常工作的每个环节和全部过程。企业经理层应当熟悉、掌握经商管理法律和法规，以及与此相关的其他法律和法规，精通根据上述法律制定的各项经商管理政策，与此同时，要增强执法、守法的自觉性。唯有如此，企业经理层在其业务工作中对经商管理法律和政策的运用方能得心应手，运用自如。

2. 有法必依，执法必严

企业经理层在其经营工作中应有法必依，执法必严，违法必究，严格贯彻国家有关经商管理法律、法规和政策制度，依法经营，无论是上级领导，是顾客用户，还是亲朋好友，应一视同仁，不讲亲疏。企业经理层须过好两个"关口"。

（1）平等过好"权利"关。企业经理层在其业务过程中，无论是对领导，还是对平民百姓，都应该平等相待，坚持在法律面前人人平等，遵循法不以权变的原则。某些地方，某些部门，或某些单位领导出于本位主义、地方主义及个人主义考虑，会出面干涉企业经理层执法，以权压法，阻碍经商管理法规的贯彻执行，甚至对执法的企业经理层进行责难或打击报复。面对这种情况和局面，有的企业经理层畏惧权贵，不讲原则，放任自流，听之任之；有的企业经理层与他们同流合污，为他们出谋划策，这都是不对的。企业经理层，应当明确依法管理是国家和人民赋予他们的神圣权利，要勇于坚持正确意见，积极主动维护经商管理法规的尊严，维护国家和人民的整体利益。

（2）坦然过好"人情"关。企业经理层在执行经商管理法律过程中，不能因为与个人关系远近或亲疏而有别，应坚持法不以情变的原则。在收入的确认与计量，费用的开支与发生，工资的计量与发放，成本的归集与计算，利润的形成与分配，款项的借支与报销，税金的预提与清缴等问题上"求情"的事，常常会发生。当前，社会风气还没有根本好转，执行中存在的问题还会比较严重，有一个难闯的"人情"关。企业经理层既要耐心细致地做好经商管理法律、法规的宣传与教育工作，更要按照秉公执法的原则待人处事。

3. 以身作则，克己奉公

"打铁还需自身硬"，作为国家财经公司法律的执行者，企业经理层必须以经商管理法律、法规来约束自己的言行，事事处处要以经商管理法规为自己行为的准则，在群众中，以身作则，克己奉公，率先垂范，起表率作用；在本职工作中要严守经商管理法纪、法规，维护经商管理法纪、法规的权威性，自觉地把自己的活动置于经商管理法规允许的规范内，切实履行企业经理层对国家、对社会、对人民应承担的法律义务。企业经理层决不能以为经商管理法律只约束别人，而自己则可以随心所欲。企业经理层必须从自己做起，身体力行，率先做到，以自己的实际行动维护经商管理法律、法规的严肃性和权威性，切实做到秉公执法，把廉洁奉公规范落到实处。

三、服务社会，追求卓越

企业经理层为服务社会，追求卓越，具体应做好以下两点。

（一）企业经理层应兼顾企业利益与公众利益，服务社会公众

担任企业经理，必须坚定不移地贯彻股东与客户第一，商品质量与服务至上的经营理念。企业作为社会经济组织，承担为社会创造物质财富与精神食粮，为公众提供优质商品与周到服务的重大任务，要在生产品牌和服务公众的过程中发展自己。因此，企业必须增强品牌与服务意识。纵观所有的企业经理层的业务类型，都是在其服务客户的经营理念上拓展的，尤其是在市场经济中，所有企业的发展都要建立在取信投资者与赢得客户的基础上。失信投资者，自断资金后路；失去客户，就失去市场；失去市场，就失去发展后劲；失去发展后劲，就失去生机和活力。要赢得投资者与客户的信任和信赖，开拓资本市场与商品市场，就必须落实股东与客户第一，商品质量与服务至上的经营理念。这要从六个方面着手：一是提高优质商品；二是创造丰厚利润；三是拓宽市场领域；四是完善服务手段；五是改善服务态度；六是提升服务质量。

企业经理层的职业性质决定了它所担负的是对社会公众与自身企业发展的责任。企业经理层之所以在现代社会中产生和发展，是因为他能够以优良的道德品质、成熟的管理能力、熟练的专业技术和独立的工作立场赢得企业所有者的信任与青睐，从而被赋予企业的经营管理权利。由企业会计人员编制、经理层签发的会计报表，通过审计后对外公布，作为企业会计信息外部使用人进行决策的依据。所谓会计信息外部使用人，既包括企业现有的，又包括潜在的投资人、债权人以及政府有关部门等所有与企业财务信息相关的自然人和法人，可泛指社会公众。社会公众在很大程度上依赖企业会计人员编制、经理层签发的会计报表和注册会计师对会计报表的审计意见，并以此作为决策的基础。企业经理层服务的对象从本质上讲是社会公众，这就决定了他从诞生的那一天起，所担负的是发展自身企业的责任与面对社会公众的责任。

（二）企业经理层在生产经营管理过程中不断追求卓越

企业经理是服务于广大企业和社会公众的，其生存与发展依赖公众的评价和信任，因此，企业经理层作为专业管理阶层，保持良好的职业风范是相当重要的。企业经理层的诚信品质、技术水准和服务质量是其生存的根基，也是其赢得社会公众信任的竞争优势。因此追求经商道德的日益完善、管理及技术的精益求精成为对企业经理层的必然要求。从而，追求卓越也就成为企业经理层职业道德规范的一个重要组成部分，其具体有以下几个方面。

（1）保持谦和礼貌态度。礼貌是中华民族的传统美德，作为具备一定素质的企业经理层，在与投资者、客户进行沟通过程中，保持对投资者、客户和广大社会公众的礼貌态度是一个基本的要求。

（2）提高商品服务质量。企业经理层在为客户提供商品及配套服务时，必须时刻注

意商品的过硬品质与服务的效果，而不仅仅为完成业务而已，因为商品的质量与服务的完成效果直接决定了企业经理层在投资者、客户和公众中的印象和评价，也就决定了其服务质量。而且，效果还反映在企业经理层对投资者、客户利益和社会公众利益的关心之上。

（3）对投资者、客户和公众及时响应。企业经理层虽然直接为客户提供服务，但其最终的服务对象却是广大的社会公众，因而对投资者、客户和公众等广义服务对象的及时响应也是企业经理层所应具备的基本品质。

（4）保持高效率经营风格。效率是指劳动消耗与劳动产出之间的比率。企业经理层在生产经营管理过程时，保持较高的效率是其工作的基本要求，也是赢得投资者、客户和社会公众等方面的良好评价的重要依据。

（5）不断创新。知识经济的本质就是创新，创新是发展的长久基石，不创新就没有前途。企业经理层要树立与时俱进，不断创新的观念，抓住机遇，锐意进取，不断开拓，不断创新，包括产品品种、质量品质、技术含量、市场服务和内部管理的创新。唯其如此，方能保证我们经理层所驾驭的企业这艘航船在市场经济的海洋中乘风破浪，稳健行进。

第四节　企业与员工：同舟共济，风险共担

企业与员工之间是既矛盾又一致的利益共同体的关系，二者之间的关系对企业的生存发展至关重要。企业应对员工诚实不欺、恪守信用，严格地按照劳动合同的规定履行承诺，为员工提供足额的工资、良好的福利、充足的受教育时间，使员工不仅能获得生存的保障，而且还能有进一步发展的可能。这样一来，员工的积极性和创造性得到极大的发挥，企业的经济效益会因此而提高。企业与员工之间诚实不欺、相互尊重、相互信任、恪守合同、履行责任是形成企业和谐有序的劳动关系的基础。

相反，如果企业对员工不诚实，言行不一致，不按照《民法典》中的规定为员工提供当初承诺的工资、福利及教育上的保障，不尊重不信任员工，不把员工当人看，仅仅视员工为赚钱的工具，对员工的身心健康和未来发展不负责任，员工劳动积极性将会大大降低，创造性也会受到极大的压抑，不仅如此，还将导致企业与员工之间的冲突，造成劳资关系的紧张，直接的后果是导致企业经济效益降低。员工是企业之本，企业要想有大的发展，必须把员工的生存和发展当成头等大事来抓。

企业应当本着以诚为本、取信于民的原则，尊重员工，信任员工，激发他们的劳动积极性和创造性，增强员工的荣誉感和自豪感，在企业与员工之间形成同舟共济，风险共担的利益共同体关系，这是企业成功之本。

一、企业伦理是塑造企业员工良好素质的关键

由于科技进步，产品更新快，企业之间的竞争加剧了，使消费者满意将是未来企业成功的关键。企业将"我的工作方便了别人，实现了我的价值"的理念渗透到企业员工

的思想中，使员工在工作中发自内心地为顾客着想，才能提供优质的产品、优质的服务。除"顾客满意"，企业伦理还提倡员工的敬业精神。每位职工的岗位可能有所不同，但只要敬业，就可以把工作干得出色。如果企业里的每一位员工都能敬岗爱业，恪尽职守，那么产品的设计、生产、销售、市场调研工作都会精益求精，尽善尽美，企业肯定会立于不败之地。良好的企业伦理还有助于合理地使用人才，开发人力资本。当今成功的企业都将人力资源的管理和开发作为企业发展战略。20 世纪 60 年代舒尔茨提出了人力资本的理念。随着科技的高速发展，人力资本对劳动生产率的贡献已远远大于物质资本。形成人力资本的主要方法是教育。不仅固定资产有折旧和设备的更新改造，而且人力资本也需追加投资、更新改造。人力资本的概念大大丰富了资本的概念。重视人力资本，在教育费用上重金投入的企业无不受益。据调查，我国国有企业人力资本开发状况不容乐观。30%以下的国有企业的教育、培训费年人均在 10 元以下；20%左右的企业教育、培训费年人均在 10～30 元；5%以下的企业在加速人力资本投资，大多数亏损企业已基本停止了人力资本投资，部分尚有能力进行人力资本投资的企业，已放弃或准备放弃岗前或中长期的教育培训。企业面临着国内、国际竞争日益激烈、残酷，产品的技术含量越来越高，人力资本的知识含量要求大大提高的新形势，如果放弃了人力资本的开发，必然影响企业的经济效益和竞争力，这种状况令人忧虑。

二、企业与员工的权利和责任

在开始讨论之前，有必要厘清员工与企业的权利和责任（表 7-2）。

表 7-2　企业与员工的权利责任关系

员工的权利责任	企业的权利责任
工作的权利	招聘和解雇的非歧视性
公平报酬的权利	公平报酬的责任
自由集会和罢工的权利	尊重工会的存在和权力
是非感的自由和言论自由	接受员工的批评
诉讼的权利	与员工讨论的责任
获得健康安全工作条件的权利	承认劳动法庭，按劳动法解决冲突
工作质量的权利	提高工作质量的责任
遵守劳动合同的责任	对员工最小劳动生产率的要求
忠于企业	忠于合作的权利
尊重目前法律和道德规范	对工作岗位正确行为的要求的权利

从企业与员工的权利和责任关系中，可以得到下列结论。

（1）员工和企业的权利责任是相互补充的：一方的权利隐含着强加于另一方的责任，反过来也是一样。

（2）双方的权利责任是不完全对称的。一方的某些权利，例如工作的权利，并没有相应的另一方责任与之匹配。这种不对称首先表明，保证某些权利，需要增加社会整体的努力。这也说明了有大量的权利责任仍然在不断地发展着。

（3）员工与社会的权利责任也可能发生冲突。例如，员工的隐私权可能会与企业控制员工行为的权利相冲突；或者，员工忠于企业的权利责任可能与他们对全体利益或个人利益的责任相矛盾。

对于所有这些问题，没有一种十分合适的方法来处理。在这里，我们将主要讨论工作权利的含义以及从这个基本权利中演绎出来的具体权利和义务。

1. 工作的权利

工作权利中的"工作"可以泛指任何具有目的性、创造性的活动，人们借它满足个人需求（广义上的劳动），以及固定领域中程式化活动，即社会意义、经济意义上的所谓"职业"（狭义的劳动）。这里指后者，因此亦称"就业权利"，指一种有保障的方法，用它获得付薪的工作。获得薪水的方法可以是自我雇用，出卖创造权，从自己所生产的商品中获利，也可遵守合同受雇于人。

2. "权利"的意义模棱两可

我们应该区分法律意义上的权利和道德意义上的权利。没有完全规定于法律中的基本权利，在特定的社会条件下，可能已经具备了道德效力；只有通过完备的立法程序，道德规范才能确定为法律，具有完全法律意义上的效力。到目前为止，就业的权利基本局限于道德思想规范。有工作能力并乐意工作的无业人员不能在法律上要求某个国有或私有企业为他们提供满意的工作。只要这一要求没有被接受，那么就业的权利，就不会成为真正意义上的法律权利。

3. 工作权利在劳动契约的开始和终结时有着明显的表现

企业实际上有权力在决定是否雇用一个人时加入其他因素，例如血缘关系或者应试者的家庭背景。一个企业可能更愿意提供工作给一个养家糊口的人而不是一个单身汉。当在雇佣中有偏袒或专断时，企业应清楚自己侵犯了求职者要求平等对待的道义权利。

这样的例子有：企业仅凭性别把求职者排除在外或面对一项特殊工作不录用具备合格条件的人，而接纳对此工作缺乏必要条件的求职者。一名员工工作时间越长，当他被解雇时找到新工作的平均机会越少。所以，企业在道义上应尽力使长期员工在企业中工作到退休，这关系到员工的基本社会保障。大部分员工必须依靠稳定的工作来承担社会义务和获得个人成功。对员工的忠实即企业绝不能无故解聘员工。当经济形势使关闭一个工厂或削减员工成为必要时，企业应提供最大程度的社会保障，包括转换一个新环境或再培训等。

4. 接受书面合同的权利

当一个人得到一份工作时，他就成了一些特殊的权利和责任的享有者与承担者。其中的某些权利和责任应当在一份劳动合同中以适当的法律形式明确地予以表述。一份劳动合同的草案，就其本身而言，是一份与道德有关的协议。对于草案中包含的部分，它予以法律上的保证，并且在其能达到的范围内对合同的条文做出完整的、明确的、具体的规定，其还将为企业和员工在随后的合作期提供一个相互信赖的基础。由于合同草案具有一定的约束力，因此每个员工都应该把它作为一般原则来接受。各种类型员工，包括临时工和兼职人员，都应当受合法形式下的书面合同的约束。

5. 取得公平报酬的权利

取得公平报酬的权利，是获得合理薪水的权利。它从工人运动一开始就已成为一项基本的目标。事实上，薪水首先是每个员工所付出的工作绩效的交换条件的价值表现。但对大部分工人来说，它也是收入的主要来源和生活的基本保障。然而，合理薪水的界定是一个复杂的问题，它包含着关于风险与劳动力、劳动力与收入以及责任能力与决定收入的业绩标准之间的关系的详尽分析与企业政策的选择。在没有对这些基础问题做出进一步说明的情况下，我们采用了以下薪水的公平性评价标准：

（1）合法保证最低收入；

（2）工作的困难程度；

（3）公平对待的原则；

（4）特定部门的平均薪水；

（5）企业的能力；

（6）地区平均的生活消费；

（7）工作稳定性的保证程度。

6. 健康和安全工作条件的权利

所有员工都拥有在健康和安全的工作条件下工作的权利。一些重要的产品或服务的获得必须冒一定的风险，下列条件是从事有风险工作必须具备的：

（1）员工们应该在接受一项工作的开始就知道所要承担的健康安全风险；

（2）员工们应该自主地、自愿地承担风险，而不含任何强制性；

（3）员工们应该得到足够的补偿，不单是直接薪水的增加，还应当有适当的保险和社会保障；

（4）除非具有明确公共利益的生产，否则不能鲁莽接受健康和安全风险；

（5）企业和员工都应该为了减少现存风险而掌握最有用的知识和技术。

在员工行使自己的权利时，企业也在行使自己权利，即权利和责任是相互的。各企业具体情况不同，所表现出来的权利也会有些差异。因此，为了便于更好地处理未来发生的劳动争议，企业必须从自身的实际出发，明确与员工的权利和责任关系。

三、企业与员工之间的道德规范

（一）企业对员工的伦理道德要求

马克斯·韦伯在其《新教伦理和资本主义精神》中论证了经济发展需要伦理精神的推动，在他看来，伦理道德已不仅作为人们行为的约束力而存在，而且作为一种现实的人文动力而发挥着作用。韦伯的基本立论同样适用于微观层面的企业发展。

现代西方管理理论和众多企业的成功实践证明，企业伦理精神是推动企业发展的内在动因。显然，在管理中产生强大精神力量的只能是道德，唯有强调精神力量，强调公正和高标准的道德和行为，才能不断提升企业境界。如世人所熟知的松下企业七精神、IBM 服务精神，以及我国企业的孟泰精神、铁人精神等，在各自的企业发展中都发挥了不可替代的作用。企业的可持续发展最终动力在于人。当伦理因素注入管理并成为其核心要素时，企业管理才能真正做到以人为中心，管理伦理的独特功能才得以显现，人的主体性力量才能得到发挥。企业对员工的伦理道德规范应注重以下几个方面。

1. 企业价值观的重新定位

要使企业价值观建设真正成为企业管理的重要有效的方式，能激发员工自觉地工作的积极性，降低企业的管理控制成本，使企业成为一个既统一又具有创新力和对市场的快速应变力的团队，企业价值观建设的目标和方向必须进行重新定位。

首先，企业要突破简单功利主义的"团队精神"的束缚，引入强调人格独立、尊重和平等的"个体精神"。承认员工个人追求自身利益的合理性和现实性，强调员工通过努力工作和奋斗达到目标的可能性，在企业内形成尊重个人的良好氛围。

其次，企业应在企业内明确员工作为独立的人的基本权力，将个人的关系与工作关系区分开来，减少因个体独立性而形成的性格、爱好等因素对工作的影响，不将员工个体的非工作的生活内容纳入工作的考查范围，尊重员工在工作职能之外的个人空间。

再次，承认员工个性的多样性，不要指望通过企业的培训和价值观的灌输来改变员工的个性和基本人生观、价值观。实际上，在这方面费力是徒劳无益的。企业文化建设和培训的重点应该是在承认和尊重个性多样化的基础上，着眼建立一个秩序来维持企业工作的有序性，发挥员工不同个性造成的不同创造能力，也让员工理解企业在某些方面对员工统一性要求的必要性。

最后，承认和尊重员工的人格的独立和平等，要求企业建立现代管理制度，要求管理的规范化和科学化，要求以制度来保证员工在追求自身利益的同时，不损害其他员工和企业的利益，强调员工对自己的行为的责任感。

2. 企业为员工提供明确目标

目标管理是伦理渗透企业内部管理的一种形式。合理的目标是调动员工积极性和引导企业良性运行的道德力量。一方面，具体奋斗目标可激励员工的自觉和进取精神，从而使其实现自身控制机制；另一方面，完整的目标体系可以把大家的力量组织起来，共同朝着企业最高目标努力，使企业从整体到个体处于有序、积极状态。

企业的最高目标总是和企业价值观、企业作风、人事制度紧密联系的。可以说，它同时是企业的伦理目标，体现了企业的社会责任和道德追求。美国学者帕斯卡尔和凡阿索斯概括了以人为本的企业终极目标的基本特征：这种企业要使员工作为企业整体的一员受到社会的颂扬和称赞，强调本企业的产品对于人类的价值；关心员工的需要并视每个员工为有价值的人，尊重社会的要求并为社会造福的管理伦理；为实现企业的终极目标提供了有效的途径和中介，将企业伦理理念转化为员工和企业的经常性行为。国外众多企业，认识到管理伦理导向功能，纷纷加强企业管理伦理机制建设，其主要措施有：制定《企业伦理宪章》《道德纲要》；建立企业伦理监督委员会；奖赏和支持伦理行为，反复解释伦理政策等。

3. 企业与员工进行有效的沟通

企业与员工的伦理道德规范的核心是"以人为本"，而能否做到"以人为本"的关键在于能否在企业经理层与员工之间产生"互动"。传统人事管理体系中，企业经理层和员工之间的关系是命令式的单向流动，员工是执行企业经理层命令的机器。而在企业与员工的伦理道德规范中，企业经理层和员工的关系则应该是建立在平等基础上的互动关系。要达到平等的互动关系，就需要企业经理层和员工双方改变传统的理念，积极与对方沟通。

企业经理层与员工进行积极沟通时，双方的价值观都要建立在"相互信任"的基础上。在传统人事体系中，一切管理理念都建立在对员工的不信任上，即首先假设员工是不诚信的，然后通过一系列规章制度进行管理。而在企业与员工的伦理道德规范中，维持团队稳定的纪律依然存在，不同的是企业经理层和员工都首先假设对方是完全理性的个体，即企业经理层相信员工是具有自觉性的，员工也相信企业经理层是公平理性、可以信赖的。纪律的目的从防范员工违规转变为对破坏诚信机制的个体进行惩罚。要进行有效的沟通，企业经理层与员工都应具备一些沟通的素质。如果让企业经理层应具备的素质集合与员工应当具备的素质集合相交，这两个集合的交集就是企业经理层和员工在企业对员工的伦理道德规范中应当具备的共同素质——"沟通"，如图7-1所示。

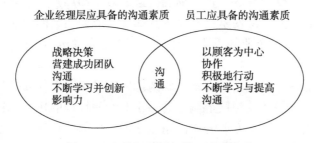

图 7-1　企业经理层与员工沟通素质

4. 企业应重视对员工的培训

"人"是企业最重要的资产，在职培训是人力资源最重要的投资。在竞争空前惨烈的情况下，企业唯有将提高管理品质作为应变之道才有出路。而在追求管理品质完善的过程中，如何透过培训来增强人的素质，是不能忽视的一环，它可使企业与员工比翼双飞。有效的培训，对个人与企业都会有很大帮助：发展了新的来源，可协助该体系进步；强化了企业主体的完整性；加强了隶属于该企业文化的骄傲；改进了企业文化与决策。

企业员工对于第一次学的东西，记得最清楚。第一次就教导人员如何正确地做，比事后再回来纠正他们更容易。这就是为什么有些成功企业会再三强调职前培训程序的正确性。

在培训过程中，使用感官（视觉、听觉、嗅觉及触觉）的次数愈多，则会愈快获得新的技巧。因此在培训中若能同时使用录影带、资料、示范及实习的方式，效果更佳。企业员工在学习新事物时，如果内容和他们已经知道的事有关的话，学习效果较好。因此若使用阶梯式的培训方法，逐渐增加其知识与技巧，效果更好。

企业员工对他们所做的事需要回顾。良好的工作表现需要正面认可，而不好的工作表现，必须尽快更正。在成功的培训系统中，追踪是非常重要的步骤。企业员工在有趣及刺激多的环境学习效果最好，所以企业可以经常组织一些有意思的团队活动，培训员工团队合作精神，让每个员工都能感受到自己的一份热量。

（二）员工对企业的伦理道德要求

1. 员工的敬业精神

敬业是成功的大前提。敬业是一种人生态度，是一种珍重就业机会，对自己的行为负责，肯定自己的劳动成果的态度。这种态度不仅保证了人们的职业（就业）秩序，也使得社会得以实现专业分工，其意义是重大的。正是专业和分工促成了社会效率的提高和社会意义上的技术进步。在企业就职的人，如果不敬业，不成为所从事的业务方面的行家里手，就不会有好的绩效，也就得不到升迁和加薪。不可否认，员工有时会由于种种原因对自己岗位的工作产生厌倦或反感，这种情况必须在很短时间内改变，如果长期持续下去，就会演变为没有进取心地混日子行为。这种状态白白消耗着自己的时间和生命。员工如果有敬业的人生态度就不会允许这种混日子的状态持续下去。我们经常会遇到这样的情况，一个企业管理问题严重，改变的希望不大，管理层漠然视之，听之任之，这时候有些在企业中享受很好的工资和福利待遇的员工却离开了。问他们离去的缘故，他们会惨然地说，耗不起。即便是白拿薪水，如果不能为明天的职业生涯耕耘和积累，那也是得不偿失的。一个企业如果不能形成一种敬业的文化氛围，它就留不住敬业的员工。

在企业中，敬业往往会被简单而不正确地理解为员工对工作安排的服从。这是非常片面的，也是有害的。敬业从深层上包含着一份对专业精神的执着，这一份执着也包括对作业标准和秩序的肯定。从专业分工的角度来说，任何一项作业，都要求一定的操作技能，操作技能的差异产生不同的作业绩效。提高作业绩效的途径有两个，一个是培训，另一个是专业分工。敬业肯定在一定时间段里对某种特定作业的专注，支持专业精神。这种专注所伴随的专一和恒久，不是与创新、优化的变化相矛盾，而是互相支撑的。每件事情都不专注，每件事情都做不到最好，所谓浅尝辄止，见异思迁，百事不成。因此我们说敬业才能成就大事业，才能创恒久的基业，其是一个人取得成功的大智慧。

企业中的敬业精神是企业与员工伦理道德规范的一个重要组成部分。企业与员工伦理道德规范的核心是企业和员工的思维和行为习惯，有的企业会把这种不成文的东西规范化、格式化、文字化，变成各种守则和规章，以便对员工起到督促和引导作用。由于员工的敬业与否对于企业的绩效乃至竞争力关系极大，因此每个企业都希望通过各种激励手段和培养教育方法使自己的员工能够敬业。在讨论与敬业相关联的问题时，有人提出一个看法，企业员工的敬业同企业产权结构有关，要想让员工忠诚敬业，就要让员工持股，也就是说，企业的产权员工也要有份，这样员工才有积极性，才能恪尽职守，忠诚敬业，所谓有恒产者有恒业。实际上这种看法并不正确。古今中外许多企业的实践都证明了这一点。完全由家庭成员组成的家庭作坊的失败就是这样的例子，而许多优秀的家族企业的成功也是例证。在中国的计划经济体制下以今日之观点，产权问题严重得无以复加，但是在那个人人都没有产权的体制下，从城市的工厂到农村的生产队，谁能说我们的工人和社员不忠诚敬业！只要有公正合理的分配和激励机制，并且这种机制是可兑现的和相对稳定的，企业员工都会表现出积极的从业心态，也就是说能够忠诚敬业。

2. 员工忠诚度

一位外国学者早在 1908 年《忠诚的哲学》一书中指出："忠诚自有一个等级体系，也分档次级别，处于底层的是对个体的忠诚，而后是对团体的忠诚，而位于顶端的是对一系列价值和原则的全身心奉献。"后人继承和发展了这一观点。弗雷德里克就继承并发展了这一观点，他认为，所谓忠诚，并不仅仅是指经营思想和战略规划的忠诚，忠诚管理并不仅仅是指面向个人或团体的忠诚，更重要的是忠于某个企业据以长期服务于所有成员的各项原则。因为忠诚管理提出了一整套实用的测量指标，所以它还是战略策略，而且能指导日常工作的操作。

从对忠诚管理的理论划分看，员工的忠诚可以分为主动忠诚和被动忠诚。前者是指员工主观上有强烈的忠诚于企业的愿望，这种愿望往往是由组织与雇员目标的高度协调一致，组织帮助雇员发展自我和实现自我等因素造成的。后者指员工本身并不愿意长期留在该企业，只是由于客观上的约束因素（如与同行业相比较高的工资、良好的福利、交通条件、融洽的人际关系等），不得不继续待在该企业，一旦约束因素消失，员工就可能不再对企业保持忠诚了。相比较而言，主动忠诚比较稳定。从另一角度看，员工的忠诚有两种：一是员工在职期间勤勤恳恳、兢兢业业，能够为企业的兴旺尽职尽责；二是员工在企业不适合员工或员工不适合企业而离职后，在一定时期内能保守原企业的商业秘密，不从事有损原企业利益的行为。员工忠诚度包括三个方面。

（1）积极主动。经济的竞争其实就是人才的竞争。企业的竞争，不单是企业高层决策正确与否的竞争，还有员工素质的竞争。

从员工的角度来说，每个员工都要积极地为企业出谋划策，对于工作任务应采取主动的态度。尤其是当工作遇到问题时，例如，机器出现故障、原材料不合格等，现场的员工如果态度积极，就会主动排除故障，或主动同上级联系，解决问题。在所有的控制活动中，现场的控制是非常重要的，它的时效性最强。而在企业中，现场控制一般是由员工来执行的。因此，控制的效果如何很大程度上取决于员工的素质。员工应该知道，企业最终提供的产品或服务质量同自己的工作态度是分不开的。在这方面，积极主动的工作态度应该是员工对企业所负的责任。

（2）危机感。不管什么样的企业，它的规模如何，由于环境的改变和竞争的加剧，总处在危机之中。面对外部的危机，员工会怎么做呢？其通常有两种态度：一是置之不理，企业让做什么就做什么；二是与企业共命运，有强烈的危机感。态度产生于对自身角色的认识，更具体地说就是员工有没有主人翁的责任感。以前我们经常说社会主义企业的员工是企业的主人，但并没有让员工深切感受到这一点，还是上级说什么就做什么，不说就不做，而危机感就直接来源于主人翁的责任感。例如，日本的企业和员工结成命运共同体，就好比企业是一艘船，员工是水手，只有水手努力划船，船才能战胜惊涛骇浪。

有了危机感，就有了压力，有了进取心。很多企业都设有意见箱等，其目的就是获

扩展阅读 7.5：如何有效提高员工的忠诚度

得员工好的建议。据统计，日本丰田汽车的汽车设计每年要采纳一万多条员工建议。可以说，没有员工的充分合作，日本汽车企业是无论如何也不能与美国汽车厂商相抗衡的。日本企业把员工的建议当做资源，并且是相当重要的资源。只有员工具备了危机意识，企业才能最大限度地利用这种资源。

（3）忠诚感。现在经常可以听到所谓培养"顾客忠诚"，其目的在于通过稳定的联系来获得收益。同理，在企业提供员工所需各项保障后，忠诚的员工是企业获得发展与成功的内在原动力。相反，不稳定的员工会造成企业的巨大损失。例如，企业总要对新进员工进行培训，以使其将理论知识转化为实际的工作能力。培训有时需要较长的时间，而且要花费许多培训费用。如果一个新员工完成培训后，掌握了一定的实际经验，却转向其他企业，单从费用上说，损失就不小，更不用说那些携带企业机密投入其他企业的"变节者"，其会给企业造成更大的损失，甚至导致企业丧失竞争优势。另外，不忠诚的员工会造成一个不稳定的员工队伍和组织结构，而不稳定性必将影响企业的正常运营。尤其在流水线作业中，一旦某个岗位的员工突然辞职，整个流水线可能就无法运作。

既然员工的忠诚如此重要，那么，企业就应努力培养员工的忠诚感。这里，需要说明的是，员工忠诚的培养需要企业做一定的引导工作。企业高层经理首先应该明确员工忠诚的重要性，然后再采取措施来建立员工忠诚，使其坚信：企业就是我的家，我要忠于我的家，并努力把自己的家建好，这是我的责任。培养员工的忠诚不能只靠金钱，不要用金钱作为联系员工同企业的纽带，更应该注重道义的教育，晓之以理，动之以情。有管理学者预言，21 世纪将是儒学的世纪，这种说法意味着人们将更加注重道义。因此，企业领导人应多从这方面入手，如，在企业遇到困难时，让员工参与，使员工有一种共患难的感觉。建立了良好的员工忠诚，就使员工勇于对企业负责任，从而为企业打下了成功的基础。

重要概念

利益相关者　　董事会道德义务　　独立董事道德责任　　监事会道德责任
企业经理层道德人格　　员工忠诚度

案例分析7

"家文化"造就苏州固锝家公司辉煌

同步测练与解析7

自学自测

扫描此码

第八章

企业对外经营道德规范

经典名言

君子怀德，小人怀土。君子喻于义，小人喻于利。

——孔子《论语》

仁义礼智信，信内求财；温良恭俭让，让中取利。

——儒商理念

夫聪察强毅之谓才，正直中和之谓德。
才者，德之资也；德者，才之帅也……
是故才德全尽谓之圣人，才德兼亡谓之愚人，
德胜才谓之君子，才胜德谓之小人。

——司马光《资治通鉴》

作者感悟

心态决定状态！格局决定结局！坚持决定成功！健康决定一切！

学习目标

通过本章学习，应该了解企业与社区之间相互依存的鱼水关系，掌握社区活动计划的制定步骤；把握企业公民的内涵；理解"顾客是企业生命之源"和"顾客是企业衣食父母"的真正意义；明确企业竞争中讲究伦理道德的必要性和重要意义，掌握市场竞争中存在的伦理问题。

重点与难点

1. 依法诚信纳税既是企业履行法律责任的要求，也是其最好的信用证明
2. 企业与社区之间相互依存的鱼水关系

3. 企业公民的内涵与要求
4. 企业与购销客户的权利和责任
5. 市场竞争中存在的伦理问题

 导读

信守诺言 取信于民

2023 年 1 月 9 日，中共中央总书记、国家主席、中央军委主席习近平在中国共产党第二十届中央纪律检查委员会第二次全体会议上发表重要讲话。他强调，要站在事关党长期执政、国家长治久安、人民幸福安康的高度，把全面从严治党作为党的长期战略、永恒课题，始终坚持问题导向，保持战略定力，发扬彻底的自我革命精神，永远吹冲锋号，把严的基调、严的措施、严的氛围长期坚持下去，把党的伟大自我革命进行到底。

习近平指出，治国必先治党，党兴才能国强。新时代十年，党中央把全面从严治党纳入"四个全面"战略布局，刀刃向内、刮骨疗毒，猛药祛疴、重典治乱，使党在革命性锻造中变得更加坚强有力。全面从严治党永远在路上，要时刻保持解决大党独有难题的清醒和坚定。如何始终不忘初心、牢记使命，如何始终统一思想、统一意志、统一行动，如何始终具备强大的执政能力和领导水平，如何始终保持干事创业精神状态，如何始终能够及时发现和解决自身存在的问题，如何始终保持风清气正的政治生态，都是我们这个大党必须解决的独有难题。解决这些难题，是实现新时代新征程党的使命任务必须迈过的一道坎，是全面从严治党适应新形势新要求必须啃下的硬骨头。

习近平强调，制定实施中央八项规定，是我们党在新时代的徙木立信之举，必须常抓不懈、久久为功，直至真正化风成俗，以优良党风引领社风民风。要继续纠治享乐主义、奢靡之风，把握作风建设地区性、行业性、阶段性特点，抓住普遍发生、反复出现的问题深化整治，推进作风建设常态化长效化。要把纠治形式主义、官僚主义摆在更加突出位置，作为作风建设的重点任务，研究针对性举措，科学精准靶向整治，动真碰硬、务求实效。

习近平指出，纪律是管党治党的"戒尺"，也是党员、干部约束自身行为的标准和遵循。要把纪律建设摆在更加突出位置，党规制定、党纪教育、执纪监督全过程都要贯彻严的要求，既让铁纪"长牙"、发威，又让干部重视、警醒、知止，使全党形成遵规守纪的高度自觉。

（资料来源：中共中央党校. 习近平在二十届中央纪委二次全会上发表重要讲话，2023.1.9）

企业都希望做大做强，长久地经营下去，遵守国家的法律、法规就是实现该目标一个基本的前提条件。否则，即使企业经营得再出色，一旦有了违法的污点，也将失去社会的认可，遭到社会舆论的谴责，严重的可能会导致整个企业的灭亡。因此，企业千万不能为了眼前的利益而心存侥幸，以身试法！

第一节　企业与购销客户：顾客就是上帝

伴随社会经济的发展和市场的繁荣，生产者与消费者之间的关系趋于成熟，但两者之间存在着利益冲突的可能性，化解企业与消费者之间的利益冲突，调节双方关系，一要靠法律；二要靠道德。企业能否恰当处理消费者产生的伦理问题已直接影响到企业的生存与发展。事前认识、事中分析、事后处理这些伦理问题对企业的成败愈来愈重要。

企业一定要树立"顾客就是上帝""顾客是企业生命之源""顾客是企业衣食父母"的思想。因为企业只有提供优质产品和满意服务，方能赢得广大顾客，像"真诚到永远"的海尔那样取得巨大的社会效益和经济效益。企业如果失去顾客就会失去活力，丧失生存机会，终将走向失败。对于企业来说，背离正确的与消费者相处的伦理准则就是自断其生命之源，自毁其锦绣前程，无异于"慢性自杀"。

一、企业与购销客户的权利和责任

（一）购销客户的主要权利

企业向购销客户提供产品和服务的同时，有权要求购销客户按交易合同如期如数交付货款及有关费用。购销客户在付出了一定货币或实物代价后，有权要求获得价值相当的产品和服务，与此同时，购销客户享有以下权利。

（1）安全权。购销客户有权要求企业提供安全的，不会对人身造成伤害的产品。

（2）知情权。购销客户有权要求企业对产品的生产日期、保质期、使用注意事项等情况做出明示。

（3）选择权。法律应当保护购销客户自由选择购买产品种类的权利，并通过《反不正当竞争法》等法律、法规切实保障购销客户在购买同一种产品时有选择的可能性。

（4）表达意见权。购销客户买到不满意产品时有权向企业（制造商和零售商）投诉，要求退赔。

（5）要求环境保护权。人们意识到，企业生产提供有用物品的同时附带产生的污染极有可能对社会带来不可挽回的伤害。这种对环境的破坏直接影响和降低人们的生活质量，例如城市的噪声、废水和废气对日常生活的影响。基于对现在和未来负责的态度，人们已经认识到环境保护要求的重要性，企业在公众压力下开始自觉或被迫做出响应。

（二）企业对购销客户的基本道德责任

相应地，企业有责任努力满足消费者上述五方面权利和要求。企业应当做到如下几点。

（1）生产、提供能达到安全标准的产品。

（2）向购销客户提供产品信息时不用欺诈手段，对产品可能产生的伤害要明白告知消费者。

（3）在平等互利的基础上交易，不签订不公平的合同。

（4）倾听购销客户的抱怨和投诉，并积极做出改进。

（5）最大限度地减少污染，在企业内消化因减少污染带来的上升成本。

二、产品中的伦理问题

人们靠产品和服务来满足自己的各种需要和欲望，企业只有能提供可以满足目标市场的某种需要和欲望的产品和服务才能生存和发展。

（一）品种决策中的伦理问题

"顾客是企业的上帝"这一观点是市场营销观念的产物。它的意思是顾客永远是对的，企业对顾客的要求应无条件地服从。的确，市场营销观念相对于以自我为中心、忽视消费者需求的生产观念、产品观念和推销观念有质的飞跃，与以假冒伪劣产品欺骗顾客的观念有天壤之别。以顾客为上帝的思想对刺激企业不断开发适销对路的新产品，提高质量、降低成本、改进服务有积极意义。但企业真的应该无条件满足顾客的需求吗？

根据合理与否，可以将顾客需求归纳为以下四类：

（1）不合法的需求，如对毒品，私人枪支，黄色书刊、录像等的需求；

（2）对顾客本身是有利的，但对他人和社会是有害的需求，如对一些一次性消费品（导致资源浪费、环境污染）的需求；

（3）对他人和社会无害，但对顾客有潜在的不利影响的需求，如对高脂肪食品的需求；

（4）对顾客有利，且不损害他人及社会利益，或者对他人及社会也有利的需求。

显然，企业对顾客的合理需求应绝对满足，对不合法的需求不应该满足。对他人和社会有害的需求，企业也不应满足，因为企业是社会的一分子，社会赋予企业生存的权利，企业就有责任满足社会的需求。同时，企业也要对自己的产品可能对消费者造成的危险或副作用有清醒认识。

（二）产品质量决策中的伦理问题

顾客向企业支付购买货币，企业理应向顾客提供与之相当的产品或服务。企业可以根据自己的实际情况对自己的产品做出合适的定位，其可以是高品质的追求者，也可以是廉价品的制造商。不论身为哪一类企业，它所提供的产品，第一，不可以是假冒伪劣品；第二，要满足消费者最基本的"安全权"的要求。

1. 假冒伪劣产品

出售假冒伪劣产品是欺诈消费者行为，消费者轻则蒙受经济损失，重则身心健康受损。假冒伪劣产品还严重扰乱经济秩序，出售假冒伪劣产品的人手段卑劣地剽窃别的企业的成果，损害守法经营企业的利益，甚至还会损害国家声誉，中俄边贸中部分假冒伪劣品使所有的中国货蒙受"劣等品"骂名的教训让人记忆犹新。违背"诚实"这一基本做人准则的行为，根本不是一种理智的企业行为。少数企业受利益驱动，完全忽视长期效果片面追求短期利润，做出有悖道德法律的事情，会受到法律制裁和社会舆论谴责。

扩展阅读 8.1：人民网评淀粉肠事件：淀粉肠品牌胡作非为是少数

2. 产品的安全性

狭义的安全，是指产品不会给消费者带来身体和心理上的伤害；广义的安全的概念还包含了产品不会给消费者带来经济损失的内容。

企业产品造成伤害的可能性是否可避免则是需要企业不加掩饰地明示消费者的，例如某些药物不可避免的副作用。企业通常顾虑"自我揭短"是不是会影响销售，但心存侥幸可能导致更为严重的后果。一旦伤害确实造成，各种赔偿和公众人心向背所影响的将不仅是企业经济收入，更有企业声誉和未来发展。国家技术监督局对食品、药物的标签说明就有明文规定，明确消费者有权知晓的事项。以 1995 年 2 月 1 日起实行的《食品标签通用标准》为例，它规定所有食品包装都必须使用标准标签，标签上必须标明食品名称，配料表，净含量及固体物含量，制造者、经销者的名称、地址，生产日期，保质期，贮藏须知，质量等级等。随着我国法制的完善，对各类产品质量、安全性能的明示要求也趋于完善。

三、商品定价中的伦理问题

定价的方法有成本加成、目标利润率、竞争导向及供求曲线等多种，但目的都是使企业利益最大化。从消费者的角度来讲，一件产品或服务的价格应当与它能为消费者提供的利益或好处相当，否则，除非没有其他替代品，消费者不会购买。

企业利润是总收入减去总成本，可以说利润是社会对企业充分有效利用资源的奖励。对企业家来说，利润是对优质的产品、良好的服务、运作完美的组织、高效的管理、承担的风险以及对变化的需求和环境的适应给予的奖励。这就是说，利润是社会对那些值得获得回报的企业的一种经济上的回报。社会承认并鼓励企业赚取合理的利润。企业是靠资源有效利用、调整定价、控制成本来实现利润的。但公众反对企业获得"非法利润"或"暴利"，也不希望企业通过一些定价欺诈行为获取不该得的利益。

1. 价格垄断

价格垄断使企业谋取高额利润成为可能。出于国计民生和投资社会效益的考虑，由国家控制的垄断行业，价格一般由国家权衡成本与效益制定，有时，国家还可以通过补贴等方式保证这些垄断行业的适当利润。企业没有暴利或欺诈的权利。一些乱收费、乱涨价现象，是企业违背国家及行业定价政策的个别行为，可以较清晰地发现并制止。

对于部分生存于接近完全竞争条件下的生产型企业来说，单个企业不易向市场索取高价，因为社会关系曲线为产品定出了买卖双方均认可的价格，任何单独索取高价的企业在竞争中都会失利。为了反垄断，世界各主要国家都相继制定了反托拉斯法、反不正当竞争法。因为联合垄断可以使企业不通过提高经营效率而获得超额利润，而消费者和社会却遭到了损失。调查显示，27.8%的被调查者认为价格同盟是联合进行价格垄断，15.2%的被调查者认为这是变相不正当竞争。不过，前车之覆，后车之鉴，美国企业的教训也许会给中国企业带来启示，告诉我们怎样才能真正合理地提高利润。

2. 价格欺诈

价格似潮水，有涨有落，这种说法不是没有道理，尤其对于生产销售季节性很强的产品的企业来说，在淡季或换季时降价是一种有效的促销措施，消费者得了实惠，企业加速了资金流动、减少了库存。但是，商家标出的折扣是否真的？如果有假，这就涉及伦理道德问题。即使无假，时起时落的价格是否会让消费者留有"价格骗子"的印象？

打折成了企业吸引消费者的"小花招"。的确，对于需要购买多种商品的消费者来说，无暇也无精力去了解每一所需产品的价格情况，他们不一定知道折扣的内幕和秘密，也不一定知道企业竞争对手的产品价格更低，质量更好，甚至无法说出企业定价有什么不合理的地方。但是企业是否有信心肯定消费者永远不会知道这一切？从长远来看，这些价格欺诈带来的利润是有限的，而可能带来的信誉损失是无限的，期望与消费者长期相处的企业该怎么做呢？

3. 暴利行为

通过价格欺诈牟取暴利的行业主要是饮食、娱乐业等，这是因为生产型企业的产品价高不易被接受，而服务业的"服务"产品价格难以准确衡量，众多商家可以宣传自己的特色，同时国内一些法律法规不甚健全，企业有可乘之机。

暴利行为是企业通过向消费者索取超过所提供的产品和服务合理价格的货币或实物偿付，获取超额的、不正常的利润。这种行为严重损害消费者的经济利益。而且，非正常的昂贵价格与"极品"现象一样会刺激少部分人比阔斗富的奢侈消费，同时也为物价上涨、通货膨胀推波助澜，严重销蚀改革开放与经济发展为人们带来的好处。人们强烈要求有关部门加强价格管理，让价格成为合理的尺度，既保护消费者利益，也为企业自身的竞争与发展提供一个公平的标尺。1994年4月1日上海市率先实施《反价格欺诈和牟取暴利行为暂行规定》，该规定对有关问题做了界定，并明文规定了较为严厉的处罚措施。北京、天津等城市也先后颁布了自己的"反暴利"法规。

四、促销中的伦理问题

营销不仅要求企业开发优良产品，给购买者有吸引力的价格，使它易于为目标顾客所接受，还要求企业必须与它们的顾客进行沟通。每个企业都不可避免地担负着信息传播者和促销者的角色。企业要和消费者沟通什么信息、怎样沟通，在很大程度上取决于企业。而这种沟通效果对消费者的最终选择会有很大影响。

企业的促销组合由四种主要工具组成。

（1）广告。由一个特定的主办人，以付款方式进行的构思、商品和服务的非人员展示和促销活动。如电台电视广告、外包装广告、路牌、杂志、宣传小册子等。

（2）促销。鼓励购买或销售商品和劳务的短期刺激，如发行彩票、赠券，提供回扣、折让等。

（3）公共宣传。在出版媒体上安排商业方面的重要新闻，或在电台、电视或舞台节目中获得有利的展示，以优化人们对一个产品、服务和企业单位的认识，而无须主办人付款的非人员刺激，如研讨会、捐赠、慈善事业、公共关系等。

（4）人员推销。在与一个或更多个可能的买主交谈中，以口头陈述促成交易，如推销展示、电话推销、推销人员提供样品等。

（一）广告中的伦理问题

广告可以帮助企业树立形象，也可以帮助其建立特定品牌形象，传播有关销售、服务或活动的信息，公布某项专门性推销及提倡某项事业。

调查显示，大部分人认为"大多数广告是必要的，是选购商品的可靠来源"。这可以说是支持企业在广告上支出的有力证据。但绝大多数人并不同意"大多数产品广告是可信的"这一说法，这不能不说是现有广告行为暴露出来的伦理问题的反映。

1995 年 2 月 1 日正式实施的《中华人民共和国广告法》第三条规定："广告应当真实、合法，符合社会主义精神文明建设的要求。"第四条规定："广告不得含有虚假的内容，不得欺骗和误导消费者。"可以说，真实性是企业伦理对商业广告最基本的要求，不真实的信息会使消费者做出错误决策，从而蒙受损失。在一定意义上说，广告的真实性不仅反映企业的伦理道德水平，还反映广告经营者、广告发布者的伦理道德水平。

广告表达的内容应当是真实的。在广告的表达形式方面也有体现道德约束之处。《广告法》第七条规定，"广告内容应当有利于人民的身心健康""遵守社会公德和职业道德，维护国家的尊严和利益"，同时，广告不得"妨碍社会公共秩序和违背社会良好风尚"，不得含有"淫秽、迷信、恐怖、暴力、丑恶的内容"，不得"含有民族、种族、宗教、性别歧视的内容"，不得"妨碍环境和自然资源的保护"。企业作为一个"社会公民"，从道义上说，应与每一个普通公民一样负有宪法和法律规定的责任，法律要求公民个人不能做损伤社会、他人合法利益的事情，更何况有比个人更大的影响力的企业呢？更何况是在大众传媒等中介传播的，可能引起持续、有力的社会效应的广告呢？企业在做出广告决策时是不是想到了社会和他人？

（二）推销人员的伦理问题

推销是世界上最古老的职业之一，而且人员信息沟通一般比大众性信息沟通更为有效。推销人员尤其在下述两种情况下起重大作用。

（1）产品价格昂贵，有风险或购买不频繁。这里，购买者可能是信息的急切寻找者。他们可能并不满足于一般媒体所提供的信息，而去寻找知识性和值得依赖的信息源。

（2）产品具有一定社会意义的特征，此类产品，诸如小汽车、服装，甚至啤酒和香烟，都具有重要的品牌差别。它包含着使用者的社会地位和嗜好，消费者常常挑选符合其社会身份的品牌。

对顾客来说，企业的销售人员一定程度上代表着企业的形象，销售人员的信誉反映着企业的信誉。销售人员不仅向现有顾客推销既有产品，还要寻找和培养新客户、新产品；他们不仅向顾客传递产品和服务的信息，推销产品并达成交易，还要负责为顾客提供服务，通常也是由他们为企业收集情报。他们几乎介入企业营销活动的所有环节，真正代表企业与顾客面对面接触的也是他们。消费者希望推销人员"说实话"，"说实话"也应是推销人员的基本职业道德。当道德可能与利益相悖时，企业与推销人员选择什么，反映了企业的道德水平。

推销人员的行为可能使消费者的态度完全改变，他们若有失职或欺骗也是消费者最不能容忍的。有关市场营销道德的调查表明，80.3%的消费者希望推销员"讲实话"，61.11%的消费者希望推销员"不强迫购买"，77.78%的消费者希望推销员"能提供售后服务"。如果企业派人向消费者做市场调查，81.32%的消费者希望这些调查人员"讲实情"。

（三）销售促进和公共宣传中的伦理问题

消费者欢迎企业销售促进和公共宣传活动，因为这可以给个体消费者或社会公众带来物质或精神上的好处。相关调查显示，83.33%的消费者不希望企业开展有奖销售是为了销售积压产品和伪劣产品，88.89%的消费者希望销售促进活动中没有欺骗和不公正行为，59.60%的消费者希望那些捐助慈善事业的企业发自内心、不存其他目的，其捐助活动是真实的。可见，消费者对企业行为"真实"的要求最为强烈。这也从一个侧面说明，当前有些企业在销售促进和公共宣传中存在动机不纯、浑水摸鱼的现象。企业的不良目的完全可以使原本正常的销售促进、公共宣传行为"变味"。以销售折让为例，有的企业提出让消费者出三块香皂的价钱买到四块香皂，以 100 克牙膏的价格买到 140 克的使用量，这都是正常的销售促进措施。但有些药商为医院医生提供数额可观的"回扣"以取得医院的订货，一度在许多医院中，医生只给病人开那些有"回扣"的药品，这些药品甚至药效不好，而那些药效好但没有可观"回扣"的药品病人却不能得到。这种"回扣"已不是正常的促销措施，它搅乱了正常的市场秩序。

五、服务中的伦理问题

格式合同，又称定型化合同或者标准化合同，指经营者为与消费者订立合同而单方拟订的合同条款。这种条款不论其是否独立于合同之外或成为合同的一部分，也不论其范围、字体或合同的形式如何，均属于格式合同的范畴。格式合同还包括通知、声明、店堂告示等。格式合同具备以下几个特征：其一，制定格式合同的主体是企业，其决定合同的内容并预先拟订，占有优势地位；其二，格式合同的对方是消费者，只有接受合同与否的自由，而无参与决定合同内容的机会，处于劣势地位；其三，格式合同是企业出于同消费者达成交易协议的目的而制定的，其所指向的是不特定的多数的消费者，并非单个的消费者，格式合同在适用对象上具有普遍性；其四，格式合同一经制定，可以在相当长的期限内使用，具有固定性和连续性。格式合同如果公平合理，就有利于交易，也有利于保护双方当事人的利益。从本质上来看，格式合同反映了双方当事人经济地位的不平等，企业利用不公平、不合理的格式合同损害消费者权益的问题屡屡发生。

在实践活动中，不公平、不合理格式合同损害消费者在接受服务和产品时的合法利益的表现形式有很多。从上述分析可以看出，各种不公平、不合理的格式合同，有的是硬性条款，强迫消费者接受；有的以假承诺欺骗消费者；有的增加附加条款或随意规定；还有的减免了经营者所承担的义务，及应当承担的民事责任。这些不公平、不合理的格式合同都不同程度地损害了消费者的利益，侵犯了消费者的公平交易权，因为这使得消费者在不平等的条件下进行交易。有的企业制定的硬性条款，剥夺了消费者的选择权；有的企业许诺不兑现，违约并剥夺了消费者的索赔权；还有的企业剥夺了消费者的知情权。

扩展阅读 8.2：加盟店跑路总部买单 黄金品牌要守好自己的"护城河"

不公平、不合理的格式合同问题是企业在服务中最常遇到的伦理问题。《消费者权益保护法》第二十四条明文规定："经营者不得以格式合同、通知、声明、店堂告示等方式做出对消费者不公平、不合理的规定，或者减轻、免除其损害消费者合法权益应当承担的民事责任。格式合同、通知、声明、店堂告示等含有前款所列内容的，其内容无效。"一些企业对此规定不了解，坚持沿袭的所谓规定、惯例，违反了本法规定还不自知。其根源还是在于企业"眼光向内"，为保护自己的利益，甚至是不合法的利益，竟然不惜伤害消费者，从而失去消费者，最后受害的必然是企业自身。

第二节 企业与竞争者：互惠互利，实现双赢

一、企业竞争与道德约束

（一）企业竞争的含义及道德要求

"竞争"一词最早出现于《庄子·齐物论》。在古汉语中，"竞"字是并立的二兄弟，"争"字是两只手同时拉扯着一件东西。因此，按字面解释，竞争就是对立的双方为了获得他们共同需要的对象而展开的一种争夺、较量。竞争一般包括竞争主体、竞争的对象和竞争的场所三个基本要素。

在现代市场经济条件下，企业是自主经营、自负盈亏、相对独立的商品生产者和经营者，是具有相对独立的经济利益的经济主体。在一定的经济技术关系和条件范围内，不同企业之间为了实现自己的目标，维护和扩大自己利益而展开的争夺顾客、市场和人才、资金、信息、原材料等各项资源的活动，即是企业竞争。

根据美国哈佛大学教授迈克尔·波特（Michael E.Porter）的理论，企业一般面临五种基本的竞争力量：新竞争者的进入、替代品的威胁、买方的讨价还价能力、供方的讨价还价能力和现有竞争者之间的竞争。

一般来讲，企业与其竞争者共同面对一个给定的市场，它们之间存在广泛的竞争关系。企业与其竞争者要在以下四方面展开竞争（图8-1）。

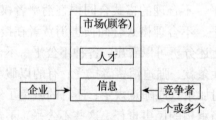

图 8-1 企业竞争的基本内容组成

市场竞争有广义和狭义之分。在现代市场经济条件下，企业想要以适宜的价格获得生产所需的人才、资金、物资和信息，想以适宜的价格把产品销售出去，都必须通过市场，依靠一定的市场机制和规则实现生产经营和流通。因此，广义的市场竞争就是企业之间的竞争。而狭义的市场竞争指的是争夺顾客。顾客，对于企业来说无疑是至关重要的。如果不能赢得顾客，留住顾客，企业就不能生存；只有不断扩大顾客群，企业才能

不断发展壮大。为了赢得顾客，企业必须以适当的价格、恰当的分销渠道向顾客提供能够满足其需要的适当的产品或服务，并运用公关、广告等多种手段来促销。因此，市场竞争的主要内容包括产品竞争、价格竞争、促销竞争和分销渠道竞争等。

"物竞天择，适者生存"是自然界和人类社会竞争的规律，优胜劣汰是竞争的基本机制。企业竞争毫无例外也要遵循这些法则。企业竞争实际上是企业、竞争者、顾客之间的"三角之争"。这一点决定了企业在竞争中必须重视赢得顾客，而不只是赢得与竞争者之间的对抗。在遵守基本竞争规则之外，还必须讲究一定的伦理道德规范。

（二）在企业竞争中讲究伦理道德的必要性

在企业竞争中讲究伦理道德的必要性表现为以下几点。

1. 在企业竞争中讲究伦理道德和诚实守信是市场经济的必然要求

市场经济既体现在以法律为手段的制度约束性上，还体现在以信誉为基础的道德约束性上。随着我国市场经济体制的不断完善，道德与诚信对企业发展的影响越来越大。企业经营者应把道德与诚信经营理念提高到一个崭新的高度，应当树立道德与诚信就是企业竞争力的观念，明确道德与诚信是内强企业素质、外树企业形象的基石。

市场竞争既是一种激励机制，又是一种淘汰机制：获胜者达到自己的目标，满足自己的需要，失败者就会被淘汰出局。正是这种巨大的激励和压力双重作用，使得参与竞争的各方不断进取，奋力向前，最终推动整个社会、经济、文化的发展与进步。

让道德与诚信成为竞争力，就要让道德与诚信无处不在。一是企业无论对社会、对各阶层、对银行、对税务部门，还是对企业员工，都必须讲道德与诚信；二是企业中每一位个体都要讲道德与诚信，领导与员工间，上级与下级间，员工与员工间，都必须讲道德与诚信，这样才能有效地提高企业的道德与诚信形象。

建立企业道德与诚信文化，需要把诚实经营的理念，由表面的感性、知性，变成深层的理性思维，融入员工的潜意识，要从细微之处着手，虽则微隐之物，信皆及之。我们设想，企业是一棵树，道德与诚信则是树之根。我们要把"一切从道德与诚信做起"，作为全体员工的准则，作为企业的宣传用语。

另外，我们也要明白，无序竞争和恶性竞争也会断送市场经济。自然界的竞争是残酷的，有时甚至是血淋淋的，企业竞争也绝不是"和风细雨"。如果没有一定的规则，在经济利益的巨大推动力和对失败的恐惧之下，竞争者会铤而走险，不择手段，从而给社会造成极大危害。首先，不正当竞争使守法之人吃亏，正直之士遭损，阴险狡诈之辈得利，凶狠歹毒之徒获胜。其次，不正当竞争扰乱社会经济秩序，使社会陷入无序和混乱状态。在社会经济交往中，人们必须依靠基本的规则，才能使社会经济正常运转。不正当竞争藐视这些基本规则，会严重扰乱社会经济。

2. 竞争规则以个人自律为基础，道德约束是维护有序竞争的重要工具

市场经济是法治经济，法律无疑是维护正常经济秩序的重要工具和手段。但市场经济 却是以个人自律为基础的，它离不开伦理道德规范的约束。从历史上看，在西方市场经济形成的早期，法制、规则极不健全，人们相互之间的交往完全依靠个人自律，如在

经济往来中坚持诚信、公正平等、人道礼让等基本准则。随着经济的发展，仅依靠个人自律就愈发显得苍白无力，出现了大量不正当竞争行为，造成社会经济的混乱。

3. 在企业竞争中讲究伦理道德是企业追求长远利益和兴旺发达的根本要求

坚持道德竞争，坚持用高标准道德要求自己，企业才能获得长久的发展和巨大的竞争优势。首先，竞争是参与各方相互依存、相互制约、相互作用的过程，是自利和他利的结合。企业只有在自利和他利的平衡中，讲究竞争道德、实现有序竞争，才能保持生机与活力。没有竞争的企业不可避免地会没落。其次，讲究竞争道德有利于在企业内部形成良好的风气，使企业更具战斗力。如果不讲竞争道德，会对良好的企业文化造成重大冲击，甚至会使健康向上的文化氛围荡然无存，剩下的只是一些"乌合之众"，毫无战斗力。最后，讲究竞争道德也有利于企业树立良好形象，建立良好的商誉，不仅会给企业带来巨大的、持久的经济效益，而且有助于企业建立起良好的内外关系，而良好的内外环境对于企业的生存和发展至关重要。

早在2500多年前，老子就提出了"道者，路也；德者，得也"的精妙论断，说明"德"与"得"在本质上是相通的。在竞争中讲究伦理道德，最终会使企业的经济利益目标和发展目标得以实现；如果不顾竞争道德，企业即使在短时期内飞黄腾达，也必不长远。因此，从长远利益出发，企业也应讲究竞争道德。

（三）不正当竞争的含义与形式

世界各国对不正当竞争行为的界定可分为狭义和广义两类。狭义的不正当竞争指以欺诈、虚伪、诋毁竞争对手、侵犯商业秘密等不正当手段进行竞争，损害其他经营者合法权益的行为。广义的不正当竞争行为除了包括狭义的不正当竞争内容之外，还包括限制竞争行为，即经营者滥用经济优势或者政府及其所属部门滥用行政权力，限制其他经营者公平竞争，包括垄断和以限制竞争为目的的联合行为。

我国《反不正当竞争法》对不正当竞争行为给出了明确定义："本法所称的不正当竞争，是指经营者违反本法规定，损害其他经营者的合法权益，扰乱社会经济秩序的行为。"这就明确了不正当竞争是一种市场竞争行为，它具有违法的性质并具有两方面的危害，这就是判断不正当竞争的标准。我国《反不正当竞争法》列举了11种不正当竞争行为，并给出了市场竞争中应当遵循的一般原则，即自愿、平等、公平、诚实信用的原则和公认的商业道德，这有助于我们识别不正当竞争行为。

二、市场竞争中的伦理问题

市场，是买卖双方交换的场所，是企业取得各项资源（人、财、物等）并把产品或服务推销出去，实现企业利润的场所，也是企业与其竞争对手角逐的竞技场。为了实现企业目标，企业必须通过产品或服务、价格、促销手段、分销渠道、售后服务等诸方面与其竞争对手周旋，争取赢得消费者。因此，以上的方方面面都是我们在讨论市场竞争中的伦理问题时所要分析的问题。

（一）产品竞争

广义的产品是企业向市场提供的、能满足人们某种需要的物质产品和非物质形态的服务。物质产品主要包括产品的实体及其品质、特色、品牌和装潢等，它们能满足顾客对使用价值的需要。非物质形态的服务主要包括售后服务和保证、产品形象等，能给顾客带来利益和心理上的满足。产品竞争中的主要伦理道德问题如下。

1. "见贤思齐"与"压低别人，抬高自己"

《论语》中有"吾日三省吾身"和"见贤思齐"之语，说的是一个人要经常审视自己，见到比自己高明的人，要努力充实、提高自身水平，向他看齐，这样才能进步。然而，我们在现实生活中经常会发现，一个人看到比自己高明的人，不是想办法提高自身，而是千方百计压低、贬损别人，试图以此来抬高自己，但实际上自己并没有高起来。这样做，也许一时可以"蒙"住不少人，但并不能长时间地混淆视听，也不能把所有人都"蒙"住。一旦暴露，自己还会"碰一鼻子灰"。做人如此，企业竞争也如此。

2. 顺风搭车走捷径——仿冒

一个企业、一项产品，要想赢得消费者的信赖和偏爱，在市场上站稳脚跟、建立信誉，经营者必须花费很多心力。企业或产品要建立信誉，不仅要靠过硬的产品质量、合理的价格、齐全的品种、良好的服务，而且要靠企业遵守法律、法规和商业道德，以公平、正当的竞争方式，通过长期的诚实劳动才能实现。但很多企业却耐不住这份"寂寞"，它们不仅想"一炮打响"，而且也找到了顺风搭车的捷径——仿冒。主要形式有：假冒他人的注册商标，仿冒知名商品特有的名称、包装、装潢，仿冒他人的企业名称。

（二）价格竞争

价格是企业参与市场竞争的重要手段，它与企业的生存和发展休戚相关。企业在制定价格时，除了考虑产品本身的成本外，还要综合考虑市场特性、供求状况、消费者的需求状况和竞争对手的情况，以及国家或行业的政策法规等因素，不仅要考虑企业自身利益，而且要遵守基本的价格竞争道德，考虑到消费者和竞争对手的利益。

总的说来，价格竞争道德也要讲究公平、公正、诚实信用的基本原则，一方面企业不能任意定价，哄抬物价，牟取暴利，要制定与市场需求和产品质量相符的价格，尽量为顾客提供物美价廉的产品；另一方面企业不能故意以低价倾销，排挤竞争对手，大打"价格战"。在价格竞争中存在以下两个问题。

1. 压价排挤竞争对手

压价排挤竞争对手是指经营者为了排挤竞争对手，在一定市场上和一定时期内，以低于成本的价格销售商品的行为，国外也称之为"掠夺性定价"。实施这种行为的企业通常是具有市场竞争优势的企业，它们具有资金雄厚、品种繁多、产量规模大、市场占有率高和经营风险小等优越的竞争实力。而中小企业往往势单力薄，无力承担这种亏损的风险，所以实施这种不正当竞争行为的可能性不大。

在跨国经营中，有的企业为了打入外国市场或者挤占部分市场份额，也往往用低价倾销的策略。这一现象已受到世界各国的广泛重视，不少国家还制定了"反倾销法"对其加以惩治。在我国改革开放和进行社会主义市场经济建设的今天，这类事件也多有发生。如韩国三星企业收购苏州"香雪海"冰箱后，为了扩大在华市场份额，声言允许 3 年亏损 2.5 亿元。一家彩电合资企业更是制定了"亏损几亿元，也要挤垮长虹"的战略目标。面对跨国企业咄咄逼人的态势，专家呼吁，除了我国企业要自强之外，国家也要加强对倾销的查处，制止不正当竞争，创造健康的竞争秩序。

2. 限制价格的落后行为

价格竞争作为一种有力的竞争手段，在生活中随处可见。例如，我们常常会看到这样一幅景象：即使只有几步之遥的两家商店，同一规格同一商品的价格却相去较远。这是正常的经营行为，应该受到认可和保护。正是由于这种价格的差异，才使一家商店门庭若市，另一家则门可罗雀。也正是这种压力和反差，使企业加强管理，改善服务，树立特色，千方百计改善经营，形成向上的动力。限制市场价格的行为，起着保护落后的作用，而让消费者去承担由于企业管理低水平而造成的额外开销，也是不公平的。因此，这种联合限制价格的行为也是一种不正当竞争行为，虽然它现在并未在法律上被明文禁止，但在某些行业是不容许的。

（三）销售渠道竞争

在销售渠道竞争中也存在着很多问题，其主要有以下两方面。

扩展阅读 8.3：重判！药剂科采购运作新药入院，2 年吃回扣 58 万元

1. 回扣的危害与禁止

回扣作为商品流通的伴随物，客观存在于经济生活的各个角落。人们对于回扣的利与弊、是与非，以及它是商品经济的"润滑剂"，还是破坏公平竞争的"腐蚀剂"，长期以来争论不休。终于，法律给了一个权威的结论。我国《反不正当竞争法》第八条规定："经营者不得采用财物或者其他手段进行贿赂以销售或者购买商品。在账外暗中给予对方单位或者个人回扣的，以行贿论处；对方单位或者个人在账外暗中收受回扣的，以受贿论处。"

由以上规定我们可以看出，回扣是市场交易一方当事人为争取交易机会和交易条件，在账外暗中向交易对方及其雇员等有关人员支付的金钱、有价证券或其他形式的财物。它属于商业贿赂的一种，在世界上大多数国家都受到禁止。

显然，回扣是公平竞争的"腐蚀剂"，它能侵蚀人心灵，败坏社会风气，所以应对它说"不"。只有这样，才有助于形成健康正常的竞争秩序和社会环境。

2. 滥用行政权力限制竞争

滥用行政权力限制竞争行为会阻碍全国统一市场的形成，使市场自身的运行规则屈从于行政，并使消费者的正当权益受到侵害，妨碍正常竞争，其危害很大。

三、信息竞争中的伦理问题

作为一种重要资源，信息已成为现代经济社会竞争的焦点。由于信息关系着企业的

成败盛衰，因此对信息的争夺也日益激烈。这一方面要求企业的信息工作人员有高度的责任心和灵活的头脑，积极主动地开展工作；另一方面又要求其不能通过偷盗、欺骗、胁迫以及暴力等不正当手段获取信息，侵犯竞争对手的商业秘密。

事实上，企业获取信息有多种渠道和方法，如，企业年鉴、报纸杂志、产品介绍、咨询研究、专利档案、供应商报告、顾客报告等。

（一）禁止侵犯商业秘密

所谓商业秘密，是指不为公众所知悉、能为权利人带来经济效益、具有实用性并经权利人采取保密措施的技术信息和经营信息，如生产配方、工艺流程、技术诀窍、设计图纸、管理方法、营销策略、客户名单、货源情况等。它们都是权利人投入一定的时间、精力和资金开发出来的，对权利人具有实际的或潜在的经济价值。

侵犯商业秘密，是指不正当地获取、披露、使用或允许他人使用权利人商业秘密的行为。根据我国《反不正当竞争法》的规定，侵犯商业秘密行为的主要表现形式有以下四种：

（1）以盗窃、利诱、胁迫或其他不正当手段获取权利人的商业秘密。

（2）披露、使用或者允许他人使用以前项手段获取的权利人的商业秘密。

（3）违反约定或者违反权利人有关保守商业秘密的要求，披露、使用或者允许他人使用其所掌握的商业秘密。

（4）第三人明知或应知存在前三种侵犯商业秘密的违法行为，仍从违法行为人那里获取违法得来的商业秘密，使用或者披露这些商业秘密。

在现实中，大到跨国企业，小到我们身边的小厂，甚至小商贩，都存在着侵犯竞争对手商业秘密的行为，并且在判定合法与非法之间也并不十分清楚。因此企业除了应加深对法律的理解，明确司法解释，依法办事以外，还要自觉遵循信息竞争道德。

（二）散布虚假信息的危害

"兵不厌诈"是兵家名言，而对于企业竞争来说，用散布虚假信息的方式来诱惑乃至坑害竞争对手，是不道德的。

在"市场学"课堂上，老师一般都会津津有味地讲述一个真实的故事：美国一家小企业生产的一种新型肥皂在费城卖得很好。此时，洗涤业巨头宝洁（P&G）公司也生产出了这种产品，并决定在费城试销。该企业知悉后不动声色，就在宝洁公司将产品投放市场的头一天，将其产品悄悄从货架上撤下。宝洁并未发觉。于是宝洁试销"大获成功"。试销的成功促使宝洁制定了庞大的推广计划，大张旗鼓地展开了促销、销售活动。而该家小企业却"回马一枪"，不仅抢回了费城大部分市场，也使宝洁无功而返，损失惨重。在这一则以弱胜强案例中，我们能说该小企业道德或不道德吗？

我国传统的商业道德规范流传了千百年，其可以概括为：买卖公平，童叟无欺；信誉第一，守义谋利；礼貌待客，和气生财。其核心是诚信。因此，在市场交易中，人们推崇诚信，反对欺诈。在信息竞争中，散布虚假信息，搞"小动作"，有悖公认的商业道德，是一种不道德行为，为真正的商人所不齿。因为如果此风盛行，商场上必然充满尔虞我诈之风，会破坏良好的经济秩序。

（三）查封盗版现象

软件是一种特殊商品，它以电子数据的方式存在于磁介质或塑基介质上。它的价值绝不仅仅是其生产成本。在现代电子信息业中，生产制造成本仅占其总成本的很小一部分。凝结在软件中的资金、劳动与知识成本是庞大的，必须靠出售大批量的正版软件才能回收。而盗版行为却使企业辛辛苦苦开发出来的知识成果"血本无回"，这不仅大大挫伤了软件开发者的积极性，不利于信息产业的发展，而且使很多人短期内就能"暴富"，破坏了公平、公正的竞争秩序。

扩展阅读 8.4：餐饮业创新离不开知识产权保护

因此，每个国家都在加大打击盗版行为的力度，国际间也加强了打击走私盗版活动的合作。我国相继制定、颁布了多项知识产权保护法律、法规，并加大了执法力度，为促进我国电子信息产业的健康发展，创造了良好的投资环境。维护我国的国家形象，保护版权人的合法权益，打击盗版行为势在必行。

第三节　企业对国家：遵纪守法，及时足额纳税

从企业的角度看，社会准许企业负起生产的职责，并履行有关的社会契约，那么，社会就会相应制定一些基本规则，即法律，同时希望企业在法律的框架内开展活动。遵守这些法律是企业社会责任不可缺少的一部分。

一、企业对国家与政府：遵纪守法涉及的内容与要求

企业社会责任不是独立责任，而是一个体系，是社会在一定时期对企业提出的经济、法律、道德和慈善四种期望，其中经济责任和法律责任是社会的要求（required），道德责任是社会的期望（expected），慈善责任是社会的愿望（desired）。在卡罗尔的四层次金字塔模型对企业社会责任进行的分类中，经济责任是最基本责任，处于金字塔的底部，其次就是法律责任。

社会责任作为一种对企业行为的约束机制，是一种制度安排。从社会学的角度分析，一个社会的制度大致可以分为两种，即软制度与硬制度。硬制度中最核心的部分不外乎政治制度、经济制度和法律制度，而软制度主要包括社会文化、社会习俗和道德规范等。从理论角度来说，这些软制度的构成要素均应为企业社会责任的内容，应形成企业社会责任的边界。但是，政治制度往往内化于法律制度，而文化和习俗也往往内化于道德规范，经济、法律和道德构成了一个社会最基本的制度环境体系，排除经济责任，企业的社会责任边界应归于法律责任和道德责任之内。

经济学家魏杰曾经在《光明日报》上发表观点，认为企业的社会责任是法定的必须承担的责任，其特点是具有法定性和强制性，这种责任是否被直接履行，直接涉及法律问题，所以它属于法律性质责任。法律的要求，应该是企业社会责任重要的标尺，但并不是唯一标尺。企业社会责任有必然性的，但是社会的期许涉及社会公众的福祉和利益

的道德约束，也应纳入企业社会责任的范畴，对企业在经营中的自身状况和偏好应有所选择和侧重。魏杰先生的观点符合我国目前从法律上强化社会责任的初衷，但是将企业社会责任等同于法律责任，反而淡化了企业社会责任的"社会性"，造成了逻辑的混乱。所以说，企业社会责任既不等同于法律责任或者道德责任，也不是其他属性的责任，其应当是法律责任与道德责任的统一体。

所谓企业的法律责任，就是指企业应该在法律允许的范围内经营，企业有遵守和维护法律的责任，包括"合法经营""依法纳税"两大方面。企业社会责任的履行必须有多方法律机制的配合，企业社会责任与利润最大化可以通过制度安排寻找均衡点，从而实现二者的良性互动。

分析企业应当承担的社会法律责任对于我国企业社会责任的落实和文明程度的提高具有重要的意义。对于社会法律责任内容的概括从不同角度有不同的分类结果。如从利益相关者角度可以分为对消费者的责任、对劳动者的责任、对社区的责任、对环境保护的责任等。也有从社会需求角度分析的，如北京大学经济研究院、民营经济研究院、《环球企业家》杂志和零点调查公司联合对中国企业家社会责任感进行过一项调查，一共有980家企业，以及3201名公众参与了问卷调查，最后根据社会公众对其重要性的评判所做的分析依次为产品安全责任、环境保护责任、公众安全责任、依法纳税责任、公益事业责任等。

当然，法律责任涵盖不了社会对企业的所有期望。其主要原因是：第一，法律应付不了企业可能面对的所有话题、情况或问题；第二，法律常常滞后于被认为是合适的新行为或新观念；第三，法律是由立法者制定的，可能体现了立法者的个人利益和政治动机。

二、我国企业承担法律责任的现状

随着中国社会的发展进步，企业社会责任逐渐受到全社会的关注，企业被认为应该在更广的范围里承担对各利益相关者的责任。

首先，从公众对企业法律责任的感知角度来看，根据北京大学民营经济研究院的调查（2006），企业与公众对社会责任的理解存在显著偏差。当前中国企业对社会公益责任（包括慈善捐助、热心公益事业等考量指标）的认知度最高，其次是对经济责任（包括对股东负责、为股东创造价值、依法纳税等）的认知，而对于法律责任、环境责任以及企业文化责任的认知度偏低。普通公众对企业社会责任的理解则集中在环保、员工权益保护、产品质量和售后服务方面（这主要是企业的法律责任、环境责任等）。中国法律环境显示出的社会转型时期的制度空隙带给了企业较弱的法律责任意识。弱法律制度环境下，企业法律责任也很可能较弱。

其次，因为企业法律责任的内容围绕与企业日常经营和承担社会责任相关的各项法律法规展开，所以企业社会责任立法的完善直接反映出一个社会对企业社会责任普遍关注的程度。企业社会责任的立法模式主要有三种：一般条款模式、义务列举模式和一般条款加义务列举模式。一般条款模式，即在原则上对企业社会责任做一般性的、宣示性的规定，没有具体义务的描述和列举。义务列举模式，即企业社会责任被具体化为企业对社会负责的一系列行为或任务。一般条款加义务列举模式，即在规定企业社会责任一般行为准则的基础上，进一步提供更加特定和具体的行为规则。

在我国现行的法律规范中尚没有对企业社会责任起一般性宣示作用的条款。虽然《公司法》第五条和《合伙企业法》第七条分别规定了"公司"和"合伙企业"这两种特殊法律形态的企业应当"承担社会责任"，其他类型的企业是否承担法律责任却无法可依。2008年年初，国务院国资委发布了《关于中央企业履行社会责任的指导意见》，其仅涉及中央企业的社会责任，而且该指导意见属于部门规章，法律层次较低。综观我国现行有关企业社会责任的立法，主要分散在企业法、产品质量法、消费者权益保护法、劳动法、环境保护法等诸多法律法规中，很多规范过于原则化，缺乏可操作性和强制执行力。

当然，我国企业社会责任立法的步伐在逐步加快，尤其在明确公司（企业）的责任和义务方面不断完善。为适应社会发展的要求，新《公司法》独立于其他法律之外，颁布后经过实践又进行了修订，与之配套的公司法规文件则更多。这些法律法规明确规定了与公司相关的单位、部门、个人在公司行为履行中的权利、责任；强调加强各单位内部监督及单位负责人、公司机构、公司员工的公司监督的法定职责；对违反新《公司法》的法律责任，特别是对单位负责人的法律责任的规定是前所未有的。

三、我国企业社会责任法制化建设的里程碑

实践中，企业社会责任也多游走于道德责任与法律责任的边缘。我国《公司法》第五条规定公司承担社会责任开启了企业社会责任制度化的里程碑。学者、社会公众呼唤强化责任，社会责任的强化必将是一个法律的过程。

随着2024年1月1日我国新修订《公司法》实施，第五条仍然规定："企业从事经营活动，必须遵守法律、行政法规，遵守社会公德、商业道德，诚实守信，接受政府和社会公众的监督，承担社会责任。"第五条在法律中明确了企业社会责任的主体地位。但在实际中，如何运用新《公司法》使企业有效地承担起社会责任，尚有许多难点。因为新《公司法》第五条毕竟只是一个原则性条款，旨在宣示一种价值取向和行为标准。有关企业社会责任的概念、性质、内容，以及企业不履行其社会责任或义务所要承担的法律后果等并没有被明确地规定。

如何将新《公司法》第五条的立法精神具体化，赋予其确切的、可操作的内容，如何通过一系列具体法律制度的设计，构建和完善企业社会责任法律体系，从而使企业社会责任在实践中得以贯彻和落实，仍然是企业社会责任法制建设需要解决的重大课题。鉴于此，必须充分理解、领会和贯彻新《公司法》第五条的精神，挖掘现行法律体系中的企业社会责任的法律资源，对现行法律中体现有关企业社会责任的其他法律规范（企业社会责任有关的内容分散在诸多法律法规之中，包括产品质量法、消费者权益保护法、反不正当竞争法、自然资源法、税法等），进行以社会责任为导向的解释，进而从执法和司法等多个方面建立企业社会责任的落实机制和监督机制；在非常必要的领域继续进行个别法律条款的修改和完善；从企业组织结构、企业经营决策程序、企业经营者资格、法律责任等方面将企业社会责任理念和要求纳入具体规范之中，并使规范具有制度设计

所必需的统一性；同时，结合我国国情和企业具体情况，大胆吸收和借鉴外国企业社会责任立法的成果和经验。

当然，我国社会责任立法的其他领域还有待完善，例如，企业并购过程中对企业并购前后行为的社会监督体系和企业的非法行为的社会反应揭示出我国企业对投资者的社会责任严重缺失，法律制度监管和执行环节的薄弱形成的企业间的兼并演化为掏空上市公司的工具。

我国企业社会责任立法的步伐在稳中前进，并且企业法律责任的承担具有一定强制性，但是我国企业履行法律责任的主观意愿以及承担责任的现状并不容乐观。根据一项关于我国 12 个省 1268 家企业高层管理者的实地调研结果，我国企业在顾客导向及经济责任上表现相对较好，而在环境保护及员工发展方面还处在较低的水平，在公益慈善和法律责任的履行方面表现出了高低交错的现象。具体在法律责任履行方面，七成左右的企业表示它们严格遵守国家各项法律合法经营并依法纳税，但还有不少企业存在违规经营（24%～28%）及各种漏税行为（30%～63%）；特别是有 43%～48%的企业表示它们从事过商业贿赂或腐败行为，48%～65%的企业表示采取过不正当的竞争方式。

在公司法律执行中尚存在的问题，可以简单归纳为两点，一是公司法规的社会认知度不高；二是"有法不依，执法不严，违法不纠"的问题普遍存在。在公司领域，人超越法律控制公司的现象比比皆是。因此，加大对违反公司法规行为的惩治与处理力度是根治公司造假的良药，是促使公司自律的最强有力的外力。

关于企业社会责任中法律责任分支的研究也成为学术界研究的热点。由于转型时期市场经济制度不完善，以经济建设为中心的企业社会绩效较低，社会期望具有法律权威的管制性工具以较强的威慑和奖惩机制来约束参与人的行为，增强企业的法律责任意识，以建立公平、诚信和有序的市场经济秩序。如何建构制度管制支柱，发挥其平衡企业与利益相关者的关系，成为学者们研究的一个新问题。

四、企业必须对国家与政府负责，建立和谐的政企关系

企业要遵守国家的法律、法规，尤其重要的是要依法诚信纳税。我们之所以把遵守税法单列出来，是因为马克思曾经说过"赋税是喂养政府的奶娘"。税收是财政收入的主要来源，是国家的经济命脉，也是国家宏观调控的重要手段。国家利用税收的形式参与国民收入分配，筹集资金，有计划地发展国民经济，发展科技、教育、文化、卫生等各项社会事业，满足人民的物质文化生活需要，提高人民的生活水平。这也正是税收取之于民、用之于民的本质所在。

依法诚信纳税是现代文明的重要标志。依法诚信纳税既是企业履行法律责任的要求，也是其最好的信用证明，是对公司法律义务与道德要求的有机统一。依法诚信纳税有利于健全市场信用体系，营造和维护正常的税收秩序，促进公平竞争，为经济健康发展提供良好环境。"商无信不兴"，企业失去了信用就难以在激烈的市场竞争中立足。商业信誉是企业宝贵的无形资产，能帮助企业更好地开拓市场，能为企业创造更多的经济效益和社会效益。依法诚信纳税是衡量企业对国家和人民贡献的重要标尺，是企业遵守市场

竞争规则、维护商业道德的具体体现，是其最好的形象宣传。

因此，企业都应该把诚信纳税作为生存发展的前提条件，立足于自身的长远发展，明礼诚信，依法纳税，树立良好的商业信誉和企业形象，实现自身的持续、健康发展。

实践证明，遵守政府法律法规的企业常常能被国家或当地政府给予更多的自由甚至一定的认可和奖励，从而保证企业持续稳定地发展。

第四节　企业在社区：热心慈善与公益活动，做优秀企业公民

以前人们谈及社区这个名词时，可能仅仅指的是企业所在的某个城市。但是，随着全球化时代的到来，通信的即时性和旅行速度的加快使得一个地区、一个国家甚至整个世界都变成了相联系的一个社区。传统的地域变得越来越模糊，如今的企业社区包含了整个世界。

一、对企业所在社区负责，建立和谐的社会关系

企业与社区的关系就好像鱼和水的关系一样，鱼离不开水，只有水才能给鱼提供生存发展的机会和空间。只有社区支持企业的发展，企业才能如鱼得水、畅游自如。

通常，当一家企业积极参与社区活动时，它就能够在社区获得很高的声望并且能被社会更好地接受。社区中的企业活动能为企业自身带来很多好处，在帮助别人的过程中，企业也处在帮助自己的位置上。

一项对在美国经营的外资企业的调查显示，81%的企业拥有社区活动政策；71%的企业认为社区的期望是其企业计划非常重要或中等重要的一部分。这些被调查企业的高级管理人员认为，如果社区活动做得好，企业就会被社会接受并成为有价值的社会成员，这有利于它在顾客、员工、政府和更广泛的社区中树立良好的企业形象。

因此，企业不仅应该关注其自身的发展，更要关注整个社区的发展，企业只有在社区发展的大环境下才有可能实现自己的目标。

但是，企业参与社区活动并不是其突发奇想的，需要事先经过认真的考虑和安排，制订出社区活动计划。制订社区活动计划包括四个步骤。

1. 了解社区

企业制订活动计划的首要问题就是了解企业所在的社区，这就要求企业应该对本地区的特征进行深入的调查研究。每个地区都具备帮助制订社区活动计划的特殊特征。例如，社区中生活着哪些人群？他们的宗教信仰是什么？社区的失业状况怎么样？是否存在旧城区和贫困问题？其他的企业正在从事哪些社区活动？社区真正具有压力的社会需求是什么？

2. 了解企业的资源

在了解了社区的真正需求后，企业就需要考虑自身拥有哪些资源可以满足这些需求。

每个企业拥有的资源都是不完全一样的，为了能使这些资源最大限度地发挥作用，企业有必要了解什么是可获得的资源，其在什么程度上是可获得的，可获得哪些方面资源以及在哪个时期可获得等一系列问题。

3. 选择项目

企业社区活动项目的选择应该使得社区的需求与企业拥有的资源相匹配，两者的匹配程度决定了资源发挥作用的大小。因此，企业在选择项目时必须非常谨慎，社区活动项目的选择应该和企业用于调研、营销、生产和管理上的投资一样符合成本有效性的标准。

4. 监管项目

监管社区活动项目包括检查和控制。追踪是保证项目依据计划和日程安排实施所必需的。来自监管过程中不同步骤的反馈给企业管理层提供了监管进度的信息。如同其他三个步骤一样，这个步骤也需要企业进行谨慎的管理。

二、企业慈善公益责任的由来与功能

慈善与公益活动是企业履行社会责任的一种重要的途径和方式。企业的社会责任不仅包括对内部员工的责任，如为职工的生存、就业、社会保障等提供良好的环境和条件，还包括对整个社会的发展贡献应有的力量，特别是对社会的弱势群体应该给予必要的关注和帮助。

企业通过慈善捐助、参加各种类型的公益活动或创办基金会都可以履行作为企业公民的社会责任。从事各种慈善活动是企业社会责任的一个重要组成部分，是企业的一种崇高的社会责任。

1970 年 9 月 13 日，诺贝尔奖获得者、美国经济学家米尔顿·弗里德曼在《纽约时报》刊登题为"企业的社会责任是增加利润"的文章，指出"企业的一项，也是唯一的社会责任是在比赛规则范围内增加利润"。与此相反，利益相关者（stakeholder）理论在企业社会责任问题上则明确指出，企业的责任除了为股东追求利润外，还应该考虑利益相关者，即影响和受影响于企业行为的各方的利益。著名管理学大师彼得·F. 德鲁克在其《管理——任务、责任、实践》一书中，把企业对社会的影响和对社会的责任作为管理的第三项任务，认为其与"取得经济上的成就""使工作富有活力并使职工有成就"具有同等重要地位，应在同一时间和同一管理行为中去执行。美国哈佛大学迈克尔·波特教授将其竞争优势理论运用于企业慈善行为的分析，最终形成独树一帜的战略性企业慈善行为理论，其强调企业慈善行为对企业竞争环境可能产生积极影响，并将这种企业慈善行为定义为战略性慈善行为（strategic philan-thropy）。

1979 年美国著名管理者卡罗尔提出的"企业社会责任金字塔模型"，涵盖了企业社会责任的各方利益相关者，并将其分为四个层次。

（1）经济责任，指企业的赢利，是其他更高层次社会责任实现的基础；

（2）法律责任，指企业的一切活动都必须遵守法律的条款，依法经营；

（3）伦理责任，指企业的各项工作必须符合公平、公正的社会基本伦理道德，不能做违反社会公德的事；

（4）慈善责任，指企业作为社会的组成成员，必须为社会的繁荣、进步和人类生活水平的提高做出自己应有的贡献。

利益相关者理论与主流企业理论在企业社会责任问题上的根本分歧在于：前者认为企业应该对其利益相关者负起包括经济责任、法律责任和慈善责任在内的多项社会责任，而后者则强调企业经营唯一的任务就是在法律许可的范围内追求利润最大化。经济和社会的进步，特别是 20 世纪 70 年代以来，消费者维权运动、劳工运动的不断兴起以及能源危机和环境污染带来的灾难不断出现，使人们在管理理论上关注企业社会责任问题，要求"赋予市场经济以人道主义"，确保生产商及供应商所提供的产品符合社会责任的需要，提倡企业要承担相应的社会责任，做对员工、对社会负责的企业。

近些年来企业社会责任的思想受到了全世界的普遍关注，《财富》和《福布斯》等商业杂志在做企业评比时都增加了企业社会责任的标准。国外有一些大学商学院也已经专门开设了企业社会责任相关课程。企业社会责任是对企业的一种全新认识，是对将追求利润作为企业唯一宗旨的修正和发展。企业作为社会组织也是社会的成员，除了要实现自己的经济目标外，还应该关注社会及其他的社会成员利益，为全社会的发展承担起应有的责任，也就是企业的社会责任。卡罗尔提出的社会责任有四个层次的含义：经济、法律、伦理和慈善。从事各种类型的慈善活动是企业参与社会生活，承担社会责任的一种重要的表现形式。

（一）慈善与公益活动是企业社会责任的载体

在中国传统文化中，慈善是仁慈、善良、富有同情心的意思。许慎的《说文解字》中对慈的解释为"慈，爱也"，对善的解释为"善，吉"，引申为友好之意。老子云："上善若水，水利万物而不争。"儒家文化中也包含了对"慈善"思想的理解："老吾老以及人之老，幼吾幼以及人之幼。"几千年来，中国传统文化一直提倡"与人为善""天人合一""扶危济贫"，这里面实际上蕴涵着深厚的传统美德和人道主义精神。闻名于中国商业史的晋商、徽商等，救百姓于水火之中，捐巨款购买粮食赈济灾民，就折射出朴素的企业慈善情怀。在现代社会中，慈善的表现形式丰富多彩，企业从事慈善活动的途径也是多种多样的，不仅包括捐款、资助，还包括创办基金会、参加各种公益活动等。企业从事慈善活动不仅指财物上的给予，也指理念、智慧、信息等方面的支持。

（二）慈善与公益活动是和谐社会的内在稳定器

亚当·斯密是西方经济学的鼻祖。他在《道德情操论》中讲的一个观点是，社会的财富如果不被全社会所共享，那么这个社会就不稳定，我们今天在讲和谐社会建设的时候，应当从中有所感悟。构建社会主义和谐社会必须关注社会的弱势群体，弱势群体主要表现在应对社会风险能力的脆弱，因此建立完善的社会保障体系是维护弱势群体利益的有效之法。慈善事业是健全社会保障体系的一个不可缺少的方面，是对以政府为主体的社会保障体系的重要补充，它在促进社会公平、维护社会稳定、实现共同富裕方面均有着重要的作用。社会的第一次分配是按照市场经济体制的规律，以效率优先，兼顾公平来进行的。社会第二次分配，则以政府行为为主，以公平为主，兼顾效率。而社会的第三次分配，就要体现企业的社会责任，积极发挥慈善作为和谐社会建设中的减震器的作用。发展慈善事业，对于提高构建社会主义和谐社会的能力，具有重要意义和作用。

（三）企业是现代慈善与公益事业发展的最重要的主体

现代慈善事业应该由现代企业来主导，企业是现代慈善事业发展的最重要的主体。企业作为社会主义市场经济的主体，相对于个体公民在慈善活动中所起到的作用更大。无论是捐款还是组织公益活动，企业的能量更大，更有能力来投入，更有条件组织人力、物力和财力保证慈善活动的成功举办，因此企业主导的慈善活动的影响作用也相对较大。企业在进行慈善活动过程中，不仅推广了一种慈善理念，教育了本企业的员工，也树立了自己良好企业公民的形象，对同行也有示范带动作用。更为重要的是，企业作为社会利益和发展的受益者，所获取的利益远远多于个人，因此相对个体公民而言，企业更应该有责任"取之于民，用之于民"。因此，现代慈善事业的发展和成熟更主要的还要依靠以企业为主体的广大社会团体的推动和支持。企业是一个"多面体"，作为经济范畴的企业，它追求最大利润；作为法律范畴的企业，它要做好"企业公民"；作为道德范畴的企业，它要承担社会责任。

（四）企业承担慈善公益责任有助于提升企业竞争力

社会认同也是一种竞争力，企业承担慈善责任能够提高企业的市场认同度，从而有利于提高企业的市场竞争力。当今国际市场竞争中，企业的经营理念已逐渐发生变化，传统的对成本、质量、供货期的要求只是最基本的要求。承担包括慈善责任在内的社会责任不仅能为企业赢得更好的声誉，使其得到人民大众及全社会的认可，而且也可以使其在市场中更好地体现企业的文化取向和价值观念，从而为企业的长期稳定发展营造更好的社会氛围。在经济全球化时代，企业之间的竞争核心已经从过去的设备、厂房以及制度等"硬件"，发展为企业文化、社会责任等"软件"。长期以来，我国企业普遍存在重"硬"轻"软"倾向，过分偏重制度建设，轻视道德责任培养，这已经影响了企业的可持续发展。因此，企业要想获得持续发展和基业长青，不仅应该关心产品的质量和价格，关心企业内部的和谐，还应该关心商业道德，关心企业与社会的和谐以及其对社会应尽的慈善责任，积极发挥慈善作为和谐社会内在稳定器的作用，积极提升自身的"软"竞争力。总之，衡量一个企业是否优秀，除了它的利润、规模这些因素外，企业的慈善责任将占据越来越重要的位置。事实上，越来越多的企业实践充分说明，在慈善责任和企业绩效之间存在正向关联度，企业完全可以将社会慈善责任转化为实实在在的竞争力。当然，一个企业和企业家的慈善责任，并不是简单地一次性地为慈善机构和希望工程捐多少钱，而与他对社会、环境、资源、股东、员工等有一种整体的考虑和持续的责任感密切相关。[①]

三、我国企业慈善公益责任的特点

企业慈善捐赠是企业为了社会慈善公益事业或公共目的，自愿将人、财、物赠送给与企业没有直接利益关系的受赠者的行为。

---

① 赵曙明. 和谐社会构建中的企业慈善责任研究. 江海学刊，2007.1.

1911 年，美国钢铁大王安德鲁·卡耐基建立了全球第一个慈善基金会——"纽约卡耐基基金会"，开创了企业慈善事业的先河，奠定了现代企业慈善事业的基础。从 20 世纪 20 年代起，很多美国知名企业家如洛克菲勒、亨利·福特等都纷纷效仿卡耐基，在各自的企业内建立了慈善基金会，开始积极投身于社会慈善事业。也正是在这一时期，指导美国慈善事业发展的重要理论基石——"企业社会责任"理论应运而生。20 世纪 80 年代，美国的慈善事业加速发展，"利益相关者理论"及"企业公民"理论等一些与慈善相关的理论相继出现，推动企业慈善捐赠事业走上了健康可持续发展的道路。

20 世纪 80 年代之前，我国的企业慈善捐赠还几乎是一片空白，真正意义上的企业慈善捐赠是在 1984 年国有企业改革开始之后才逐渐发展起来的。20 世纪 90 年代之前，我国的企业慈善事业发展一直比较缓慢。但是，从 20 世纪 90 年代起，随着我国企业经济的不断发展壮大以及"企业社会责任"理论、"企业公民"理论等在我国的广泛传播，我国企业慈善事业开始进入快速发展时期，企业参与慈善捐赠的次数越来越多，捐赠规模也越来越大，企业慈善基金会也越来越多，我国企业慈善事业开始进入快速发展时期。

我国慈善事业起步较晚，长久以来，我国都没有建立起完整的慈善事业信息统计制度，导致分析决策缺乏依据。2004 年，我国第一张慈善排行榜发布，之后我国每年都会根据上一年度中国慈善捐赠情况编制慈善排行榜，完善了中国的慈善事业信息的统计制度，为人们了解中国慈善事业的发展情况提供了依据。每年的慈善排行榜均有两个榜单，一个是针对个人捐赠的中国慈善家排行榜，另一个是针对企业捐赠的企业捐赠排行榜，两个榜单入榜条件均是年度捐赠 100 万元（含 100 万元）以上。根据民政部发布的年度慈善排行榜，总结各年数据，得出表 8-1。

表 8-1   2008—2024 年上榜慈善家与企业捐赠金额

年份	慈善家数量	合计捐赠额/亿元（不含物品捐赠）	慈善企业数量	合计捐赠额/亿元（不含物品捐赠）
2008	149	16.5	325	54.9
2009	121	18.84	899	117.95
2010	133	34.38	448	52.95
2011	173	74.28	707	116.07
2012	231	79.99	605	104.47
2013	311	70.99	627	95
2014	212	61.33	760	74.75
2015	199	219.02	360	54.32
2016	147	52.63	349	48.67
2017	201	74.12	414	71.15
2018	172	76.08	721	120.78
2019	274	95.38	744	180.94
2020	118	54.56	605	124.05
2021	105	40.101	1108	226.99
2022	135	62.91	1511	240.19
2023	150	79.99	1363	200.78
2024	226	113.86	1370	250.66

慈善是社会文明进步的重要标志,慈善捐赠则是衡量一个国家慈善事业发展状况的重要指标之一。党的二十大报告指出,"引导、支持有意愿有能力的企业、社会组织和个人积极参与公益慈善事业"。以捐赠的形式参与并支持慈善事业,已成为财富人群和责任企业的共同选择,也是更好发挥慈善在第三次分配中作用的重要途径。从表 8-1 可以看出,我国的慈善家数量基本上呈逐步上升趋势,捐赠额也大幅提高;2008 年是中国慈善捐赠史上的一座里程碑。在这年,年初的低温雨雪冰冻灾害,"5·12"大地震,8 月份的奥运会,大大激发了我国财富人群的捐赠热情。从 2021 年开始,受新冠疫情的影响,入榜慈善企业数量明显大幅度增加,达到 1000 家以上。2024 年 7 月 26 日,第二十一届(2024)中国慈善榜榜单数据显示,本届中国慈善榜上榜慈善家共有 226 位(对),合计捐赠 113.86 亿元;上榜企业共有 1370 家,合计捐赠 250.66 亿元。对比上一届榜单,本届榜单收录的慈善家、企业数量及累计捐赠金额均有明显上涨。根据 2024 年度慈善排行榜,可以看出我国当前慈善捐赠有以下三个发展趋势。

(一)亿元捐赠占比显著增加

2024 榜单数据显示,排名前 10 的慈善家最低捐赠金额为 1.8 亿元;捐赠金额在亿元及以上的慈善家共 20 位,合计捐赠金额为 93.3048 亿元,约占上榜慈善家捐赠总额的 81.94%。而在上一届榜单中,这一比例为 73.52%。排名前 20 的慈善家中,捐赠金额为 1 亿元的有 7 位;捐赠金额在 1 亿元至 2 亿元之间的同样有 7 位;捐赠金额在 5 亿元以上的有 6 位。与往届相比,进入榜单排名前 20 的门槛进一步提高。值得注意的是,在本届榜单中,捐赠金额在 10 亿元及以上的虽仅有 3 位,但其合计捐赠金额达 53 亿元,约占上榜慈善家捐赠总额的 46.55%。捐赠金额在 1000 万元至 1 亿元(不含)之间的慈善家共有 80 位,占上榜慈善家总数的 35.40%;合计捐赠金额为 17.7094 亿元,占上榜慈善家捐赠总额的 15.55%。在上一届榜单中,捐赠金额在 1000 万元至 1 亿元(不含)之间的慈善家同样也是 80 位,占上榜慈善家总数的 53.33%;合计捐赠金额 19.9662 亿元,占上榜慈善家捐赠总额的 24.96%。捐赠金额在 100 万元至 1000 万元(不含)之间的慈善家共有 126 位,占上榜慈善家总人数的 55.75%;捐赠总额为 2.8488 亿元,仅占上榜慈善家捐赠总额的 2.5%。

数据显示,本届中国慈善榜排名前 10 的企业最低捐赠金额为 3.2537 亿元;捐赠金额在 1 亿元及以上的企业有 55 家,合计捐赠金额为 132.4867 亿元,占上榜企业捐赠总额的 52.85%。而在上一届榜单中,捐赠金额在 1 亿元及以上的企业有 35 家,合计捐赠金额为 79.1211 亿元,占上榜企业捐赠总额的 39.41%。捐赠金额在 1000 万元至 1 亿元(不含)之间的企业有 388 家,合计捐赠金额为 90.9047 亿元,占上榜企业捐赠总额的 36.27%;捐赠金额在 100 万元至 1000 万元(不含)之间的企业有 927 家,合计捐赠金额为 27.2732 亿元,占上榜企业捐赠总额的 10.88%。数据显示,进入榜单前 100 门槛进一步提高,排名前 10 的企业合计捐赠金额为 62.9763 亿元,占上榜企业捐赠总额的 25.12%,平均捐赠金额超 6 亿元。排名前 50 的企业最低捐赠金额为 1 亿元,排名前 100 的企业最低捐赠额达 4559.40 万元;而在上一届榜单中,排名前 50 的企业最低捐赠额为 8147.50 万元;排名前 100 的企业最低捐赠额为 3891.68 万元。

（二）教育领域依旧最受关注

榜单数据显示，有近 170 位慈善家明确将教育、助学或体育教育等相关领域作为捐赠首选，这一数字占上榜慈善家总人数的 75%。其中，在 20 位亿元级捐赠慈善家中，有 17 位慈善家的捐赠流向了教育及相关领域，涉及资金超 60 亿元，占上榜慈善家捐赠总额的 53.33%。数据指出，有超 500 家上榜企业将教育（助学）列为主要或唯一捐赠方向，占上榜企业总数的 36.50%。其中，在 55 家亿元级捐赠企业中，有 22 家明确将教育或相关领域作为捐赠方向，涉及资金超 63 亿元，占上榜企业捐赠总额的 25.48%。具体来看，除开展传统的捐资助学、硬件建设等项目，支持高校开展科学研究、支持青年人才培养、推动产学研相结合，正成为更多企业及企业家的选择。

另一个明显的特征是，针对教育领域的捐赠，受捐方大多为高校基金会，其次为其他类型基金会、慈善会、红十字会系统等，部分捐赠则指向了特定公益项目或行动；来自校友及校友企业的捐赠已成为高校获得大额社会捐赠的主要来源之一，其捐赠规模不仅刷新了国内校友捐赠纪录，他们的捐赠行为也具有明显的连贯性，校友已成为我国高校发展进程中"一笔宝贵的财富"。例如，武汉大学 1987 级计算机系校友，小米集团创始人、董事长兼首席执行官雷军的 13 亿元捐赠。其主要聚焦三个方向：支持数理化文史哲六大学科基础研究、支持计算机领域科技创新、支持大学生培养。该笔捐赠不仅刷新了武汉大学建校以来单笔最大捐赠额，也是全国高校迄今为止收到的最大一笔校友个人现金捐赠。

榜单分析指出，除支持教育事业，医疗卫生、乡村振兴、应急救灾也是众多慈善家和企业的集体选择；生态环保、绿色低碳、生物多样性保护及扶老助老、社区发展、志愿服务等领域越来越受关注，捐赠领域细分呈发展趋势。部分捐赠虽并未明确具体的方向，仅以"支持社会公益事业"概括，但也彰显了捐赠者浓厚的社会责任感。2023 年夏季，我国多地发生强降雨灾害；年末，甘肃省临夏州积石山县发生地震灾害，造成人员死伤和财产损失。面对突发自然灾害，众多爱心企业第一时间响应，通过捐赠现金及物资等形式支持紧急救援和灾后重建等工作。在本届榜单中，有近 260 家企业的捐赠部分或全部用于"应急赈灾"。

值得注意的是，不论是企业还是企业家，其在上述领域的捐赠多有交叉，这一方面反映了大家对公益慈善领域的关注更加多元，捐赠决策更为清晰，投入力度也持续增大；另一方面也反映了企业及企业家积极响应国家发展战略，履责意识不断增强，对重大社会议题能够在第一时间给出自己的回应；再者，充分整合自身资源、业务优势及技术能力，以更加创新的方式支持公益慈善事业，正成为越来越多企业和企业家的选择。

（三）民企仍是大额捐赠"绝对主力"

从上榜企业性质来看，民营企业数量为 920 家，占上榜企业总数的 67.15%；合计捐赠约 163 亿元，占上榜企业捐赠总额的 65.00%。在上一届榜单中，民营企业共有 892 家，占上榜企业总数的 65.44%；合计捐赠超 101 亿元，占上榜企业捐赠总额的 50.55%。数据显示，民营企业仍为社会捐赠的绝对主力。在本届榜单中，排在第一位的绍兴市韦豪股权投资基金合伙企业（有限公司），2023 年度捐赠折合人民币超 19 亿元，较上一年度榜首企业捐赠金额（7.93 亿元）大幅提升。值得一提的是，本届榜单中上榜外企数量为 143 家，占上榜企业总数的 10.44%;合计捐赠 22.1231 亿元，占上榜企业捐赠总额的 8.82%;其中，捐赠金额在 5000 万元以上的外企有 11 家，合计捐赠 12.1767 亿元。

从地域分布来看，来自广东、福建、北京等地的慈善家最为慷慨，捐赠金额及人数最多。其中，来自广东的慈善家有 45 位，合计捐赠 36.8462 亿元；来自福建的慈善家有 44 位，合计捐赠 14.9355 亿元;来自北京的慈善家有 23 位，合计捐赠 22.9858 亿元。对比上一届榜单，同样是来自广东、福建及北京的慈善家人数位列前三。来自北京的上榜企业数量最多，为 196 家，合计捐赠 65.1657 亿元；其次是来自广东的企业，有 195 家，合计捐赠 45.7113 亿元；第三是来自上海的企业，有 187 家，合计捐赠 21.0207 亿元；第四是来自江苏的企业，有 150 家，合计捐赠 12.4914 亿元；第五是来自浙江的企业，有 139 家，合计捐赠 33.3505 亿元。在上一届榜单中，上榜企业数量最多的也是上述五个省份，仅排名略有不同。

从所属行业来看,制造业企业数量排在第一位,有 444 家,占上榜企业总数的 32.41%;合计捐赠 57.0590 亿元，占上榜企业捐赠总额的 22.76%。科学研究和技术服务业企业有 168 家；合计捐赠 20.8039 亿元，占上榜企业捐赠总额的 8.30%。租赁和商务服务业企业有 161 家；合计捐赠 43.8194 亿元，占上榜企业捐赠总额的 17.48%。批发和零售业企业有 151 家；合计捐赠 27.5281 亿元，占上榜企业捐赠总额的 10.98%。金融业企业有 107 家；合计捐赠 21.9476 亿元，占上榜企业捐赠总额的 8.76%。

总之，财富的积累和法律的规范，为慈善事业的发展奠定了坚实的基础。但让善意真正被激发，让善心落实为善行，必须充分激发全民的爱心、调动全社会的热情，使全社会共同关心、支持和参与慈善事业。21 年来，中国慈善榜共记录了 3579 位个人、13180 家企业超 3382 亿元的捐赠数据，被誉为"中国财富人士的爱心清单"。通过这份爱心清单，我们见证了中国大额捐赠的发展历程，如何正确对待财富已成为企业和企业家的一道必答题。通过这份爱心清单，我们推动了慈善行业理论研究。多年积累的海量捐赠数据和案例，为记录慈善事业发展历程、总结慈善事业发展经验、提炼慈善文化精神标识、构建中国式慈善话语体系奠定了坚实的基础。

重要概念

　　公司社会责任　　道德责任　　公司公民　　互惠互利　　道德约束

案例分析8

中国首善曹德旺捐赠 1.5 亿元抗击新冠疫情

同步测练与解析8

第九章

企业会计与审计诚信文化

经典名言

子曰："人而无信，不知其可也。大车无輗，小车无軏，其何以行之哉？"

——孔子《论语》

孔子尝为委吏也，曰："会计，当而已矣"。

——《孟子》

勿以善小而不为，勿以恶小而为之。

——刘备

诚信为本，操守为重，坚持准则，不做假账。

要把诚信教育放在首位，培养出来的人才不仅要有一流的专业知识水平，更要有一流的职业道德水平，绝对不做假账。

——朱镕基

作者感悟

德为本，孝当先，信立人，勤兴业，俭持家，谦受益，满招损。

学习目标

通过本章学习，我们应该了解市场经济对会计职业道德的影响，知道会计诚信文化规范是对会计人员的会计行为的道德要求；了解企业会计与审计诚信文化建设的社会环境。通过本章学习，我们应把握企业会计诚信文化规范八大要求，我们还要理解注册会计师审计诚信文化规范七大要求；企业内部审计监督文化要求企业内部审计人员做到独立、客观；保持谨慎，保守秘密；提高胜任能力，坚持后续教育。

重点与难点

1. 优化企业会计与审计诚信文化的社会环境
2. 培育企业会计诚信文化
3. 建设注册会计师审计诚信文化
4. 完善企业内部审计监督文化

导读

职业化和信息化：注册会计师行业的双重任务

探讨审计的未来，主要考虑的因素是信息技术日新月异的进步。在信息技术深刻地改变审计工作面貌的形势下，作为审计工作主体的注册会计师职业面临怎样的未来呢，这就是我今天要谈的话题。

在国际层面上，针对信息技术在审计领域的广泛应用，曾经有一种忧虑，那就是，注册会计师职业还有没有未来，审计工作会不会被人工智能替代，注册会计师职业会不会被信息工程专家替代。现在看来，结论已经清楚了。首先，注册会计师审计制度是市场监督体系重要的制度安排，信息技术在审计领域的运用能够有效提高审计工作效率和审计报告质量，但是并没有改变注册会计师鉴证会计信息质量的责任主体地位，因为责任总是要由人来承担的；其次，注册会计师也是运用信息技术的实践主体，审计信息系统的设计需要注册会计师主导，审计信息系统的运行需要注册会计师控制，审计信息系统的工作结果要由注册会计师来辨识、解读和利用。建立在审计信息系统基础上的审计工作，离不开风险导向审计原理的指导，离不开注册会计师职业道德约束、职业判断能力、职业谨慎态度和职业怀疑取向。所以，信息技术在审计领域的运用，不会取代注册会计师职业，恰恰相反，它将会提升注册会计师职业价值。

20年过去了，随着信息技术在审计领域的广泛运用，我们再一次面对注册会计师如何坚守职业精神、维护职业价值的拷问。这就是，注册会计师审计有越来越多的功能和程序性工作正在为信息技术所替代，我们如果不能用职业精神指导信息技术的运用，审计工作变成了纯粹的信息技术工程，注册会计师鉴证会计信息质量的职业价值就会受到损害。以大数据技术为例。大数据技术无疑是我们认识经济社会自然现象有用的工具，但是，大数据技术本身并不能直接告诉我们经济社会自然现象背后的内在逻辑。大数据技术对于注册会计师审计的意义就在于，它为注册会计师搜集审计证据、识别审计风险、优化审计方案提供了重要工具。注册会计师如果不坚守职业精神，不保持职业谨慎态度和职业怀疑取向，放弃职业判断责任，直接以大数据技术的分析结果做出审计结论，将十分危险。所以，在信息技术的广泛运用中，注册会计师面临着坚守职业精神、维护职业价值的挑战。

在中国，经过40年的实践，我们越来越认识到，注册会计师是一个职业，是在职业精神指导下，运用职业知识和职业技能，提供专业服务的专家职业。注册会计师行业当前面临的诸多矛盾，跟注册会计师职业成长不足有很大的关联。我这里讲"很大的关联"，无意自我否定注册会计师行业的发展成就，而是要强调，注册会计师之间及会计师事务所之间在职业成长上有快慢之别，在职业价值观的认同上有深浅之别，在职业技能上有高低之别。2016年底公布的行业发展规划提出行业发展四大目标，其中把职业化水平持续提高、信息化水平大幅提升作为两个重要目标。当前，我们要深入研究职业化和信息化的内在规律，把职业化与信息化进程有机结合起来，以职业化引领信息化，用信息化为职业化注入新的内涵。

（资料来源：陈毓圭.职业化和信息化：注册会计师行业的双重任务，《中国注册会计师》，2019.4.4）

市场经济越发达，企业会计越重要，注册会计师审计也越重要。要实现市场和企业的健康快速发展，必须注重企业会计诚信文化、注册会计师审计诚信文化及企业审计监督文化建设。

第一节　企业会计与审计诚信文化的社会环境

市场经济是一把"双刃剑"。市场经济在发挥巨大效应的同时，也有其天然的负效应。市场经济的竞争原则会刺激一些人的投机心理，出现商业贿赂、胁迫、欺骗、偷窃、不公平歧视和不正当竞争行为；市场经济的等价交换原则会自觉不自觉地渗透到人际关系之中，诱发新形式的权钱交易和以权谋私；市场经济中适度投机行为的合法性引发某些人的投机诈骗行为；市场经济的价值取向在讲效益、讲赢利、激励人的时候，也很容易使人滋生极端利己主义思想和个人自私行为，对爱国主义、社会主义和集体主义思想产生强大冲击。尤其是当前我国经济体制正处于转轨变型时期，某些方面不平衡，甚至不衔接，在新旧体制交替、胶着的状态下，很容易出现大量的漏洞、摩擦和冲突。

经济体制改革以前，我国采用行政命令方式直接管理经济。但由于我国封建社会长达几千年，封建道德中的消极、保守、落后的东西还有一定的市场。虽然赖以存在的经济基础早已不存在，但其仍旧影响着人们的社会生活和心理习惯。我国的传统会计职业道德不免带有封建落后的东西。社会主义市场经济的运行和发展，必然会对我国的会计职业道德产生影响。其影响主要表现在以下几个方面。

一、提高会计人员主人翁意识，激发其奋发向上的工作作风

市场经济的发展，必然会在各个领域、各个部门、各个行业形成广泛而激烈的竞争，包括会计领域的竞争。市场经济不仅要求经营单位的财务工作人员（包括金融系统工作人员）和财经主管部门会计工作人员完成本职工作，还要求他们的行为取得好的社会效益，对企业单位会计人员要求更是如此。如果达不到社会的要求，在众多求职人员的压力下，在职会计人员随时可能被解雇。社会的激烈竞争，必然要求会计人员增强竞争意识、拼搏精神和创造能力。

二、促进会计人员自由平等发展，消除行业不正之风

市场经济强调平等、自由，所以，市场经济的发展有助于消除会计行业的以权谋私、

家长作风等行业不正之风，有助于树立会计人员之间，以及会计部门与其他行业之间的平等互助关系。

三、打破会计行业任人唯亲观念，形成举贤尚能新风尚，市场经济发展引起会计工作发生变化

（一）会计工作由单一格局向多样格局发展

在高度集中计划管理体制下，国家对职员的要求是完成本职工作，实际上是要求其完成国家计划任务。社会舆论称赞那些所谓"安分守己"的会计人员，谴责为个人牟取私利的行为。因此，那时人们的职业生活是比较单一的，根本不可能存在什么兼职行为。国家对社会劳动力资源实行统一安排，一旦分配到某单位、部门，也就同时指定了其工作岗位，如果情况不发生大的变化，这种分工将是终身的。其职业生活范围是狭窄的，只限定在本单位，甚至本车间的范围里。随着市场经济的发展，人与人之间的依赖性越来越大，人的需求大部分甚至全部要靠他人供给，人们的视野范围大大拓宽了其职业生活，使其随之走向多样化。人们不因终身从事某项工作而满足，而是表现出对社会生活各方面的兴趣和爱好。市场经济发展程度越高，人们职业生活多样化比例就越大。

（二）选择会计职业的标准由重名向重实转化

前面我们曾经提到，在高度集中管理体制下社会否认个人利益，单位利益与个人没

扩展阅读9.1：会计人员职业道德规范

有多大的关系。人们在选择职业时，往往只注意带来心理满足的名誉。大学毕业生或社会待业青年在求职时，首先考虑求职单位是否在大城市；其次考虑的是单位的性质和单位规模的大小；最后考虑自己对所从事的工作是否比较满意。三者若能结合在一起，其便认为那是最好的职业。如有取舍问题，按照顺序考虑。如果职业达不到上述要求，其则会感到脸上无光，在众人面前抬不起头来。而随着市场经济的发展，人们的思想意识发生了根本性的转变，人们开始注重实际利益和能否发挥自己的才能。

第二节　企业会计诚信文化

会计诚信文化规范能表达会计职业内在义务和会计职业的社会责任，其表达形式比较具体、灵活、多样、独特。会计诚信文化规范主要是用来约束从事会计职业人员，以调整从事会计职业人员的内部关系和他们与所接触对象之间的关系。会计诚信文化规范是财经法律、法规和制度所不能代替的。一般来说，非法行为是不诚信的，但是合法行为也可能存在不诚信的问题。

一、恪尽职守，爱岗敬业

恪尽职守，即通过自己的工作把会计管理职能作用充分发挥出来，也就是会计人员

要在充分认识自己应负会计责任的前提下，最大限度地将应负的会计责任担当起来。爱岗敬业，则是会计人员以极大的热忱投身会计本职工作之中，做好工作，干出成绩。这一规范反映了会计人员对社会劳动的态度，体现了诚实劳动，树立共产主义劳动态度的共产主义道德规范的精神。

"恪尽职守，爱岗敬业"规范，对会计人员要求如下。

（一）自觉把从事的会计工作同祖国的命运紧密联系在一起

我们要顺应改革的发展趋势，建立古今结合、中外结合的中国式的现代会计管理理论和方法体系，使我国的会计事业适应祖国日新月异的伟大变革。尤其是面对世界范围内兴起的新技术革命浪潮，我们必须从全新的角度开展会计理论和方法的研究。因此，会计人员要立足本职工作适时地研究新问题，钻研会计业务，更新会计知识，这样不但有理论上的意义，而且有重大的实践意义。

（二）以饱满的工作热忱、一丝不苟的工作态度对待会计工作

会计人员要自觉形成任劳任怨、一丝不苟的工作态度和工作作风。会计工作是一项政策性、技术性很强的工作，也是很重要的工作。从宏观角度看，它关系到单位、部门的财务状况和经济效益。与此同时，会计工作又是很具体、复杂的实务性劳动，有较强的技术性要求。这就需要会计人员有认真踏实、一丝不苟的工作态度，刻苦钻研技术，这样方能做好会计工作。

（三）爱岗敬业是会计工作的内在要求

爱岗敬业，要求会计人员充分认识本职工作在整个经济和社会事业发展过程中的地位和作用，珍惜自己的工作岗位，做到干一行爱一行，一丝不苟，兢兢业业，争当会计工作的行家里手。同时，还要求会计人员在工作中自觉主动地履行岗位职责，以积极、健康、求实、高效的态度对待会计工作，认真负责，尽职尽责。

（四）加强会计基础工作，增强会计从业人员敬业意识

会计基础工作是会计工作的基本环节，也是经济管理工作的重要基础。会计基础工作的好坏，直接关系到财务信息的真实性、合法性。为了增强会计人员的敬业意识，首先要加强会计基础工作，建立规范的会计工作程序，保障会计人员依法行事。

二、当好参谋，参与管理

"当好参谋，参与管理"这一规范要求会计人员不能只是消极被动地记账、算账、报账，而是要积极主动地经常向上级领导者反映经营活动情况和存在的问题，提出合理化建议，协助领导决策，参与经营管理活动。而且，在现代商品经济社会中，会计管理工作范围逐渐扩大，遍及整个社会经济领域，这种会计工作的广泛性决定了会计人员应当好参谋，参与管理。这一规范的具体内容如下。

（一）会计职能由"报账型"转为"管理型"

传统的会计职能以记账、算账、报账为主，它的主要任务是核算。现代企业制度的

建立，更看重会计的本质即会计参与管理，会计核算为企业管理奠定基础，目的是更有效地管理企业，提高效益。会计工作除了进行传统的企业核算外，重点进行财务管理，制订经营计划，进行财务控制系统设计和投资决策。

（二）积极参与企业经营管理的全过程，做好参谋工作

积极参与企业经营管理的全过程，要求会计人员做到参与预测、参与决策、参与制订计划、参与执行、参与效果评估。作为企业管理者，会计人员应该参与企业经营的每一个过程，除了核算账目，还要提出管理建议，担当参谋、决策者的角色。

（三）以经济效益为中心，提出改善会计管理的各项措施、建议

经济效益是企业一切工作的核心。会计管理工作必须围绕这一中心来开展。会计人员一方面要通过对各项资金的管理、监督，保护财产安全，挖掘增产潜力，少花钱多办事，加速资金周转；另一方面要通过收支管理，调整组织收入，节约费用支出，少投入多产出，增加财富收益。

三、如实反映、正确核算

反映经济活动是会计的基本职能。进行会计核算，是会计机构、会计人员的主要职责。如实反映、正确核算，提供真实可靠的数据和信息，就能协助企业搞好经营决策，有效加强企业管理与经营，提高经济效益。反之，失真的数据和信息，会导致决策失误，给国家、人民财产带来极大损失。为做到如实反映、正确核算，应注意以下几方面。

（一）明确会计的核算职能

会计核算贯穿并反映经济活动的全过程，也称反映职能。它是指会计以货币为主要计量单位，通过确认、计量、记录、计算、报告等环节，对特定对象（或称特定主体）的经济活动进行记账、算账、报账，为各有关方面提供会计信息的功能。

（二）适应现代企业制度的要求，做好会计核算工作

企业应明确产权关系，建立产权明晰的会计核算体系。现代企业制度的特征之一是产权关系明晰。国有企业财产属国家所有，企业具有法人财产权，应正确核算劳动者在企业中所拥有的各项权益。在企业中，劳动者在完成生产经营任务的同时也获得了合法报酬和权益。企业要改革会计核算体制，完善会计报告体系。

（三）会计人员应具备诚实可靠的品质，能客观反映经济活动过程

诚实，就是讲真话，做真事，不欺骗人，不说谎，对己、对人、对上、对下都不掩盖事实真相；可靠，就是始终把握好自己，保持客观公正立场，不为任何利诱所动。这包括三个方面的内容：①反映实际，核算实绩；②分析现象，抓住规律；③揭示未来，明确方向。

（四）会计人员应正确核算经济业务，提高会计信息质量

在实际工作中，会计人员要实事求是做好本职工作，提供真实可靠的会计资料，切

不可"掺水分""添油加醋""偷工减料"。现实中存在的"书记成本、厂长利润"与这一要求是相违背的。

四、遵纪守法，严格监督

目前会计工作在我们国家是与财务工作结合在一起开展的。所谓严格监督，是指会计人员不屈服于任何人的意志，严格按照国家有关法律、法规，财经政策、制度，通过审核凭证、账簿、控制预算或计划的执行，对本单位的每项经济活动的合理性、有效性进行监督，制止损失浪费，维护财经法纪，提高本单位经济效益。

（一）明确会计的监督职能

会计监督职能也称控制职能，是指会计人员在进行会计核算的同时，对特定对象经济业务的合法性、合理性进行审查。加强会计监督，必须以财政经济法律、法规为依据。开展经济工作必须依据财政经济法律、法规，这是经济工作顺利进行的重要保证。会计人员和单位负责人应当明确地辨别经济业务是否合法，要以财政经济法律、法规、规章为依据对其做出准确的判断，并做出恰当的处理，对不认真履行会计监督职责，干扰、阻挠会计人员履行会计监督的行为，要坚决依法予以追究，扭转会计监督弱化的现象。

（二）会计人员应以身作则，模范遵守财经法规

会计人员必须培养自己公正、客观的品质和忠于职守的精神，从国家和人民的利益出发，以有关政策和法规为标准，严格监督财务状况，更为重要的是会计人员必须以身作则。

具体要求是：①自觉遵守财经纪律和经济法规，严于律己，大公无私，不谋私利；②积极主动宣传解释财经法规和制度，使有关会计人员了解、掌握并自觉遵守有关法规、制度；③在工作中严格把守关口，从实际出发，善于区别各种情况，宽严结合；④积极支持促进生产、搞活流通、开发财源的一切合理、合法开支，坚持抵制违反财经纪律、偷税漏税、铺张浪费等不道德的行为，维护会计人员的尊严，忠实地执行法律所赋予的权利和义务，以促进社会主义建设的发展。

（三）对经济活动实施严格的事前监督、事中监督和事后监督

会计监督工作要始终贯穿经济活动的全过程，要把会计监督寓于决策之中，寓于管理之中，寓于日常的财务业务之中，这样，既可以防患于未然，又能及时解决出现的各种问题，避免造成大的损失。具体来说，这一规定就是要会计人员运用会计方法、会计手段和会计资料对本单位的经济活动进行严格的事前、事中和事后的监督。

事前监督指在企业各项经济业务活动的准备阶段，以财经政策、制度和企业计划为准绳，对企业经济合同、经营计划等做合法、合理、合规、经济性审查，使之符合规定要求。事中监督是在企业生产经营过程中以计划、定额、预算等为标准，对企业生产消耗、成本升降、资金使用、收益大小加以控制，及时发现并纠正执行中的偏差，促使预

定目标的实现。事后监督则指在一个生产经营过程完结之后运用会计资料对其进行检查，对经营全过程做出评价，并检查会计工作的质量，为下一个生产经营过程做全面的准备。

（四）把握会计监督工作重点，增强监督工作的有效性

会计监督工作的重点是根据党和国家对经济工作的要求来保证经济工作沿着正确的轨道运行，不断提高经济效益，因此，会计监督工作者要围绕这个重点，抓住经济活动中的重要环节，开展监督工作。要积极参与经营决策的研究和制定工作，积极参与经营管理，积极发挥把关作用。

五、坚持准则，不做假账

"没有规矩，不成方圆。"干会计这一行也是如此。"规矩"是什么？"规矩"就是会计人员从事会计工作所遵守的行为规范，包括一系列的会计法律、法规和政府规章。遵纪守法是会计职业道德规范中的重中之重。会计工作涉及社会经济生活的方方面面，会计人员必须以会计法律、法规和规章为准绳，正确处理国家、集体和个人三者利益关系，把好财务收支合法性、合规性的关口，依法理财；必须具备高度的政治责任感，时刻保持清醒的头脑，既不助纣为虐，也不监守自盗，做到立于潮头而不倒。

扩展阅读 9.2：中国注册会计师协会出台非标报告指引文件"堵漏洞"

（一）坚持准则，依法理财

依法理财作为会计职业道德的基本原则，其主要内容可归纳如下。

（1）会计人员在工作中，要把国家的整体利益放在首位。

（2）依法理财，就是要处理好为国家利益服务和为单位利益服务的关系。会计人员应在严守法律、法规的前提下维护单位的利益，不能为单位的利益而损害国家的利益，也不能忽视了单位的合法利益。

（3）在为单位理财的过程中，会计人员要正确处理单位整体利益与个人利益的关系。在理财工作中，会计人员不允许任何人因个人利益损害单位的整体利益，应按照有关政策来合理协调两者关系，使之达到和谐统一。

（二）用法律维护自身正当权利

随着会计法律、法规的健全，我们已经有法可依了，而现在的一个关键问题是能不能做到"有法必依"。我国用人制度的缺陷以及渗透到各行各业甚至司法部门的腐败等，都会使法律在具体实施过程中遭遇阻力而不能充分发挥其效力。这更加说明外部环境的净化对于会计职业道德建设的必要性。为此，我们应当打破会计行业中任人唯亲的传统观念，加强廉政建设，尤其是司法部门的廉政建设，加大对违法违纪行为的惩治力度，真正做到"有法必依，违法必究，执法必严"。

（三）会计人员应全面理解"不做假账"的现实意义

做假账行为不仅违反《会计法》，还导致会计信息失真。而会计信息是经济决策的基

础，更是财政管理的基础，会计信息的虚假，必然导致经济秩序混乱，财政管理弱化，宏观决策失误。会计人员应深刻理解"不做假账"的现实意义。

（四）客观公正，坚决不做假账

客观公正是会计职业意志的具体表现。会计人员有了这种职业意志，有了这种崇高的职业精神，在会计工作中，才能做到坚持原则，照章办事。

六、公私分明，勤俭理财

所谓公私分明，就是会计人员要做到公私有别，泾渭分明，守正尚廉，洁身自好，严于律己，不以权谋私，不贪赃枉法，不见利忘义，在经济上滴水不沾，要知道会计是因管理公共物品的需要而产生的集体性经济行为，不应成为满足私欲的行为。

（一）公私分明是会计从业人员职业道德的基本品质

公私分明的一般意义是洁身自好，为公众谋福利。会计职业道德把公私分明作为道德规范，是会计工作的特殊职能决定的。会计人员的职业工作说到底就是理财，就是对金钱和物资的管理，正是这种时时与钱物相联系的职业工作决定了会计人员必须是一个在经济上廉洁奉公、公私分明的人。会计人员在社会中职业威信和荣誉的取得，在很大程度上也依赖这种道德品质。公私分明的主要内容包括：①会计人员正确认识手中的管理权是职业神圣权力的一种表现，会计人员决不能把这种职业权力作为谋取私利的特权，不能挪用、侵吞单位的一分钱，一针线；②会计人员时刻意识到自己管理的钱财是单位的财产，绝不允许任何人以任何方式浪费、侵吞单位财产。

（二）严明自律是会计从业人员职业道德的更高层次

自律是会计职业道德的最高阶段，也是职业道德建设的最高目标。目前的会计职业道德处于他律与自律相结合的阶段，我们盼望着它的发展会迎来第二次飞跃，即发展到完全的会计自律阶段。自律的基本形式又可分为会计行业自律和会计个人自律。会计个人自律，指会计人员靠内心道德感和职业良心来实现会计道德上自我完善的追求，是一种自愿、自觉、自发的内心追求行为，是会计职业道德的最高境界。会计个人自律这种职业道德境界，只有具有高度责任感、集体荣誉感、崇高共产主义理想的会计人员才会达到。会计人员应当不断完善自我，不断提升自己的职业道德，实现自己从他律向自律阶段的转变。

（三）发挥厉行节约的优良传统，坚决反对铺张浪费

在社会主义初级阶段，由于经济比较落后，管理水平差，经济效益低，浪费现象严重，节约的潜力很大，节约方面有很多工作要做。近几年广泛开展的"增产节约、增收节支"运动，其核心就是节约。可以说，在改革开放的今天，厉行节约具有十分重大的现实意义。

为了做到厉行节约，会计人员要以主人翁的态度处处精打细算，监督人力、物力、财力的使用和财经管理制度的执行，保证岗位、承包责任制和部门独立核算制的推行，从各方面、各环节杜绝浪费，尽可能压缩不必要的开支，降低和控制成本，加速资金周

转，节约使用资金。

（四）发挥勤俭理财的优良作风，管好财，聚好财和用好财

勤俭理财是国家、人民赋予会计人员的重要职责。勤俭理财，要求手勤，即对账目随时准确记载，不疏漏、不遗漏；要求腿勤，即经常到各有关部门，到下面实际单位了解情况，进行调查研究；要求脑勤，即经常盘算怎样管好财，聚好财和用好财，多出主意，出好主意，使资金流通加速。

节俭，是聚财之道，是保存财富的途径，它要求会计人员协助领导和部门将国家财富用在该用的地方，用在生产财富和创造财富上，把"钢"用在刀刃上，防止盲目消耗。会计人员要做到勤俭理财，第一，自己要培养节俭的品质；第二，会计人员要摒弃在勤俭理财上的旧观念；第三，会计人员在财务管理上要正确对待挣钱、花钱问题。总之，公私分明、勤俭理财的目的是促使会计工作更好地为经济建设服务，促进社会生产力的迅速发展。

七、保守秘密，内外协调

会计人员应保守本单位的秘密，不能私自向外界提供或泄露本单位的会计信息。会计工作是一项综合性很强的经济工作，它涵盖了一个单位整个生产经营环节，会计信息也涉及企业的方方面面，其中有些属于商业秘密，除非获得授权，这些秘密是不可以外泄的，否则会给企业造成重大损失，甚至造成企业经营上的混乱。

（一）会计人员应保守秘密

保守秘密是会计职业道德规范的基本要求，指的是会计人员应当保守本单位的商业秘密，不能将从业过程中获得的信息为己所用，或者泄露给第三者以牟取私利。

保守秘密一方面指会计人员要保守企业自身秘密；另一方面也包括会计人员不得以不道德的手段去获取他人的秘密，这种手段包括会计人员直接获取和通过他人获取，这也是市场经济条件下公平竞争的内在要求。即使会计人员获取他人秘密是为了公司的利益，但其结果会导致不道德的竞争，不利于市场经济的良性循环，也会给整个会计行业造成恶劣影响。

（二）会计人员应协调各方关系

会计作为反映和监督经济活动的一种手段，其职业特点包括以下三个方面。

（1）协调组织内部管理者与被管理者之间的关系。

（2）协调组织与外部当事人之间的关系。会计所提供的信息对组织外部的当事人是至关重要的。

（3）协调会计职业技术性与职业社会性之间的关系。

另外，会计工作也有一定的灵活性。针对同一经济事项，会计人员可能有若干种可供选择的方法，可做出不同的估计。这不仅是针对企业对外提供的会计信息而言的，对于企业内部的信息提供来讲，这种问题也存在，如为了企业内部一部分人的利益而更改自己的产品成本核算方法、责任中心的考核办法等。这样做，必然使会计信息丧失中立

性，直接损害会计信息的可靠性。

八、大胆改革，讲究效益

"大胆改革，讲究效益"是我国会计职业道德的重要规范。这一规范要求改革会计制度和传统的会计模式，努力提高会计工作自身的效益，促进企业与社会经济效益的提高。随着经济体制改革的深入，会计工作不讲效益的观念将为人们所抛弃。

（一）解放思想，理顺会计改革的思路

解放思想，是进行会计改革的前提。改革需要勇气，而勇气来自思想的解放。会计人员要冲破"左"的思想和"平均主义"思想的束缚，一切从实际出发，理论联系实际，不"唯上"，不"唯书"，在实践中探索中国会计改革的道路。

（二）关注会计改革，促进会计发展

我们在大力发展会计学历教育的同时，应组织好大规模的会计在职教育，要不断改进培训渠道、组织形式、教材体系，提高培训工作的适应性和超前性。同时，要改革和完善相应的会计人员管理制度，形成科学的会计人才选拔、评价机制，以激励会计人员通过多种途径学习业务，提高自身素质。

（三）树立效益第一的思想，讲究"时间""效率"战略

"效率"战略是以最低的劳动消耗创造尽可能多的物质财富；"时间"战略是在保证效益的前提下以最短的时间、最快的速度去创造最高价值。效率与时间相辅相成，效率中本身就有时间的规定性，时间是检验效率的标准之一。会计人员必须有强烈的时间、效率观念。会计人员自己要科学地支配时间，还要考核其他人员对时间的合理利用程度，力争高效率地做好会计工作。在主张效率第一时，我们还要坚持道义的原则，体现两个文明建设一起抓的精神。

会计改革的目的就是在道义与效益相统一的原则下，促进社会物质文明和精神文明建设的同步发展。

第三节　注册会计师审计诚信文化

中国注册会计师市场恢复建设至今的二十年里已取得了迅速的发展，在我国的改革开放和社会主义市场经济体制的建设中发挥了积极的作用，扮演着十分重要的角色。然而，从外部环境来看，人们对注册会计师职业在市场经济中的作用和责任的认识还处于较朦胧的阶段；从职业界内部的情况来看，会计界也还未建立起一个有序的职业发展机制。中国注册会计师道德建设存在的问题：中国注册会计师职业道德状况令人担忧；中国注册会计师的执业行为偏差；中国注册会计师队伍人员老化，专业素质不高；中国注册会计师审计质量较低。

所谓注册会计师审计职业道德文化规范，是指注册会计师审计人员在执业时所应遵循的行为规范，包括在职业品德、职业纪律、专业胜任能力及职业责任等方面所应达到

的行为标准。以上内容是对注册会计师审计人员职业道德行为最基本要求，注册会计师审计人员职业道德行为应该高于该水准。

一、超然独立，客观求是

关于"超然独立，客观求是"的具体要求如下。

（一）超然独立，取信于各方利益相关者

独立性是注册会计师审计人员执业的灵魂与关键。所谓超然独立，是指注册会计师审计人员在执行审计业务、出具审计报告时应当在实质上和形式上超出一切界限，独立于委托单位和其他机构，其目的是取信于各种利益相关者。这种独立性的需要有两层含义，即实质上的独立与形式上的独立。无论是业务的承接、执行，还是报告形式的确定与报告的提交，注册会计师均应依法办事，独立自主，不依附其他机构和组织，也不受其干扰和影响，注册会计师审计人员的审计报告无须经过任何部门审定和批准。

（二）从实际出发，客观求是地执业

客观求是就是注册会计师审计人员对有关事项的调查、判断和意见的表述，应当基于客观中立的立场，以客观存在的事实为依据，实事求是，不掺杂个人的主观意愿，也不为委托单位或第三者的意见所左右，在分析问题、处理问题时，决不能以个人的好恶行事。

注册会计师审计人员要做到客观求是，在执业中必须一切从实际出发，注重调查研究、分析，只有深入了解实际情况，才能取得主观与客观的一致，做到审计结论有理有据。

二、公正审计，廉洁守法

关于"公正审计，廉洁守法"的具体要求如下。

（一）公正审计，正确处理各种不同类型的经济利益关系

公正审计是指注册会计师应当具备正直、诚实的品质，公平正直、不偏不倚地对待有关利益各方，不以牺牲一方利益为条件而使另一方受益。

注册会计师在处理审计业务过程中，要正确对待与被审计单位有利害影响的各方面关系人。

（二）廉洁守法，依法执业，避免法律诉讼

廉洁守法是指注册会计师审计人员在执业中必须保持清廉洁净的情操，在独立、客观、公正基础上，恪守国家任何有关法律、法规及制度的规定，依法进行合理、合法的审计业务，不得利用自己的身份、地位和执业中所掌握的委托单位资料和情况，为自己或所在的会计师事务所谋取私利，不得向委托单位索贿受贿，不得以任何方式接受委托单位馈赠的礼品和其他好处，也不得向委托单位提出超越工作正常需要之外的个人要求。

三、诚信为本，操守为重

关于"诚信为本，操守为重"的具体要求如下。

（一）诚信是注册会计师执业的灵魂

注册会计师行业，诚信文化的核心是操守为重，恪守职业道德。为此，注册会计师在执业过程中，应注重培育民族传统文化和时代精神相结合的行业诚信文化，使社会诚信与行业诚信有机地结合起来。

注册会计师讲诚信，就要自重自律，从努力提高自身职业道德素质和专业胜任能力做起。每一位从业人员，要充分认识到，诚信不仅是保证执业质量的重要前提，也是注册会计师的立身之本。人无信而不立，离开了诚信，注册会计师必将失去生存空间。因此，注册会计师要端正认识，树立正确的人生观、价值观和道德观，不断提高道德修养，面对困难不要怨天尤人，把诚信意识根植于心，以诚实守信的形象立身于世。只有每一个人都讲诚信，才能筑起中国注册会计师的诚信大厦。

（二）注册会计师应有属于自己的个人诚信档案

会计服务市场规范的信用体系是建立在制度的基础上的，亦即制度保证"诚信"的注册会计师能够得到应有的回报，"失信"的注册会计师必须承担其行为造成的成本，不仅要受到舆论的谴责，更要付出经济上的代价。这就为会计服务市场信用水平的提高提供了制度上的保障。为此，当务之急是尽快建立注册会计师"个人信用制度"，即注册会计师应有属于自己的诚信档案。只有建立起完备的个人信用制度，才能在此基础上完善会计师事务所市场信用体系，以制度约束注册会计师的失信行为。

（三）打造"诚信为本"的会计师事务所文化

会计师事务所文化通过正确的经营理念、良好的精神风貌、高尚的伦理道德和明确的发展目标，统一和规范事务所员工的价值观念，形成事务所巨大的凝聚力；通过建立和完善事务所的各种规章、制度、操作规程及工作标准，统一和规范企业员工的行为，确保事务所经营目标和发展计划的实现。现阶段我国会计师事务所在完成一系列改革，在体制上基本与国际惯例接轨的背景下，打造"诚信为本"的企业文化已是进一步提高注册会计师及事务所整体素质和质量，全面提升行业整体素质和社会形象的必由之路。

四、严谨执业，踏实进取

关于"严谨执业，踏实进取"的具体要求如下。

（一）严谨执业，提供优质高效的专业审计服务

严谨执业，指注册会计师审计人员必须具有较高的业务能力，达到一定的技术标准，在执业过程中必须树立和加强风险意识，保持较高的职业道德水平。

注册会计师必须加强职业继续教育和终身学习，以保持和提高其执业的胜任能力，包括知识判断能力、理解分析能力、综合应用能力及实践经验等。注册会计师应具备扎

实的理论和专业技术基础（包括对各国不同文化的理解），并具有国际视野；应具备进行调查、抽象思维和批判思维的能力；应具备进行演讲及书面辩论和口头交流表达意见的技巧。注册会计师还应掌握大量其他专业的知识，包括经济学、数学和统计方法、组织行为、经营管理、市场营销、国际商务等知识以及有关信息技术的知识等。注册会计师缺乏专业胜任能力，必将导致事务所风险的增加和审计的失败。因此，对于合格的注册会计师来讲，专业胜任能力是保证其赢得社会尊重和市场竞争的重要条件。

（二）注册会计师审计人员应保持专业胜任能力

注册会计师审计人员应该满足下述要求才有可能胜任所从事的审计业务工作。在专业知识水平方面的要求：注册会计师审计人员是知识性、技术性较强的专业人员。注册会计师审计人员对助理人员和其他专业人员的责任方面的要求：在执行业务之前，注册会计师审计人员需就项目的性质、时间、范围、方法等对助理人员和其他专业人员进行必要的培训；在执行业务过程中注册会计师审计人员应对助理人员和其他专业人员予以切实的指导、监督、检查，包括复核其审计工作底稿。在接受后续教育方面的要求：按照注册会计师协会的规定，注册会计师审计人员不断地接受后续教育，更新和提高其专业知识，保持和发展其专业技能，熟悉并掌握现行各种有关规定和实务标准，不断提高业务能力。

（三）注册会计师审计人员在执业过程中应沉思谨慎

注册会计师执行各类业务或在业务的各个环节所应采取的程序和方法，都已在有关的专业标准中予以明确，其中《注册会计师职业道德准则》在强调注册会计师应当严格遵循这些专业标准要求的同时，也对一些需要注册会计师审计人员重视的执业问题做了专门的规定，需要注册会计师审计人员在执业过程中"三思而后行"。

（四）踏实进取，认真承担审计责任和义务

踏实进取是指注册会计师审计人员在承接业务时必须讲究职业道德，诚实勤勉、积极进取，尽力做好应尽的责任和义务。

五、保密守时，收费合理

关于"保密守时，收费合理"的具体要求如下。

（一）保守商业秘密，如期保质保量完成审计任务

保密守时是指注册会计师审计人员在执行审计业务过程中要严格保守被审单位商业秘密或财务信息，并按被审单位要求的时间界限保质保量地完成审计任务。这就要求审计人员必须向委托人保证严守机密，如果没有征得明确许可，不得将审计客户提供的资料泄露出去。

扩展阅读 9.3：曝出丑闻！全球四大会计师事务所无一"幸免"

（二）提供优质审计服务，按规定的标准合理收费

注册会计师审计人员的服务是一种有偿服务，但收费应当以

服务性质、工作量大小、参加人员层次高低等为主要依据，按规定的标准收费。会计师事务所在从事审计业务时不得以服务成果大小为条件来决定收费标准的高低，否则会削弱注册会计师审计人员应有的独立性、客观性。

六、公平竞争，协同发展

"公平竞争，协同发展"这一职业道德规范要求会计师事务所在争取客户及执业过程中平等竞争，对同行负责，讲究信用，信守对客户的承诺，做好各自的审计执业工作，促进注册会计师审计事业的协同发展与进步。对同行负责是会计师事务所、注册会计师审计人员在处理与其他会计师事务所、注册会计师审计人员的关系中所应遵循的道德标准。

（一）会计师事务所受理业务，CPA（注册会计师）跨地区、跨行业执业

《注册会计师法》规定会计师事务所受理业务，不受行政区域、行业的限制，也就是说可以跨地区、跨行业执业。因此，《注册会计师职业道德准则》禁止会计师事务所搞地区封锁、行业垄断，通过任何方式或以任何理由对到本地区、本行业执业的会计师事务所进行阻挠和排斥。

（二）前任与后任注册会计师审计人员相互支持和合作

委托单位出于种种原因，可能会辞去一家为其提供过审计服务的会计师事务所转而委托另一家会计师事务所为其服务，或在某项业务尚未完成之前对会计师事务所进行更换。《注册会计师职业道德准则》要求委托单位在委托变更的情况下，后任注册会计师审计人员应与前任注册会计师审计人员取得联系，相互了解和介绍变更委托的情况和原因，委托单位变更委托后，前任注册会计师审计人员应该对后任注册会计师审计人员的工作予以支持和合作，包括必要时提供以前年度的工作底稿等资料。

（三）与同行保持良好的工作关系，加强相互协调与配合

《注册会计师职业道德准则》规定了会计师行业同行间应负的责任，包括应当与同行保持良好的工作关系，相互协调，配合同行工作；不攻击、不诋毁同行，不损害同行的利益；会计师事务所不得雇用正在其他会计师事务所执业的注册会计师审计人员及其助理人员；注册会计师审计人员不得以个人名义同时在两家或两家以上的会计师事务所执业；会计师事务所不得以不正当手段与同行争揽业务等。

七、服务社会，追求卓越

关于"服务社会，追求卓越"的具体要求如下。

（一）注册会计师应关注公众利益，服务社会

注册会计师职业性质决定了他所担负的是对社会公众的责任。所谓会计信息外部使用人，既包括企业现有的，又包括潜在的投资人、债权人以及政府有关部门等所有与企业财务信息相关的个人和部门，可泛指社会公众。社会公众在很大程度上依赖企业管理当局编制的会计报表和注册会计师对会计报表的审计意见，并以此作为决策的基础。注

册会计师尽管接受被审计单位的委托并向被审计单位收取费用，但他服务的对象从本质上讲却是社会公众，这就决定了注册会计师从他诞生的那一天起，所担负的就是面对社会公众的责任。

（二）注册会计师在执业过程中不断追求卓越

注册会计师行业作为一个中介行业，服务于广大社会公众，其生存与发展依赖公众对它的评价和信任，因此，注册会计师作为专业人士，保持良好的职业风范是相当重要的。追求卓越也就成为注册会计师职业道德规范的一个重要组成部分，其具体有以下几个方面的要求：保持礼貌态度、主动性审计、提高服务效果、对服务对象及时响应、保持高效率执业、不断创新。

第四节 企业内部审计监督文化

企业内部审计人员诚信文化规范是指对内部审计人员的职业品德、职业纪律、职业胜任能力和职业责任等方面的要求。内部审计人员应当依照法律、法规规定的职责、权限和程序，开展审计工作，并遵守内部审计准则。

一、内部审计人员做到独立、客观

（一）保持独立性

独立性是指内部审计人员只有独立于他们所审查的活动之外，才能客观地评价自己的工作对象。独立性是内部审计工作的必要条件。内部审计人员只有具备应有的独立性，才能正确地实施审计。内部审计的独立性是一种相对的独立，因为内部审计机构作为一个职能部门，其工作范围是由单位领导决定的。工作范围是否足够广泛，在很大程度上影响内审部门是否能够独立于业务经营活动，内部审计人员的工作应该是自由和客观的。自由意味着可以自主判断，自主抉择，不受其他部门、个人或外来因素的制约；客观意味着实事求是，保持公正、不偏不倚的职业态度和操守。

实现内部审计的独立性包括实现组织上的独立和精神上的独立两个方面：组织上的独立指在组织机构中要给内部审计工作提供一个良好的工作环境，精神上的独立是使内部审计人员保持客观性。

1. 组织上的独立

保持内部审计的独立性必须取得领导的支持，拥有良好的组织条件，才能独立地开展工作。

（1）内部审计部门应该由单位的主要领导人负责，确保内审部门的工作范围足够广泛，增强其独立性。同时，也能使单位对审计报告做出迅速反应，根据内部审计部门的建议及时采取措施，充分发挥内部审计的职能作用。

（2）内部审计部门经理应有权出席、参加由高级管理层或董事会举行的与内审职责有关的会议，如有关审计、财务报告、管理控制系统等会议，通报有关审计工作计划和实际审计工作的信息，与董事会直接交流，使审计信息能迅速地以本来面貌到达董事会，避开来自其他方面的干扰。

（3）内审部门经理的任免由董事会确定。由谁来决定内审部门经理的任免，对于保证内部审计的独立性极其重要。董事会作为最高决策机构，不参与日常经营管理，但又需要了解管理人员的工作业绩和单位目标的实现情况。因此，需要有一个独立的部门和一批专业人员对生产经营活动进行客观公正的检查和评价，并将评价结果直接向董事会报告。

2. 精神上的独立

保证内部审计的独立性，还要求内审人员在执行审计工作时，必须在精神上是独立的，在道德上是正直的，对有关审计事项的判断和决定不屈从于他人的意志，不受他人的干扰，保持客观性和职业操守。因此，内审单位要做好以下工作。

（1）在分配工作任务和指派审计人员时，应避免实际的和可能出现的利益冲突和偏见。在实际工作中，内审人员与被审计事项的责任人互不友好或过于亲密都会妨碍内审人员专业判断的公正性，造成偏见。因此，内审部门经理需定期向内审人员了解潜在的利益冲突和偏见，做到心中有数。

（2）在条件允许的情况下，内审人员应定期轮换，即使开始不存在利益冲突和偏见，长期负责对某一部门的审计工作也会使审计双方由陌生到熟悉，或使审计人员因为过于熟悉业务导致疏忽，这都会影响审计人员的客观性。因此，定期轮换审计人员对于保持审计人员精神上的独立是必要的。

（3）内部审计人员不得承担经营管理责任，不能参与内部控制系统的设计、安装和执行，而只应承担与检查、评价和建议相关的审计责任。在实际经营中，由于专业人员紧缺或时限要求等其他原因，内部控制人员会被抽调完成一些非审计工作任务，这时单位内审部门应明确该内审人员执行的不是内审职能，以后他们不应该审查该项自己曾负责的活动，以免其客观性受到损害。

（二）保持客观性

所称客观性是指内部审计人员在进行内部审计活动时，应以事实为依据，保持公正、不偏不倚的精神状态。

内部审计机构负责人应采取以下主要措施保证审计工作的客观性：

（1）加强人力资源管理，提高内部审计人员的职业道德素质及专业胜任能力；

（2）增派内部审计人员参加审计项目，并对其进行适当分工；

（3）采用工作轮换的方式安排审计项目及审计小组；

（4）建立适当、有效的激励机制；

（5）制定并实施系统、有效的内部审计质量控制政策和程序；

（6）停止执行有关业务并及时向董事会或最高管理层报告。

客观性与独立性是密切相关、相辅相成的概念。例如，国际内部审计师协会就将客观性定义为"内部审计人员在执行审计工作时必须保持的一种独立的精神状态"。一般认为，独立性是客观性的基础与保障，是指一种不存在威胁客观性的重大利益冲突的环境状态；而客观性则是独立性的目标和结果，表现为内部审计人员在不存在重大利益冲突时所能保持的不受外部环境和个人偏见影响的精神状态，决定着确认与咨询服务的质量。

二、内部审计人员保持谨慎，保守秘密

（一）保持职业谨慎

职业谨慎态度是指内部审计人员在进行审计业务时应具备一丝不苟的责任感并保持应有的慎重态度。

依据《内部审计道德规范》的要求，企业内部审计人员在执行公司相关审计业务时，应秉承应有的职业谨慎态度。内部审计人员应当具有人们所期望的优秀内部审计人员在相同或类似情况下应当具备的谨慎态度和技能，应根据所审查项目的复杂程度，合理使用职业判断，运用必备的审计程序，警惕可能出现的错误、遗漏、消极怠工、浪费、效率低下和利益冲突等情况，还应小心避免可能发生的违法乱纪等情形。对于审查中发现的控制不够充分的环节，应提出合理可行的改进措施。

应有的职业谨慎意味着合理的谨慎和能力，但是并非意味着永远正确、永不出错。内部审计人员只能是在合理的程度上开展检查和核实工作，而不可能进行详细的检查，内部审计工作并不能保证发现所有存在的问题。

（二）遵守保密原则

由于内部审计是审计人员在公司内部进行的一项自我监督、自我控制、向管理层负责的重要的管理活动，具有独立、专业、鉴证和权威的工作特征，能够接触大量的公司生产、财务、质量信息等商业秘密，如果不加注意，随意处理工作底稿和审计材料，就可能导致公司商业秘密外泄，给公司造成重大损失，最终失去内部审计提高管理质量的作用，也会使内部审计失去管理者和员工的信任与支持。因此，内部审计工作需要严格保密。

在公司的内部审计工作中，内部审计人员应当认真遵守保密性原则，按规定使用他们在履行职责时所接触、获取的这些信息及资料，并对其予以严格保密，除非法律规定，否则不得随意因为任何个人或其他组织的利益而滥用和泄露这些机密的资料，要防止这些信息与资料的泄露给组织带来各种损失。

三、内部审计人员提高胜任能力，保持后续教育

（一）提高胜任能力

随着审计领域的不断拓展，内部审计必须提高队伍素质，突出多学科、高智能的特点。优化内部审计机构的专业配置，提高内部审计人员素质势在必行。这既是保证审计质量、提高工作效率的基础，也是内部审计队伍适应形势发展的结果。内部审计参与企业风险管理，内部审计人员必须增强风险管理意识、全局意识，充分认识现代企业的风险特点，提高对企业风险的识别能力，这是内部审计参与现代企业风险管理的基础和前提，也是内部审计开展风险审计的关键所在。因此，在内部审计人员队伍建设上，应做

好以下几项工作。

1. 构建学习型组织，全面提升内部审计人员的综合素质

内部审计部门是典型的智力型部门，它需要充分发挥每一个员工的创造性思维能力，建立一种高度柔性的、符合人性的、能持续发展的组织。构建学习型的组织，可使每一个审计人员的能力得到全面提升。

2. 改善企业内部审计人员的结构

我国企业的内部审计人员大多来自财务会计岗位，因此在经营管理等业务方面能力有所欠缺，知识结构也不很合理，应该逐步在内部审计机构中配备工程技术、风险管理、法律以及计算机等方面的专业技术人员，内部审计队伍应从由单纯的财务人员构成向具有综合知识和能力的多元化高素质人才的结构转换。这包括两点：一是内部审计人员应具备良好的政治素质、优良的职业道德、扎实的政策水平、熟练的现代计算工具操作技术及敏锐的观察和解决问题的能力；二是随着内部审计由财务领域向经营和管理领域扩展，内部审计人员在知识构成上也应该是多元化的，不仅要熟悉会计、审计、法律、税务、外贸、金融、基建、企业管理等方面的知识，还应非常熟悉风险管理、IT、工程技术、工艺流程、经济法律等方面的知识。不仅要了解本企业的微观运行情况，还要了解社会的经济周期、行业所处的地位、国家的政治和政策以及重大事件等宏观因素对本行业、本企业经济活动的影响。

3. 加强内部审计人员的培训，提高其风险管理意识

市场经济中企业竞争的加剧，复杂多变的经营环境，使各种风险蜂拥而入，要顺应市场就不能逃避风险，而必须正视它，实施风险管理审计，界定企业的风险范围，理顺风险责任，建立风险模型和风险防范机制。因此，企业内部审计人员必须树立风险意识，掌握风险管理的技能，提高对风险的敏感性，这可以通过两种途径来实现：一方面，对现有的风险管理审计人员进行定期的培训和后续教育，让他们不断更新专业知识，掌握新的技术和方法，不断提高自身的专业水平和职业判断能力；另一方面，可以选拔优秀审计人才出国进修现代风险管理审计技术，将国外优良的审计技术和经验引入我国风险管理审计的实践。同时，也要注意提高他们的计算机操作水平，以适应时代的发展。

4. 创新工作能力，发挥内部审计人员的能动性和积极性

任何工作中人的因素是最具有影响、最具有决定性作用的因素，只要能够发挥人的积极性和能动性，任何难事都会迎刃而解。中国及世界企业界，目前由于风险管理审计刚刚起步，相关的政策法律、法规并没有完善，大家的风险管理审计也还是在摸索当中，还没有什么范本供大家遵循，在这种情况之下，内审人员应不断创新工作方法，发挥人的积极性和能动性，开拓企业风险管理审计的新局面。

（二）保持后续教育

后续教育又叫"继续教育"，是对专业技术人员不断进行知识、技能的更新和补充，以拓展和提高其创造、创新能力和专业技术、职业道德水平，完善其知识结构的教育。

审计署《关于内部审计工作的规定》第五条指出："内部审计人员实施后续教育制度。"
这无疑将促进内审人员素质和内审工作质量的进一步提高。

内审人员后续教育的内容，是内审人员进行学习的客体，是其丰富新知识、提高业务能力的主要信息来源和实现学习目标的基本保证，其安排是否科学、合理，直接关系到教育效果的好坏。在确定内审人员后续教育内容时，首先要考虑内审人员的职业特性，通过广泛征求意见，明确内审人员需要学习什么。其次要考虑内容的实用性，保证学有所用。最后要考虑不同内审人员的理论和业务水平、工作经验、所在行业或单位的特点等，针对不同层次、不同阅历、不同行业的内审人员安排不同的教学内容，采用不同的后续教育方式。只有这样，才能使后续教育产生广泛的认同感和强烈的号召力，才能保证后续教育真正落到实处，取得良好的教育效果。从总体上来讲，目前的后续教育内容应主要包括以下几个方面。

1. 计算机知识的教育

目前国际内部审计工作各个环节，已经普遍运用了计算机审计手段，一些审计软件、计算机测试技术也被运用到了审计实务中。但我国仍有很多内审人员不熟悉计算机的应用，能利用审计软件开展审计工作的人就更少了。因此，应加强对内审人员进行计算机知识的培训，让他们熟练掌握计算机的一般知识和会计电算化软件的操作技术，掌握利用计算机进行辅助审计和借助计算机审计软件来开展内审工作的技术。通过培训，造就一批能运用计算机审计的高水平专业技术人才，使内审工作跟上时代步伐，以提高内审工作效率和质量。

扩展阅读 9.4：世纪华通连续五年财务造假拟被罚 800 万元两任财务总监被追责！

2. 审计新知识、新技能的教育

随着改革开放和内审研究的不断深入以及市场经济的不断成熟，社会对内审工作的要求越来越高。内审的作用从局限于监督与评价逐步向风险管理和促进单位发展转移，审计范围不断扩大，审计方法不断创新。内审人员只有不断更新审计理论和实务知识，掌握先进的审计方法，并及时运用于内审实践，才能适应时代发展的需要。

3. 相关政策法规的教育

市场经济是法治经济，市场经济越发达，法制就越健全。审计工作本身是一项政策性、专业性非常强的业务工作，如果内审人员不能及时掌握相关政策法规的变化，不仅不能有效地保证审计质量，而且还会增加审计风险，影响内审工作地位的提高和内审作用的发挥。因此，内审人员必须及时掌握国家有关方针、政策、法律、法规的变化，切实保证依法开展审计工作。内审人员应熟悉掌握的政策法规主要包括审计法规、会计法规、税收法规、财政金融法规等。

4. 审计职业道德规范的教育

国家审计署《关于内部审计工作的规定》第七条指出："内部审计人员办理审计事项，应当严格遵守内部审计职业规范，忠于职守，做到独立、客观、公正、保密。"中国内审协会也颁布了《内部审计人员职业道德规范》。但在内审实际工作中，内审人员不依法认真履行职责，不坚持原则，随意泄露所知悉的资料，甚至滥用职权、徇私舞弊等现象，在一定程度上仍然存在，严重地影响着内审工作的质量。因此，在后续教育中强化职业道德教育，促进内审人员职业道德水平的进一步提高，是非常必要的。

5. 相关管理知识的教育

现代内部审计的目标侧重于促进管理、提高效益。而要实现这一目标，内审人员要掌握现代管理的相关知识，也只有这样，内审工作才能够上台阶、上层次。内审人员应掌握的相关管理知识主要包括会计知识、战略管理知识、财务管理知识、市场营销知识等。

总之，后续教育的内容应突出两个字："新"和"实"。内容必须新颖和实用，内审人员应做到自己缺什么就去学什么，学了什么就要能够在工作中用什么，充分保证后续教育的有效性。

重要概念

事前监督　　事中监督　　超然独立　　严谨执业　　独立客观

保持谨慎　　后续教育

案例分析9

财政部对德勤会计师事务所和华融公司依法作出行政处罚

同步测练与解析9

自学自测　　扫描此码

第十章

企业文化实践活动

经典名言

志于道，据于德，依于仁，游于艺。

君子之道，忠恕而已。君子务本，本立而道生。孝悌者，其为仁之本。

——孔子《论语》

"六项精进"是搞好企业经营所必需的最基本条件，同时也是我们度过美好人生必须遵守的最基本准则。

"六项精进"是：①付出不亚于任何人的努力；②要谦虚，不要骄傲；③每天要反省；④活着，就要感谢；⑤积善行、思利他；⑥忘却感性的烦恼。

如果每天都能持续实践这"六项精进"，我们的人生必将更加美好，甚至超乎我们自己的想象。我自己的人生就是如此。

——日本当代经营之神稻盛和夫

作者感悟

真待人，诚修身，善处世，忍礼让，仁义爱，廉恭敬，和为贵。

学习目标

通过学习本章，了解企业文化行为的基本特性，明确企业文化教育的基本特征和企业文化修养的实践原则，了解企业文化境界的三个层次，理解企业文化行为的鉴别和选择、企业文化教育的基本方法、企业文化修养的基本方法以及企业文化境界与企业快乐指数之间的关系。

重点与难点

1. 企业文化行为的激励和选择
2. 企业文化教育的关键：诚信教育放在首位

3. 企业文化修养实践原则与方法

4. 企业文化境界的层次与升华

 导读

新时代儒商气质

进入高质量发展新时代，传承儒商精神，弘扬优秀传统文化，对促进企业转型升级，塑造良好形象，具有重要的现实意义。为此，本刊邀请当代著名儒学家、新儒商引领者、中山大学黎红雷教授阐释新儒商精神，四位企业家从不同角度分享他们将新儒商精神融入企业管理实践的过程和感悟，并由黎红雷教授分别予以点评，助力读者深入理解新儒商精神。

习近平同志在福建厦门工作期间，曾经向企业家谈起陈嘉庚先生的事迹，他指出，陈嘉庚先生在中国和南洋很受大家敬仰，其高明之处在于深知做生意与做人一样，要讲德行；他在生活上崇尚简朴，在商场上遵守信用，体现了"天行健，君子以自强不息"的儒商气质。

德以治企，教化为先

践行儒学的当代企业家提出"三为一德"理念。

第一是"为人之君"，就是要有君子般的风度和君王般的责任。须知领导是一种责任，而绝不是一种简单的荣誉和待遇。企业领导者必须对企业负责，对员工负责，对社会负责，切实承担起"一家之长"的职责。

第二是"为人之亲"，就是要像对待亲人那样对待下属。领导者对待每一位下级，都要有"如保赤子"般的感情。只有以亲情般的诚心对待下级，对待周围的人，工作才会做好。

第三是"为人之师"，就是为人师表，率先垂范。企业文化建设，干部以身作则很重要。要求大家做到的，领导先要做到；要求别人不做的，领导首先不要做。在这个基础上，如果大家能够从领导身上学点东西，这个境界就更高了。所以，领导者要加强自身的修为与学习。

"为人之君""为人之亲""为人之师"构成一个"德"字。"德"是领导者的基本素质和风范。以德平天下人心，大家就会无怨无悔地跟随。

义以生利，利他经营

在现代，"商人"只是社会的分工，本身并无贬义。从创造财富的动机与手段来看，商人起码可以分为三个层次：生意人、企业家、儒商。

生意人有"三会"：会算计、会经营、会赚钱；

企业家在生意人"三会"的基础上增加了"三有"：有勇气、有抱负、有情怀；

儒商则在生意人"三会"和企业家"三有"的基础上又增加了"三讲"：讲仁爱、讲诚信、讲担当。

儒商与一般商人的区别，不是不追求财富，而是"君子爱财，取之有道"。儒商就是商界的"君子"，其职责是运用儒家商道智慧为社会创造更多财富。中国的改革开放为当代企业家提供了创造财富、报效国家的舞台。

信以立世，诚以待人

企业要经营，要生存，要盈利，经营之道是什么？《论语》里有一句话叫"修己以安人"，表面上看好像和经营没什么关系，但事实上，这是最根本的经营之道。

"修己"，有两个主体，一个是企业家自身，另一个是全体员工。每一个人都要"修己"，修身心、尽本分；然后是"安人"，让人心安定。

"安人"主要有两个对象群体，一个是员工，另一个是顾客。如果把自己修炼好，同时把顾客、员工安顿好，企业还会不成功？还会没有利润吗？

践行儒学的当代企业家把儒家的"诚信"思想融入企业治理实践。

在"内诚于心"方面，提出"五个一"的具体措施，即立一个志，读一本经、改一个过、行一次孝、日行一善——从确定志向、阅读经典、改正过错、孝顺行为到每天做好事，全方位涵养员工的诚实品格。

在"外信于人"方面，定位品牌在消费者心目中的感觉，获得消费者对品牌的信赖与赞誉，追求消费者百分百的安心。为此，就要诚心站在顾客角度思考，真心帮助顾客解决问题，以专业知识说服消费者，以至诚服务感动消费者，以儒家文化感染消费者，从而以真诚赢得顾客。

新时代儒商气质，是中国优秀企业家精神的重要组成部分。愿中国企业家涵养儒商气质，成为新时代受人尊敬的儒商。

（资料来源：黎红雷，《企业管理》杂志，2022.5.15）

美国著名学者约翰·科特曾经写了一本在管理界非常有名的书《企业文化与经营业绩》，在此书里他阐述了一个非常有名的观点："每时每刻我们都在与企业文化打交道。"这样一个理念提醒我们，对于任何一个企业而言，企业文化始终贯穿企业经营实践活动的全过程。

第一节　企业文化行为的选择

一、行为的本质和一般规律

"行为"，长期以来有多种解释。按中国古代通行的说法，"行"指的是走，"为"指的是做。《墨子》把"行""为"二字连用，认为行即是为，"行，为也""志行而悬于欲谓之为"，明确指出人的行为受欲望和意志支配。荀子说："虑积焉，能习焉而后成谓之为。"他认为行为是人经过思考之后，在理智指导下通过做而实现的活动。被称为"行为科学鼻祖"的亚里士多德指出："人的行为是根据理性原则而具有的理性生活。"这里的"理性生活"指"人的心灵遵循着或包含着一种理性原则的主动作用"，也就是有目的有意志的"具有主动意义的生活"。这种阐述有其合理因素。一些资产阶级伦理学家用生理学、生物学理论去解释人类行为。他们把人的行为看成生物对外界刺激做出的反射动作，是生物的本能活动。美国著名行为学家毕尔生说："行为的改变要根据刺激反应情景来研究，完全不需要涉及意识伴随物和精神学假设。"这种行为观显然有失偏颇。

马克思主义伦理学认为，人的行为是在改造周围环境的社会实践中发生的，通过一定的社会关系表现出来的能动活动，是人类特有的生存方式。由于人是社会的人，不能脱离社会而存在，人的行为就要受到包括自然需要在内的社会需要的目的和意志的支配。人类在不断改变自己所处的环境的过程中得以生存和发展。人类的行为就由此产生，并在这一过程中通过实践活动表现出来。没有改造客观世界的实践活动，也就不会有人的行为。在阶级社会里，人的实践活动受一定阶级关系的制约，表现倒向一定阶级利益和要求的倾向性。

影响人们行为的因素有哪些呢？美国社会心理学家卢因（K.Lewin）提出了一个著名的公式：

$$B = f(P \cdot E)$$

式中：B（behavior）代表行为，P（person）代表人，E（environment）代表环境，f代表函数符号。

卢因认为，人的行为是人与环境交互作用的函数，是人的内在需要以及环境影响的结果。美国著名行为科学家麦格雷戈（D.Megregor）提出了另一个公式，指出人的工作绩效是个人特性和环境特性两个变量影响的结果，是这两个变量的函数。公式为

$$P = f(Ia, Ib, Ic, Id, \cdots) \cdot (Em, En, Eo, Ep, \cdots)$$

式中：P（performance）代表工作绩效，E（environment）代表环境特性，I（individual）代表个人特性，a、b、c、d 等代表反映个人特性的具体因素，m、n、o、p 等代表反映环境特性的具体因素。

上述两个公式，概括了人们行为的一般规律，具有普遍的适用性。

具体地说，影响人们个体行为的因素不外乎五个方面：生理因素、心理因素、文化因素、自然因素和社会因素。人的行为是很复杂的，是在理智指导下很多因素共同作用的结果。

二、企业文化行为的特性

人的行为有复杂的表现形式和多重的层次结构，其性质特点各不一样。依据人类社会实践活动的主要形式，人的行为可划分为经济行为、政治行为、文化行为、法律行为、艺术行为、道德行为、日常生活行为等。上述每类行为还可划分为若干层次的行为类型，分别由不同的科学或学科研究。本书研究的是人类社会行为中的企业文化行为。

企业文化作为一种独特的文化现象，可以从物质层、制度层、行为层和精神层等层面上对其进行深入的剖析。从企业文化的行为层面来看，企业的行为文化指企业经营、教育宣传、人际关系活动、文娱体育活动中产生的文化现象，它是企业经营作风、精神面貌、人际关系的动态体现，是企业精神、企业价值观的折射。

从人员结构上划分，企业行为包括企业家的行为、企业模范人物的行为、企业员工的群体行为。首先说企业家的行为。王宏国认为，企业家是企业管理中的一种特殊的"角色丛"——思想家、设计师、牧师、艺术家、法官和朋友。企业家将自己的理念、战略

和目标反复向员工传播，形成巨大的文化力量；企业家艺术化地处理人与工作、雇主与雇员、稳定与变革、求实与创新、所有权与经营权、经营权与管理权、集权与分权等关系；企业家公正地行使企业规章制度赋予的"执法"权力，并且在识人、用人、激励人等方面践行学高为师、身正为范；企业家与员工保持良好的人际关系，关心、爱护员工及其家庭，并且在企业之外广交朋友，为企业争取必要的资源。在一定层面上，企业家的价值观代表了一个企业的价值观。其次，再讲企业模范人物的行为。在具有优秀企业文化的企业中，最受人敬重的是那些集中体现了企业价值观的企业模范人物。这些模范人物大都是从实践中涌现出来的、被职工推选出来的普通人。他们在各自的岗位上做出了突出的成绩和贡献，因此成为企业的模范。一个企业中所有的模范人物的集合体构成企业模范群体，卓越的模范群体必定是完整的企业精神的化身，是企业价值观的综合体现。最后，谈谈企业员工的群体行为。企业员工的群体行为决定企业整体的精神风貌和企业文明的程度，因此企业员工的群体行为的塑造是企业文化建设的重要组成部分。每个员工必须意识到，企业文化是自己最宝贵的资产，它是个人和企业成长必不可少的精神财富，应以积极处世的人生态度去从事企业工作，以勤劳、敬业、守时、惜时的行为规范指导自己的行为。只争朝夕、不怕疲惫正是激发每个企业员工完善自身行为的精神动力和内在力量。

以上三类人的文化行为共同构成了企业的文化行为。然而，与此相对应的，还有很多企业存在文化行为缺失的现象，从大的方面说，比如企业在生产经营的过程中缺乏社会责任，缺乏对消费者及员工的责任；从小的方面说，比如店员接待客人不够亲切，总机小姐应答电话不够礼貌，售后服务差等。

揭示企业文化行为、企业员工职业道德品质形成及发展规律性，是科学培养企业员工的社会主义职业道德品质的理论基础，也是丰富和完善社会主义职业道德规范，正确进行企业文化教育的必要前提。企业文化行为的特性表现如下。

（一）自觉性

企业文化行为是基于企业员工对他人和社会的利益关系的自觉认识而表现出来的行为。不管这种认识是正确的认识还是错误的认识，它们都是构成企业行为的前提。当企业员工形成对上述利益关系的正确认识，并付诸行动时，就表现为企业文化行为；而如果他们对这种利益关系有了错误的认识，这种错误的认识就会支配他们的企业文化意识，一旦付诸行动，就表现出企业文化行为缺失。

（二）自愿性

企业文化行为是企业员工在其文化意识支配下所做出的抉择，是他们自愿选择的结果。这是文化行为区别于其他行为的重要特征。只要是文化行为，不管在任何时候，任何情况下就一定要受文化意识的支配，否则就没有文化意义。企业文化行为也不例外。在行为之前，企业文化意识的活动主要表现为对动机的确立，对行为方案的选择和决定；在行为之后，企业文化意识的活动则表现为行为主体对自身行为的检查与评价和对社会检查与评价所采取的态度。

（三）坚定性

一个具有高度企业文化责任感和义务感的企业员工，选择和践行自己的行为时，无论面临多么复杂和难以抉择的环境，都会坚持企业文化观念，不屈服于外来压力，泰山压顶而不弯腰，始终对自己应尽的企业文化义务高度负责。如何做到坚定，古语云："无欲则刚。"只有摒弃无止境的贪婪，才能抵制诱惑，坚定地实践企业文化行为。

三、企业文化行为的激励和选择

为了激励企业文化行为，也就是员工的职业道德行为，企业管理者必须懂得激励理论。国外学者，尤其是美国学者对激励理论做了大量深入的研究。其中，影响最大的当推美国心理学家马斯洛（A.H.Maslow）。1943 年他在《人的动机理论》一文中提出"需要层次论"，认为人有五种基本需要（basic needs）（如图 10-1 所示）：

（1）生理需要（the physiological needs）；

（2）安全需要（the safety needs）；

（3）爱的需要（the love needs）；

（4）尊重的需要（the esteem needs）；

（5）自我实现的需要（the needs for self-actualization）。

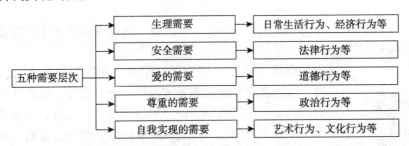

图 10-1　需要层次与行为的对应关系

与前述人类社会行为的几种类型相对应，人们在不同的需要层次会产生不同的行为，为了满足生理需要，人们会产生日常生活行为和经济行为等。与安全需要相对应的则是法律行为等；与爱的需要对应的是道德行为等。为了获得尊重，人们会进行政治活动等；而在追求最高层次的需要，即人们实现自我价值的过程中，会产生人们的艺术行为和文化行为等。

1954 年马斯洛在《激励与个性》一书中补充了两个层次，即在"尊重的需要"之后，增加"求知的需要"和"求美的需要"。

麦格雷戈于 1970 年在其名著《企业的人事方面》一书中对马斯洛"需要层次论"做了进一步发挥，他提出的人的基本需要层次如下。

（1）生理需要——层次虽低，但重要性却极大。

（2）安全需要——针对危害、威胁和剥削等的保护的需要。

（3）社交需要——包括归属、结社、为他人接受和接纳、友谊和爱的需要。

（4）自我需要——自尊的需要（包括自重、自信、自主、成就、具有能力和知识的需要）和声望的需要（包括地位、赞颂、赏识与受人尊重的需要）。

（5）自我实现需要——包括个人潜力发挥，不断自我发展及发挥创造性的需要。

在我国，企业员工的生理需要、安全需要基本上得到满足。企业文化行为，是满足企业员工社交的手段，是使其获得尊重的前提，是其满足自我实现需要的途径。其以理想社会实现需要为方向和目的。

如何激励企业文化行为，充分调动企业员工的积极性和创造性呢？一方面社会、政府、领导和组织对企业员工要热忱关心，应用激励理论，在符合社会主义原则下，尽量满足他们的五种基本需要；另一方面，社会、政府、领导和组织要通过企业文化检查与评价，企业文化教育和企业文化修养的培养，启发、引导企业员工的思想和行为，促进人的需要最高层次的形成，并终生为之奋斗。两者结合就是企业员工积极性充分发挥的最佳模式，我们称之为"企业文化行为激励模式"，见图10-2。

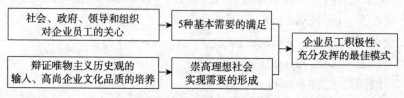

图10-2　企业文化行为激励模式

现在，我们分析企业文化行为选择问题。在这里，应明确企业文化行为选择中的自由与必然的联系。

扩展阅读10.1：弘扬企业家精神，做到富而有责、富而有义、富而有爱

根据马克思主义伦理学原理，我们知道企业文化行为的选择，虽然表面上看起来是主观随意的，实际上总在受客观必然性的制约。正如恩格斯所说"如果他要进行选择，他也总是必须在他的生活范围里面，在绝不由他的独立性所造成的一定的事物中间去进行选择的"。这表明，企业员工不可能超越客观环境提供的可能性，去随心所欲地选择企业文化行为。首先，应该看到，客观必然性对人们的企业文化行为的选择起制约作用，客观必然性制约着人们行为的动机，也制约着人们对企业文化行为选择的标准和内容，还规定着企业文化行为的责任。其次，应该看到，人们在选择企业文化行为时有相对的自由，人的主观能动性在企业文化行为中发挥重要作用。

企业文化行为选择的自由，指人们根据对以企业文化必然性形式出现的历史必然性的认识，而获得的决定采取某种企业文化行为的能力。企业文化必然性指人们应当遵守的那些符合历史发展要求的企业文化原则和企业文化规范。一句话，人们对企业文化行为的选择，应谨慎细心，人们要对自己的行为负责。

第二节　大力开展企业文化教育

企业文化建设首先应该以企业文化教育作为切入点。企业文化教育是企业教育的关

键与核心，决定着企业教育的方向和前途。

企业文化教育是根据企业工作的特点，有目的、有组织、有计划地对企业员工施加系统的企业文化影响，促使企业员工形成企业文化意识，履行企业文化义务的活动。企业文化教育的作用在于：它把社会意识中得到反映和论证的一定的企业文化原则、企业文化规范和企业文化观念灌输到企业员工的意识之中，引导企业员工既能够实行自我监督，调整自身行为，也能够参与社会行为的调整过程；对其他企业员工提出企业文化要求和进行企业文化评价。企业文化教育是企业文化职能作用得以发挥的重要途径。企业员工的文化品质需要企业文化教育来培养，社会文化风尚也需要包括企业文化教育在内的整个社会文化教育来造就。可见，开展企业文化教育，有利于提高员工的企业文化水平，促使企业员工形成企业文化品质，进行企业文化实践活动。

一、企业文化教育的特征

企业文化教育是塑造或改造企业员工精神面貌的工作。由于企业员工与社会实践、生产经营等活动有广泛的联系，而且有高度的自觉性和能动性，因此企业文化教育过程是一个极为复杂的矛盾运动过程。但是，企业文化教育并非不可捉摸、无规律可循。根据优秀企业员工的模范事迹，结合企业的文化思想和企业文化行为，我们可以看出企业文化教育具有如下特征。

（一）企业文化教育的整体性

由于企业文化品质是企业文化认识、企业文化情感、企业文化意志、企业文化信念和企业文化习惯等基本因素有机统一的集合体，因此企业文化教育不能机械地确定一个序列，单一地进行，而必须注意各个基本要素的整体培养。整体性要求把企业文化教育看做有机的体系，使各要素间齐头并进，相互协调，共同发展。也就是说，我们应该在提高员工企业文化认识的同时，培养员工的企业文化情感和企业文化意志；在教育员工确立、坚定和增强自己的企业文化信念的同时，教育企业员工养成自然而然地实践企业文化原则和规范行为的习惯。当然，在进行企业文化教育的时候，是可以而且应该根据实际情况侧重于其中的某个方面。但是，切不可因有侧重点，而不兼顾其他方面。总之，整体性是由企业文化本身形成和发展的客观过程所决定的，也是构成企业文化品质中各要素相互依赖、相互制约的必然要求。

（二）企业文化教育的针对性

企业文化教育要着眼于促进企业员工文化品质诸要素的平衡，使其全面发展，因而企业要对各要素施加积极的道德影响。但在现实的企业工作中往往难以实现各个要素发展的完全平衡，各要素在发展方面和发展水平上常常不一致。这是因为每个企业员工的生活经历、教育程度、知识水平和实践状况不同，他们的社会公德素质和职业道德素质不同，客观上企业员工的职业活动又与许多方面发生关系。这种情况决定了进行企业文化教育不能采取整齐划一的形式，死扣一环，只从一个固定不变的模式出发，而要从实际出发，在充分调查的基础上，针对不同的教育对象，选择最需要、最迫切、最能见效的方面进行企业文化教育。譬如，对刚参加工作的企业员工，由于他们对企业文化知识知之甚少，因而就应该从企业文化认识着手对其进行企业文化教育；对某些意志薄弱的企业员工，就要从增强企业文化意志入手对其进行企业文化教育；对空谈企业文化而不实行者，就要从要求其言行一致开始对其进行企业文化教育。总之，企业文化教育要因人而异，灵活多样。这种企业文化的针对性，是企业文化教育灵活性和生动性的体现。

（三）企业文化教育的复杂性

培养企业文化品质是一个极为艰巨复杂的过程，需要不断地反复进行。即使比较单纯地传授企业文化知识，也必须经过反复教育才能逐步为企业员工所了解和掌握。相比之下，企业文化感情的培养，企业文化意志的锻炼，企业文化观念的树立和企业文化习惯的养成还要困难得多，艰巨得多，不可能一蹴而就，一次生效。例如，就培养企业文化情感来说，真正要使企业员工做到爱憎分明，从善如流，疾恶如仇是很不容易的。这种情感必须在实践的基础上经过反复认识，反复感染，长期熏陶才能产生，要使其稳定，还需要更长期的教育。可见，复杂性是企业文化教育的又一规律性的特征，它表明企业文化教育是一项长期的艰巨性的工作。

（四）企业文化教育的实践性

企业文化本身就是知和行的统一，企业文化离开了实际的企业文化行为就会变得毫无意义。不仅企业文化认识、企业文化情感、企业文化信念和企业文化习惯需要在社会实践中培养和训练，而且由"知"转化为"行"，必须在实践基础上实现。企业文化教育的实践性意味着，这种教育既要从企业实际工作出发，适应社会的实践情况和实际需要；同时，其又要引导企业员工遵循企业文化规范。实践是进行企业文化教育的基础，也是检查企业文化教育成效的唯一标准。离开了实践，企业文化教育就会变成美妙的空谈和说教，也就不能称其为企业文化教育。

扩展阅读 10.2：大力弘扬优秀企业家精神

（五）企业文化教育的渐进性

企业员工的文化品质不是先天就有的，也不是自发产生的，只有经过后天的长期学习和反复磨炼才能形成。企业员工这种反复的磨炼过程实际上也是企业文化品质形成的渐进过程。荀子云："积土成山，风雨兴焉；积水成渊，蛟龙生焉；积善成德，而神明自得，圣心备焉。故不积跬步，无以至千里；不积小流，无以成江海。"此话表明，一种良好的品质要经历积小善为大善的长期过程，只有通过平时细微的不断进步的文化的量的积累，才能实现文化面貌的根本变化。刘备说得更明确："勿以善小而不为，勿以恶小而为之。"因此，企业文化教育不能操之过急，急于求成，而要循序渐进，日积月累。企业文化教育要给企业员工以文化理想，要达到这种理想必须经过无数的阶梯。只有立足企业实践，从自我做起，千锤百炼，才有可能成为一个具有高尚文化情操的企业员工。

企业文化教育是一个培养和塑造企业员工灵魂的系统工程，特别需要遵循公司文化教育的客观规律。企业教育工作者要不断地研究各种新的企业问题，总结新经验，揭示新规律，使企业文化教育更丰富、生动、深刻，更富有成就。

二、企业文化教育的方法

企业文化教育的方法是以企业文化教育的客观过程的特征及其规律性为依据的，是企业文化实践经验的总结。企业文化教育究竟应采取怎样的方法，只能根据企业文化本身的特点和教育对象的实际情况来确定。下面我们对企业文化教育方法做简要介绍。

（一）传授企业文化知识与进行文化锻炼相结合的方法

传授企业文化知识，就是通过讲授，向企业员工灌输企业文化规范等知识，帮助企业员工提高企业文化认识，并在职业生活中自觉进行企业文化实践。但对企业文化知识的深入理解，离不开企业实践的锻炼和企业文化的锻炼。企业员工只有亲身实践，通过自身的锻炼体验和总结，才能更深刻、更全面地认识、理解企业文化知识，更自觉地从事企业文化实践活动。可以说，传授企业文化知识和进行企业文化锻炼，是加强企业文化教育的两个同等重要的方面，二者的关系是相辅相成、互相促进的。

（二）个人示范和集体影响相配合的方法

个人示范包括两方面内容，其一，企业领域的各级负责人在企业工作中，以身示范，以身作则，严格要求自己，成为全体企业员工的表率；其二，企业表彰先进模范人物，树立正气，抨击不良倾向。个人示范能起到影响大众的作用。同时，要加强集体教育，扩大集体影响。集体是许多个别成员组成的。集体影响一般表现为集体成员的相互学习、相互感染、相互激励、相互监督和相互促进等，是一种全体效应。发挥每个成员长处，克服各自的不足，促进大家一道提高企业文化水平，可起到良好的企业文化教育效果。

扩展阅读 10.3："领导文化"与企业文化

（三）典范诱导和舆论扬抑统一的方法

榜样的力量是无穷的，企业领域的榜样，是指在企业工作中做出了巨大成绩的英雄、模范人物。他们具有高尚的企业文化品质，善于从日常小事做起，不断对自己进行文化品质的锻炼，全心全意地为国家，为人民，为集体工作。他们闪光的行为和事迹，对其他企业员工起到潜移默化的作用；加之他们在社会上，尤其在企业领域的文化风尚，恰当地、实事求是地运用榜样的力量，可以启发诱导和激励企业员工践行企业文化。与此同时，我们还要重视舆论作用。舆论对企业员工的文化行为起到扬抑作用。在企业领域，只有形成了扬正抑邪、褒善贬恶的社会舆论，企业文化教育才能收到好的效果。

企业文化教育的方法除了上述几种以外，还有其他多种，例如说服教育的方法、文化行为反馈的方法等。具体运用哪种企业文化教育方法，要视企业文化教育的任务、内容和教育对象的实际情况而定。

第三节　企业文化修养实践原则与方法

"自天子以至于庶人，壹是皆以修身为本。"可见修养的重要性。企业文化修养是企业员工进行自我文化教育的课堂和长期积累的结果，它直接关系到企业文化品质的形成和提升。

一、企业文化修养的意义

修养是一个含义广泛的概念，通常指人们在政治、道德、文化以及各种技艺方面所进行的勤奋刻苦学习和涵养锻炼，也是人们经过长期的努力所达到的能力和思想品质水平。修养一般包括思想意识修养、道德品质修养和科学文化修养三个方面。企业文化修养是企业文化品质的一个部分，主要指企业员工的思想意识、文化品质方面的"自我教育"和"自我改造"，包括按照一定的企业文化管理原则、规范所进行的自我批评和自我解剖，也包括在实践中所形成的企业文化情操和所达到的境界。其任务是让企业员工通过对企业文化管理原则、规范的认识和体验，使自己形成稳定的、正确区别企业工作中的善良与丑恶、光荣与耻辱、高尚与卑鄙、诚实与虚伪等方面的内在信念。企业员工有了正确的内心信念，就能在本职工作中自觉调节个人行为，使其符合企业文化规范。

提高企业文化修养，具有重大的意义。这种意义可以从企业文化修养同企业文化检查与评价、企业文化教育的区别和联系中加以说明。

企业文化修养和企业文化检查与评价是紧密相连的。企业文化修养要通过企业自我检查与评价的方式来实现，企业文化检查与评价的展开可促使企业文化修养的提高。在企业文化修养中，检查与评价的因素往往同对文化理想的选择、追求紧密联系在一起，并且始终服从于这种选择和追求。因而，检查与评价在这里仅仅表现为一般的"良心"谴责，并且从被动状态中解脱出来，成为一种克服障碍、完善个人企业文化修养的积极力量。这就表明，在企业文化修养中，企业文化检查与评价的广泛性、深刻性得到了充分发挥，它不仅成为企业员工思想和行为的隐蔽的监督者，而且成为他们思想和行为内在的鼓舞者。企业文化修养把义务、良心、荣誉、幸福等观点集于自身，推动员工为获取更高的企业文化价值，实现崇高的文化境界而自我反省、自我解剖和自我锻炼。所以，如果说企业文化检查与评价是企业文化的捍卫者，是形成企业员工文化品质的重要杠杆，那么其作用的实现关键在于提高企业员工文化修养的自觉性。

企业文化修养和企业文化教育是相辅相成的。企业文化教育是社会进行的文化活动，企业文化修养是企业员工个人自觉进行的文化活动。这两者的区别是社会和个人之间的关系在企业文化活动中的表现。它们之间可能存在着矛盾和斗争，但两者又是紧密联系的。企业文化教育要取得成效，关键是激发企业员工进行企业文化修养的自觉性。因为在企业文化修养中，企业员工的文化积极性和主动性可以得到充分发挥，企业文化教育所提出的文化要求能够转化成企业员工内心的信念，且将该信念付诸企业文化行为，凝结成企业文化品质。从这个意义上讲，企业文化修养是企业文化要求体现在企业员工行为和生活方式中所达到的程度，是对企业文化要求的认识同这些要求在行为中的体现的统一，是企业文化财富同个人独特的生活经验的统一。因此，可以说，没有企业文化修养也就没有企业员工文化品质的形成和发展。

总之，企业文化修养是企业文化的职能和社会作用得以顺利实现的重要基础，是企业文化教育的内在课堂，是企业文化教育的重要目标。一个企业员工一旦掌握了企业文化修养就能将自己在社会实践中，在企业文化检查与评价和企业文化教育中所形成的企业文化观念、文化信念和文化理想转化为文化行为，凝结成相应的文化品质。其实，一个员工的高尚的企业文化品质，都是他刻苦地进行企业文化修养的结果。

二、企业文化修养的实践原则

首先，要明确提高企业文化修养的目的。我国企业文化修养受以公有制为基础的社会主义生产关系的制约，同共产主义文化体系紧密相连，提高企业文化修养的目的是提高员工在社会主义市场经济中的企业文化管理水平，培养员工的共产主义文化觉悟，造就一代新型企业管理人员，为实现祖国振兴和共产主义而奋斗。

为了实现这一目标，企业文化修养一刻也离不开企业工作实践。只有在企业实践活动中提高企业文化修养，才能使自身的文化品质不断提高。这就是企业文化修养的原则，这也是它和历史上一切旧的企业文化修养的根本区别。古代的伦理学家强调脱离实践活动的唯心主义的修养方法。所以，刘少奇同志曾指出："古代许多人的所谓修养，大都是唯心的、形式的、抽象的、脱离社会实践的东西。他们片面夸大主观的作用，以为只要保持他们抽象的'善良主义'，就可以改变现实、改变社会和改变自己。这当然是虚妄的，我们不能这样去提高修养。我们是革命的唯物主义者，我们的修养不能脱离人民群众的革命实践。"

企业文化修养强调实践原则，原因如下。

（1）人们只有在实践过程中才能改造自己的主观意识。企业员工只有在工作过程中，通过与服务对象的接触和联系，才能意识到自己的行为哪些是符合企业文化的，哪些是不符合企业文化的，从而提高自己的企业文化修养。

（2）企业文化修养只能在实践中得到检验和提高。企业文化原则和规范对企业文化修养的提高提出了明确的目标。这些文化原则和规范必须运用到企业实践中去，通过实践效果检验企业文化修养是否符合企业文化原则的规范和要求，对照、检查、改正以致清除自己思想、言行中一切与上述原则和规范相违背的东西，从而不断提高企业文化修养水平。

（3）企业文化修养的提高是一个人从实践到认识，再由认识到实践的不断循环往复的运动过程。这一过程不是简单的重复，而是不断向上发展，永无止境的，只有反复实践和反复认识，才能使企业员工的文化修养不断升华，从而达到一个又一个新的境界。

三、企业文化修养的方法

企业文化修养的方法是多种多样的。由于每个企业员工的社会实践、工作环境、生活经历、文化素质、性格特征不相同，因此修养的方法就不能完全是一个格调。总的要求是从实际出发，循序渐进，扎扎实实，持之以恒。具体方法主要有以下几种。

（一）进行新旧两种企业文化观念的斗争

自觉进行新旧两种企业文化观念的斗争是企业员工文化修养成功的关键。企业员工不能离开社会进行企业活动实践。在当今社会上，存在封建思想、资本主义思想和各种旧的文化思想，它们经常影响、侵蚀企业员工，以个人利益为核心的旧文化思想就通过各种渠道冲击、影响企业员工的思想和行为。两种企业文化观念的斗争在一个较长时间内存在着。企业员工在进行企业文化修养时要正确地针对这一客观实际情况，严肃认真地培养自己扬善弃恶的企业文化感情，以企业文化规范为尺度，客观度量自己在企业工作实践中的言行，对各种旧的企业文化思想进行严厉的批判和斗争，在斗争中不断提高企业文化修养水平。

（二）开展自我批评，严于解剖自己

有道是："金无足赤，人无完人。"每个企业员工由于各种原因，难免会有这样那样的弱点、缺点和错误。正确的做法是，敢于正视自己的不足，开展批评和自我批评，严于解剖自己，而这也是企业文化修养高的重要标志。

企业领域是"创造财富"的地方，也是充满"诱惑力"的地方。企业工作的性质，决定了企业员工要直接或间接地与金钱和财产物资打交道。目前社会上广为流行着"向钱看"的思想，不健康的思想意识和生活方式会通过各种途径影响人们，企业领域更是其"渗透"的重点。因此，企业员工要始终保持清醒的头脑，不为各种"香风毒雾"所迷惑，不被各种"糖衣炮弹"所击中，更需要不断地进行自我批评、自我反省，提高自我警惕。企业员工要紧密结合本职工作实际，经常进行自我反省，用社会主义企业文化原则和规范严格解剖自己，找出自己在企业文化问题上的不足，逐步提高自身文化修养水平。在开展自我批评、自我解剖的过程中，企业员工对自己要有正确的估价，积极进行自我改造，培养并逐步形成社会主义企业文化情感和观念。为了更好地开展自我批评，进行自我解剖，自我检查与评价，企业员工必须有"闻过则喜"的精神，能够虚心地听取不同意见。因为一个人往往不容易发现自己的缺点，即使发现了，认识也不一定深刻。正如俗语所言："目能见几里之外，而不自见其眉睫""当局者迷，旁观者清"。企业员工要善于听取领导、同事和其他同志的批评，接受他们的监督，虚心、诚恳地考虑别人的意见，做到有则改之，无则加勉。

可以说，企业文化修养过程同时也就是企业员工不断地开展批评和自我批评、由不成熟到成熟、由不完善到完善的过程。

（三）"慎独"

"慎独"作为企业文化修养的方法，指企业员工必须严格要求自己，努力培养强烈的企业文化感情和坚定的企业文化信念，并且坚持在"隐"和"微"处狠下功夫，在履行职责时不管在人前人后，有人无人的情况下，都能一丝不苟，认真负责，恪尽职守。所以，在企业文化修养中，要从小处、从无人之处着手，努力把好"隐""微"的关口，才

能收到预期的效果。"慎独"作为修养应达到的境界，是指一种无须外来任何监督和强制而习以为常的行为方式。要达到这一境界是很不容易的，要有一个由不自觉到自觉的过程，要经历长期的，甚至是痛苦的实际锻炼。但必须努力争取达到这种境界，否则，企业文化修养就不能深入，甚至夭折。企业员工为了达到"慎独"的境界，要提高企业文化修养的自觉性。企业员工要深刻认识企业工作的目的和意义，树立强烈事业心，明确企业文化修养的方向。

扩展阅读 10.4：2023 年"3·15"主题——用诚信之光照亮消费信心

（四）企业文化行为的反馈

在企业文化的具体实践活动中，由于实践操作与理论存在着差距，企业有可能会出现一些文化缺失的现象。在我们身边不乏这样的例子：办公室电话铃声持续响起，而员工仍慢吞吞地处理自己的事情，根本充耳不闻；一屋子的人在聊天，投诉电话响个不停，就是没有人去接；下班时间一到就得赶紧跑，免得遇事又得耽误回家，等等。这些虽然都是小事，但恰恰反映了企业的一种文化氛围。这种反映其实具有一种反馈作用，为企业甄别出了员工文化行为实践的不足之处，从而指导企业员工进一步提高自己的文化修养。

那么，怎么来鉴别这些行为是否符合企业文化呢？这就得有个标准。而这个标准取决于企业文化的核心价值理念，比如说"责任和卓越"。那怎么改变员工的行为表现，让他们的行为符合企业文化的价值理念呢？首先，要告诉他们，"责任和卓越"这一核心价值理念的行为标准是什么。其次，要告诉他们，哪些行为是符合"责任和卓越"的行为标准的，哪些不是。

最后，如果出现和标准不一致的行为的时候，不能采取简单粗暴的惩罚措施，还要掌握一些教练技术，通过激励、引导、纠正和反馈等技术去强化员工的行为表现，促使他们形成良好的行为习惯。

因此，企业的管理者应该掌握一些具体的行为反馈技术和方法，通过教练式辅导不断强化员工企业文化的行为表现，并将其固化为员工的行为习惯，从而彻底地提高员工的企业文化修养。

第四节　企业文化境界与快乐指数

境界这一概念，在我国西汉时期就开始使用，首先是"疆界""地域"的意思，以后引申为人们所处的境况。"境界"作为一个思想修养的概念，始于佛教传入中国以后。佛教把境界理解为每个人对佛经的造诣和理解的不同程度。所谓"斯义宏深，非我境界"，就是这个意思。魏晋时期人们开始把诗文的立意和造诣的高低、深浅也称为境界。"境界"这一概念就被广泛运用于文学、艺术、政治、文化和伦理道德等各个领域。所谓企业文化境界，就是企业员工在社会生活和企业实践工作中，按照企业文化规范去行动所形成的企业文化觉悟水平，以及处于这种文化觉悟水平所表现出来的思想感情和情操。由于每个企业员工所受教育程度不同和自我修养程度不同，他们所达到的文化境界也会存在较大的差别。

一、企业文化境界

根据企业员工对待本职工作的不同态度，企业文化境界大致可分为如下三个层次。

（一）"雇佣型"文化境界

在"雇佣型"企业文化境界下，企业员工用雇佣观点来对待自己的企业工作，看待本职工作中的人与人之间的关系。他们一般将从事企业工作看做谋生的手段，不主动发挥自己的知识和技能，只求得到理想的工作和报酬，这样文化上也就满足了。在"雇佣型"企业员工的企业文化意识和行为中，社会的文化检查与评价和文化自我检查与评价存在着矛盾。社会对员工的企业文化期望较高，而员工对自身的企业文化要求容易满足。

扩展阅读 10.5：七层企业修炼境界模型

（二）"尽职型"文化境界

处在"尽职型"文化境界的企业员工以做好分派给自己的企业工作作为最高的追求。他们缺乏远大的企业文化理想，不能自觉地认识到自己从事的工作是共产主义事业的一部分。当个人利益与国家、人民的整体利益一致时，他们会认真工作；一旦两者利益出现矛盾，就会动摇、退却，这时可检验他们企业文化修养的深浅程度。"尽职型"企业员工在开展企业文化自我检查与评价时，会考虑人民利益，但更多考虑个人利益，他们会尽可能做到对自我的企业文化要求符合社会的企业文化要求，并且力争个人的企业行为受到社会文化检查与评价的肯定、鼓励和表扬。

（三）"献身型"文化境界

所谓"献身型"指企业员工在本职工作中始终做到工作第一，他人第一，全心全意为人民服务。在这种文化境界下，企业员工能从大局出发，能摆正并正确处理个人与集体的关系，能从他人和社会利益出发，提出企业文化的自我要求，整个身心全面投入企业工作，自觉地使自己的企业文化行为符合社会和人民大众的要求。在这里，企业文化的自我检查与评价和社会的检查与评价达到统一，企业文化教育收到成效。

以上分析表明，三个层次的企业文化境界是递进的，而不是并列的。每个企业员工都可以从较低层次的文化境界向较高层次的文化境界转化。企业文化的检查与评价、教育和修养的目的是推动企业员工从"雇佣型"境界向"尽职型"境界转化，从"尽职型"境界向"献身型"境界转化、升华。

二、企业快乐指数

沃顿商学院人力资源与组织行为学专家朗·艾利斯（Ron Ashkenas）设计了一个诚信与快乐相联系的关系指数，即企业快乐指数：

$$T \cdot M = 2H$$

式中：H（happiness）为快乐指数，T（trust）为诚信，M（market）为市场。

上式说明，企业讲求诚信，自然会赢得市场，从而可得到双倍的快乐。有些新上马的企业，新产品刚问世可能市场比较小，只要讲求诚信，终究会壮大，赢得市场与快乐；而那些不讲求诚信的企业肯定会失去市场，何谈快乐!

扩展阅读 10.6：知识经济时代企业员工快乐指数

与上述三个层次的企业文化境界相对应，在"雇佣型"企业文化境界下，企业员工处于初级快乐指数层次，其快乐指数亟待提高；处在"尽职型"文化境界的企业员工则处于中级快乐指数层次，其快乐指数有待提高。只有达到"献身型"文化境界的企业员工才处于高级快乐指数层次，他们的企业文化修养达到完美的境界。

应该看到，企业文化境界是有止境的，又是无止境的。因为一方面它要受历史条件和会计实践的限制；另一方面它又要随历史条件、社会生产力和企业实践的不断发展而发展。因此，每个企业员工都不能满足于已经达到的文化境界，要在社会生活和企业实践中不断提高自己的企业文化修养的自觉性，向更高的企业文化境界迈进。

重要概念

企业文化行为　　企业文化教育　　企业文化修养　　企业快乐指数
企业文化境界

案例分析10

三一重工梁稳根的60条思考：人类因梦想而伟大

同步测练与解析10

自学自测　　扫描此码

第十一章

企业文化比较与借鉴

经典名言

古之学者必有师。师者，所以传道授业解惑也！

——韩愈

先天下之忧而忧，后天下之乐而乐。

——范仲淹

孟子见梁惠王。王曰："叟不远千里而来，亦将有以利吾国乎？"
孟子对曰："上下交征利而国危矣。王亦曰仁义而已矣，何必曰利？"

——《孟子》

一个充满理性、秩序井然的社会，首先要有精神秩序，然后才有政治和法律秩序；精神秩序的形成有赖于企业伦理道德和社会诚信形象的完善。

——德国著名社会学家马克斯·韦伯

作者感悟

心灵改变基因！知识改变命运！伦理净化世界！诚信完善人生。

学习目标

通过本章学习，掌握中国、美国、日本和欧洲国家企业文化的显著特点以及跨文化管理的内涵和意义；理解一个国家或地区的企业文化是建立在传统的民族文化的基础上的，并且与其地理环境、社会经济发展水平相联系，不同国家和地区的传统民族文化决定了企业文化的差异性；认识到企业应建立自己具有强大生命力和远大辐射力的企业文化以取得源头活水。

重点与难点

1. 中国、美国、日本和欧洲国家企业文化的显著特点

2. 不同国家和地区的传统民族文化对其企业文化差异性的影响

3. 跨文化管理的内涵和要求

导读

英伟达（NVIDIA）的企业文化：创新、合作、追求卓越

英伟达（NVIDIA）成立于 1995 年，如今已经成为全球领先的深度学习芯片制造商。公司不仅以其强大的深度学习技术闻名，更以其独特的企业文化吸引着全球各地的人才。本文将从人力资源方面，深入探讨 NVIDIA 的企业文化，内容主要包括：企业创新文化、合作精神、追求卓越文化等。

企业创新文化，开诚布公的文化沟通

NVIDIA 自成立以来，始终强调"开诚布公"的文化沟通。公司鼓励员工在尊重他人、保持开放心态的前提下，敢于发表自己的意见，并与其他团队成员分享自己的想法。这种开放的文化氛围使得 NVIDIA 的员工能够自由地发挥个人优势，共同推动公司的发展。

追求卓越的文化氛围

NVIDIA 以"追求卓越"为核心价值观，致力于为全球带来最先进、最强大的深度学习技术。公司不断优化产品线、提升研发能力，并鼓励员工挑战自我、追求卓越。在这种文化氛围下，员工勇于担当责任，追求卓越，为企业发展贡献自己的力量。

创新与激励并重

NVIDIA 不仅注重创新，更强调激励。公司通过提供具有竞争力的薪酬福利、完善的培训体系以及富有挑战性的晋升机会，激励员工不断成长。同时，NVIDIA 鼓励员工在创新中发挥个人优势，将个人价值与企业的发展相结合，实现共享成长。

NVIDIA 倡导"合作"的文化氛围，鼓励员工在团队中相互支持、合作共赢。公司通过搭建多种合作平台，如内部竞赛、技术分享等，促进团队成员之间的交流与合作。

开放的协作模式

NVIDIA 鼓励团队内部打破传统的界限，以开放的心态进行协作。公司通过搭建灵活的团队组成，鼓励不同背景、不同领域的员工共同合作，实现优势互补，共同进步。

NVIDIA 的企业文化具有鲜明的时代特征，体现出公司对创新、合作和追求卓越的执着追求。在未来的发展中，NVIDIA 将继续坚持这些核心价值观，进一步强化企业文化建设，为员工提供更加广阔的发展空间，为企业的持续发展注入强大的动力。

（资料来源：浅笑，X职场，2023.8.11）

管理的哲学深深地植根于文化，在一种文化中成长起来的管理不一定适用于另一种文化。然而，这种看法可以用于尊重管理的普遍特点，同时又可以把它运用于现代管理者的特定亚文化中。在全球性的市场上，所有的管理都是多元化的。

第一节　中国的企业文化

一、中华民族传统文化的特点

中华传统文化指发端于古代、流传于现时的历史文化遗产，是世代相传，有一定特色的思想、道德、风俗、心志、文化、艺术、制度等。它包罗万象，是植根于本民族土壤中较为稳定的东西，同时又具有继承性，能够直接或间接地影响和作用于当代社会各种制度及今人的生产生活方式和思维习惯等。分析中国传统文化的一些特质对现代企业发展的影响，站在今人的角度，反观传统文化的丰富内涵，会发现我国民族传统文化具有下列特点。

（一）以人为本的人文思想

人本思想在中国文化中大体包括三层意思。首先是把人看成天地万物的中心，深信价值之源内在于人心。以人为核心，天地人相参是历代思想家的一贯主张。先秦时期，法家"争于气力"观点体现出对自我力量的相信和对个人价值的肯定，道家"全身葆真"是以人性的保持和对主体意识的首肯为基础。众多思想中以儒家最为突出。孔子曰："人能弘道，非道弘人。"这与西方传统文化中以上帝和神为最高标准的神本文化截然有别。强调"爱人"思想的孔子把"仁"作为他学说"一以贯之"的唯一原则和最高道德标准，而"仁"的内涵就是"爱人"，强调从无私的动机出发，舍己利人，舍己爱人。儒家认为人只要努力，皆可成才。孟子云"人皆可以为尧舜"。这种人本思想是现代企业以人为中心的管理的文化基础。

（二）讲和谐、重团结的精神

讲和谐、持中道、重视整体利益的维护是中国文化的一大特点，它深深浸透民族文化肌体的每一个毛孔，对我们民族的影响是多方面的、深刻的。在中国的传统文化中，家族团体主义是建立在等级制度基础之上的。在一个家族团体内，家族利益最高，追求家族利益的最大化，强调团体（整体）重于个人，个人无条件服从整体，强调家族内部以伦理关系为基础的和谐与稳定是中国传统文化思想。

以儒家为代表的传统文化讲究人与人的和谐、人与社会的和谐、人与自然的和谐，把天、地、人视为统一的整体，以"天人合一"为最高境界，以维护社会安定、群体谐调为宗旨。这一思想正好适应了封建大一统政体的需要，对于维护多民族国家的团结统一起到了促进作用。对整体观念的认同，使国人十分注重和谐局面的实现和保持，做事不走极端，着力维护群体利益，求大同存小异。

中和精神即使在现代企业组织中也大有用武之地。它对企业团队精神的形成，企业凝聚力、向心力的培育无疑有着极大价值，对企业调节内部人际关系、关注与自身社会、环境的和谐共荣，实现可持续发展亦大有裨益。而且注重整体意识，以群体为本位，似乎更符合现代企业管理的性质。现代化生产中几乎一切重要的事情都要靠集体协作来完成，人的独创性、人的价值只有在社会群体中才能得到全面发展和充分实现。企业是一个相对封闭的系统，可以被视为"一个小家族"。去掉封建性，保留人与人之间的和谐关系，与市场经济和社会化大生产是不矛盾的。增强企业员工的"家族"观念，有利于企业形成团体凝聚力和竞争力，有利于重构人们以团体利益为重的团体精神。

（三）自强不息的进取精神

在中国传统文化中，贯穿着一种刚健有为的进取精神。《易经》曰："天行健，君子以自强不息。"《论语》曰："士不可不弘毅，任重而道远。仁以为己任，不亦重乎，死而后已，不亦远乎！"这些正是中华民族自强不息、积极进取精神的高度概括。也正是这种精神，使中华民族在近代中国面对外来侵略时做出不屈不挠的抗击，争取了国家民族的独立，并自力更生，不断改革创新，锐意进取，形成了中华民族强大的向心力和凝聚力。也正是这种精神，不断地推动着中国社会和文化的发展，促使中华民族跻身于世界优秀民族之列。

当今，企业在艰苦创业、顽强拼搏的过程中，同样体现了这种进取精神。不少企业或以"自强不息""发愤图强""拼搏进取"等作为企业精神，或以此为信念推动企业发展，表明其与企业文化内容是充分合拍的。当然，在市场经济条件下，自强不息、正道直行作为一种精神力量和思想指向，还应被赋予时代新意，现代工业生产和市场经济的组织性、严密性、程序性、市场性、竞争性特征必然要求企业永存进取之心，否则其就有可能被淘汰。要用市场经济的公正、公平观念改铸偏重伦理道德践履的正道直行精神，使古老的民族精神生发出渗透现代意识的文明之花。

（四）爱国主义精神

"先天下之忧而忧，后天下之乐而乐""富天下、强天下、安天下"是中国古代社会爱国主义精神的体现。数千年对封建统治的反抗历史演变成一种追求自由、反对剥削、为国图强的爱国主义传统，尤其是在中华民族遇到危难之时，这种爱国主义又衍生出巨大的凝聚力、向心力和民族责任感。尽管历史上的爱国主义客观上存在着一定的阶级局限性和时代局限性，但这种光荣传统却不失为中华民族历史遗产中的瑰宝，不失为中华民族的灵魂，它激励着中国人世世代代为保卫祖国、变革图强、追求社会进步而献身，其也成为现代企业的精神支柱。

（五）以道制欲

中华民族自迈进文明的门槛后，就有一种贯穿始终的强烈的理性精神。儒家主张乐而不淫，哀而不伤，人的一切情和欲都要合乎于礼义等，便是强调个体的情感和欲望的满足，要与社会的理性要求相统一。同时，中华民族强调个体与群体和社会之间的和谐一致。归根结底，它们都是以道制欲的道德理性和思维趋向的具体表现。以道制欲精神的形成，对于中华民族重理性、讲节操，抵制纵欲主义，反对人性方面的自然主义，都有积极影响。

二、中国企业文化的特点

在中国传统文化中，中国近代企业家主要吸取了儒家的理论——推己及人，善辨义利的思想精华。此外，中国近代企业家还吸取了道家的讲究战略，因势利导，善于应变；法家的讲究制度，严立规章，执法不苟；墨家的讲究以身作则，艰苦奋斗，自苦为极；纵横家的讲究策略，计多谋广，奇策制胜等思想精华。这些民族思想精华塑造了中国的企业文化。中国企业文化整体呈现出如下特点。

（一）自强不息、争创一流的精神

中华民族是一个发奋图强、永不服输的民族，这一点在中国的企业文化中也有充分的体现。民族资本企业创业之初就受帝国主义和封建主义的双重压迫，生存环境十分恶劣，因此在寻求实业救国的创业道路上，一开始就形成了不怕困难、艰苦奋斗、勇争一流的精神。靠着这种精神，不少民族资本企业从小到大，发展壮大。

近代知名企业家范旭东和侯德榜在事业屡遭挫折的情况下，抱定信念，经过八九年的努力，终于掌握了一直被国外垄断的制碱工艺，在 1937 年费城万国博览会上获得金质奖章，被誉为"中国近代工业进步的象征"。三一集团作为一家民营企业自从创业那一天起，就立志"创建一流企业，造就一流人才，做出一流贡献"，并以"自强不息，产业报国"作为企业精神。具体分析，在中国艰苦奋斗、勇争一流的企业文化中还包含着精打细算和勤俭节约的精神。由于中国人口众多，资源相对不足，中国共产党提倡的"勤俭办一切事情"自然成为企业文化的一部分。在这方面最为突出的是北京墨水厂提倡的"一厘钱精神"。1962 年北京墨水厂职工"从每件包装材料降低一厘钱"入手，开展了一个节约生产费用的运动，创造了良好的效益。这种精打细算、勤俭节约精神很快得到传播。北京制药二厂从利用"一分钟"做起，开展了创财富竞赛。也有很多企业提出"节约一滴水、一寸布、一度电、一颗螺丝钉"等口号，这些都很好地再现了中国企业这种优良传统。

（二）报效祖国、服务社会的爱国理念

中国近代民族资本在创办、经营企业过程中，大都怀有"富国图强""实业救国""服务社会"的爱国思想。他们在同帝国主义及外国垄断资本进行斗争过程中，表现出较强的社会责任感。20 世纪 20 年代中期，在著名民族企业家刘鸿生倡导下，国内火柴企业实行国产火柴厂合并，成立大中华火柴股份有限公司，抵制瑞典和日本火柴的倾销，保护民族工业，其中体现了强烈的自强自立和爱国精神。1925 年创办于重庆的民生实业公司以"服务社会、便利人群、开展生产、富强国家"为准则，主张对内"个人为事业服务，事业为社会服务，个人的工作是超报酬的，事业的任务是超经济的"。橡胶大王陈嘉庚先生更明确地提出"争为国家、为社会尽义务"。这些实业报国、服务社会的爱国主义思想，是中国近代民族资本企业文化的精髓。新中国成立以后，企业在中国共产党领导下，又受到社会主义和爱国主义的教育，长期接受党的优良传统的熏陶，表现出更为强烈的社会责任感和勇于奉献的精神。在企业中，员工忘我工作，勇于奉献，力争多为社会做贡献。用一年时间完成三年（或更多）工作量的"生产标兵"大量涌现；以苦为乐、以苦为荣、不计较个人得失的"劳动英雄"成为人们自觉学习的榜样。

改革开放以来，更多的企业满怀敬业、报国的理念，为民族产业的振兴贡献力量。海尔集团、华为集团等民族产业向世界 500 强迈进的步伐无不蕴涵着这一企业文化精神。

（三）以质量求生存的传统

严谨认真、重视质量的传统，在中国近代民族资本企业中一般表现在比较重视严密的规章制度和严格的管理、对产品质量有严格和详细的标准、对顾客认真负责等方面。新中国成立初期中国纺织行业出现的"郝建秀工作法"（国营青岛第六棉纺织厂）、"裔式娟小组"（上海国棉二厂）、"赵梦桃小组"（国营西北第一棉纺织厂）等都体现了以提高产品质量、对人民高度负责为主要内容的企业文化。具有悠久历史的同仁堂，生产管理严格，用料讲究，精心研制的药品质量好，疗效高，直到今天，这种严谨精神依然光彩夺目；中国医药行业中有名的杭州胡庆余堂以"戒欺"为企业宗旨，一直坚持"药业关系性命，尤为万不可欺""采办务真，修制务精"；华北制药厂也告诫员工"好药治病、坏药致命"。这些都体现了医药业极强的质量意识和社会责任感。在食品行业，著名的"六必居"酱菜，坚持从选料到出品"六必须"，赢得人民群众的交口称赞；海尔集团以"真诚到永远"走向世界；北京公交的李素丽同志在近20年的售票工作中，岗位做奉献，真情为他人，用真情架起了一座与乘客相互理解的桥梁，被广大群众誉为"老人的拐杖，盲人的眼睛，外地人的向导，病人的护士，群众的贴心人"，体现了公交"一心为乘客，服务最光荣"的行业宗旨，赢得了广大乘客的尊敬和爱戴。

（四）讲人和、重亲和、以人为本的管理方式

在中国近代民族资本企业中，大凡有成就的企业，都体现着一种"人和""亲和"精神。这种精神的形成除了深受中国"团体意识""和谐思想"和"人本思想"的影响外，还具有三方面原因：一是民族资本企业在创办之初多是以宗族或家族形式出现的，人员的招聘及职务安排往往首先考虑家庭成员或亲戚、同乡等，因此形成企业的血缘基础和"人和""亲和"氛围，以后即使企业扩大了，也容易保持同呼吸、共命运的群体意识；二是受中国传统的"天时不如地利，地利不如人和"的团体观念的影响，人们认为"人和"是企业最宝贵的资源；三是民族资本企业所处的受"双重压迫"的地位，使它在夹缝中生存，其只有团结一心，同舟共济，才能保全自己，得到发展。

在社会主义企业里，"人和""亲和"精神进一步得到升华，坚持以人为本，提倡集体主义精神，成为企业的更高追求。很多企业不断完善民主管理制度，广泛吸收员工参与管理，增强员工集体意识。中国工人阶级以强烈的主人翁意识，爱厂如家，团结合作，重视集体荣誉，把企业的事情当成自己的事情，以厂荣为我荣，以厂衰为我耻，把个人同企业紧紧地连在一起，表现出较强的集体主义精神，以及对企业的责任感、自豪感和依附感。尤其是很多老员工，作为企业的创业者，他们对企业更有一种特殊的感情，愿意把自己毕生的精力贡献给企业这个"大家庭"。

（五）任人唯贤、重视人才的管理理念

"千军易得，一将难求"。中国近代企业从古代诸多管理思想中吸收了"重人才"的思想。中国传统文化中一贯主张的"人本主义"思想，也强调了个人在整个自然、社会中的核心作用和地位，从整体上形成了中国近代企业培养人才、尊重人才的良好社会环境。

三、华商精神：华商文化精髓

每一个民族都有自己赖以生存，发扬光大的"民族灵魂"。这个"民族灵魂"就是能世代延续、不断发展的民族文化传统。儒家文化传统在华人企业家的创业实践中、在形成具有中国特色的企业文化过程中的作用问题，引起了世界学术界普遍的关注。李梦阳的《空同集》引述商人王文显教训儿子的话说，商人和士"异术而同心"，所谓"善商者处财货之场，修高明之行，士大夫修名，商人修利，只要以义守利，天鉴之，子孙必昌"，就是说商人只要以义经商，他的事业就会兴旺发达。通过华商精神可见华商文化之精髓。华商精神主要可概括如下。

（一）诚信不欺，一诺千金

"诚信不欺，一诺千金"是华商商业精神的一条重要原则。它要求企业家在经营企业和经商活动中诚信立世，先义后利，不做亏心的买卖。即使不订书面契约，语既出就要信守诺言。一个国家的社会传统及公民之间的信任程度，对该国经济和物质资本的影响非常重要。一方面，经济组织的建立取决于许多基本的社会机制，如产权、合同，以及整套的商业法规、法律；另一方面，经济组织的建立也取决于该社会原有的社会道德意识和作为社会成员相互信任的基础的不成文的道德规范。这种相互信任能大大减少经济学家称之为交易成本的谈判、执行合同的费用。社会成员之间的相互信任使某些高效率的经济组织形式得以存在，而不需要烦琐的制度、合同、诉讼和官僚机构、官僚体制的束缚。

"精诚所至，金石为开""朋友有信""人无信不立，政无信不威，商无信不富"。这些中国传统文化中的至理箴言把诚信列为从事任何职业的一条首要道德规范。诚信被儒家视为"进德修业之本""立人之道""立业之本"。

（二）胸怀壮志，大展宏图

自强精神是中国五千年悠久文明史的写照，也是中华儿女开拓事业、大展宏图的精神支柱。在香港灿如星河的巨富大贾之中，最富有传奇色彩的人物是霍英东。香港的一家报刊曾做过这样的评论：霍英东处在 20 世纪的今日，竟能够一朝发达，如今竟是香港一位最有名的实业家，应算是异数。"英雄莫问出处，奇迹在于人为。"霍英东从一个出身卑微，衣食无靠的孤儿，成为一位世界闻名的大企业家，靠的是立志奋发、自强不息、自胜自立、艰苦奋斗的精神。

扩展阅读 11.1：河南矿山起重崔培军：把"树立三心、秉承三爱"作为核心诚信文化

（三）义以天下，回报社会

"义以天下"是中国传统文化世代相传的美德之一。在华人企业家中，许多人正是受了中国传统文化中"义以天下"的思想影响，在事业发达之后，热心公益、乐善好施、兴办教育、回报祖国。

东西文化各具特色，中外文化各有所长。新一代华人企业家"华裔二、三代"多晓当地语言和西方语言，有较高的当代文化

科学知识及多国联系背景，具有多元文化的素质和开阔的视野。华商文化的适应与保留无疑成了东西文化结合、中外文化联系的纽带和桥梁。中华民族的亲缘文化与西方当代企业管理文化的有机结合，不仅确保了华人家族企业的长久繁荣，而且有利于这些企业向现代化、多元化、国际化方向发展。

第二节 美国的企业文化

美国（美利坚合众国）是一个由五十个州和一个联邦直辖特区组成的宪政联邦共和制国家，东濒大西洋，西临太平洋，北靠加拿大，南接墨西哥。美国是个多元文化和多民族的国家。自 1870 年以来，美国国民经济就高居全球第一。其当今的国内生产总值超过全球 20%，在经济、政治、科技、军事、娱乐等诸多领域的巨大影响力均领先全球，是目前世界上唯一的超级大国。美国有高度发达的现代市场经济，是世界第一经济强国。20 世纪 90 年代，以信息、生物技术产业为代表的新经济蓬勃发展，受此推动，美国经济经历了长达十年的增长期。2010 年，美国国内生产总值高达 14.624 万亿美元（2010 年，世界国家和地区第 1 名）。人均 GDP 为 47132 美元（世界国家和地区第 9 名）。[①]

一、美国文化的特征

为了维护他们的民主观念，美国人进行了一场革命以及随后的一系列战争。因此，他们憎恶太多的控制或干涉，尤其是来自政府或外国势力的。他们相信，人人生而平等，虽然在现实中，他们有时并不完全遵循这一理想观念。他们努力通过法律提倡机会均等，对抗自己的种族主义或偏见。美国人还喜欢将在贫困和逆境中独立奋斗而有所成就的人理想化。在美国控制自己命运的流行表述方式为"做自己的事"。

绝大部分美国人认为，一个人只要下定决心主动争取，他（她）可以成就任何事情，实现自己的潜在价值。他们倡导以工作为中心。美国人具有很强的工作观念，尽管当今这一代正学习如何建设性地享受休闲时光；他们时间观念极强，做事效率很高；他们改进设备和技术体系，不断地寻求更简便、更好、更有效的做事途径；他们崇尚友好随意，反对传统的皇室和等级特权，但对有财有势者又很尊重。一些美国人对大众媒介制造的明星羡慕不已。尽管美国人打招呼和穿着均很随意，他们却属于非接触文化（如一般避免在公共场合拥抱）中人，身体和心理上都会与人保持一定距离（如大约两英尺）。他们显示出较强的竞争性，好胜心强，美国人无论在游戏还是工作中皆是如此，因为他们有强烈的获取成功和取得成就的欲望，这与他们的文化传统有关，他们的祖先不得不在荒凉恶劣的环境中克服困难，求得生存。[②]

美国作为一个只有 200 余年历史的国家，文化根基较浅，没有僵化的传统。但它是一个移民国家，各国移民所带来的文化在这里交融，形成了具有鲜明特征的美利坚民族文化。概括起来，美国文化体系有三个突出的特征：个人主义、英雄主义和理性主义。

---

① http://baike.baidu.com/view/2398.htm.
② 刘光明. 企业文化史. 北京：经济管理出版社，2010：114.

个人主义使美国人崇尚自由；英雄主义使美国人崇拜巨头伟人，富于竞争精神；理性主义则使他们富于思考，崇尚法规实效。这三种精神便是美国企业精神。美国企业的崛起和经济的腾飞依靠的就是这种精神。

（一）勇于冒险、不断创新的精神

美洲大陆的发现是从冒险开始的，这也注定了美国人骨子里具有的冒险开拓精神。美国西部牛仔的形象，是美国冒险与开拓集中体现。他们习惯于用未来的眼光看事情，不太关心今天会怎么样，主要梦想明天会怎么样。他们认为没有什么事情办不到，即使最不切实际的计划，在他们看来也能够实现。

在以个人主义为文化背景的美国，人们充分发挥了人脑丰富的想象力和创造力，在单一技术开发方面独占鳌头，技术开发的"加法效应"十分明显。

（二）物质主义

美国人在国家问题和商务问题的处理中都特别重视自我利益，在问题的处理过程中特别注意工作的程序，不太注重人与人之间的感情。

赚钱是美国人的主要目标。美国人看重金钱与其说为了生存，不如说是作为一生成就的证明。金钱是美国人衡量个人成功的一个手段，美国的《财富》杂志每年都要进行财富排名，"榜上有名"的企业家是亿万美国人心目中的英雄、偶像。企业家在美国特别受尊重，大学里的企业管理专业是热门专业，人人都想创办公司而发家致富。"贫穷是懒惰造成的，赚钱乃是上帝的旨意"，这就是美国人的理念。

（三）个人英雄主义

美国的社会文化和社会心态要求个人在社会生活中充分表现自我。体现在美国大企业中的是各类独创性的英雄的出现，他们成为美国企业文化的要素。

美国企业文化学者泰伦斯·迪尔和艾伦·肯尼迪指出，如果价值是文化的灵魂，那么英雄就是这些价值的化身和组织力量的集中体现。在强文化中，英雄是"中流砥柱"。经营上需要经理来保证企业的正常运行，但它更需要英雄来获取动力。在美国的著名企业中，涌现出一批"共生英雄""情势英雄""导向式英雄"，这些英雄都有一个共同特点，就是通过个人奋斗，在事业中获取巨大的成功，而被企业确认为英雄模范式的人物。

（四）自由平等精神

美国是一个信奉自由主义的国度，除了法律的限制和由执法机关执行的限制外，任何机关或个人不得非法剥夺和限制人的自由。美国社会中的自由在内容、范围、程度上比其他国家要广泛得多。

美国人除了追求自由之外，还追求平等。平等观念已渗透到美国人的全部生活领域。在美国，摆架子，高人一等的表现，很少为人所容忍，美国人的待人接物的态度最突出地表明了这种平等观念。美国人的平等，不仅表现在政治上、经济上、社会上，还表现在文化上、心理上，其重点就是竞争、竞赛的机会均等。

扩展阅读 11.2：星巴克如何用"伙伴文化"激励员工、留住员工？

（五）实用主义

在美国文化中，"有用、有效、有利就是真理"。美国哲学中，实用主义一度占有绝对的优势。实用的价值观念在美国人的文化信念中占有绝对优势。任何一项发明或发现能否被美国人接受，关键在于其能否在现实中加以应用，能否在社会生活中产生效应，这在一定程度上表达了美国民族的务实精神。美国社会文化中的个人主义和务实精神反映了美国人的文化价值倾向，这种倾向也反映在企业管理模式和企业文化模式之中。

二、美国企业文化的特征

（一）建立共同的价值观[①]

价值观是企业文化的核心，决定着企业文化发展的方向。美国企业看重企业共同的价值观和共同的信念，注重认同与共识。

美国企业领导者认识到，决定公司生存和发展最重要的因素是企业共同的价值观和共同的信念。努力为消费者、为社会提供优良的产品和服务是美国优秀企业的共同价值观。同时，美国相当多的企业都有自己独特的价值观，并深入人心，成为员工共同的行为规范，由此产生向心力，就像宗教信仰对某些人的作用一样，而且多与感情、以人为本、和谐、服务、责任、满意等有关。

在具有浓厚企业文化的公司中，特定的价值观得到了充分的体现。这些公司的企业文化赞成什么样的价值观，它们的管理人员就在组织的各个层次上调整或保持什么样的价值观。惠普公司明确提出"以真诚、公正的态度服务于公司的每一个权利人"的思想，与 IBM 公司的"让公司的每一个成员的尊严和权利都得到尊重，为公司在世界各地的消费者提供最上乘的服务"有异曲同工之处。福特公司宣布：要"让每一个人都用得起汽车"。沃尔玛要求：当顾客走到距离你 10 英尺的范围时，员工要温和地看着顾客的眼睛，打招呼并询问是否需要帮助。对于员工的微笑，沃尔玛有个量化标准：请对顾客微笑并露出你的 8 颗牙齿。通用电气公司赖以维系的是职员的"所有权观念"，即公司授予现场人员许多权力，让他们对自己职权范围内的事负完全责任。这种充满分权化的企业家精神，才是通用电气公司得以强大的核心力量。

企业不同，企业文化就不同，重要的是员工认不认同你的企业文化。一种企业文化如果企业所有员工都认同，并且潜移默化地渗透到心灵深处，那么这个企业文化的力量就大，对人的约束力就大，企业凝聚力就强，就有生命力。反之，企业的增长繁荣只能是短期的，而不是长期的。美国企业吸收和学习日本企业的经验，注重员工对企业价值观的认同，力争在个人主义的文化中寻找企业与员工的共同点。在管理上，美国企业也逐渐从"单纯指挥型"转向"集体共识型"。企业领导对部门管理者加以引导，注重集中广大员工的智慧，搞共识决策。

（二）提倡个人能力的充分发挥

美国企业以"个人能力"作为决策行为的准则，强调个人决策。在典型的美国企业

---

① 陈丽琳. 企业文化的新视野. 成都：四川大学山版社，2005：382

里，主管、部门经理和总经理一致认为他们不能"踢皮球"，他们自己应当担起做出决定的责任。在企业管理中倡导个人能力的管理哲学主要包括：

（1）尊重个人尊严和价值，承认个人的努力与成就；

（2）强调个人决策和个人责任；

（3）奖励针对个人，而不是集体，能刺激人的积极性。

（三）强调理性主义的行为方式

美国的理性主义企业文化源于民族的实用主义、理性主义的传统，发源于泰勒的科学管理。这种行为方式的具体表现如下。

（1）对专业人员较少干预。在美国企业，即便你是总经理也不能对专业人员指手画脚，尤其是在他们工作的时候。作为经理，你只需要说清楚你要做什么，达到什么样的要求，具体怎么做，专业人员会自己去设计，自己设计工作程序，只有当他出现困难，寻求帮助时，经理或有关负责人才可以指导具体工作。

（2）求实精神较强。企业上下级及同级之间的关系多讲求实在和独立性，较少虚假。美国企业信奉"爱怎么干就怎么干，只要干得有意义、有效果就好"。

（3）重视组织机构和规章制度。美国企业比较重视确定严密的组织系统、合理的管理程序、明确的职责分工、严格的工作标准、科学的规章制度、先进的管理手段和管理方法。在美国企业中，人们重视"法制"，看轻情感和面子，管理中较少受人情关系的纠葛。美国企业中的各种规章、标准、制度如同美国法律一样多如牛毛，员工都依章办事。

（4）职工实行短期雇佣制。在美国企业界，人们虽然注意到了雇员，尤其是技术工的稳定性问题，但企业仍然采取与日本"终身雇佣制"不同的雇佣制度，经济繁荣时期大量招进工人，经济困难时期又会解雇多余工人，一切从实际需要出发，完全靠契约维系与员工之间的关系。

（四）信奉顾客至上，质量第一的理念

美国是个典型的市场经济国家，具有极强的质量意识和顾客意识。现在美国企业中，信奉"顾客至上""顾客就是厂家的上帝"，以"顾客总是有道理的""虚心听取顾客的意见""经常访问顾客""尊重顾客""顾客买的不是东西而是期望"等口号作为行动指南。

美国政府鼓励企业提高产品质量，保护消费者利益，依法严惩制假贩假者。靠优质的产品取胜是美国成功企业的一条经验。在质量问题上他们的原则是：坚持一贯性，不仅仅把质量问题看做是一种技术问题，注重培育质量意识，并且日复一日、年复一年地贯彻这一精神。企业为了切实保证产品质量，都会在科学的理论指导下，建立严格的质量保证体系。麦当劳只不过是一种快餐，但美国人把它建成了风靡世界的麦当劳帝国。他们质量管理严格，实行标准化经营，服务快捷、友善、可靠，环境舒适、幽雅，提出"提供更有价值的高品质的物质给顾客"的口号，规定如大汉堡包出炉后10分钟及法式炸土豆条炸好后7分钟卖不掉，一律废弃；规定员工接受标准化的培训，确保麦当劳不管开到哪里，都能做到"不走样"。正是由于质量管理严格，只用了几十年时间就把麦当劳快餐推向世界，造就了拥有三万多家分店，每日接待顾客超过5000万人的世界快餐大众品牌。

第三节 日本的企业文化

日本国是位于亚洲大陆东岸外的太平洋岛国。西、北隔东海、黄海、日本海、鄂霍次克海与中国、朝鲜、韩国、俄罗斯相望，东濒太平洋。领土由北海道、本州、四国、九州四个大岛和3900多个小岛组成，为单一民族国家。日本自20世纪60年代末期起一直是世界公认的第二号资本主义经济强国，科学研发能力居世界第三，同时也是当今世界第四大出口国与第四大进口国。日本属于发达国家，国民拥有很高的生活质量，人均国民生产总值超过4万美元，稳居世界前列，是全球最富裕、经济最发达和居民生活水平最高的国家之一。[①]

第二次世界大战中，日本国内经济遭到严重破坏，世人都以为它需要较长时间才能恢复，不久便发现事实并非如此。当日本产品相继敲开世界各国国门，特别是电视、汽车、电子产品等占领了美国大部分市场时，美国开始研究日本经济发展的奥秘。20世纪80年代，美国学者纷纷发表文章，指出日本企业发展迅猛的原因，在于日本企业有自己的企业文化，于是企业文化成了日本企业高速发展的首要原因。

一、日本的民族精神是日本企业文化的渊源[②]

曾任美驻日大使、著名日本学专家埃德温·赖肖尔在《日本人》中指出："地理上的孤立状态，加上后来人为的障碍，使日本人被迫生活在一种与其他人口类似、文明程度相仿的民族更为隔离的环境里。或许也可以这样说，这种自然条件与人为因素所造成的孤立状态，使日本人比其他民族更有可能根据自己的意愿，以自己的方式寻求发展。"所以日本大和民族重视集体智慧与集体力量。中国儒家文化中的等级观念、忠孝思想、宗法观念被日本民族接受，形成了具有典型的东方文化传统的日本民族精神。

（一）自尊意识强烈

大和民族的民族自尊意识表现得十分强烈而持久。日本的民族自尊精神作为日本精神的核心和框架，深深积淀于这个民族的灵魂深处。

首先，日本民族具有浓厚的民族优越感和集体主义的感情。这是日本的单一民族特性和地理位置所致。笼统地说，日本属于单一民族，不存在多民族间的摩擦和分裂，在民族统一上长期保持一致是显而易见的。另外，日本地处亚洲大陆的边缘地带，四面环水，历史上的长期孤立使人们更容易紧紧地团结在一起。

其次，日本具有极强的民族意识。日本人的突出之处，与其说是模仿性，不如说是独特性，以及他们在学习和应用外国经验时不失去自己文化特性的才能。无论是古代借鉴中国的儒家文化，还是现代借鉴西方的现代文化和科学技术，日本人均经过巧妙的改造并赋予其本民族自身的特色，这就是日本人的聪明之处。所以，日本人信奉"综合就

---

① http://baike.baidu.com/view/1554.htm.
② 叶陈刚. 公司伦理与企业文化. 上海：复旦大学出版社，2007：285.

是创新"。

日本民族的危机意识与忧患意识同时转化为追求民族昌盛的取之不尽、用之不竭的精神动力。这些在优秀的日本企业和企业家身上可以找到痕迹。例如"经营之神"松下幸之助以其"松下精神"享誉世界，松下把"产业报国"置于"松下精神"之首，并明确提出了振兴和魂的口号。丰田汽车公司的社训首要条款就是"上下同心协力，以至诚从事业务的开拓，以产业的成果报效国家"。

（二）忠诚精神

日本人的基本假设前提是每个男女都负有恩情债，有债即要报恩。报恩的形式就是"忠"。另外，日本封建社会遗留下来的效忠天皇、尽职、自我约束的"武士道"精神，是影响日本近代企业文化的重要因素。忠诚的民族精神在日本企业表现为员工忠诚于集团、公司，集团、公司又忠诚于社会、国家。日本员工对企业都有一种感恩报恩、忠于企业的"从一而终"的感情，而公司、企业家往往具有一种自发地报效国家、服务社会的观念。

（三）克制律己

日本民族非常注重修身律己，修身律己精神可从在日本盛行的禅文化中窥见一斑。禅宗在封建社会传入日本后，以静坐方式实行的严格自我约束以及简单清苦的寺院生活，对日本武士形成了很大吸引力，他们用此方式锻炼了刚毅的个性，培养了自我克制的性格。近代则有松下幸之助这样一位拥有万贯家产，却依然过着俭朴的生活，身患重病却呕心沥血地执着进取的代表。

（四）亲和一致的精神

"和"是被运用到日本企业管理范畴中的哲学概念和行动指南。其内涵是爱人、仁慈、和谐、互助、团结、合作、忍让，是日本企业成为高效能团队的精神主导和联系纽带。它最初发源于中国儒家伦理，到了日本重点发展为"和、信、诚"的礼仪规范。人们注重共同活动中与他人合作，追求与他人的和谐相处，并时刻约束自己，所有日本的企业都依"和"的观念行事。

日本社会颂扬合作互助、通情达理、体谅别人的美德。日本人在相互合作的过程中，积累了一套达到和亲一致的高超技巧，他们在交往中不深究对立的观点，经常不用语言交流而靠心照不宣的活动，通过几乎是直觉的相互理解达到和谐，日本人称此为"腹艺"。

（五）勤奋进取

"出人头地"是日本人深信不疑的话，日本人总是期望有所成就，并坚信无论出身高低贵贱，只要凭着个人不懈的努力和出色的才能，都可以升到社会上层。所以，日本人工作起来特别勤奋，不仅上班时间拼命干，而且经常自动放弃节假日的休息，加班加点。

传统上强调的一致性的力量在日本仍然是很大的。然而，在这种传统习俗范围内，日本人绝不是不敢越雷池一步的人类蚂蚁。日本人已经学会如何陶冶自己的个性，但采取的是社会上能够接受的方式。

（六）学习和模仿

日本民族不仅吸取了中国儒家文化的精髓，而且学习了欧美的先进技术，并把两者有机地结合起来，成为东方文化与西方技术的"混血儿"，这就是被称为"和魂洋才"的日本企业文化特点，也是日本企业管理文化的重要基础。

战后日本经济能够高速发展，是其固有基础、特殊条件和机遇等多种主客观原因，国内外各方面原因共同起作用的结果。日本充分利用被美国独占和美国将大量加工制造业搬进日本之机，大力吸收美国的资金，学习、借鉴美国的先进工艺、科技和管理经验，并加强仿制、模仿和创新工作，使日本成为世界上对外国技术、工艺消化、吸收力最强的国家之一。战后日本仅用了 20 多年时间，就先后赶上并超过法国、英国和联邦德国（指国民生产总值）。日本 1950—1975 年共引进了 25000 多项技术，并用不到 30 年时间、花了仅 60 亿美元左右，就把美国等西方国家用了半个多世纪、花了 2000 多亿美元的研究成果学到手。[①]

日本企业家松下幸之助曾说："学习的精神是日本迈向繁荣的第一步。"被誉为美国"管理学之父"的彼得·德鲁克在《面对未来的抉择——机会与成功》一书中写道："我总是被日本的出乎意料的成功所吸引。在我看来，了解这种成功是理解日本的关键……我越探索这个问题，就越感到困惑。然而，只有一点是越来越清楚的，那就是日本人取得成功的基础是他们具有利用外来工具的独特能力，不管这种工具是社会体制还是物质技术，都被容纳到日本人的价值体系中，并为其目标的实现服务。"

二、日本企业文化的特征

（一）人本理念

企业即人、企业为人、企业赢人，日本企业管理的成功很大程度上得益于"以人为本"的管理。首先，他们着力于人力调配的优化；其次，他们注意工作效能最优化。日本企业还通过淡化所有权，让员工参与管理等办法调动员工工作的积极性，形成经营者和员工、企业的"命运共同体"。日本企业特别注重培养人才，调动全体员工的积极性，具体表现在以下几方面。

1. 制度保障

终身雇佣制、年功序列制和企业工会制是日本企业重要的制度保障。这三大支柱中无一不是紧紧围绕着人这个中心，而且三者相互联系，密切配合，从三个不同的侧面来调整日本企业的生产关系。正是这些形成了命运共同体的格局，实现了劳资双方的和谐，推动着日本企业的高速发展。

终身雇佣制下，日本企业一般不轻易解雇员工，使员工有职业保障的安全感，更重要的是使员工产生成果共享、风险共担的心理。年功序列工资制，是指把员工的收入与其对企业服务的年限挂钩，晋升工资主要凭年资，相应的职务晋升也主要凭年资。资历深、工龄长的员工晋升的机会较多，保证相当部分员工在退休前都可升到中层位置。这

---

① http://baike.baidu.com/view/1554.htm.

种制度是以论资排辈为基础的，员工服务时间长短和对企业的忠诚程度比工作能力更重要。日本企业通过提供廉价公寓、减免医疗费、发放红利等全面福利，从物质利益上促使员工忠诚于企业。企业工会，是指工会的组织不是按工种或职业的不同来组织，而是按企业来组织，一个企业的职工都在一个工会里，而同其他企业的工会没有什么密切的联系。这样，把劳资关系改造为家族成员的内部关系，劳资之间的冲突和交涉只限于企业内部。这三项制度使员工能够团结一心，为企业竭尽全力。

日立公司前总经理古山说："我认为问题不在组织，而在人。"因此，在日立公司形成了"人比组织机构更重要"的组织风气，企业用尊重、信任和关怀来沟通员工与企业的感情。

2. 注重职工后续教育培训

日本企业家认为："人才开发的利益大得无穷。"为了提高职工的技术能力和创造能力，日本企业非常重视教育、技术培训和文化事业，主张通过教育提高员工的素质和能力，从而为企业创造更多的财富。

丰田汽车的口号是："既要造车也要造人。"丰田公司的第三任总经理石田退三说："谋事在人，任何事业要想获得较大的发展，最重要的是以造就人为根本。"丰田公司认为，企业由人、财、物三要素组成，排在第一位的是人，人就是财产。培养优秀的人，就是增加企业的资产，无论谁都应该在造就人上下功夫。因此，丰田公司从文化知识、技术技能、道德修养和思想感情等方面对员工进行教育培训，从而奠定了其世界著名公司的地位。

3. 重视激励与沟通

日本企业非常重视激励的作用，重视通过激励来刺激、调动、强化员工的积极性。激励包括发放资金和精神鼓励，资金分为三种：第一种是一年两次的资金，资金的多少取决于企业利润；第二种是特别奖，根据员工每年表现，由领导人亲自发，员工之间互相保密，不得相互询问，这样做是为了防止员工情绪波动，也为了使员工对企业"感恩戴德"；第三种是"提案奖"，合理化建议提出后，只要有一点可取之处就奖，建议取得的利益大就重奖。

扩展阅读 11.3：日本经营之圣稻盛和夫，总结 80 余年人生智慧——万事皆从"心"

日本企业家还非常重视企业内部的感情沟通。公司管理人员不是终日埋头在办公室里，而是经常和下属、职工打电话或面谈。有的企业家几乎每天晚餐时都同基层管理人员边吃饭边谈话，一些公司的高层管理人员甚至同下属工厂全体员工一起野餐、跳舞。据粗略统计，中级管理人员有 1/3～2/3 的时间花在参与下层人员的活动上，高级管理人员花的时间则高达 60%。

（二）企业家族化

许多日本企业家认为，企业不仅是一个获得利润的经济实体，而且是满足企业员工广泛需求的场所。日本企业管理强调员工对企业要有强烈的荣誉感和认同感，与企业荣辱与共，所以日本企业一般采用"终身雇佣制"，这使员工有职业保障的安全感。

日本企业还特别强调献身、报恩的精神，要求员工，尤其是企业管理人员要把自己的性命与公司的事业融为一体，为之而生，为之而死。

家族式企业的族长有至高无上的权威，是企业的精神领袖，有着慈父一般的形象；员工颇似家族成员，与企业存在着较深厚的"血缘关系"，对企业无限忠诚，恪守"家规"，有很强的归属感，为了企业利益，不惜牺牲自身利益，甚至不惜牺牲一切。正因为本企业把家族主义传统视为企业的灵魂，所以，即使是新一代企业经营者也把自己放在"命运共同体"成员位置上，提出不能把公司视为私有财产，不能由经营者拍卖。但是家族的分工以及等级色彩也是浓厚的。

（三）倡导团队主义精神

"团队精神"是日本企业文化的灵魂。[①]所谓"团队精神"，指日本企业经营活动的基本原则。这可以说是日本式经营的第一个重要特点。日本企业在管理方式上强调部门总体的工作成绩，而不是将重点放在职员个人身上。它在选择职员时首先关心的是职员进入公司之后与其他职员之间的协调性，并不过重地看待职员个人的特殊能力。

因此，日本企业的职员常常在下班以后加班，而这时几乎是部门的全体成员一起加班，他们或者处理未完的工作，或者为下一步的工作做准备。这种以部门为主的"团队精神"可以说是日本式经营的灵魂。另外，在生活上，通过建立全能的生活设施、建立多种社团组织、开展体育比赛及庆祝结婚纪念日等活动，让员工感受到集体的温暖，培养员工的团队意识。美国人说，日本企业如同蚂蚁垒窝，成千上万的"小人"抱着同样的目标做小事，结果创造出移山填海的奇迹。

（四）顾客至上的经营理念

日本企业很重视顾客，尊重顾客并与顾客进行沟通。他们提出了一系列口号，如"顾客是我们的第一主人""顾客至上""顾客是皇帝""一切为了顾客"等。日本企业认为，不是顾客依赖于企业，而是企业依赖于顾客，企业得以生存，全仰仗顾客惠顾。所以，日本企业将"顾客至上"作为一种原则，把严格的质量管理和完善的售后服务视为企业成功之道。

第四节　欧洲国家的企业文化

欧洲是基督教文化、犹太教文化、希腊文化相互碰撞、融合的产物，尤其是基督教文化传统，给欧洲各国提供了一个共同的道德基础，也给欧洲企业文化注入了一种普遍的哲学意义。拥有共同的基督教信仰，追求理性与民主思想，追求人与自然的和谐，强调世人互爱，倡导人文主义，善于逻辑思维，崇尚科学等，是欧洲企业文化的主要源泉。

欧洲是现代企业的发祥地和最早进行工业化的地区。欧洲企业在长期的发展过程中

---

① 陈丽琳. 企业文化的新视野. 成都：四川大学出版社，2005. 397.

形成了自己的企业文化特色，例如，实行人本管理，注重员工素质，讲求诚信，注重研发和创新，重视质量和品牌，提倡优质服务等。①下面主要介绍英国、德国和法国的企业文化。

一、英国的企业文化

英国全称大不列颠及北爱尔兰联合王国，是由英格兰、苏格兰、威尔士和北爱尔兰组成的联合王国，一统于一个中央政府和国家元首。英国位于欧洲大陆西北面，本土位于大不列颠群岛，被北海、英吉利海峡、凯尔特海、爱尔兰海和大西洋包围。英国是世界上第一个工业化国家，是一个具有多元文化和开放思想的国家。②

英国的企业文化是撒切尔执政时期的产物，但是它的影响不局限于当今的英国，甚至波及美国、澳大利亚等西方国家。在英国，企业文化指建立在个性与进取精神的经济道德基础上的文化。"企业文化"一词在英国的出现可以追溯到 20 世纪 70 年代，从 80 年代初到 90 年代，它成了英国保守党政府最经常使用的词汇之一。当时英国政府为了使失业率高且投资又少的内城区的经济得到复苏，采用了特许税收等项措施促成了企业区（enterprise zone）的建立，企业区建立之后，营造企业文化便成为英国文化工程的目标之一。

英国的企业文化最初是由英国保守党头面人物约瑟夫·基斯等倡导提出的。它仿照美国私营企业自由竞争精神，鼓励发展自负盈亏的小企业，并提倡形成企业个性化和实利主义化的社会风气。最初英国企业文化侧重于经济和市场，但从 20 世纪 80 年代开始，英国企业文化开始转向，侧重于通过文化和心理变化来调动企业人员的事业心。

英国两位企业管理学者沃尔特·戈德史密斯和戴维·克拉特巴特通过对英国企业的深入调查，选择了在经营管理上最出色的 21 家英国公司做了具体剖析，归纳出这些公司成功的八个要素，从而总结出了英国成功企业的文化特点。③

（一）领导方式

英国成功企业的最高层管理人员认为，领导的观念包括三个要素，一是领导者平易近人；二是领导者提出使命后，不仅自己热诚地相信它，而且也鼓动广大员工赞同它；三是使下属具有明确的目标，并掌握实现目标的手段。根据这一观念，英国成功企业的领导者想让下属接受一项重要的新决定时，总是亲自出马进行解释和说服。

（二）自主经营

英国的成功企业往往实行一种分散型的灵活经营方式，而不主张互相牵制。它们相信通才型经理的价值，对冒风险持积极态度，并创造一种环境，让各部门的经理们在必须受到限制的明确范围内拥有用自己的方法实施管理的自由。

（三）控 制

成功的英国公司在严格控制和灵活性之间努力寻求一种平衡，以求得最佳的控制效

---

① 张德. 企业文化建设. 第二版. 北京：清华大学出版社，2009：298.
② http://baike.baidu.com/view/3565.htm.
③ 黄立军. 欧盟企业文化. 北京：华龄出版社，2006：27.

果。它们不靠烦琐的规章制度来实施控制，而靠一种价值观念的引导和行为规范的约束。它们的观念是：一切自由都是相对的，伴随自由的是责任。这本身就成为一种制约。

（四）参与

在那些成功的企业中，各个管理层的人员都有一种强烈的责任感和参与感，许多公司还把这种参与感推广到基层。为了培养员工的责任感，各管理层都采取这样一些措施：进行高度密切的联系和沟通，实行高报酬和高奖励，从企业内部提升管理者，重视培训，尊重个人。

（五）面向市场

成功的英国公司都注重面向市场，十分重视公司的品牌和形象，大多数成功的经理都用更多的时间来关照顾客，市场工作已经融合到其他各项工作中，由众多的各类人员共同担任。

（六）注重创新

成功的英国公司都对新事物和变革的进程始终怀有浓厚的兴趣，虽然每个公司为适应变革所采取的对策不同，但注重创新已经融入公司的文化。大多数公司对于别人如何行动显示出极大的关注，即使公司的市场局限于本国，其也要求所有人员具有国际视野。

（七）恪守基本原则

成功的英国公司大都恪守一个基本原则：专注于本行业，坚持始终，一旦认准了某个行业就一竿子到底。克拉克制鞋公司的一位高级经理说："我们见异思迁之际，就是我们灾难临头之时。"为了扩大公司规模，克拉克制鞋公司采取纵向发展战略，一方面把一些零售商店合并进来；另一方面则建立自己的庞大的机械制鞋业。

（八）正直

成功的英国公司无论对雇员、顾客、供应商和社会中的其他人员，都坚持一种正直的原则，这些公司中的大多数对任何攻击它们正直性的报道会感到非常震惊，它们会竭尽全力维护自己作为好公司的公众形象。

上述观念和具体形式构成了英国成功企业的独特文化，正是靠着这些优秀的企业文化，这些公司能够超越其他公司而获得成功，在激烈的市场竞争中稳操胜券。

二、德国的企业文化

德国位于欧洲西部，东邻波兰、捷克，南接奥地利、瑞士，西接荷兰、比利时、卢森堡、法国，北与丹麦相连并邻北海和波罗的海与北欧国家隔海相望。德国被公认为欧洲四大经济体当中最优秀的国家，经济实力居欧洲首位，是当今欧洲乃至世界一流的强国。德国是世界第四大经济体、世界第二大商品出口国和第三大商品进口国，同时在医学研究、技术创新等多个领域中处于世界领先地位。[1]

---

[1] http://baike.baidu.com/view/3762.htm.

德国的企业文化受欧洲文化价值观影响很深。首先，欧洲文艺复兴运动和法国资产阶级大革命带来的民主、自由等价值观，对德国企业文化的产生和发展产生了很大的影响。其次，德国强调依法治国，注重法制教育，强调法制管理，在市场经济条件下长期形成的完备的法律体系，为建立注重诚信、遵守法律的企业文化奠定了基础。再次，宗教主张的博爱、平等、勤俭、节制等价值观念，在很大程度上影响了德国企业文化的产生与发展。最后，德国人长期形成的讲究信用、严谨、追求完美的行为习惯，使企业从产品设计、生产销售到售后服务的各个环节，无不渗透一种严谨细致的作风，体现着严格按照规章制度处理问题，对企业形成独特的文化产生了极大影响。[①]

德国拥有戴姆勒·克莱斯勒、大众汽车、安联、德意志银行、意昂、麦德龙、宝马、西门子、蒂森克虏伯、慕尼黑再保险、博世、拜耳、汉莎等一批世界知名的大企业。在长期的发展过程中，德国企业文化形成了规范、负责、和谐的以理性管理为基础的浓厚特色。[②]

（一）硬性管理的制度文化

日耳曼民族是欧洲最富有理性的民族，德国人处世稳重扎实，做事谨慎周密，德国实施依法治国，注重法制教育，强调法制管理。在此影响下，德国企业的运行机制基本上建立在理性基础上，严格的组织体系、完善的管理制度、认真的管理态度造就了德国企业的厚重实力和生产的高效率。德国企业内部的等级观念很强，且晋升机会较少，但员工只要长时间为企业服务，有足够的学历和阅历，就会获得晋升机会，特别是一般有学位的专业人才会优先得到晋升。其他人虽然得不到提升，但很少有怨言或消极不满，反而会更加努力上进和勤奋工作。

（二）民主管理的参与文化

由于有坚实的法律保障，加上以尊重人格、强调民主的价值观为指导，德国是西方国家中实行员工参与企业管理制度最好的一个国家，无论在戴姆勒·克莱斯勒、大众、西门子等大企业，还是高依托夫、路特等中小企业，员工参与企业决策是一种普遍现象。德国《职工参与管理法》明确规定，大型企业要按对等原则由劳资双方共同组成监事会，然后再增加1位中立人士担任主席。当双方意见不一致时，设立调节委员进行调节，如还不能解决，则由监事会主席裁定。《企业法》中规定，凡员工在5人以上的企业都要成立员工委员会，其由全体员工选举产生，主要任务是在工资、福利、安全等方面维护员工的利益，企业主在对涉及员工工资福利等重大问题做出决定前必须征得该委员会同意。德国的员工参与企业管理效果很明显，一是劳资双方关系融洽；二是劳动生产率大大提高；三是可以从员工中汲取许多改进企业经营管理方面的建议。

（三）基于责任的质量文化

德国企业对产品和服务质量的重视程度可以说是"世界之最"，强烈的质量意识已成为德国企业文化的核心内容，深深根植于广大员工心中。汽车工业是德国质量管理的典

---

① 陈丽琳. 企业文化的新视野. 成都：四川大学出版社，2005：386.
② 张德. 企业文化建设. 第二版. 北京：清华大学出版社，2009：298.

型代表，几大汽车公司都有一整套健全的质量管理机构与体系，对质量管理的投入相当巨大。例如，大众公司强调"精益求精"的质量理念，各类质量管理人员就有 1 万多人。西门子公司则秉持"以新取胜，以质取胜"的理念，长期立于不败之地。德国企业普遍注重独创性研究开发，力求高度专业化、权威性和高品质，从而保证产品的质量和竞争力；同时，他们也普遍重视优秀的服务品质，以诚信服务客户，塑造企业和品牌形象。牢固的质量意识基于德国企业和员工的强烈责任感，包括家庭责任感、工作责任感和社会责任感。企业对员工主要强调工作责任，尤其是每个人对工作岗位或生产环节的责任。在大众汽车、TüV 等公司，"责任"是企业的核心价值观。戴姆勒·克莱斯勒公司高度重视"责任"和质量，要求每名工人都在本职工作岗位上为成功卖出每一辆汽车而尽自己的责任。与美国企业相比，德国企业中的管理人员往往以身作则，因为责任感强而工作最累。

（四）以人为本的和谐文化

以人为本，实行人性化管理，是德国企业文化的另一大特点。其具体表现如下。

（1）德国企业普遍尊重员工。企业里，上级给下级布置任务通常用商量的方式，而不是命令的口吻。在大众公司，如果员工在某个岗位上工作不好，管理者通常首先会认为是工作岗位不适合，在征求本人意见后调换一个更能发挥其潜能的岗位。德国企业员工的离职率也比较低。

（2）注重务实的能力培训。德国是世界上进行职业培训教育最好的国家之一，德国企业具有完善的职业培训机制，造就了高素质的员工队伍。德国工业长期保持领先地位，与其培养和拥有大量的技师有密切关系。

（3）劳资关系、人际关系和谐融洽。德国工人的工作时间过去 30 多年累计减少 500小时，工作时间与美国、日本相比是最短的，而工资却不断增加。多数德国企业十分注重人际关系，具有和谐、合作的氛围。德国企业家认为，和谐的气氛能够激发人的潜能，最大限度地发挥员工的创造性；反之，员工不乐于贡献，工作将会受到影响。

（4）重视企业兼并重组过程中的文化整合。如德国戴姆勒·奔驰公司与美国克莱斯勒公司合并后，成立了专门委员会，制定专门计划，进行文化整合，保持和谐的文化氛围。德国在市场经济条件下长期形成的完备的法律体系，为企业建立诚信、遵守法律的企业文化奠定了基础。同时，宗教主张的博爱、平等、勤俭、节制等价值观念，在很大程度上也影响了德国企业文化的产生与发展。另外，德国企业文化明显区别于美国的以自由、个性、追求多样性、勇于冒险为特征的企业文化，也区别于日本企业强调团队精神在市场中取胜的企业文化。

三、法国的企业文化

法国，全称为法兰西共和国，位于欧洲西部，与比利时、卢森堡、德国、瑞士、意大利、摩纳哥、安道尔和西班牙接壤，隔英吉利海峡与英国隔海相望。法国是欧盟和北约创始会员国之一，八国集团之一和欧洲四大经济体之一。法国不仅在工农业方面非常发达，而且也是世界文化中心之一。[1]有人把法国人称为欧洲的中国人，说明这两个有着悠久历史文化的国家具有很多的共同之处。而法国人自己说他们最接近东方、最了解东方，并且和中国文化有一种神韵相通的默契。

当然，一个民族有一个民族的特点，法国人的优雅、时尚与浪漫同样被带到他们的企业文化中。法国企业文化有个突出特点，就是氛围轻松、管理人性化，比如法国企业十分尊重女性员工。法国人有这样的说法：在法国，女人排第一位，狗排在第二位，孩子排第三位，男人站最后。这话虽带有调侃的成分，但是能很好地反映出法国企业对待女员工的态度——已经形成了尊重女性、重视女性的坚固的文化，尊重女性的特殊性，并为女性员工的发展设身处地地考虑。但这并不意味着法国企业对人员的要求会放松，比如欧莱雅公司在用人上有一句名言叫"集诗人和农民于一体"，即要求员工要像诗人一样富有激情和创造力，具备开阔的思路、敏锐的触角，要机动灵活，这样才能应对时尚和市场的瞬息变化；同时也要像农民一样勤勤恳恳、脚踏实地。可以看出，激情和勤奋，是法国企业强调的两个重点。

法国的一些家喻户晓的品牌诸如标致、雪铁龙、米其林、欧尚、家乐福、雷诺、欧莱雅、达能、阿尔卡特、春天集团等也早已来到我们身边。支撑法国企业屹立于世界经济浪潮核心的是历史悠久的法兰西文明和现代企业管理结合造就的独特企业文化。[2]

（一）个性奔放，求新求变

法国人大多性格外向，喜欢直截了当地表达看法。因此法国人喜欢辩论，开会时针锋相对的事常常发生，会后又喜滋滋地拍着你肩膀说笑。和法国人沟通，你会发现他们喜欢用反讽方式点出你的盲点。一方面，法国人聪明、机智、善于直接表达；另一方面，他们和中国人一样具有人情味，讲究人际互动关系，你只要到他们的地盘开会，定会被专车接送，并且在会前半小时先喝咖啡小憩沟通，再进入会场正式开会。

法国人崇尚精英主义，希望应聘者能充分发挥自己的强项，成为优秀的团队领导。苏州马培德有限公司是一家专门从事办公用品设计与生产的法资企业，其人力资源经理梅英女士表示："公司不欢迎没有个性的'标准件'，我们需要员工富有创造精神。"作为时尚工业的先锋，欧莱雅对"个性"的重视程度远超上述企业。欧莱雅中国公司人力资源部职业发展经理程蕾说，欧莱雅倡导自由的文化，任何东西都没有标准，包括择才，公司唯一看重的就是"个性"。"技术可以通过有针对性的培训获得，但个性很难通过培训塑造，"她说，"如果有较强的领导能力、团队合作能力、创新能力，或者对工作有极大的热情，就可能脱颖而出。"

法国企业文化重在求新求变。法国人工作重视品质、要求创新，拥有创造力，在时尚产业工作尤其吃香。在专做肌肤和美发的法国欧莱雅公司里，便可发现这样的工作步调。美容产品时时创新，平均每 2 年换掉 50%旧产品，每 5 年产品全部更新；后勤部门同样讲求创新精神，作业流程等时时在变，为的是符合时代需求。

法国企业强调"全球化"和"文化包容"的企业精神，他们有"放眼全世界"的野

---

[1] http://baike.baidu.com/view/64741.htm.
[2] 黄立军. 欧盟企业文化. 北京：华龄出版社，2006：57.

心，除了努力塑造"世界级"产品并将其推向全世界之外，在企业内中高级主管身上，往往也可以发现多国文化形成的特殊气质。

（二）追求效率，责任心强

法国人善于享受生活是出了名的。他们把工作和生活分得很开，从不加班加点，如果你就此以为法国企业好混日子，就大错特错了。法国人生活上不拘小节，对工作却有高度的责任心，从不发牢骚，只是一刻不停地埋头做事。如果事情做得好，迟到、请假都可商量；如果做不好，立马走人也实属正常。据说，法国人单位时间的工作效率在全球都名列前茅，和他们共事的感觉就是两个字：紧张。

很多人常觉得法国人浪漫而不务实，在一家法国化妆品公司工作的罗小姐并不这样认为，"这是一种误解。其实法国人对待工作的责任心，绝对不输给别人。他们从不呼天抢地地抱怨什么，其工作作风的特点之一就是'马不停蹄'"。罗小姐表示，在法国企业工作节奏很快，必须时时刻刻根据市场变化做出反应，同时付诸行动。

（三）重视人才，择才各异

法国企业非常重视人才，它们的用人理念大致相同，追求所谓"三化"。其一，追求人才本土化。本土人才更了解本地的市场、文化及消费者需求，同时劳动力价格低廉，因而受到法国企业的偏爱。欧莱雅中国公司外籍人士只有 10 多人，95%以上都是本地员工。名列世界工业百强之一的圣戈班中国公司，本地员工也达到了 85%。其二，追求人才年轻化。法国企业大多热衷于招聘年轻人才，这种招聘策略不但为公司储备了生力军，还能让新潮的观念和创意互相冲击，使公司永葆活力、永不停滞。欧莱雅中国公司员工的平均年龄只有 28 岁，其中近 80%都是应届毕业生或工作经验在两年以内的新人。圣戈班中国公司也表示它们将大量吸纳中国的年轻人才，包括大学应届毕业生、MBA、海归等。其三，追求人才国际化。如果一个本地员工，既了解法国文化，会讲法语，还具有全球性战略眼光，熟悉国际市场，那正是法国企业梦寐以求的完美人才。所以在大量吸纳本土人才的同时，法国企业还会使用各种手段提高员工的国际化程度。

除此之外，法国企业和其他大多数企业一样，仍然看重人才的沟通能力、分析总结能力、组织能力、协调能力、团队协作精神等，同样对人才的主动性、创意性、诚信度和忠诚度有着较高的要求。

扩展阅读 11.4：欧洲国家的企业文化模式与管理特点

第五节　跨文化管理实施

为了共同的发展，世界各地不同的人们组织起来，通过协作完成任务。跨文化交往、跨文化管理的知识和驾驭文化差异的能力不仅对建立友好的人际关系相当重要，在经济全球化的发展趋势下，有效的跨文化关系对改进工作表现和提高生产力也具有重要意义。21 世纪，个人和组织必须把文化的敏感性和技巧结合在各种关系中，并应用在战略和组织结构中。掌握跨文化交往和管理这项工作的领导艺术，不但可以克服文化差异给交流和管理带来的障碍，而且可以使文化差异成为公司发展的一种宝贵"资源"。①

一、跨文化的含义

跨文化（crossculture）是指一种跨越不同的行为规范、价值观、隐含信念和基本假设的现象和过程。根据对文化的含义和结构层次的分析，可以将跨文化设定为一种"凸显文化差异的过程，是不同行为规范、价值观、隐含信念和基本假设交融碰撞的动态过程"。跨文化的基本前提是存在文化差异。文化差异主要体现在国家层面的文化差异、公司层面的文化差异和个体层面的文化差异三个层次上。②

（一）国家层面的文化差异

跨国经营管理中往往会遇到国家层面上的文化背景差异，这是一种宏观层面的文化背景差异。由于国家之间天然的不同，会有不同的文化表现及其对应的文化维度。国家文化差异具有一定的稳定性、典型性和分明性。

（二）公司层面的文化差异

公司层面的文化差异是跨文化差异的中观层次。这一点在重组和并购的人力资源管理中十分普遍。如果公司之间的并购是跨国并购，必须考虑到公司之间的国家或者民族文化差异所带来的影响。就跨国并购或者跨国公司重组等经营活动而言，公司层面的文化差异存在双重的文化影响：国家或者民族文化带来的差异，双方母公司带来的差异。无论受到文化的何种影响，并购企业之间都需要进行文化的整合通融，需要双方之间相互信任和尊重，需要营造双方都接受的公开、公平、公正、竞争的文化氛围。

（三）个体层面的文化差异

个体层面的文化差异是跨文化差异的微观层次。不同地域、不同年龄、不同性别、不同级别、不同部门的员工之间都可能存在价值观和行为方式上的差异。虽然个体价值观因个体的阅历不同会带有自身某些独特的烙印，但由于社会化的原因以及群体的影响，这些个体层面的价值观在不同程度上会受到其所在国家（民族）价值观和公司价值观的影响，并带有其所在国家（民族）和公司价值观的痕迹。

二、文化差异对组织管理带来的挑战

在全球化时代，许多企业走出国门，在多个不同的国家和地区建立起多个分支机构，这些分支机构或者是母公司的独资企业，或者是母公司与当地合资开办的企业，或者是合作企业，还有的可能是特许授权生产经营的企业。通过跨国经营，可以利用不同国家或地区提供的较低的生产成本和销售成本或者其他资源来获取更多的利润。具有不同文化背景的跨国企业一般会遇到如下三个方面的挑战。

---

① 刘光明. 企业文化史. 北京：经济管理出版社，2010：122.
② 郑兴山. 跨文化管理. 北京：中国人民大学出版社，2010：9.

（一）文化冲击的挑战

在跨国公司的发展中，文化差异一直存在，而且会全方位、系统地影响跨国公司的日常经营管理。由于跨国公司往往在母国经营过程中已经发展并形成了比较稳定的组织文化，在东道主国的文化情境中，母国文化会经常受到来自不同文化的强烈冲击。面对这一冲击，跨国公司的管理者必须保持高度的文化敏感性，能有效识别文化差异，注意东道主国文化与母国文化之间的相互协调，采取适当的手段和技巧进行有效的跨文化人际沟通、跨文化谈判、跨文化领导等。

（二）文化稳定性的挑战

文化的稳定性决定了文化的不易变迁性，决定了文化差异难以消失，因此，跨国公司管理者需要经常面对文化的相对稳定性及其差异的问题。

（三）跨文化冲突的挑战

跨国公司管理者的种族优越感、管理习惯、沟通误会等往往会导致管理者与当地国员工之间发生冲突，从而导致人际关系紧张。同时，企业在国外经营，遇到东道主国的不同法规时，如果处理不当，也可能会导致员工之间、员工与管理者之间的冲突。

总之，文化差异必然会导致在企业管理过程中遇到各种挑战。国际管理者应该对各种文化差异具有高度的敏感性，尊重文化的独特性，从不同文化的角度分析问题的根源所在，尽可能减少文化差异所导致的矛盾和冲突，在跨国经营管理中取得成功。

三、跨国公司的企业文化①

卓越的公司之所以成功，就在于它有一套独特的企业文化，使它得以脱颖而出。②跨国公司是一种多元文化的组织，成功运作的企业将组织内部的文化多样性视为公司全球竞争力的来源之一，其不仅拥有先进的技术和精湛的经营管理，并善于利用这种文化多样性激发管理者和雇员的创新意识。

扩展阅读 11.5：融合当地文化变成全球公司经营战略的重要部分

（一）跨国公司企业文化的框架

跨国公司企业文化的框架如图 11-1 所示，由三部分构成。

（1）表明跨国公司企业文化的历史起点，明确民族文化与社区文化在一定历史条件下作用于跨国公司。这种作用过程是潜在的，是非自觉意识的。民族文化与社区文化奠定了跨国公司企业文化的基本特征。

（2）政治制度、经济结构、法律、文化等决定性因素逐渐改变了传统文化的某些特征，同时又创造出新的文化内容。

（3）受上述两部分的影响，跨国公司企业文化最终形成。这里，跨国公司企业文化作为内化结构，指跨国公司员工的心理状态，如领导者的心理，被管理者的心理，员工

---

① 王朝晖. 跨文化管理. 北京：北京大学出版社，2009：150.

② [美]托马斯·彼得斯，罗伯特·沃特曼. 追求卓越. 北京：中国展望出版社，1984：14.

价值取向，对竞争、赢利、分工、技术引进等观念的基本看法。跨国公司企业文化作为外化结构，指管理行为习惯，如企业组织结构，形式的设立，管理、指挥、组织、经营的风格，群体的人际关系，企业进取性，公共关系等。

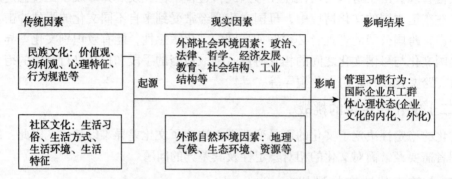

图 11-1　跨国公司企业文化的框架

资料来源：方虹. 国际企业管理. 北京：首都经济贸易大学出版社，2006：156

（二）跨国公司企业文化的特点

跨国公司具有不同于一般企业的企业文化体系，它除了具备一般企业文化的特性外，还有自己独有的特点，主要有以下几点。

1. 价值观和信念的多元性

跨国公司的员工往往拥有多元化的价值观念和复杂多样的信念结构。原因在于，不同文化背景的员工拥有不同的价值观和信念，决定了他们具有不同的需要和期望，以及与此一致的满足其需要和实现其期望的迥然不同的行为规范和行为表现；共享的跨国公司企业文化构建后，不同文化背景的员工仍然会保留着各自文化所特有的基本价值观和信念；全新的超越各自民族文化的跨国公司企业文化尽管可以共享，但是其构建是在尊重、保留甚至张扬民族文化差异的前提下进行的，它并不是一个消除原有不同民族文化差异的过程。

2. 行为方式上的冲突性

员工价值观和信念的多元性使得同一个跨国公司内部存在着"大同而小异"的行为规范和习惯。这些行为规范和习惯有些是互补的，有些则是相互冲突的。例如，美国人用"OK"表示同意对方的意见和要求并按对方要求行动，而日本人则用"OK"表示"听清了"，至于是否会按照对方的要求行事就不得而知了。

3. 经营环境的复杂性

相比较国内企业而言，跨国公司所面临的经营环境要复杂得多。无论是企业成员在目标期望、经营理念和管理协调的原则上，还是管理人员在管理风格上都大相径庭。这些差异使跨国公司的统一行动、决策及其执行变得困难重重，企业管理中的混乱和冲突时有发生。正如约翰·D. 丹尼尔斯和李·H. 瑞德鲍夫所指出的，不同的态度和行为将影响管理业务功能，如什么样的产品是可以被接受的及如何接受，如何组织最佳生产，如何组织业务运作，如何筹措资金及进行管理和控制等。

4. 文化认同和融合的过程性

跨国公司企业文化的形成和建立所需的时间周期比国内企业长，花费的代价比国内企业大，整个过程复杂曲折。这是因为，跨国公司中存在着差异较大甚至相互冲突的文化模式，来自不同文化背景的人们无论是心理世界还是外部行为系统都存在着显著的差异，这些差异只有逐步被人们相互理解和认识，进而产生关心、同情和认同心理，然后人们才能逐渐取得共识，并建立起共同的全新的企业文化。这是一个漫长、曲折、反复的过程，一般遵循如下步骤：文化接触——局部了解——文化选择——文化冲突——文化沟通——进一步选择——文化认同——形成企业文化——进一步沟通——完善企业文化。因此，周期长、过程复杂、成本高是跨国公司建设自己特有的企业文化所必须付出的代价。

四、跨文化管理的内涵和类型[①]

（一）跨文化管理的内涵

跨文化管理又称交叉文化管理，指与企业（组织）有关的不同文化群体在交互作用过程中出现矛盾（差异和冲突）时，在管理各项职能中加入对应的文化整合措施，有效地解决这种矛盾，从而有效地管理企业的过程。

简言之，跨文化管理是指对不同文化背景的人、物、事进行管理。从本质上来看，跨文化管理主要是进行企业文化的内部整合，即在跨国经营中对不同种族、不同文化类型、不同文化发展阶段的子公司所在国的文化采取包容的管理方法，其重点是在跨文化条件下如何克服异质文化的冲突，维系不同文化背景的员工的共同价值观和行为准则，并据此创造出企业独特的文化，从而形成卓越有效的管理过程。作为一种全新的管理理念，跨文化管理是经济全球化带来的企业跨国经营活动的产物。由于世界贸易组织和地区经济一体化联盟的存在，交通运输与信息技术的飞速发展与进步，国际商务交往范围更大，其文化模式由一元转向多元，这就要求跨国企业在异域文化中把具有不同文化背景的各国员工用具有自己特色的企业文化、价值标准、道德规范和行为模式凝聚起来，最大限度地挖掘和利用企业的潜力和价值。在跨文化管理中，管理者不仅要懂得满足员工需求对激励员工的重要作用，还应该知道什么是员工的特殊需求，以及怎样去满足员工的特殊需求。

从企业文化的结构来看，实施跨文化管理需要从以下三个层次入手。

1. 理念层次

从理念层次入手实施跨文化管理即整合企业价值观，形成以共同价值观为基础的企业理念体系。在企业经营过程中，不同文化背景的员工的行为无不体现出自身的价值观念，因此，跨文化管理在不同层次水平上都涉及价值观问题。管理者要在平等看待各种

---

① 张德. 企业文化建设. 北京：清华大学出版社，2009：308.

价值观的同时，对特定的价值观体系进行分析和比较，从而确立企业的共同价值观。以共同价值观为根本，才能保证企业文化是一元化和多样性的，而不是多元化的，这是跨文化管理成功的关键。

2. 制度行为层次

从制度行为层次入手实施跨文化管理就是对企业的制度和行为规范进行整合和统一，并通过有力的执行逐步实现不同文化背景员工行为的一致。由于不同的文化背景，即使全新的企业文化形成了，在企业内部也会保留和存在着特征迥异的民族文化模式，它们的行为规范可能是互补的，也可能是矛盾的。这样，同样的要求与规定，不同的文化成员，执行方式可以不同，产生结果就相应不同。企业制定和颁布统一的制度文件是容易的，但是要使不同文化的员工都能正确、一致地理解和执行，却并不容易；要改变在不同文化熏陶下长期形成的行为习惯，显然就更加困难。因此，制度行为层次的文化整合和管理，并不是要试图改变员工所有的习惯和行为方式，而只是改变妨碍团队工作的行为。

3. 符号层次

从符号层次入手实施跨文化管理即采用统一的标志、建筑风格、传播网络等企业符号层要素，以同化企业的价值观，这是跨文化管理中最容易的部分。例如，海尔集团设在海外的工厂和研发中心，就都采用了海尔标志和标准色等。

（二）跨文化管理的类型

由于跨国性的经济活动和企业行为越来越多，跨文化管理行为会发生在企业到本土之外进行的企业合资、合并和兼并等行为中。通常，企业内存在三种文化整合与融合行为，即强势文化和强势文化之间、强势文化和弱势文化之间、弱势文化和弱势文化之间的整合。于是，跨文化管理对应产生了三种类型。

1. 移植

移植就是将母公司的企业文化体系全套照搬到子公司所在国家和地区，而无视子公司所在地的本土文化以及合作方原来的组织文化。这也是最简单、最直接的方式，在具体的企业文化贯彻和实施的过程中，不可避免地带有强制的色彩。具体工作中会有下列情形：

（1）如果母公司文化是强势文化，而子公司的企业文化和地域文化是弱势文化，那么在移植过程中遇到的冲突就相对较小，例如"海尔文化激活休克鱼"案例。

（2）如果两种文化势均力敌，均属于强势文化，那么移植导致的冲突就会很激烈。

（3）如果两种文化均属于弱势文化，则这种移植就会毫无结果。

（4）当子公司所在的地域文化和自身的组织文化为强势文化，如果弱势的母公司文化要进行移植，其结果很可能是不仅无法保持母公司的文化精华，反而会被子公司文化同化。

2. 嫁接

嫁接这种类型的跨文化管理，是母公司在认识到子公司所在地域文化及其自身组织文化特征，并对子公司文化表示尊重的前提下所采取的方式。嫁接时，多以子公司的地域或组织文化为主体，然后选择母公司文化中关键和适合的部分与之结合。例如，西安杨森、海尔（美国）、联想旗下的 IBM 都是这种类型。这种方式的优点在于对当地文化有充分的认识和尊重，融合风险小，但是有效性不稳定。容易出现的问题是：母公司文化的特征不突出，或是没有尽取其精华；对当地文化中的不适宜成分没有充分剥离，使协调效应无法充分发挥。

3. 合金

文化合金是两种文化的有机结合，指选择各自精华的部分紧密融合，最有效地将双方优秀基因融合起来，铸成兼容性强、文化多样的合金。这是文化整合的最高层次，也是经过实践证明的最佳方式。这种方式不是以哪一种文化为主体，而是两种文化完全融合。具有这种性质的合金文化，可以兼容更多的其他文化，适应更多不同的文化环境，具有被普遍推广的能力，因此也是经济全球化格局中跨国公司最强的核心竞争力。例如，中日合资的北京松下公司，其公司文化的核心是"十大精神"，其中七条来自日本松下公司，而实事求是、改革发展、友好合作三条则是来自中方企业。

五、跨文化管理的实施

（一）跨文化管理的任务

跨文化管理的任务可以分解为以下四项工作。

（1）识别文化差异。其包括区分文化差异的维度和程度，预测和评估文化差异可能产生的积极作用和消极作用，发现和预见其中的文化冲突因素。

（2）控制和利用文化差异。一方面协调和控制文化差异，避免和减少其负面作用；另一方面则利用适度的文化差异，使之对企业管理发挥积极的促进作用。

（3）防范和化解文化冲突，即防范和规避可能产生的文化对立，应对和消除业已存在的文化冲突因素，以防止和避免企业文化冲突导致的企业管理失控。

（4）进行文化整合，实现文化融合。该工作指以企业的核心价值观为全体员工的共同价值观，对不同文化进行理念层、制度行为层、符号层要素的整合，形成融为一体的企业文化。

（二）文化融合的前提

进行跨文化管理，主要是进行文化整合与融合，其基本前提如下。

1. 确认原则

没有大的基本原则和标准，就不能确定文化中哪些是有利因素，哪些是不利因素；哪些应该保留、坚持和弘扬，哪些需要放弃、废除和改进。从企业角度，不同文化背景下的员工在一起工作，没有判断文化因素的原则与标准，必然导致思想和行为的混乱。

2. 相互理解

在确定原则、标准以后，重要的态度和意识就是相互理解。在文化融合的过程中，很多时候并无对与错、先进与落后的概念，只有符合不符合原则的问题。要认识到，任何不同的文化都有先进的因素、合理的成分，对其要积极、开放地吸收借鉴，理性地对待它山之石。现实中，往往是强势文化影响和同化弱势文化。处于弱势文化背景的员工，往往会在情感、意志、态度、兴趣等方面产生挫败感，并由此导致一些非理性行为，我们事先应该对此予以充分重视。

3. 相互尊重

"入乡随俗"是文化融合中的一个重要原则。本土文化无论处于强势还是弱势，在本土地域内依然具有很强的影响力。外来文化，尽管可能是强势文化，但也不能咄咄逼人，处处以自己的原则和规范行事，把自己的意识形态当成全世界唯一的真理，逼迫别人接受。

丰田汽车公司接管通用汽车公司在加利福尼亚州的一家濒临倒闭的汽车装配厂以后，通过改变新公司的企业文化和管理模式，尊重和激励美国员工，仅仅18个月企业面貌就发生了难以想象的巨大变化，劳动生产效率大约提高了一倍。海尔集团也创造了"激活休克鱼"的奇迹，用强势文化成功地改造了弱势文化，用无形资产盘活了有形资产。这些例子都说明，文化融合可以产生巨大的经济效益。不论何种态势下的文化融合，只有在不同文化背景的人们相互理解、相互尊重的前提下，才能有效地实现。

影响文化整合方式的因素很多，首要的是文化特质的差异大小和文化特质所代表的管理模式是否高效。如果文化特质的差异很大，整合初期最好采取保留型的文化融合方式，当企业运作一段时间以后，再转而采用其他文化整合方式。如果文化特质差异非常小，就要先考察哪种文化特质代表的管理模式在其文化背景中更高效，然后以代表高效的文化特质为主，采取吸收型、反吸收型或融合型的文化整合方式进行文化整合。值得注意的是，在跨文化整合性过程中，应该考虑到企业组织本身作为一个特定的文化团体的整体均衡性问题。

（三）跨文化管理的实施对策

跨文化管理的实施对策如下。

1. 识别文化差异

根据美国学者爱德华·赫尔的观点，文化差异可以分为基本价值观差异、生活习惯差异和技术知识差异三种，不同文化差异所造成的冲突程度和类型是不同的。因此，只有先正确识别各种文化差异，才能从中寻求发展的共同点，采取针对性措施予以解决。一位跨国公司的美国经理说得直截了当："你不得不把自己的文化弃之一边，时刻准备接受你将面对的另一种观念。"

2. 强化跨文化理解

理解是培养跨文化沟通能力的前提条件。跨文化理解包括两方面的意义。

（1）要理解其他文化，首先要理解自己的文化。对自己的文化模式，包括优缺点的演变的理解，能够促使文化关联态度的形成，这种文化的自我意识，使管理者在跨文化交往中能够识别自己和有关其他文化之间存在的文化上的类同和差异的参照系。

（2）善于文化移情，理解其他文化。

文化移情要求人们在某种程度上摆脱自身的本土文化，克服心理投射的认知类同，摆脱原来自身的文化约束，从另一个参照系反观原来的文化，同时又能够对其他文化采取一种较为超然的立场，而不是盲目地落到另一种文化俗套中。

3. 锻造跨文化沟通能力

国际企业经营的经验证明，一个跨国公司的成功取决于该公司的"集体技能"，即公司基于跨文化理解形成的统一的价值观体系条件下产生的"核心技能"，而跨文化沟通正是促成此核心技能的中介。跨文化沟通能力，简单地讲，就是能与来自不同文化背景的人有效交往的能力。跨国公司必须有意识地建立各种正式和非正式的、有形和无形的跨文化沟通组织与渠道，着力培养有较强跨文化沟通能力的高素质国际化人才。例如，日本富士通公司为了开拓国际市场，早在1975年就在美国檀香山设立培训中心，开设跨文化沟通课程，培养国际人才。

4. 进行跨文化培训

跨文化培训是为了加强人们对不同文化传统的反应和适应能力，促进不同文化背景下的人之间的沟通和理解。其培训内容主要有：对对方民族文化及原公司文化的认识和了解；文化的敏感性、适应性训练；语言培训；跨文化沟通与冲突的处理能力培训；地区环境模拟等。一项对跨文化培训的全面调查显示，培训促进了跨文化沟通技能的提高，改进了管理人员与当地员工及政府之间的关系，还明显降低了与外国合作伙伴、客户和竞争对手进行谈判时失败的比率，使管理者更快地适应新文化、新环境。宝洁、英特尔、摩托罗拉等大型跨国公司都建立了跨文化培训机构，将不同企业文化背景下的经营管理人员和普通员工结合在一起进行多渠道、多种形式的培训。而韩国企业则注重将经理人派到海外工作或学习，使其亲身体验不同文化的冲击，提高处理跨文化事务的能力。

5. 借助文化差异施行多样化战略

一个真正的跨国企业能够利用并且明确估计出多样性的价值公司，而不仅仅是包容这种多样性。利用文化差异的战略能够产生竞争优势。企业应重视并利用员工多样化以提高他们的沟通能力、适应性和接受差异的水平，并把差异资本化，使之成为促进公司效益提高的主要手段。例如，惠普公司认为多样化是其经营战略的重要组成部分，应使在大多数国家的员工队伍多样化，并通过强力的多样化政策，鼓励跨文化理解和对文化差异的积极态度。

6. 建立基于共同价值观的企业文化

经过识别文化差异和跨文化培训，企业员工提高了对不同文化的鉴别和适应能力，在对文化共性认识的基础上，应建立起与共同价值观和跨国经营战略一致的文化。这种文化把每个员工的行动同企业的经营业务和宗旨结合起来，加强了国外子公司和母公司的联系，增强了企业在不同国家文化环境中的适应能力。发展文化认同，建立一致的企业文化需要一个比较长的时间，这就需要不同文化的员工的积极参与和与不同国家的消费者、供应商、分销商等保持长期的、良好的沟通关系。只有建立共同价值观，形成集体的力量，才能提高员工的凝聚力和向心力，从而使企业立于不败之地。

重要概念

民族文化　　企业文化特点　　文化渊源　　跨文化　　跨文化管理　　跨国公司

案例分析11

伊利跨文化融合助推国际化发展

同步测练与解析11

自学自测　　扫描此码

第十二章

企业文化与和谐社会发展

◆ 经典名言

生亦我所欲也，义亦我所欲也；二者不可得兼，舍生而取义者也。

生亦我所欲，所欲有甚于生者，故不为苟得也；死亦我所恶，所恶有甚于死者，故患有所不辞也。

——《孟子·告子上》

海纳百川，有容乃大；壁立千仞，无欲则刚。

存心不善，风水无益；父母不孝，奉神无益；兄弟不和，交友无益；行止不端，读书无益；作事乖张，聪明无益；心高气傲，博学无益；时运不济，妄求无益；妄取人财，布施无益；不惜元气，医药无益；淫恶肆欲，阴骘无益。

苟利国家生死以，岂因祸福避趋之。

——林则徐

我们大家要学习他毫无自私自利之心的精神。从这点出发，就可变为大有利于人民的人。一个人能力有大小，但只要有这点精神，就是一个高尚的人，一个纯粹的人，一个有道德的人，一个脱离了低级趣味的人，一个有益于人民的人。

——毛泽东《纪念白求恩》

◆ 作者感悟

君子爱财，取之有道：真君子爱吉财，取之得守正道！走大道！

◆ 学习目标

深刻地理解企业忠诚管理与企业诚信文化的建设；企业文化的建设在增强企业核心竞争力上的作用；以及在构建和谐社会的进程中，如何通过培育健康向上的企业文化，建设以人为本、健康和谐的企业环境。

◇ 重点与难点

1. 企业忠诚管理的重要性及如何建设诚信文化
2. 企业竞争力的三种不同层面内容
3. 企业文化在企业核心竞争力的地位
4. 循环经济内容，循环经济中企业承担的角色
5. 构建和谐社会与创建和谐企业的关系
6. 社会主义和谐社会如何塑造先进企业文化

◇ 导读

中植系负债 4200 亿，超越恒大成为"债王"

中植集团于 1995 年创立，自 2001 年进入金融产业领域，同时大力发展房地产开发业务；2002 年开始大力发展信托业务，目前是一家资产管理公司，集团总部位于北京。金融板块，该集团控股或参股六家持牌金融机构，包括中融信托、中融基金、横琴人寿、恒邦财险、中融汇信期货和天科佳豪典当行。控股或参股五家资产管理公司，包括中海晟融、中植国际、中新融创、中植资本、首拓融盛。

2023 年 11 月 22 日下午，中植集团在小程序公告板块发布了《致投资者的一封致歉信》，就中植集团相关产品陆续发生实质性违约向投资者致歉，并披露了总资产账面金额及负债规模。中植集团在信中坦言，通过中介机构进行全面清产核资发现，按照中介机构模拟合并口径测算集团总资产账面金额约 2000 亿元，由于集团资产集中于债权和股权投资，存续时间长，清收难度大，预计可回收金额低，流动性枯竭，资产减值情况严重。同时，由于债务规模巨大，别除保证金后相关负债本息规模约为 4200 亿～4600 亿元。中植集团在上述公开信中说，对投资者产生损失深表歉意，并深刻且充分认识到整体风险化解工作的紧迫性、重要性、严肃性。

中植集团成为业界"债王"，高额负债令人震惊。该集团陷入多元化扩张失控、市场亏损和高层失误的困境中，面临巨大的危机。中植集团的债务危机不仅对投资者构成了巨大的压力，也对债权人造成了严重影响。在如此恶劣的经济环境下，人们开始思考，企业应该如何稳健经营、防范风险，以避免陷入困境。中植集团的债务危机提醒我们，企业应该注重核心业务的稳健发展，而不是盲目追求多元化扩张。多元化经营固然可以寻找新的增长点，但也伴随着更大的风险。企业在扩张过程中应保持谨慎，做出明智的决策，避免陷入债务危机的困境。投融资方面的谨慎决策也是企业应该重视的一点。作为有社会责任感的企业，我们应从中吸取教训，注重稳健经营和风险防范。只有这样，我们才能在竞争激烈的市场环境中立于不败之地。

（资料来源：小毅讲历史，网易，2023.10.05；陈嘉玲，21 世纪报道，2023.11.23）

有一个相对稳定的员工队伍对企业的健康发展至关重要。然而，人才流失、跳槽是

近年来企业遭遇的头痛问题，也给企业带来了损失。导致企业留不住员工的原因是多方面的，但员工频繁跳槽与当前许多企业管理过于刚性、忽视人文关怀，尤其是在企业管理过程中忽视对忠诚这一职业道德的培养不无关系。于是，忠诚管理作为一种新的管理模式受到越来越多的人的关注。

第一节　企业忠诚管理与诚信文化

一、忠诚管理的相关内容

（一）忠诚的含义

忠诚是一个历史悠久的人文概念，指具有独立人格的人对面临的人际关系或事物所表现出来的竭尽全力的心理追求和行为指向。"忠"的本义是"忠诚无私，尽心竭力"。"尽心于人曰忠，不欺于人曰信"。"诚"的本义是"诚实、真诚"。"忠诚"意为"尽心竭力"。1908年，哈佛大学哲学系教授乔西亚·罗伊斯在他的《忠的哲学》一书中提出了"忠诚"的理智准则。他认为，忠诚自有一个等级体系，也分档次级别，处于最底层的是对个体的忠诚，而后是对团体的忠诚，位于顶端的是对一系列价值和原则的全身心奉献。

（二）企业忠诚管理的内涵

企业忠诚管理的内涵既包括员工对企业的忠诚，也包括企业对员工的忠诚，两者是相辅相成的。所谓"员工忠诚"，指员工在心理层面上对企业的自觉认同及由此产生的相关行为，即员工个人在心理上与组织目标的一体化。管理学家伯泽娜认为，忠诚的员工是这样一些成员，他们从不在外人面前批评自己所在的企业，只是努力工作，想办法使自己所在的企业超过其他企业。"企业忠诚"表现在企业始终把"员工即企业的内在顾客"这一理念贯穿全部管理活动，充分考虑员工的现实需要和潜在需要，在管理制度、服务措施、薪酬、激励等方面充分满足员工的需要，使员工感到愉快。

企业和员工作为组织中重要的组成部分，都渴望得到对方的认可与忠诚，员工忠诚与企业忠诚是一种互动、共存的关系。企业在关心、满足员工的同时，得到了员工对企业的更加忠诚；而员工在对企业倾注忠诚后，也获得了企业的尊重与认可。

国外有学者进行研究时发现，企业忠诚远比员工忠诚重要，甚至可以说企业忠诚在某种程度上是员工忠诚的基础。企业管理者在要求员工忠诚时，必须首先忠诚于员工，为员工创造忠诚的环境和风气。当企业忠诚和员工忠诚和谐存在于企业中并成为企业文化的一个组成部分时，企业的内在环境是令人愉快的，员工的工作效率会提高。

（三）企业忠诚管理的重要性

加强忠诚管理可以在管理者与员工之间架起忠诚互信的桥梁，从而产生良好的社会效益和经济效益。具体包括以下几个方面。

1. 保证企业的持续性发展

对企业而言，员工的忠诚有利于提高劳动生产率。管理学家若伯特指出："决定生产率的高低，并不在于其中有什么奥秘，而纯粹在于人们的忠诚心，在于他们经过成效显著的训练而产生的献身精神。"员工的忠诚促进了生产率的提高，而生产率提高，会为企业带来更多的利润。企业用利润更多地投入生产，扩大规模，提高层次，会促进企业自身的持续性发展。

2. 有利于降低成本

形成忠诚的员工队伍，会大大减少人员的流失。这不仅省去了重新招聘人员、培训新人的费用，还留住了经验丰富的人才资源。与新人相比，经验丰富的员工更了解社会的需求，充分掌握着市场行情，从而在工作中更易于降低企业的风险，进而降低生产成本。

3. 有利于树立企业形象

当企业忠诚与员工忠诚达到和谐，企业内部的文化必然呈现一种积极向上的态势。而这种好的态势，又有助于企业形象的外塑，使企业在社会上取得较高的声望，得到较高美誉度，从而使企业走上一个更高、更完美的层次。

二、实施忠诚管理战略

企业对员工的忠诚负责，仅靠企业自觉或几个领导人的意志很难实现，还需要制度的保证和社会大环境的支持。

1. 倡导诚信文化，发挥舆论导向作用

当人们感慨忠诚不再，甚至可以论斤论两出卖的时候，要求企业对员工忠诚或者员工对企业忠诚似乎毫无意义。忠诚的缺失，导致整个社会陷入混乱和迷茫。要实现企业对员工忠诚，社会大环境应该体现忠诚的价值，倡导社会诚信文化，发挥舆论导向作用，让人们重新认识忠诚的意义并主动做到忠诚。企业和员工作为社会大环境的一个组成部分，必然会受到环境的影响，与大环境倡导的价值观保持一致。

另外，倡导诚信的企业文化约束自己的经营行为是企业对员工负责的自我监督机制。负责、忠诚不能是企业文化的口号，而应该用制度保证其落实。

2. 完善相关法律体系，加大执行力度

企业内部、外部文化的约束仅起引导作用，是一种软约束。企业对员工负责还依赖法律的完备保护。企业是强者，员工是弱者，有时不得不依靠法律的强制性来保证公平。我国的相关法律、法规虽然比较完备，在实践过程中仍然存在很多问题，特别是执行难的问题，许多企业无视法律，或存侥幸心理。只有不断完善相关法律体系，加大执行力度，保护员工的权利才会落到实处。

3. 建立人力资源会计核算体系

企业不愿对员工负责，关键在于企业认为对员工负责会扩大成本支出，而不清楚该项支出能带来多大的回报。建立人力资源会计核算体系，可以让企业明确各项人力资源的投入与产出，明确企业对员工忠诚负责换取的员工忠诚的真正价值。这样企业就会产

生对员工忠诚的动力。

4. 健全人力资源管理制度

忠诚是企业与员工之间形成的一种心理契约，具有主观性和不确定性。由于信息不对称，企业在维系心理契约时具有更多的可选择性，而员工因缺乏信息会产生不安全感，光凭口头承诺或心理感受很难让员工对企业信任，还需要明确的人力资源管理制度保证企业确实能够兑现承诺。如果企业的人力资源管理制度不能保证员工的就业安全、职业生涯和个人发展，员工就可能违背心理契约。因此，健全、落实人力资源管理制度既可以让员工有明确的行为指引和参照，也是企业自我监督、自我约束、自我改善以实现对员工真诚负责的利器。

要赢得员工忠诚，企业必须先对员工真诚负责，像关心企业的利润和发展一样关心员工的工作和生活。用制度保证企业对员工忠诚则是实现企业和员工双向忠诚的根本途径。

三、建设以诚信为核心的企业文化

企业要想得到持续发展，企业商誉、企业信用是不可或缺的资源，是无形的"金钱"和资产。企业要做到最优秀，工夫要下在企业价值观上，技术、高科技可以学，制度可以制定，但企业文化、企业伦理层面上的东西却很难移植、很难模仿。从这个意义上说，企业理念才是最终意义上的第一核心竞争力，而企业伦理、企业信用、企业商誉是企业理念不可或缺的基本要素。唯有诚信至上，企业才能百年不衰。各行各业的企业文化建设有不同特点和不同途径，但都不能忽视诚信这个基本原则，都必须把诚信理念、诚信精神放在核心地位。

（一）诚信文化的实质

1. 诚信文化是道德自律

诺贝尔经济奖获得者诺思曾指出："在市场经济不断发展的今天，履行诚信的义务，不仅仅是为了获利，还出于道德上的责任。市场经济制度本身并不能保证效率，有效率的自由市场制度，除了需要有效的产权和法律制度相配合之外，还需要在诚实、正直、公正、正义等方面有良好道德的人去操作这个市场。"

2. 诚信文化是文化自觉

诚信的内在自律和外在约束有机地结合起来，才有助于诚信成为人们共同认可的价值观和行为准则，成为人们的共同信仰和追求，形成一种文化，即诚信文化。诚信文化的形成对社会的每一名公众都产生约束作用，这种约束是一种文化的自觉。因此，只有让诚实守信的理念融入文化，诚信才能真正成为人们的自觉行动，文化自觉是诚信文化建设的最高目标和境界。

扩展阅读 12.1：证监会进一步加大对上市公司欺诈发行、财务造假以及大股东违规占用等违法行为的打击力度

（二）诚信文化建设是企业文化建设的重要内容

企业文化是一种以人为中心的企业管理理念，它强调管理中的软要素，是企业发展中强大的内在驱动力量，对企业的生存与发展发挥着重要的凝聚、激励、协调和约束作用。进行企业文化建设会带来企业面貌的根本变化，能增强企业的凝聚力，树立良好的企业风尚，展现良好的企业形象，有利于提高企业信誉，扩大企业知名度，进而影响社会，使企业对社会做出最大的贡献。诚信文化建设是企业文化建设的重要内容。

1. 诚信的价值观是企业文化建设的核心

美国管理大师克劳斯比指出："由诚信可信赖的人建立起来的可信赖的组织，必然产生'有质量'的产品和服务，也必然具有可靠的市场份额、忠实的顾客和稳定的利润。"诚信作为一种价值观，是企业处理各种关系，解决各类矛盾，指导各项工作的坐标。离开坐标，企业文化就会失去方向，甚至企业走向衰败。

2. 诚信意识是企业家人格的要素

在当今社会，诚信的道德观念已成为衡量企业家人格是否完整的一个不可或缺的重要标志。企业家不诚实守信，又何谈企业诚信。克劳斯比指出："管理的产品就是可信赖的组织，生产可信赖的组织是我们生命中的基本意愿。"

3. 诚信文化是企业文化竞争力的重要组成部分

诚信文化参与市场竞争所体现的能力主要表现在三个方面：

（1）加快了商品流通速度，节约了企业流通成本。

（2）使商品效用增值，消费者在获得满足的同时，企业获取了极大的利润。

（3）有效避免了恶性竞争和道德风险，能够实现生产者、经营者、消费者之间的共赢。

（三）建设优秀的企业诚信文化

企业诚信文化建设的过程，是一个信仰、道德、理念、规则和行为不断强化的过程，它不是一朝一夕能完成的，而是一种历史的积累和沉淀的过程。

就上市公司来说，诚信虽不绝于耳，但诚信缺失现象司空见惯。究其缘由，缺少健康成熟的企业文化，置身于文化荒漠，怎能期望诚信枝繁叶茂呢？因此，建构企业诚信文化应摆上企业议事日程。

1. 通过高层管理人员，积极塑造企业内部的诚信价值观

塑造企业内部的诚信价值观，建立高层管理人员与一般员工之间的"共信圈"，这是企业诚信文化建设的核心。因为，高层管理人员对内管理企业事务，对外代表企业，所以高层管理人员诚信与否，直接关系到企业是否具有诚信形象；高层管理人员的言行，直接影响一般员工的价值取向。同样，企业的失信行为也都与高层管理人员直接或间接相关。因此，要构建企业的诚信文化，必须先清除不诚之源，努力培养高层管理人员的诚信意识。具体包括三个方面。

（1）高管人员应树立道德诚信意识，即把诚信作为一种基本的道德准则，在日常交往中做到诚信无欺、遵守诺言、勤勉尽责、忠于职守，把"真诚为人，无信不立"上升到意识形态的高度，内敛为个人的崇高信念。

（2）高管人员应树立经济诚信意识，即把诚信视为一种建立在授信人对受信人偿付承诺的信任的基础上，使后者无须付现金即可获取商品、服务或货币的能力。高层管理人员要充分认识到市场经济是信用经济，没有信用，就没有秩序、没有交换、没有市场。市场竞争不仅是资本、智力的竞争，更是诚信的竞争，不讲诚信者终究会被市场无情地淘汰。

（3）树立法律诚信意识，即把诚信视为一种法律制度，当事人若违反诚信原则，应承担相应的法律责任。高层管理人员应充分关注和熟悉相关的法律、法规及各项规章制度，了解自身应负的诚信义务及若不履行相关义务可能承担的法律责任，自觉遵守诚信制度，在享有诚信权利的同时，主动承担诚信义务。

2. 通过广泛宣传，在企业员工中营造"自律自制"的诚信道德氛围

管理学的最高境界应当是让员工学会控制自己。事实上，企业内部"共信圈"的执行主体是企业的一般员工，一般员工能否诚信，是关系"共信圈"根基的关键。因此，要想企业能够持续健康发展，必须使企业一般员工在价值观念、思维方式和行为方式等方面实现一种统一，这种统一不是简单的命令式或形式上的统一，它是企业精神的再造，是对企业行为标准的强烈的认同，它将形成一种无形的力量，推动企业不断发展壮大。营造"自律自制"的企业诚信道德氛围可以从以下几方面着手。

（1）加强对企业一般员工诚信品质的教育和培训，不断提高企业员工的思想境界和道德水平。同时，可定期或不定期地接受外在的"培育"和"教化"，如榜样人物的引导、典型仪式的熏陶及社会诚信活动的参与等，有效地提高员工对诚信之德的自觉修养。

（2）当员工意识到企业领导倡导诚信文化时，便会明白"上行下效"是赢得领导赏识的最好策略。于是他会自觉地在其他员工中充当诚信文化的使者，并且有意识地创造一些个人的诚信行为。

（3）建立企业员工诚信行为的激励机制。如企业可把诚信行为要求编入一系列的规章制度，并采取跟踪调查等方式考核监督企业员工诚信行为的遵守情况。对考核优秀者给予重奖，对违反者进行严惩。

3. 在公司内倡导股东文化和公司治理文化

股东文化和公司治理文化是指公司股东、董事、监事、经理人员、重要员工、债权人、消费者等公司利益相关者及其代表，在参与公司治理过程中逐步形成的有关公司治理的概念、目标、哲学、道德伦理、行为规范、制度安排及治理实践。它是企业文化在公司治理上的具体体现。目前在我国尚未形成一种成熟的股东文化和公司治理文化，也缺乏一套成熟的自我实施的治理公司最佳做法或自律机制。我们的高层管理人员对这种文化不仅不熟悉，还有一种本能的抗拒，因此，"股东利益至上"被排除在上市公司的使命之外，排除在高层管理人员的意识之外，高层管理人员利用自己特殊身份独占公司资产或同公司进行自我交易；泄露公司商业秘密或不及时、准确地披露会计信息；操纵市场、控制内幕交易等一系列信用缺失行为屡见不鲜。因此，必须在公司内倡导股东文化和公司治理文化，努力在企业资产的拥有者、管理者、员工及其他利益相关者之间形成

一个"共信圈"，在企业上下形成一种真诚默契的合作及一种仁爱为怀、诚信为本的企业诚信文化氛围。

4. 不断完善有效沟通的工作渠道

沟通是实现监督与控制目标的重要媒介，是企业提高监督质量的润滑剂。从沟通中人们可以学习榜样的精神，也能够发现丑陋的灵魂。沟通还利于发现制度中的不足和缺陷并及时加以补充和完善。

如果我们放眼 100 年，从更长远的视角来理解什么是企业的核心竞争力，什么是企业基业长青的基础和核心，就会得出一个结论：百年企业一定有一个坚实的、高贵的、经得起时间检验的根基，那就是以诚信为基础的核心价值系统，它是一系列建立在诚信基础上的企业愿景，以及为企业员工高度认同并转化为员工强大内驱力的、应用于企业所有层面的价值观体系，这些才是真正的企业凝聚、发展壮大、贡献社会、百年辉煌的坚实基础。

第二节 企业文化与企业核心竞争力

一、企业竞争力与核心竞争力

（一）企业竞争力

1. 企业竞争力的内涵

企业竞争力是一个综合性概念。尽管这个概念已被广泛运用，但至今对其定义众说纷纭，莫衷一是。

《世界经济论坛》曾把"企业竞争力"定义为"企业目前和未来在各自的环境中以比其国内外竞争者更有吸引力的价格和质量进行设计和销售货物以及提供服务的能力和机会"。

有人认为，企业竞争力是"企业和企业家在适应、协调和驾驭外部环境的过程中成功地从事经营活动的能力"。

还有人认为，企业竞争力实际上是一个通过比较而得到的相对概念。企业竞争力由三部分组成：企业现实的市场竞争力，企业潜在的、未来可能拥有的市场竞争能力，企业将潜在竞争力转化为现实的、获得竞争优势的能力。企业竞争力的核心是比较生产力，而竞争的实质是比较生产力的竞争。这种对竞争力的定义反映了当代市场经济的本质，即企业竞争力只有通过其在市场上的表现与其他企业的比较来衡量。

从上述的有关竞争力的论述中可以看出，企业竞争力是个具有多层次含义的概念。它不仅仅是静态的能力，更是动态的、进化的发展能力。

2. 企业竞争力的结构

企业竞争力的结构可分为三个层面。

（1）表层的竞争力：服务；质量；成本；营销；技术；生产能力。这六要素构成产品层的竞争力。

（2）支撑平台的竞争力：结构（各经营管理要素组成的平台）；机制（运行机制）；规模；战略；资源；关系（企业人、事、物、环境、关系资源）；制度（产权制度、运转轨道、工具）。这些要素构成制度层的竞争力。

（3）最基础和最核心的竞争力：品牌文化；企业理念；企业价值观；企业形象；企业创新能力；企业特色；人才；企业伦理。这八要素构成企业最基础和最核心的竞争力。

扩展阅读 12.2：阿里巴巴新六脉神剑

（二）企业核心竞争力

1. 核心竞争力的内涵

核心竞争力有时又叫"核心能力"。不同学者对其有不同的理解。

最早阐述"核心竞争力"概念的是美国的著名管理学家普拉哈拉德和哈默尔。他们在《公司的核心竞争力》一文中将核心竞争力明确为组织对其所拥有的资源、技能、知识的整合能力，即组织的学习能力。

利奥纳多·巴顿（Leonard Barton）认为核心竞争力是员工的知识和技能、技术系统、管理系统、价值规范等企业内部知识的集合，其主要发挥协调各种生产技能和整合不同技术的作用。

费欧（Fiol）认识到了核心竞争力无形的一面，指出核心竞争力不仅包括企业有形资产，还包括对这种有形资产的认识过程以及如何将之转化为行动的理解。提斯（Teece）则将企业内部带来竞争力优势的一系列不同技能、互补性资产和惯例统称为核心竞争力。

综合不同学者对核心竞争力的理解，我们认为，核心竞争力是企业组织中的积累性知识，特别是关于如何协调不同的生产技能和整合多种技术的知识，并据此获得超越其他竞争对手的独特能力。即核心竞争力是企业长期形成的，蕴涵于企业内质中，超越其竞争对手的独特能力。核心竞争力支撑企业过去、现在和未来的竞争优势，使企业长时间内在竞争环境中取得主动，获得稳定的超额利润。

2. 核心竞争力的特征

核心竞争力的特征有以下几个。

（1）价值性。①以客户为中心，为客户创造价值，这种价值难以量化，主要通过对客户需求的准确把握来体现，比如消费者对洗发水去屑的需求、营养秀发的需求等。②在为客户创造价值的基础上为企业创造价值，这种价值性可以通过量化的方式转移到资金上体现出来，比如在一段时间内企业的营业额、创造的利润等。

（2）难替代性。有的学者在分析竞争力的特征时指出，其难替代性主要指其不易受到替代品的威胁，这显然把核心竞争力当成了一种产品或技术。我们认为核心竞争力是企业系统整体的核心优势，并非企业特有的产品或技术。而难替代性主要指为客户创造价值和为企业创造价值上的难替代性，因为价值的创造是一个系统工程。

（3）不可交易性。核心竞争力不可能从市场上购得，"核心能力是积累起来的，不是通过相应的要素市场买卖获得的"。核心竞争力的构成要素是相互作用、相互融合（整合）的，不能通过管理将各要素整合成核心竞争力。

二、企业文化与企业核心竞争力的关系

（一）企业文化可增强企业的核心竞争力

企业文化是企业生存和发展的"元气"，是企业核心竞争力的活力之根和动力之源，其在本质上反映的是企业生产力成果的进步程度。可以说，企业文化是推动企业前进的原动力，企业文化就是企业的核心竞争能力。所以企业要想获得长远发展，必须重视企业文化。而企业文化主要是通过发挥整合、激励、约束和塑造四个方面的功能来增强企业的核心竞争力。

1. 企业文化的整合功能

随着越来越多的跨国、跨地区企业集团的建立以及频繁的企业并购重组活动，企业成员的文化背景、思想观念、经营理念等各方面的差异日趋加大，这就需要通过企业文化的整合来形成企业的价值观，使之对每个企业成员的价值行为起引导作用，使其符合企业的战略目标，并通过企业的企业价值观来引导企业员工的行为，使员工在潜移默化中接受企业的价值观念，最终达到个人目标与企业目标的一致。

2. 企业文化的激励功能

现代企业文化强调以人为本，能够有效地调动每个员工的积极性，激励员工为了企业的战略目标而奋斗。现代企业文化讲求平等的竞争机制，注重建立公正合理的绩效评价制度、分配制度，能够有效地增强员工的满意度和成就感。更重要的是，现代企业文化通过塑造积极向上的企业价值观，给员工强烈的内心责任感和使命感，并使之成为员工自我激励的标杆。

3. 企业文化的约束功能

企业文化是一个组织共有的价值体系，是支配组织中各成员行为的文化，它对企业运行中遇到的问题进行概念化、定义化，并进一步分析和解决这些问题，对企业员工的思想、心理和行为具有很强的约束规范作用。和企业固有的规章制度不同的是，企业文化是一种强调自律的约束，更具有持久的约束力和控制力。

4. 企业文化的塑造功能

优秀的企业文化在塑造企业形象方面发挥着巨大作用，企业通过向社会宣传自己的企业文化，提高自己的知名度和美誉度，使自己企业文化被社会认可，使企业形象的塑造和宣传起到事半功倍的效果。

总之，企业文化是通过观念的整合，达到行为的整合；通过对个体的引导、规范，达到群体的统一、和谐；通过思想的共鸣，达到力量的凝聚；通过精神的内化，达到物质的扩张；通过内部的创新，达到外部的共生。这些都充分表明，企业文化与企业核心竞争力的关系是非常紧密的。

（二）没有企业文化，就没有强大的核心竞争力

核心竞争力主要包括核心技术能力、组织协调能力、企业文化能力、对外影响能力和应变能力。其内涵是让消费者得到高于竞争对手的不可替代的价值、产品、服务和文化。因此，企业文化是核心竞争力的主要组成部分。

在核心竞争力的培育与成长过程中，企业文化发挥着不可替代的基础性作用。企业文化尤其是企业的精神文化决定了核心竞争力的立足点和价值取向，并保障了核心竞争力的连续性。核心竞争力的建立必须与企业的目标、价值观、企业战略、经营理念等相适应。企业文化常常保持较长时间的稳定，尤其是其中的企业价值观、经营理念等。因此，当企业外部经营环境等出现重大变化而原有的核心竞争力不再适应时，企业文化是企业重新确定适宜的核心竞争力的有力保障。

没有企业文化，就没有强大的核心竞争力。原因如下：

1. 企业文化孕育企业核心竞争力

企业文化是企业价值观、经营理念和员工的行为规范的集中体现。企业的价值观就是企业在追求经营成功的过程中，对生产经营的目标以及自身行为的根本看法和评价。从某种意义上讲，企业的价值就是企业的核心竞争力。企业因为有了自己的核心竞争力，所以能够立足。而立足于市场，企业才有了价值。从这个角度讲，企业价值观也就是企业对核心竞争力的追求与判断和根本认识。

"IBM 就是服务"，这是 IBM 的共同价值观。IBM 把为顾客提供世界上的一流服务作为最高的价值信念，围绕着"追求一流服务"来打造 IBM 的核心竞争力。"真诚到永远"是海尔人的价值观。海尔人把真诚地为顾客提供高质量的产品和服务作为自己的价值追求，围绕着"真诚与服务"，打造出了卓越的核心竞争力。美的公司愿景是科技尽善、生活尽美，美的公司使命是联动人与万物，启迪美的世界。

由此可见，企业要构筑核心竞争力必须从价值观入手。而且企业的价值观不是某个人的价值观，而是企业全体员工共同的价值观。因此，全体员工都认同的核心竞争力更有利于提升企业的凝聚力、感召力和内在驱动力，更有利于企业竞争优势的形成与其作用的发挥。

2. 企业文化决定核心竞争力积累的方向

西方学者鲍·埃里克森和杰斯帕·米克尔森认为，核心竞争力是企业组织和社会资本的集合。组织资本反映了协调和组织生产的技术方面，社会资本则显示出社会环境的重要性，前者可以在组织结构中得以实现，后者可以反映企业文化，并被看做特定组织结构水平下的产物。这两种资本都与企业文化有着密切的联系。

企业文化的行为层（或称行为制度层）就是企业员工的行为方式，行为方式体现了企业的价值观，包括员工的评价和激励方式、组织结构和工作团队的设计、信息传递的方式等。可以看出，组织必须以一定的行为方式来运作，行为方式设计的目的就是在这种价值观的指导下能够实现"协调不同的生产技能和有机结合多种技术流派"的组织运

行。行为方式的不同，组织积累的学识也就不同，所以组织行为方式决定了它能积累成什么样的核心竞争力。

企业努力的方向也就是核心竞争力积累的方向，企业行为方式是其价值观的集中体现，也是积累核心竞争力的具体过程，影响核心竞争力的强弱和具体内容。企业必须根据知识经济发展的要求，致力于营造富于创新意识和鼓励尝试风险的企业文化环境，提高企业的核心竞争力。

3. 企业文化的发展使核心竞争力延伸

企业文化具有开放性，阶段性和发展性。随着市场环境的变化、企业内部人员的更替以及企业领导人的变化，企业价值观的内涵得到了不断的丰富和发展。比如海尔的"真诚到永远"的企业价值观在前几年可能只包括微笑服务和售后服务，而现在还包括根据顾客需求进行生产、包装以及服务等内容。

企业文化在原有的基础上不断发展与深化，使得企业的核心竞争力也不断地延伸。从某种意义上讲，企业文化是企业的大脑和潜意识，是企业凝聚力和活力的源泉。没有一定的企业文化作支撑，企业很难长大。没有形成一种积极的文化，企业对内缺乏凝聚力，对外则根本无法提升形象，很难获得长久的生命力和核心竞争力。

企业要想不断成长为世界级大企业，成长为长寿公司，拥有自身真正意义上的核心竞争力，就必须拥有优秀的企业文化。

三、建设企业文化提高企业核心竞争力

企业文化的建设是一个漫长的过程，需要数年乃至数十年的时间。企业文化的建设通常都是由企业管理者倡导，以企业全体员工意识为基础，达到整个企业的共识与认同，最终融合为全体员工的默契、习惯和氛围。

企业文化是一种潜移默化的、起长远作用的推动力，因为企业文化中的企业经营理念、企业价值观、企业精神和员工意识对企业核心竞争力的形成具有重大的作用。培养企业文化一般从以下几个方面努力。

（一）企业经营理念的培育

经营理念是企业经营的完整的价值系统，是企业的使命、责任、目标和战略发展方向的构想。经营理念维系着企业的生命，没有系统的经营理念，就没有自觉有效的经营。经营理念要回答的是企业为什么而存在，企业承担什么样的社会责任，能为社会做出什么贡献，以及企业怎样生存等。经营理念能帮助人们看到自己更大的潜能。它给人以希望，促使人们争取更伟大、更美好的东西；它鼓励人们不要满足于渺小和平庸，从而使人们更加相信自己和自己的能力。经营理念会带来原本没有的动力、行动及变化，进而塑造一种积极向上的企业文化。

只有在对人性的深刻理解和思考的基础上才能形成企业的经营理念，如摩托罗拉公司的经营理念是"保持高尚的操守，对人永远尊重"。

（二）企业价值观的塑造

价值观代表一系列基本的信念，属于规范性的问题，是关于道德的判断。从个人和社会的角度来看，价值观反映了某种具体的行为类型或存在状态比与之相反的行为类型或存在状态更可取，反映了一个人关于正确和错误、好和坏、可取和不可取的判断。价值观包括内容和强度两种属性，内容属性告诉人们某种方式的行为或存在状态是重要的，强度属性表明其重要程度。

企业价值观是企业对其行为类型或存在状态的看法，如果一个企业认为通过不正当的手段获得利润比由此产生的后果重要得多，那么该企业就会倾向于做出损害大众利益的行为。价值观的塑造应从以下两点着手。

1. 归纳与提炼企业的主导价值观

首先，作为企业价值观形成的最重要的动力，企业家自己的价值体系要得到不断梳理和思考，以便更丰富和清晰。通过对理论知识和实践的不断学习和深入思考，企业家会逐渐弄清楚自己对是非善恶的判断标准，并使其转化为自己坚定不移的信念，在此基础上，通过思考企业内外的各种因素，形成自己经营企业的系统化的原则和信念。其次，企业家应结合企业自身特点，采用各种方法提炼企业的主导价值观。领导者弄清楚自己的价值观以后，应通过各种手段把自己的价值观首先传递给高层管理者，相互沟通、交流、碰撞，与他们最终达成共识。接下来就是结合行业自身特点、企业自身发展的特有经历和企业员工的特点，用简洁生动语言表达出企业价值观。

2. 坚持不懈地培育价值观，使其深入人心

只有当价值观制约下的各种价值标准和行为标准深入员工的内心、转变为员工的自觉行为，价值观才能真正体现其巨大的激励、凝聚和约束功能。

（三）企业精神的培育

杰斯帕·昆德指出"公司精神是一种以公司目标为核心的模式和方法，它是一种中心化模型，要求公司管理层必须真正地对公司负有责任，而且在必要的时候将其权力置于公司的核心之中"。企业精神是在企业发展过程中企业家积极提倡、全体员工不断实践强化形成的，凝结企业理想、认知、价值、情感、意志等因素，推动企业生产经营的团体精神。价值观是企业的选择和决策标准，而企业精神是价值观的支柱，它更多地体现为情感和意志的凝结。

企业是否形成了自己的精神，要看它是否具有个性，它对员工的行为是否有推动作用、鼓舞作用和支撑作用。另外，员工的意识是在企业经营理念的形成、价值观的塑造和企业精神的培育过程中，潜移默化地形成的。有什么样的理念、价值观和企业精神，就有什么样的员工意识。

总之，良好的、持续的企业文化建设是企业核心竞争力成长和发展的基石。任何一个企业都必须建立鼓励创新的、卓越的企业文化，以促进企业核心竞争力的发展与更新，使企业永远保持竞争优势地位。

第三节 企业文化与循环经济

一、循环经济的内容

（一）循环经济的定义

"循环经济"一词，是由美国经济学家 K.波尔丁在 20 世纪 60 年代提出的，其定义为：循环经济是以可循环资源为来源，以环境友好的方式利用资源，保护环境和发展经济并举，把人类生产活动纳入自然循环过程，所有的原料和能源都能在这个不断进行的经济循环中得到合理的利用，从而把经济活动对自然环境的影响控制在尽可能小的程度，经过相当长一段时间的努力使生态负增长转变为生态正增长，实现人类与生态的良性循环。

循环经济其实是节约经济，是功能经济。在循环经济概念里，没有资源与废物之分。循环经济倡导在物质不断循环利用的基础上发展经济，建立"资源——产品——资源再生"的新经济模式。实施循环经济将使资源和能源得到最合理和持久利用，并使经济活动对环境不良影响降低到尽可能小的程度。

（二）循环经济的实质

循环经济的操作原则：减量化（reduce）、再利用（reuse）、再循环（recycle），简称"3R"原则。"3R"原则有助于改变企业的环境形象，使它们从被动转化为主动。

从宏观上，它使经济系统和环境系统耦合，倡导以物质不断循环利用为基础的与环境和谐发展的新的经济模式、经济活动规范及行为准则，协调环境与经济之间的关系，促进经济系统人流、物流、信息流、价值流和技术流的合理运转，使生产和消费过程中投入的自然资源最少，向环境中排放的废弃物最少，对环境的危害或破坏最小，节约环境资源、降低污染物排放甚至使污染物实现零排放，保证经济系统稳定有序协调发展。循环经济实际上是一种生态经济。

循环经济是建立在资源短缺和人类对地球应尽保护义务假设下的一种经济模式，其根本目标是最大限度地化解发展与环境之间的尖锐冲突，实现人类社会经济发展与资源环境保护的相互融合。它所蕴含的辩证思想是：经济发展必须以节约资源和保护环境为出发点，节约资源和保护环境反过来又要促进而不是阻碍经济的持续快速发展。因此，循环经济是经济利益和环境利益兼而有之的"双赢"经济。

（三）循环经济的特征

循环经济具有如下特征。

1. 循环经济是可持续型经济

循环经济不像传统经济那样，通过对资源一次性粗放型使用，不断地将资源变成废物来实现经济数量的增长，而是闭合的、完整的链式系统，首尾相接，能使资源永续利用。

2. 循环经济是绿色经济

循环经济不像传统经济那样以人类为中心，对自然界为所欲为地掠夺，它要求把经济发展建立在自然生态规律的基础上，对自然环境的影响降低到尽可能小的程度。它使得整个经济系统以及生产和消费的过程基本上不产生或者只产生很少的废弃物，只有放错了地方的资源，而没有真正的废弃物，其特征是自然资源低投入、高利用和废弃物的低排放，从根本上消解长期以来环境与发展之间的尖锐冲突。

3. 循环经济是效益型经济

传统经济为数量型增长型（粗放型）经济。在这种经济模式下，人们无节制地使用地球上的物质和能源，然后在生产加工过程中又把废物大量地排放到水系、空气和土壤等自然环境中去，通过不断制造废物来实现经济数量的增长，有得有失，甚至得不偿失。循环经济为效益型增长型（物质循环型）经济。在这种经济模式下，资源、能源的投入低、利用率高，所有的物质和能源能在这个经济循环体中得到合理和持久的利用，真正使经济效益和社会效益最大化。

4. 循环经济是协调型经济

传统经济是"资源——产品——污染排放"式的物资单向流动的线性经济。循环经济是反馈式经济："资源——产品——再生资源"式的物质反复循环流动的过程。循环的过程，是各主体利益谈判的过程，是各个主体不断协调的过程。循环的链条又紧紧连接各个主体，保证协调性。

循环经济是一个系统，它由各个子系统构成，系统的运作不会是自发的，必须有一定的启动力，必须保证每一子系统按照循环经济的要求运作，才能保证整体运作的循环属性。从大的方面来分，可以将循环分为宏观、中观和微观三个层次。微观层次处于基础地位，只有各微观主体都按照循环经济的要求运作，才能保证循环经济总体目标的实现。这就为打造循环型企业提供理论依据。

二、循环经济与企业发展

（一）循环型企业

循环型企业是指在可持续发展意识的指导下，按照循环经济的要求，进行经营决策，设计战略和策略的企业。循环型企业是循环经济的微观载体，是按照循环经济的要求建立起 来的绿色企业。 该类型企业有以下特征。

（1）观念特征。该类企业倡导绿色导向，建设循环型文化，宣扬环保意识，在企业理念、经营宗旨方面突出人与自然和谐的思想，并将这些思想细化为员工遵守的规范，约束员工的行为。

（2）关系特征。该类企业注重社会资本的积累，注重搞好公共关系。循环型企业打破了传统封闭的企业关系格局，要求不断挖掘关系资源，增强合作意识，优化各种关系，尽量减少协调成本。

（3）会计特征。该类企业推行绿色管理和绿色会计，建立绿色会计制度，进行绿色核算。

（4）效益特征。该类企业具有眼前效益和长远效益双重效益，能实现经济效益和社会效益的协调发展。

（5）管理特征。该类企业组织绿色化，企业在制度、计划、领导、指挥、控制等各个环节上、各种职能中都体现循环经济的要求，贯彻生态运作的思想。

（二）循环经济对企业的影响

在一定意义上说，企业的竞争，是技术的竞争，是提高资源与能源效率的竞争。循环经济的实质是通过采用高新清洁生产技术提高资源利用率，因此，企业必须对资源利用和管理方式做出重要调整，进一步实现我国经济结构的战略性调整和产业结构的优化升级。循环经济要求企业具有环境成本意识。环境是一种资源，是有价值的，环境成本内在化是当今世界讨论的热点问题。随着国际社会对人类共同生存环境的关注，在国际贸易领域，由于与贸易有关的环境保护要求会增加企业成本支出，影响产品取向，最终影响企业市场竞争力，越来越多的企业和政府日益关心环境保护问题，积极研究贸易与环境的关系。这种消费环境的变化，已经使企业成本扩展到包括生产与发展在内的全部社会成本。同时，越来越多的企业和政府重视对环境保护的绿色品牌的设计，例如，可回收的、无磷酸酶的、pH值平衡的、不损害臭氧层的等。世界上许多国家对产品实行"绿色标志制度"，我国称为"环境标志"，就是有益于保护生态环境，有助于增强公民环境意识，提高产品竞争力的有力手段。

环保现在已经成了企业竞争力的一个组成部分。要想在这个市场上赚钱，既要提高绿色的程度，又要提高资源的利用效率。从这两个意义上看，发展绿色经济和循环经济对我们的企业是有利的。如果不考虑循环经济的问题，企业的竞争力会逐渐丧失。要从企业竞争力的角度来思考环境保护的问题，因为它不仅仅是一个社会责任问题，更涉及一个企业直接的利益。

（三）企业在循环经济中承担的责任

在发展循环经济的过程中，企业扮演着重要的角色，承担着重要的责任。

1. 企业在发展循环经济的过程中承担三重责任

企业是从事生产、流通或服务性活动的独立核算经济单位。按照以往的理解，企业几乎只有经济责任，而且主要是为它们的产权所有者谋取利益。但是现在社会观念发生了变化，企业不仅要承担经济责任，还有社会责任和环境责任。社会责任主要指遵守商业道德、保护员工权益、发展慈善事业、捐助公益事业等。环境责任指保护环境和节约资源。只有同时承担起经济、社会和环境三方面责任的企业，才是合格的、先进的企业。

2. 企业是发展循环经济的主角

循环经济的核心内容，是在"3R"原则的指导下的物质循环。以工业为例，有以下三个层面的物质循环：小循环、中循环和大循环。小循环——企业内部的物质循环，例如，下游工业的废物返回上游工业，作为原料被重新处理以及其他消耗品在企业内的循环；中循环——企业与企业之间的循环，例如，下游工业的废物返回上游工业，作为原料被重新处理，或者扩而大之，某一工业的废物、余能送往其他企业，加以利用；大循环——企业与社会之间的循环，主要是指工业产品经使用报废后，其中部分物质返回原工业部门，作为原料被重新利用。

以上三个层面的物质循环，都是以企业为主的。小循环发生在企业内部，中循环在企业与企业之间，大循环在企业与社会之间。可见，企业是发展循环经济的主体。

3. 企业是循环经济"生产者责任制延伸"的承担者

工业物质的大循环，是企业必须关注的大问题。企业不仅要生产产品，而且要负责回收报废的产品，回收其中有用的材料和零部件。这种责任，按照通用的说法，叫做"生产者责任制延伸"。为了使企业与社会之间的物质循环得以顺利进行，必须建立相应的废品物资回收机制，企业必须承担相应义务。

三、建设绿色企业文化，实现可持续发展

21世纪世界进入了绿色经济时代，营造绿色企业文化成为我国企业面对挑战的必修课，也是企业追求从优秀到卓越的制胜法宝。绿色企业文化主要指在企业文化建设中以绿色文化为企业经营的指导思想，以发展绿色生产为基础，以开展绿色营销为保证，以满足员工的绿色需求为动力，实现员工、企业、生态和社会可持续发展的经营文化。绿色企业文化是企业文化发展的高级阶段。

（一）企业环保与生态文化的有机结合

生态文化是一种新型的管理理论，它包括生态环境、生态伦理和生态道德，是人对解决人与自然关系问题的思想观点和心理的总和。生态文化属于生态科学，主要研究人与自然的关系，体现的是生态精神。而企业文化则属于管理科学，主要研究人与人的关系，体现的是人文精神，但是二者本质上都属于同一种发展观，需要运用系统观点和系统思维方法，从整体出发进行研究；二者都强调科学精神，即实事求是，努力认真地探索；从狭义角度来看，二者都是观念形态文化、心理文化，而且都以文化为引导手段，以持续发展为目标。为适应市场经济的发展和人类自身发展的需要，企业文化建设需要加入生态文化的内容，塑造一种全新的管理理念和管理模式——绿色企业文化。

（二）企业与绿色企业文化

企业环境保护、企业社会责任和企业文化是相互联系、相互依存的，特别是在今天，我们应当把环境保护、企业社会责任作为新时期企业文化整合和再造的重要内容。

绿色企业文化是现代企业文化不断积累和沉淀的精华，具有强烈的时代气息和人文气息，是时代的产物。

伴随环境恶化而来的是人们可持续发展呼声的增高和人们环保意识的觉醒，世界各国纷纷出台环境保护法规和环境保护认证标准，作为新时期的贸易壁垒形式，对外国进口企业进行过境拦截。我国许多企业在追求经济高速增长的同时，忽略了对环境的保护，对资源的利用多采用掠夺式开采方式。即便在环境形势极其恶劣的今天，缺乏环保意识、只重局部利益的政府官员和企业决策者大有人在，他们或借口无承担环保能力，或宁愿

选择接受相关处罚，导致显性事故和隐性事故频繁发生，人类的生存受到了前所未有的威胁。这种掠夺性的经营行为在给我国的环境和资源造成严重破坏的同时，也为我国企业融入世界经济大家庭设置了障碍。因此，从居安思危的角度也好，解燃眉之急的角度也罢，我国企业都应该自觉保护环境、资源、生态，实施绿色企业文化战略，进行绿色企业文化建设。

进行绿色企业文化建设要求我们既要重视经济效益，又要重视社会效益、生态效益，满足现代消费者追求绿色产品的要求，提高企业产品的生态含量，树立良好的企业形象。

扩展阅读 12.3：从钢厂到场景：首钢园区绿色创新三板斧

建设绿色企业文化，应从以下几个方面入手。

（1）提高管理者特别是高层管理者的环保意识，增强其环境责任感，使其勇于面对环境问题带来的机遇和挑战，自觉顺应世界经济的绿色潮流。在制定企业发展战略时，把环境保护、维持社会经济的可持续发展作为企业的社会责任承担起来，并从社会经济的可持续发展中求得企业自身的持续成长。

（2）实施绿色战略管理，与国际通行标准接轨。通过实施 ISO 14000 和 SA 8000 等认证体系，实施绿色生产、绿色营销管理，突破发达国家的绿色贸易壁垒，为企业向世界经济一体化迈进奠定基础。

（3）树立企业绿色核心价值理念。企业价值观是企业文化的核心和灵魂，企业要对全体员工进行培训，让环保意识深入每一位员工的内心，成为员工企业价值观。在塑造企业文化的企业价值观时要使企业中的每一位员工充分认识到环境恶化的种种现象及其后果，使人人树立对环境保护的责任感和使命感，变过去对环保问题的消极态度为积极参与的态度，从关心环保、治理污染入手树立企业的绿色环保新形象。

（4）以绿色为标志重塑企业形象识别系统（CIS），让绿色渗透到企业的理念识别（MI）系统和企业的行为识别（BI）系统的每一单元。以绿色为纽带把企业和社会、消费者、生态环境紧密联系起来，形成一个良性互动。

第四节　企业文化与和谐社会

一、和谐社会与和谐企业

和谐意识是中国文化精神的一项重要内容，它包含了人与自然的和谐。企业和谐还应包含员工与企业之间关系的和谐，以及企业与企业、企业与社会之间的关系的和谐，只有实现全面的和谐，企业才能健康地发展，达成构建和谐企业与和谐社会的崇高目标。

（一）和谐社会基本内容

党的十六届四中全会首次提出"构建社会主义和谐社会"的执政理念后，胡锦涛总书记在省部级主要领导干部提高构建社会主义和谐社会能力专题研讨班开班式上，对社会主义和谐社会的基本特征做了进一步阐述："我们所要建设的社会主义和谐社会，应该是法治民主，充满公平正义、诚信友爱、充满活力、安定有序、人与自然和谐相处的社会。"

社会主义和谐社会，应当是人与自然和谐相处的社会。自然界向人类提供的资源是不可再生的，人类需求的增长与自然界所能提供的各类资源必须相适应。人与自然的和谐发展，是基于人类社会可持续发展的必然要求。

（二）和谐社会与和谐企业的关系

企业作为国民经济的基本元素和单元细胞，肩负着构建和谐社会的重要使命，它在享受和谐社会带来的巨大利益的同时，必须以科学发展观为指导，处理好自然、社会、企业发展间的关系，实现自然、社会、企业的和谐发展。构建和谐社会，对于企业来说，就是构建和谐企业。

构建和谐企业与构建和谐社会之间是相辅相成、互相促进的辩证关系。构建和谐企业，培养高素质员工，可以促进和谐社会的构建；而构建和谐社会作为目标模式又可以激励引导企业在构建和谐社会系统中开阔眼界，积极进取，再铸新的辉煌。

（三）构建和谐社会要求创建和谐企业

构建和谐社会是全社会的共同责任，需要全体社会民众的共同参与。企业和企业家，无论是作为社会组织还是公民，都应积极参与构建和谐社会，并且承担创建和谐企业的历史使命和时代责任。创建和谐企业是时代的需要。

1. 创建和谐企业是构建和谐社会的需要

社会是一个复杂的系统，由众多的组织和个体组成。企业是国民经济的细胞，也是社会的有机组成部分。物质资料的生产是社会存在的基本条件，而企业正是物质资料生产的载体和现代生产力的综合体现者。社会产品由企业生产，社会财富由企业创造，社会大量就业由企业吸纳，社会科技进步主要来源于企业的实践，社会人才很多由企业培植，社会的物质文明、精神文明和政治文明的建设以企业为基础，等等。因此，人们视企业为社会的"四梁八柱"，并不为过。进一步说，构建社会主义和谐社会，这个"和谐"是多元的，它涉及的方方面面都与企业息息相关，诸如活力问题、公正问题、有序问题、人与自然关系问题等，都需要在企业中得到回应，得到落实。这就要把企业的创业发展纳入构建和谐社会的体系中去，创建与和谐社会相协调的和谐企业。

2. 创建和谐企业是企业可持续发展的需要

由于和谐社会为民营企业的发展提供了良好的环境，因此民营企业得以快速发展，在整个国民经济中的地位、作用日益凸显。然而，我国民营企业的平均寿命只有两年零七个月，远低于美国企业的 8.2 年和日本企业的 12.5 年。"短命"的原因是多方面的，例如，急于求成，企业发展盲目提速；立业未稳就盲目扩张和追求多元化；投资关系复杂，短贷长投现象频出；没有将主要精力放在企业核心竞争力的培育上；缺乏诚信，法规意识淡漠以及企业的各种矛盾激化导致分裂式瓦解；等等。我们从中得出一个基

扩展阅读 12.4：山东省港口集团工会委员会创建和谐企业，打造"幸福山港"

本认识：创建和谐企业，和谐创业是民营企业创新发展的成功之路。

3. 创建和谐企业是企业和企业家的社会责任

在和谐社会的构建中，企业可以说是"一身二任"。企业，作为一个社会组织，是社会的"细胞"；企业家，是社会公民。无论社会组织还是社会公民，都享有被国家法律保护合法权益的权利，共同享有和谐社会提供的良好的创业发展环境。当然，权利与义务、灾害与责任是对等的，公民与企业对构建和谐社会都有义不容辞的社会责任，而最直接、最能体现其承担了社会责任之举便是创建和谐企业。

二、塑造先进企业文化，创建和谐企业

在建设和谐社会的背景下，建设和谐企业，把企业做大做强，同样需要先进文化的支撑和推动，塑造先进的企业文化已成为企业发展的迫切需要。

企业文化是一个生态系统，应该是可以发展创新的，应该是具有自我调节功能的。现在我国正在为构建和谐社会而努力，我们要进行企业文化创新，塑造先进企业文化。

（一）先进企业文化建设在推动企业和谐发展中的作用

先进企业文化建设在推动企业和谐发展中具有如下作用。

1. 塑造先进企业文化是市场经济的内在要求

文化是经济发展的推动力，经济活动往往是经济、文化一体化的动作。在对外开放和经济全球化的背景下，经济的发展比任何时候都需要文化的支持。美国哈佛商学院通过对世界各国企业的长期分析研究得出结论："一个企业特定的企业文化，在当今是影响企业本身业绩的深层次原因。"用文化手段促进国际经济贸易，已经成为西方发达国家的国际营销艺术。

2. 塑造先进企业文化是企业和谐发展的客观需要

相对于企业的其他资源因素（产品、技术、资金、企业管理者及管理方式）而言，先进的企业文化是最能稳定发挥作用的因素。研究表明，真正影响企业长期发展的不是技术也不是资金，而是文化。2004年，世界500强企业的平均寿命是40多年，而我国民营企业的平均寿命只有5.7年。可见，企业文化在未来10年将成为决定企业兴衰的关键因素。

3. 塑造先进企业文化是提升企业品牌的有效手段

企业品牌涵盖了企业的产品质量、创新能力、管理水平、企业信誉和社会形象等内容，是人们区别商品或服务的一个重要标志。可口可乐、通用电气、松下等这些人们耳熟能详的企业，都已历经百年而势头强劲。事实证明，企业的品牌价值是无穷的，品牌的文化价值越高，其对顾客的吸引力越强，企业的生命力越旺盛。

（二）塑造以人为本的先进企业文化是引领企业和谐发展的内在要求

塑造以人为本的先进企业文化是引领企业和谐发展的内在要求，具体表现在两个方面。

1. 坚持把打造以人为本的企业文化作为企业文化建设的核心内容

企业职工是企业物质文化和精神文化的创造者、建设者和发展者。因此，在企业文化建设过程中，无论是企业宗旨、企业制度，还是生产过程中劳动者的行为准则都要确立人的中心地位，以便最大限度地发挥人的主观能动性。企业要切切实实把职工当做企业发展的最重要资源，不但要全面提高职工的工资福利、民主管理权利、家庭生活条件，还要给职工提供进修培训机会和事业成长空间，保证职工在企业建设中的生力军地位。企业应坚持以人为本，要在尊重职工个性、视职工为利益主体的前提下，引导职工树立企业需要的价值观，进而指导、规范他们的行为，培养职工"以企业为家"的情感，倡导履行社会责任，创建和谐的企业文化环境。

2. 塑造企业的团队精神是推动企业和谐发展的基础条件

要把企业成千上万名职工凝聚起来，只靠金钱是不够的，企业必须具备共同的价值观、目标和信念。对共同价值的认同会使职工产生稳定的归属感，从而吸引和留住人才。事实证明，企业只有形成了优秀的企业文化，才能打造一支战无不胜的职工队伍。要鼓励广大干部职工融入比学习、比工作、比干劲、比业绩，互相学习、取长补短，互相团结、共同进步，互相包容、互不计较的情感之中，从而化解各种矛盾和冲突，心往一处想，劲往一处使，产生良好的凝聚力和归属感，这种凝聚力和归属感反过来又可以转换成强大的战斗力，推动企业发展。充分发挥企业的团队协作精神，还需要企业内部形成上下一致的价值观。这就意味着企业在塑造以人为本的先进文化推动企业发展的同时，必须注重企业与社会的和谐，也就是注意承担企业的社会责任。企业的社会责任主要有两项内容：一是为社会提供物质财富；二是为社会造就高素质的社会人。承担好这两大责任，要求企业在文化建设中坚持以人为本，进一步调动职工的积极性、主动性、创造性。

（三）坚持企业文化创新是推动企业和谐发展的不竭动力

坚持企业文化创新是推动企业和谐发展的不竭动力，具体表现在两个方面。

1. 企业内部凝聚力和外部竞争力的形成需要企业文化的不断创新

以先进企业文化推动企业和谐发展，就是要最大限度地发挥企业文化的导向凝聚功能、整合创新功能，全面提升企业综合素质和核心竞争力，使企业在强劲而深厚的文化动力中获得持续、健康发展。随着经济全球化进程的加快，企业之间的竞争已经转变为人才、品牌和文化的竞争，说到底，就是企业文化的竞争。在社会主义市场经济条件下，我们要建设符合社会主义先进文化前进方向的先进企业文化，积极从企业文化的土壤里汲取养分，不断增强企业的凝聚力，增强产品的竞争力，为企业长远发展打造永不枯竭的动力之源。

2. 创建先进的企业文化是实现企业和谐发展的必然要求

当代经济社会的发展中，创新成为关键环节，而创新与风险相伴而行，这就需要营造一种鼓励创新、积极向上的开拓性企业文化，以形成不畏风险、与时俱进的良好氛围。企业文化的核心是思想观念，它决定着企业成员的思维方式和行为方式，能够激发员工的士气，充分挖掘企业的潜能。一个好的企业文化氛围建立后，它所带来的是群体的智慧、协作的精神、新鲜的活力，这就相当于在企业核心装上了一台大功率的发动机，为企业的创新和发展提供源源不断的精神动力。企业文化是内在的约束，制度安排是外在的约束。因此，企业文化建设必须与企业的创新有机结合起来，为企业和谐发展提供适宜的环境和充足的营养。

重要概念

企业文化　　企业忠诚管理　　诚信文化　　循环经济　　和谐社会

案例分析12

是什么给了雷军造车的底气？

案例12

同步测练与解析12

自学自测

测练12

扫描此码

第十三章

环境、社会与治理（ESG）报告及审计鉴证

◆ 经典名言

民为贵，社稷次之，君为轻。

——《尚书》

商者，利其所愿以亲其人，亲人者，其货必销。

——韩非子

人法地，地法天，天法道，道法自然。

——《老子·道德经》

天地与我并生，而万物与我为一。

——《庄子·逍遥游》

如果能够把生态环境优势转化为生态农业、生态工业、生态旅游等生态经济的优势，那么绿水青山也就变成了金山银山。绿水青山就是金山银山。

——习近平

◆ 作者感悟

读万卷书更要行万里路，行万里路更要交四方友，交四方友更要名师指路，名师指路更重要自身悟道成就！

◆ 学习目标

了解企业社会责任的国际规范和中国标准；理解企业社会责任与ESG的概念及作用；掌握企业履行环境、社会责任与治理的策略；了解国内外主要ESG报告的披露标准；掌握上市公司可持续发展报告指引的主要特点与框架内容；了解主要ESG规范刘ESG报

告的鉴证要求与国内外主要 ESG 评价体系。

重点与难点

1. ESG 的概念与重要性
2. 企业社会责任（CSR）的国际规范与中国标准
3. ESG 报告的披露
4. ESG 报告的鉴证及评价
5. ESG 实践的挑战与对策

导读

万物云发布首份 ESG 报告

2022 年 9 月，万物云空间科技服务股份有限公司（简称万物云）在香港联交所主板上市，股票代码 2602.HK。服务为本，科技为用。作为一家科技引领的全域空间服务商，万物云致力于打造产业级共享服务平台，基于空间物联技术及应用，构建产业互联生态。

2023 年 4 月 25 日，万物云（2602.HK）发布首份《环境、社会及管治报告》（下称"报告"），详细披露"万物云共同发展计划"、环境友好、以人为本、价值共创及责任管治方面实践成果。万物云奉行负责任的发展理念，基于"重塑空间效率，服务历久弥新"的使命，强调经济效益与环境社会效益并举，将可持续发展理念与目标融入整体战略与日常运营。其中，针对社会关切问题，早在 2021 年已将"万物云共同发展计划"作为 ESG 核心战略，聚焦"助力一线服务者成长""减少服务空间内非正常伤亡""建筑节能减排与社区垃圾分类""物业更新及与周边社区共生"四项核心议题，让改变从身边发生。

在以人为本方面，报告介绍，万物云新员工安全培训覆盖 100%、推动 3130 名一线服务者转岗成技术型、社会和情感沟通型服务者、全体员工人均培训时 76.43 小时、559 名一线服务者获得助学金支持，实现学历提升。

在社区共生方面，报告指 2.9 万名员工及其他服务提供人员完成 CPR 实操培训、住宅项目新增配置 643 台 AED、公益投入逾 1.5 亿元（包含友邻计划、社区焕新基金及公益捐赠）、万物云员工及其他服务提供人员通过 CPR 急救技能挽救生命事件 7 起、行业首发"空巢老人服务清单"，为 1.6 万名老人建立服务档案，并基于行业首个《空巢老人物业服务指南》，提供诸如检查维修、物资采买、上门陪伴、协助就医等主动服务。

在责任管治方面，报告披露，2022 年完成专项检查及评估 310 次，综合审计 5 次，专项审计 14 次，全体员工 100% 签署《廉洁承诺书》并进行利益冲突申报，2022 年，公司及公司雇员均无涉及贪污诉讼类案件，全部供应商 100% 签署《阳光合作协议》。

在环境友好方面，报告表示，已在全国范围内商企项目中树立 11 个节能或节水试点实验项目、68 个节能节水类提案获得万物云"海豚行动"创新服务提案奖项、新增 625 个住宅小区实施垃圾分类、万物云总部试点能源管理平台和高效制冷机房，较试点前大厦能源消耗降低 7%。

（资料来源：乐居财经，2023.4.25）

企业如何就商业伦理、社会责任等议题与社会保持沟通和交流？途径是通过定期编制和发布相关报告。从国际社会的实践看，此类报告有很多种，包括《社会责任报告》（CSR Report）、《可持续发展报告》（Sustainability Report）、《环境、社会责任与治理报告》（ESG Report）、《公民报告》（Citizenship Report）等，虽然名称有差异，但内容基本相同。报告的基本功能是传递信息，那么，传递什么样的信息？报告信息的效度和信度怎么保证？本章将对此加以探讨。

第一节　企业社会责任国际规范与中国标准

一、企业社会责任的相关概念

（一）企业社会责任的概念

企业社会责任（corporate social responsibility）是指企业在追求经济利润的同时，需要承担起对社会、环境和利益相关方的责任，通过积极的社会参与和可持续发展的经营方式，促进社会的发展、改善环境、提高员工福祉等。

企业社会责任的概念最早是由霍华德·鲍温（Howard Bowen）（1953）《商人的社会责任》一书提出的。他认为，企业的首要目的是扩大生产，提高效率，提供物美价廉的产品，以改善消费者的生活品质。企业经理不仅对股东负有受托责任，对员工、供应商、消费者、社区及广大公众都负有受托责任。企业应当在经营中平衡各个利益群体的利益。企业不应局限于追求股东利益最大化，而应当拓展至广泛的社会群体利益最大化。在实现目标的过程中，就是在履行企业的社会责任。该观点发展为利益相关者理论，成为企业社会责任的主要理论基础。米尔顿·弗里德曼（Milton Friedman）（1970）指出，企业的首要责任是通过合法手段追求股东的经济利益，与此同时，必须承担社会义务以及由此产生的社会成本。事实上，企业逐利的过程中，也在履行其对社会的责任，因为它提供了就业机会、创造了财富，而这些本身就对社会有积极的影响。但是，他反对将企业视为社会的道德代理人，他认为，企业的社会责任应当通过遵循法律规定的规则来实现。该观点引发了激烈的辩论，目前，大多数学者、政府监管方以及制定规则的非营利组织认为，企业应该更广泛地承担社会责任。

（二）ESG 的概念

ESG 指环境（environment）、社会责任（social）、公司治理（governance）三大因素。20 世纪 70 年代末和 80 年代初，人们开始意识到工业化和经济发展对环境造成了严重影响，例如污染、气候变化等。这导致了环境运动的兴起，并开始促使企业考虑和管理其环境影响。在 20 世纪 80 年代末和 90 年代初，关注焦点逐渐扩大到了劳工权益、社区发展、消费者权益等方面。在 20 世纪 90 年代和 21 世纪初，一系列公司丑闻和财务丑闻的爆发引起了对企业治理问题的关注。ESG 概念首次在 2004 年的联合国全球契约计划中被明确提出，是一系列衡量企业环境、社会责任、公司治理绩效而非财务绩效的投资理念和企业评价标准。随着时间的推移，环境、社会责任、公司治理因素逐渐被整合到了企业管理和投资决策中，形成了 ESG 的综合框架。ESG 成了企业和投资者考虑的重要因素，有助于评估企业的绩效、风险和长期价值。如今，随着 ESG 投资理念深入人心及 ESG 信息披露制度的完善，ESG 已经成为企业社会责任和可持续发展的核心概念。

二、企业社会责任的国际规范

企业社会责任源自 19 世纪末至 20 世纪初，当时有些企业家开始通过慈善捐赠和慈善事业回馈社会。20 世纪 60 至 70 年代，社会运动和环保组织的兴起加剧了人们对企业行为的关注，要求企业承担更多的社会责任。企业社会责任的概念逐渐确立，一些国际组织开始将社会责任纳入企业的行为准则。20 世纪 90 年代以来，联合国成为企业社会责任发展的重要推动方。按照历史演进顺序，我们将国际上主要企业社会责任的相关规范总结如下。

1976 年，经济合作与发展组织（OECD）发布《跨国公司行为准则》，涵盖了信息透明、消费者权益、环境保护、劳工关系等内容。要求跨国企业遵守这些准则，承担相应责任。

20 世纪 90 年代，国际劳工组织（ILO）确立了四项核心劳工标准，包括言论自由和集体谈判权、禁止强迫劳动、禁止童工、消除歧视。这些标准是国际劳工组织成员国的承诺，并被广泛认为是企业社会责任的重要组成部分。

1999 年 2 月，联合国秘书长科菲·安南（Kofi Annan）提出了"全球契约"倡议，要求企业维护人权以及正常的劳工和环境标准。1999 年 11 月，联合国正式颁布《沙利文全球原则》，要求签署这项原则的公司对社会责任的实施情况发布年度报告。2000 年 7 月，联合国全球契约组织（United Nations Global Compact，简称 UNGC）成立，是联合国首个针对企业的社会责任组织，也是世界最大的推进企业可持续发展的国际组织。全球契约旨在推动企业在人权、劳工、环境和反腐败等领域采取负责任的行动。它包括十项原则，涵盖四个领域。其中，人权领域包括：支持和尊重国际人权宣言所载的基本人权原则；确保自己不参与侵犯人权的行为。劳工领域包括：保障工人的集体谈判权；消除强迫劳动；废除童工；消除就业和职业歧视。环境领域包括：通过预防环境污染，支持环境可持续发展；采取行动应对气候变化；通过环境友好型技术，促进环境可持续发展。反腐败领域包括：反对所有形式的贿赂，包括勒索和贪污。要求企业践行这些原则，并透明披露其实施情况。截至 2024 年 1 月 26 日，联合国全球契约组织拥有来自近 170 个国家和地区的 24000 余家企业及其他利益相关方参与者。

2006 年 7 月，联合国秘书长宣布颁布联合国负责任投资原则（United Nations Principles for Responsible Investment，简称 UNPRI）。该原则旨在引导投资者在环境、社会和治理（ESG）方面采取可持续行动。该原则的内容包括：

（1）支持和尊重人权：投资者应尊重和支持国际人权标准，并确保他们在实施投资活动时不侵犯人权。

（2）尊重劳工权益：投资者应支持和尊重劳工权益，包括劳工组织自由权、集体谈判权以及消除强迫劳动和童工。

（3）环境保护：投资者应采取行动来支持环境可持续发展，包括预防环境污染、采取措施应对气候变化、保护生物多样性等。

（4）反腐败：投资者应采取措施来防止和反对所有形式的贿赂、贪污以及其他不道德行为。

（5）合理的公司治理：投资者应支持和尊重有效的公司治理原则，并在其投资活动中积极推动公司实施良好的治理实践。

（6）合作和倡导：投资者应积极参与倡导和合作，促进可持续发展目标的实现，并通过与其他相关方合作，推动更广泛的可持续发展。

目前，签署 UNPRI 的机构达 4000 多家，遍布 60 多个国家，代表逾 120 万亿美元资产。

2010 年，国际标准化组织（ISO）发布了全球第一个社会责任标准《ISO 26000:2010 Guidance on Social Responsibility》，该标准包括以下七个方面：

（1）组织治理：涵盖了组织内部的治理结构和流程，包括决策权、责任分配、透明度和问责制度等。

（2）人权：涵盖了组织在其经营活动中尊重和支持的基本人权，包括但不限于言论自由、隐私权、公平待遇、工会自由、歧视禁止等。

（3）劳工实践：关注组织在劳工方面的责任，包括但不限于工作条件、工资和福利、工作安全和健康、培训和发展等。

（4）环境：聚焦于组织在其经营活动中对环境的影响，包括资源利用、能源消耗、废物排放、污染防控等。

（5）公平经营实践：强调组织在商业活动中的公平性和诚信度，包括反腐败、竞争规则遵守、消费者权益保护、诚信经营等。

（6）消费者问题：关注组织在产品和服务提供过程中对消费者权益的尊重和保护，包括产品质量和安全、消费者信息透明、投诉处理机制等。

（7）社区参与和发展：强调组织与社区之间的合作与互动，包括社区发展项目支持、社会投资、公益活动等。

2015 年 9 月，联合国成员国通过了《2030 年可持续发展议程》，其中包括 17 个可持续发展目标（SDGs），旨在于 2030 年前实现在经济、社会和环境方面的可持续发展。SDGs 目标涵盖了消除贫困、零饥饿、健康、教育、性别平等、清洁水和卫生、可持续能源、经济增长、产业创新、减少不平等、可持续城市、气候行动、保护海洋和陆地生态系统等方面。

此外，2015 年，通过了联合国气候变化框架公约下的国际协定——《巴黎协定》，目标是将全球平均气温上升控制在工业化前水平以下 2 摄氏度，并努力争取将温升限制在 1.5 摄氏度以内。1992 年通过的《生物多样性公约》，目标包括保护生物多样性、可持续利用生物资源、公平和公正地分享生物资源的利益、提高生物多样性的意识等。上述文件也成为企业履行社会责任的依据。

除了上述以联合国和国际标准化组织制定的企业社会责任相关规范之外，一大批非营利组织，诸如全球报告倡议组织（GRI）、国际可持续发展准则理事会（ISSB）、气候相关财务信息披露工作组（TCFD）、可持续发展会计准则理事会（SASB）等机构踊跃投入了企业社会责任、ESG 相关规范的制定中，发布了数千项相关指引与规范。各国政府也纷纷颁布企业社会责任、ESG 指引与指南，对于 ESG 报告的披露，逐步从自愿性披露向强制性披露过渡。投资者、政府与社会公众对 ESG 的重视达到了空前的高度。

三、企业社会责任的中国标准

企业社会责任的规范主要包括三个层次：国家颁布的强制性法律规范、企业自身制定的社区规则、市场所需的一般道德。本书将主要介绍我国颁布的法律法规。

社会责任相关适用法律包括《中华人民共和国公司法》《中华人民共和国劳动合同法》《中华人民共和国环境保护法》等。

我国颁布的法规参见表 13-1，本书重点介绍以下几项：

表 13-1　我国企业社会责任相关法规列表

时间	发文机构	文件名称
2006 年	深交所	《深圳证券交易所上市公司社会责任指引》
2008 年	国资委	《关于中央企业履行社会责任的指导意见》
	上交所	《上海证券交易所上市公司环境信息披露指引》
2009 年	深交所	《深圳证券交易所创业板上市公司规范运作指引》
2010 年		《深圳证券交易所主板上市公司规范运作指引》
		《深圳证券交易所中小企业板上市公司规范运作指引》
2012 年	联交所	《环境、社会及管治报告（ESG）指引》
2015 年	国务院	《生态文明体制改革总体方案》
	发改委、原环境保护部	《关于加强企业环境信用体系建设的指导意见》
2016 年	人民银行、财政部、发改委、原环境保护部、原银监会、证监会、原保监会七部委	《关于构建绿色金融体系的指导意见》
2017 年	人民银行等	《落实〈关于构建绿色金融体系的指导意见〉的分工方案》
	证监会、原环境保护部	《关于共同开展上市公司环境信息披露工作的合作协议》
2018 年	证监会	《上市公司治理准则》修订版
	基金业协会	《绿色投资指引（试行）》
		《中国上市公司 ESG 评价体系研究报告》
2019 年	联交所	《上海证券交易所科创板股票上市规则（2019 年 4 月修订）》
	基金业协会	《对基金管理人绿色投资自评估报告框架的建议》
		《2019 中国上市公司 ESG 评价体系研究报告》
	联交所	《环境、社会及管治报告指引》（2019 年修订版）
2020 年	国务院办公厅	《国务院关于进一步提高上市公司质量的意见》
		《关于构建现代环境治理体系的指导意见》
	深交所	《深圳证券交易所上市公司信息披露工作考核办法（2020 年修订）》
2021 年	十三届全国人大四次会议表决通过	《"十四五"规划和 2035 年远景目标纲要》

续表

时间	发文机构	文件名称
2021 年	国务院	《国务院关于加快建立健全绿色低碳循环发展经济体系的指导意见》
	人民银行	《银行业金融机构绿色金融评价方案》
2022 年	国务院国资委	《提高央企控股上市公司质量工作方案》
		《中央企业节约能源与生态环境保护监督管理办法》
	证监会	《上市公司投资者关系管理工作指引》
		《关于完善上市公司退市后监管工作的指导意见》
		《关于加快推进公募基金行业高质量发展的意见》
		《推动提高上市公司质量三年行动方案（2022—2025）》
	原银保监会	《银行业保险业绿色金融指引》
		《银行保险机构公司治理监管评估办法》修订版
	上交所	《上海证券交易所股票上市规则（2022 年 1 月修订）》
2023 年	国务院国资委	《央企控股上市公司 ESG 专项报告编制研究》
		《央企控股上市公司 ESG 专项报告参考指标体系》
		《央企控股上市公司 ESG 专项报告参考模板》
	证监会	《上市公司独立董事管理办法》
	深交所	《深圳证券交易所上市公司自律监管指引第 3 号——行业信息披露》修订版
		《深圳证券交易所上市公司自律监管指引第 4 号——创业板行业信息披露》修订版
	上交所	《上海证券交易所股票上市规则（2023 年 8 月修订）》
	保险业协会	《绿色保险分类指引（2023 年版）》

2016 年，国务院国资委发布了《关于国有企业更好履行社会责任的指导意见》（国资发研究〔2016〕105 号），明确了国有企业在履行社会责任方面的总体要求、基本原则、主要目标等内容。国有企业社会责任的主要内容为：带头执行国家政策，依法经营，诚实守信，公平参与竞争，维护消费者、合作伙伴和各类投资者合法权益。坚持绿色发展，模范推进节能减排，高效利用自然资源，大力发展循环经济，积极保护生态环境。保护员工合法权益，促进员工全面发展，加强安全生产，维护企业稳定。积极参与社区发展，主动投身公益事业。主要目标是到 2020 年，国有企业形成更加成熟定型的社会责任管理体系，经济、社会、环境综合价值创造能力显著增强，社会沟通能力和运营透明度显著提升，品牌形象和社会认可度显著提高，形成一批引领行业履行社会责任、具有国际影响力、受人尊敬的优秀企业。

国家标准化管理委员会颁布的《社会责任指南》（GB/T 36000—2015）是社会责任领域基础通用的国家标准。它给出了社会责任及其相关术语的定义，为社会责任领域建立了统一和规范的基础概念体系；规定了社会责任的原则、核心主题和议题，以及将社会责任融入组织的指南。这些技术内容为组织建立和实施社会责任管理体系奠定了必要的技术基础。

国家标准化管理委员会颁布的《社会责任管理体系要求及使用指南》（GB/T 39604—2020）是基于国际标准化组织（ISO）通用的管理体系标准高层结构而全新制定的一项社会责任管理体系标准，属于"要求"标准，可用于认证或相关目的。该标准体系规定，每个组织的社会责任核心主题均包括组织治理、人权、劳工实践、环境、消费者问题、公平运行实践、社区参与和发展。为此，与组织社会责任相关的法律法规要求主要涵盖在上述七方面的相关法律法规之中；与组织社会责任管理体系相关的其他管理体系主要包括针对上述某个或几个主题或其议题的管理体系，如质量管理体系、环境管理体系、职业健康安全管理体系、食品安全管理体系、反腐败管理体系、合规管理体系、知识产权管理体系、信息安全管理体系等。

随着经济全球化的深入，ESG 投资理念深入人心，尤其是国际可持续发展准则理事会（ISSB）的成立以及 IFRSS1 和 IFRSS2 的颁布，激励了我国企业履行社会责任，发布 ESG 报告的积极性。我国政府也颁布了关于企业社会责任报告、ESG 报告披露的系列规定，旨在鼓励企业履行社会责任并规范企业发布相关报告的行为。2024 年 4 月 12 日，我国三大证交所分别发布《上海证券交易所上市公司自律监管指引第 14 号——可持续发展报告（试行）》《深圳证券交易所上市公司自律监管指引第 17 号——可持续发展报告（试行）》《北京证券交易所上市公司持续监管指引第 11 号——可持续发展报告》（以下统称为《指引》），自 2024 年 5 月 1 日起实施。《指引》是我国首次在交易所层面发布的统一上市公司可持续信息披露规则，这一举措将进一步推动我国上市公司可持续信息披露的规范化，也是我国对全球可持续发展趋势的响应。本书将在第三节对 ESG 报告信息披露的主要规范进行阐述。

第二节　企业行为：环境责任与可持续发展

一、企业社会责任的内容

（一）可持续发展的主要内容

目前全球公认的可持续发展标准是指联合国《2030 年可持续发展议程》，包括了 17 个可持续发展目标（SDGs），这些目标旨在解决全球范围内的重要社会、经济和环境问题。这些目标具体是指：

（1）无贫困（SDG 1）：终结一切形式的贫困，确保所有人都能享有尊严和充足的生活。

（2）零饥饿（SDG 2）：结束饥饿，实现全球粮食安全，改善营养状况，促进农业可持续发展。

（3）健康与福祉（SDG 3）：确保所有人健康，促进人的福祉，实现全面的健康保健覆盖。

（4）优质教育（SDG 4）：确保所有人都能获得包容性、公平且高质量的教育，促进终身学习机会。

（5）性别平等（SDG 5）：实现性别平等和女性赋权，消除一切形式的歧视和暴力，确保女性和女童享有平等权利。

（6）清洁水与卫生（SDG 6）：确保所有人都能获得充足、安全、卫生的饮用水和基本卫生设施。

（7）质量与可持续能源（SDG 7）：保障全球能源供应安全、可靠、经济、可持续，并促进可再生能源的发展。

（8）体面工作与经济增长（SDG 8）：促进全球经济增长，实现充分和有质量的就业，提高劳动生产率，实现体面工作。

（9）工业创新与基础设施（SDG 9）：建设弹性、可持续和包容性的基础设施，促进工业化、促进创新。

（10）减少不平等（SDG 10）：减少国内和国际不平等，促进包容和可持续的经济增长，实现贫富差距的逐渐缩小。

（11）可持续城市与社区（SDG 11）：构建包容、安全、弹性和可持续的城市和人类定居点，促进城市的可持续发展。

（12）可持续消费与生产（SDG 12）：促进可持续消费和生产模式，实现资源和能源的有效利用，减少废弃物和污染。

（13）气候行动（SDG 13）：采取紧急行动应对气候变化及其影响，通过提高适应能力和减缓措施来加强气候变化的应对。

（14）生命在水下（SDG 14）：保护和可持续利用海洋和海洋资源，促进海洋的可持续发展。

（15）生命在陆地（SDG 15）：保护、恢复和促进可持续利用陆地生态系统，管理森林、战略性生物多样性区和生物多样性。

（16）和平、正义与强有力的机构（SDG 16）：促进和平、公平和包容的社会，建立有效、负责任和包容的机构。

（17）合作伙伴关系实现目标（SDG 17）：加强全球合作伙伴关系，推动可持续发展议程的实施，共同解决全球性问题。

（二）ESG 的主要内容

ESG 是一种兼顾经济、环境、社会和治理效益可持续协调发展的价值观，是追求长期价值增长的理念。

1. 环境

环境主要包含：气候影响、自然资源保护、环境治理、绿色技术、绿色办公、环保投入、废物和消耗防治、发展可再生资源等。需要说明的是，人们往往总是将"环境"因素等同于环保，该观点较为片面。我们认为，环保是人们对环境的保护行为，是单向的，往往是指企业行为，即对自然资源（水、气、电）的使用、节能环保技术（能源使用效率、绿色技术）的运用对气候变化、大气、水资源、排放物（温室气体、废弃物）、土壤、噪声等的影响，"环境"因素不仅包含上述企业行为对环境的影响，还包含环境对企业自身的影响，诸如气候变化对企业业务的影响。比如，气候变化可能导致极端天气事件增加，如暴风雨、干旱、洪水等，这些天气事件可能会导致生产中断、物流受阻，影响企业的生产和交付。再如，气候变化可能导致资源的稀缺与价格波动，如水资源、能源，依赖资源生产经营的企业可能面临供应不足和成本增加的风险，如夏天电力供应中断、水电价格上涨。因此，"环境"因素的内涵是双向的。此外，"环境"因素还包括企业对员工工作环境的改善。

2. 社会责任

社会主要包含：员工福利与健康、反强迫劳动、产品质量安全、隐私数据保护、税收贡献、精准扶贫与乡村振兴、性别平等与反歧视、供应链责任管理等。目前很多人容易将"社会"因素等同于慈善捐赠，但是，"社会"因素内容更为广泛，除了社会捐赠之外，还有企业员工发展、消除招聘与晋升中的性别歧视、保护客户隐私与数据安全、乡村振兴等内容。企业可以参照上述联合国可持续发展 17 个目标，找到方向。

3. 公司治理

公司治理主要包含：股权结构、风险管理、信息披露、薪酬体系、会计政策、反不公平竞争、员工道德行为准则、董事会独立性和多样性等。具体而言，"公司治理"因素包括五方面内容：

（1）公司治理：公司治理是指公司治理层权责利的制度与组织安排。良好的公司治理实践能够促进企业的透明度、责任感和有效性，有助于提高投资者信任度、降低风险并创造长期价值。这包括了董事会的角色和职责、股东权益、企业内部的分权机制、关联方交易管理等。

（2）透明度和信息披露：透明度是指企业公开业务运作和决策过程的程度。包括向利益相关方提供准确、清晰和全面的信息，使其能够了解企业的治理结构、业务运作、财务状况、社会影响等。信息披露是提供这些信息的过程和机制，应当符合相关法规和国际标准，并反映企业的 ESG 实践。

（3）道德和合规：公司治理还涉及企业的道德标准和合规性。企业需要遵守适用的法律法规、行业准则和道德规范，避免从事腐败行为、欺诈行为或其他不道德的行为。

（4）利益相关方参与：良好的治理实践还包括了与利益相关方的积极互动和合作。包括与员工、客户、供应商、投资者、政府和社会组织等各种利益相关方的沟通和合作，以了解其关切和需求，并在决策过程中考虑到其利益。

（5）风险管理：企业治理还涉及对风险的识别、评估和管理。这包括了对环境、社会、道德、法律和治理方面的风险进行全面评估，采取适当的措施来降低和管理这些风险，并确保企业能够持续发展并创造价值。

二、企业环境、社会责任与治理的实践

（一）企业从事环境、社会责任与治理实践的作用

企业履行环境、社会与公司治理方面的责任，能够从宏观、中观与微观层面发挥重

要作用：

1. 宏观层面与中观层面

企业的环境管理与社会责任是构建社会主义和谐社会的内在要求。企业履行环境管理、社会责任与注重公司治理，有助于实现社会公平、促进区域合作、推动产业可持续发展。

（1）促进社会公平与和谐

通过 ESG 的评估议题中劳工管理、人力资本管理、员工健康与安全、保障员工权益和消费者权益等关键的评判事项，信息使用者能够评估公司过去的商业行为和道德记录。例如，个别科技公司因为过度收集和滥用用户数据，实行价格歧视，加剧了社会不平等；政府制定了《个人信息保护法》《数据安全法》等，对这些公司进行了严厉处罚，上述现状得到了明显改善。此外，ESG 鼓励企业投入教育、扶贫、环境保护等公益事业，能够帮助弱势群体获取平等的机会和资源，减少社会贫富差距，提高整体公平程度。

（2）增进利益相关者多方互信与合作

ESG 把对利益相关者的包容性作为首要考量。其基本原则之一即披露企业已识别的重要利益相关者，并对利益相关者合理预期与利益进行回应。有效的利益相关者沟通能够令企业倾听和响应来自其利益相关者的诉求，协助不同产业充分了解产业相关企业的期望和诉求。例如，在不同产业链条的供应链合作中，把 ESG 管理要素融入供应商的事前、事中和事后管理，能有效提高供需双方的信息透明度，排除存在高 ESG 风险的潜在合作方，改进供应商 ESG 表现，建立针对供应商的 ESG 考评和退出机制，构建透明、健康、持续发展的价值链。

2. 微观层面

企业积极履行环境保护、社会责任，能够带来企业更好的财务绩效、提高股东价值（Fatemi 等，2017；Li 等，2017），促进公司长期健康发展。其主要作用机制有以下几点：

（1）提升企业声誉

企业社会责任信息是一种信誉资源，有信誉保险作用（沈洪涛，2011）。企业社会责任实践有助于提高企业声誉和形象，增强消费者对企业的信任度，进而促进销售增长。企业履行社会责任帮助企业在复杂的市场环境中获取竞争优势（Dumitrescu，2019），甚至在特定情况下可以扭转企业形象，提高市场份额。

（2）提高员工工作积极性

企业注重员工利益、改善公司治理有助于改善员工满意度和忠诚度，提高员工的工作积极性和生产力，显著提升企业的生产率（Hasan，2016），从而提升企业绩效（赵丽丽和王宇，2017）。

（3）减少不确定性

企业履行社会责任，发布诸如企业社会责任报告、可持续发展报告、ESG 报告等信息，有助于缓解企业与投资者及社会公众之间的信息不对称（Malik，2020），减少企业的环境和制度的不确定性（Hadjikhani，2016）。在金融危机期间，ESG 绩效可以在危机期间降低金融风险（Broadstock 等，2020）。

（4）吸引投资

企业社会责任的履行和披露可以降低公司对外融资的成本，减轻公司的运营财务限制（何贤杰，2012）。ESG 投资策略有助于降低投资风险，提高投资回报率，高 ESG 评级的公司更有可能吸引投资者和股东。在金融危机期间，高 ESG 投资组合的回报往往优于低 ESG 投资组合（Broadstock 等，2020）。

总之，企业社会责任在企业发展中发挥着极其重要的作用，不仅有助于树立企业良好的社会形象，提高产品和服务的声誉，从而为企业带来更多的经济效益；还有助于社会的公平与和谐、环境保护、员工福利等方面的改善。

（二）企业履行环境、社会责任与治理的策略

当前，部分企业在 ESG 行动上经常出现碎片化的状况，官网上的 ESG、可持续发展或社会责任的页面要么空无一物，要么只是摆上几张企业做公益、植树或扶贫的照片。企业社会责任强化品牌影响力，也成为一种重要的战略资源，它不仅能够帮助公司树立良好的声誉，还能够获得政治资源（戴亦一等，2014）。企业应该将社会责任的执行策略提升到顶层，以便对企业各种战略规划的执行进行有效的引导，确立企业社会责任的愿景和使命（王站杰、买生，2019），而且，企业制定明确的企业社会责任战略和政策，能够保证社会责任履行的一致性和可持续性。企业要履行环境、社会责任与治理，需要把它提升到战略层次，进行系统的规划和实施。可以参考"PRO"模型（何今宇，2022），在定位（positioning）、资源与能力（resources and capability）以及组织（organization）三个方面做好 6 项主要工作，如图 13-1 所示。

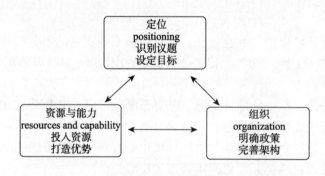

图 13-1　PRO 模型

1. 识别议题

环境、社会责任与治理议题众多，不同行业、不同企业的关注点各异。企业可以评估对利益相关方的重要性以及对本公司的重要性，进行议题评估，如图 13-2 所示。可以参考竞争对手企业的环境、社会责任与治理报告，MSCI ESG 评价体系提出的议题，选择本公司需要重点关注的议题。建议选择与改善民生相关的议题，如教育、健康卫生和基础设施建设，支持当地社区发展的议题。

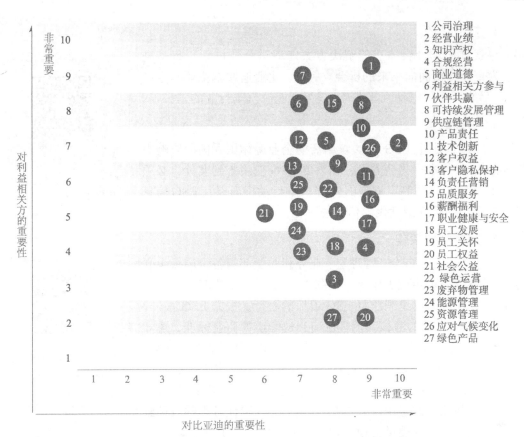

图 13-2　比亚迪 2023 年企业社会责任核心实质性议题

2. 制定目标和指标

为了保证企业制定环境、社会责任与治理战略的可行性，企业应当设定具体的 ESG 绩效评价目标，保证这些目标可量化、可衡量，以便于对战略的实施进行考核评价。可以参考《国际可持续发展准则》《上市公司可持续发展报告指引》等设置指标，并按照路线图，在各个节点设置明确的指标值，作为考核依据。

3. 投入资源

首先，人员配置方面，为做好环境、社会责任与治理管理，企业需针对各领域内容设置专岗，如 ESG 职业经理、碳排放管理员等；还有一些辅助性人员，如数字化、物业管理、合规管理等。其次，财务资源方面，除了自身的财务投入，企业也可以考虑发行绿色债券，例如，小米在 2021 年发行了 4 亿美元的 30 年期优先绿色债券，以及接受 ESG 主题投资。需要注意的是，如果计划接受 ESG 投资，需要提前了解相关 ESG 认证或评估要求。再次，实现绿色转型，企业可以结合自身特性采用绿色建筑、可再生能源、智能设备等转型升级。最后，企业可以积极寻求行业内或跨行业联盟、绿色初创公司、咨询或专业服务机构、非营利组织、政府政策等外部支持。

4. 打造优势

寻找环境和社会痛点的解决方案能促进企业创新，打造亮点，为企业开拓面向未来的机会。例如，比亚迪原本主业是生产电池，后来开拓了电动汽车业务，成为新能源汽车行业的领头羊。

5. 明确政策

一方面，处理 ESG 相关议题需要企业遵循国际国内影响力较大的 ESG 标准；另一方面，如果要 ESG 战略落到实处，必须针对重点 ESG 议题制定清晰的公司 ESG 行动指南以及 ESG 信息披露制度，使管理制度化、信息透明化。

扩展阅读 13.1：比亚迪持续开展绿色产品与技术创新

6. 完善治理架构

公司应当在董事会、管理层、业务和职能部门各个层级设立专门的 ESG 委员会或工作组，如图 13-4 所示。主要职责在于上传下达 ESG 战略、组织监督 ESG 责任的履行、披露 ESG 报告，并进行 ESG 绩效的考核。治理层应当遵守道德商业标准，遵守法律法规，防止贿赂和腐败，打造诚信、公平、公正的企业文化。

此外，公司在 ESG 管理方面应该确定和理解利益相关者的需求和期望，与利益相关者建立积极的沟通和合作关系，使其参与到 ESG 战略的制定中，分享企业履行 ESG 责任带来的改革红利。例如，在 ESG 委员会设置职工代表，传达员工诉求。

扩展阅读 13.2：比亚迪企业社会责任组织架构

第三节　环境、社会与治理报告的披露

一、环境、社会责任与治理报告披露标准

国际社会在可持续信息披露方面起步较早，诞生了一批如 TCFD（气候相关财务信息披露工作组）、CDP（碳排放信息披露项目）等环保主题的信息披露组织，以及诸如 GRI（全球报告倡议组织）、ISSB、SASB（可持续发展会计准则理事会）等机构推出的信息披露指引。

（一）气候相关财务信息披露工作组建议报告

TCFD 工作组由 G20 辖下的金融稳定委员会于 2015 年成立，旨在提出针对气候的信息披露的建议，以"促进更明智的投资、信贷和保险承销决策"并"相应地使利益相关者能够更好地理解金融部门和金融机构与碳有关资产的集中度和金融系统面临的与气候相关的风险"（TCFD 2017）。工作组 2017 年 6 月发布的《气候相关财务信息披露工作组建议报告》（简称 TCFD 框架）是国际上率先制定的气候信息披露框架。TCFD 框架在全球范围内得到了广泛认可和采纳，据 TCFD 官网数据统计，截至 2023 年，TCFD 全球支持者数量已突破 4000 名，地域范围涵盖 101 个国家和地区。TCFD 在中国地区有 74 家

支持机构，其中金融机构 31 家，占比 41.89%。截至 2023 年 8 月，已有 12 家国内银行成为 TCFD 支持机构，除发布可持续发展报告、社会责任或 ESG 报告外，国内 23 家主要银行中已有 12 家银行单独发布了以绿色金融报告、环境信息披露报告、TCFD 报告为名称的"第三本报告"。TCFD 着重于了解气候变化对业务的潜在财务影响，提出了一个具有前瞻性的、基于风险和以过程为导向的模型，要求公司评估和披露与气候相关的风险，比如极端天气、天气变化、气温和海平面上升等所造成的实质性损害以及过渡到与低碳经济相适应的相关政策和法律、技术、市场和声誉风险。除风险外，公司也需要评估与资源效率、能源转换、新的或改进的产品和服务、市场和"弹性"（包含参与能源有关的创新计划以及资源替代/多样性）相关的潜在机遇（TCFD 2017）。

　　与其他指南相似的是，TCFD 框架同样包括以气候变化为中心的与可持续性相关的披露，例如治理机制、风险管理流程和与温室气体有关的指标以及任何相关目标。然而，TCFD 与众不同之处在于其对公司进行情境分析的建议，旨在为投资者提供公司战略面对气候变化影响时恢复能力的信息。TCFD 指南建议报告者披露不同气候条件（包括 2 ℃及以下）对公司的影响。该指南的独特之处在于建议公司进行特定类型的风险分析，这种分析具有高度的内省性，并迫使组织调整内部程序来管理已识别的风险和机遇。

（二）碳排放信息披露项目（CDP）

　　CDP 在全球运营环境信息披露平台，致力于推动减少温室气体排放，保护水和森林资源，被投资者评选为全球第一的气候研究机构。CDP 前身为碳披露项目（Carbon Disclosure Project），还是科学碳目标（Science Based Targets initiative）、"全球商业气候联盟（We Mean Business Coalition）"的创始成员，在北京、香港、新加坡、柏林、巴黎、圣保罗、斯德哥尔摩和东京等地设有办公室。CDP 与全球超过 740 家、总资产达 130 万亿美元的机构投资者以及数百家采购企业合作，通过投资者和买家的力量以激励企业披露和管理其环境影响。2022 年，全球超过 1.8 万家、占全球市值一半以上的企业及 1100 多个城市、州和地区通过 CDP 平台披露了其环境影响数据。CDP 披露框架与 TCFD 要求相一致，CDP 评分被广泛用于投资和采购决策，助力零碳、可持续和有活力的经济发展。CDP 认证于 2012 年进入中国，2022 年中国（含港、澳、台地区）参与 CDP 环境信息披露的企业数量超过 2700 家，创下新高。

　　碳排放披露项目主要有以下四个方面的考察：

1. 气候变化治理

　　气候变化治理包括减排责任和各自的贡献。气候变化关系到全球各国生存和发展，已经不局限于环境问题，更是政治问题和发展问题，这涉及每一位地球人的切身利益。气候变化治理强调世界各国各地区都应该承担起应有的责任加入低碳经济的行列，调查主要涉及各公司和个人如何采取有效减排活动以及其为低碳经济所做出的贡献。

2. 低碳战略

　　低碳战略主要包括气候变化引起的商业风险、机遇、战略、减排目标和行动。气候变化的风险主要包括法规风险、由极端天气事件引发的有形风险、技术变革和消费者态度及需求的转变引起的风险及机遇。由于行业和产品的差异，每个行业或部门或利益相关者关注的风险可能存在不同，但气候变化风险是大家都不能忽视的风险。气候变化带来风险的同时也给公司的发展带来新的机遇。投资于低碳技术或低碳型产品的企业可能从中获得更大的市场份额或开辟新的市场。战略是公司将应对气候变化融入公司经营策略，把发展低碳技术或低碳产品作为企业长远发展计划。减排目标和行动是企业将减排意识具体为减排行动的过程。

3. 温室气体减排核算

温室气体排放核算包括碳核算方法的选择、碳减排会计报告的编制以及外部鉴证和审计、各年间年度碳排放量差异比较、温室气体直接减排和间接减排的具体数据等。温室企业排放核算还包括每个国家碳排放额度和具体的减排目标、国家内部分解到每个企业的具体减排数量。

4. 温室气体减排管理

应对气候变化风险和机遇的策略主要包括温室气体减排项目、排污权交易、排污强度、能源成本、减排规划等方面的内容，这就构成一个完整的碳管理系统。温室气体减排项目主要包括减排基准年份确认、明确的减排目标，减排目标实现所需技术、资金投入和减排成本等。排污权交易主要指公司将如何参加排污权交易减排强度，主要强调历史排放与目前排放强度。

（三）可持续发展会计准则委员会（SASB）

SASB 成立于 2011 年，其使命是通过制定补充年度财务报告的披露准则，并提供有关的最可能对公司财务产生重大影响的可持续发展问题的信息来为投资者提供帮助。SASB 已经制定了针对行业的报告准则，并且基于各行业的可持续发展问题的多方利益相关者进行分析。该准则主要为财务报表之外的非财务信息披露提供指导，但这些指导也是年报其他内容所包含的附加信息的一部分（例如美国上市公司年度报告中"管理层讨论和分析"部分）。

SASB 准则包括五个可持续发展维度：环境、社会资本、人力资本、商业模式和创新，以及领导力和治理。SASB 准则是美国监管文件的补充，且已经被包括在国际财务报告准则的修订讨论中（国际会计准则理事会 IASB，2019），并且已与其他组织合作以协调和推进可持续发展报告的发展。SASB 准则要求披露的大多数信息是回顾性的，因为 SASB 准则委员会认为，财务报告中的前瞻性陈述必须经过精心设计来避免因重大失实陈述而承担民事责任。SASB 强调行业内各公司之间已确定的报告指标、标准化和可比性（SASB，2017），这使 SASB 准则从根本上是结果导向的。虽然该信息包括内部流程的报告（主要通过商业模式、创新以及领导力和治理维度），但其披露是为了公司运作结果的交流，而不是促进对流程的理解和改进。

（四）国际综合报告理事会（IIRC）

IIRC 成立于 2010 年，以"整合报告"的概念带动了企业可持续发展报告的范式转变。一份综合报告"清晰、简明地阐述组织如何展示管理能力以及如何在现在和将来创造价值"（IIRC，2011）。其明确的主要利益相关者是投资者和其他外部资本提供者，虽然 IIRC 认为报告应为更广泛的利益相关者提供有价值的信息（IIRC，2013）。自成立以来，作为报告策略已越来越受欢迎（KPMG，2017）。

价值创造概念的关键是"整合思维"，即组织通过运用和影响六种不同类型的资本（财务、制造、知识、人力、社会和关系资本、自然资本）在业务流程中创造价值。整合意味着必须综合评估所有资本及其影响，包括正面和负面的影响（IIRC 2020）。整合思维的结果会通过一个简明的报告来分享，该报告可以帮助投资者（和其他利益相关者）理解"组织的战略、治理、绩效和前景如何在其外部环境下帮助组织创造短期、中期和长期价值"。这个概念也与过去侧重于传统财务报告的信息形成对比。

相比其他框架与准则，IIRC 强调内部过程，"IIRC 的长期愿景是把整合思维嵌入主流的公共部门和私人部门的商业实践中，同时作为企业规范的整合报告也不断地促进这一过程"（IIRC，2013）。虽然 IIRC 以过程为导向，但重点是报告资本性质的界定和重大影响，这在某种程度上又使报告向结果导向的视角倾斜。

（五）可持续发展报告指南

全球报告倡议组织（Global Reporting Initiative，简称 GRI）成立于 1997 年，是由美国的一个非政府组织"对环境负责的经济体联盟"（Coalition for Environmentally Responsible Economies，简称 CERES）和联合国环境规划署（United Nations Environment Programme，简称 UNEP）共同发起的。自 GRI 在 2000 年发布首份可持续发展报告指南（G1），为企业提供可持续发展报告的第一个全球框架以来，GRI 已经发布了五代报告指南。GRI 框架从经济、环境、社会和治理四个维度衡量和披露企业的可持续发展绩效，开创了全球最为广泛使用的可持续发展报告框架。

最新版的 GRI 准则包括 3 份适用于所有企业的通用标准，以及 34 份从经济、环境、社会三个维度制定的特定可持续发展议题专项标准。其中，通用标准包括对企业可持续发展管理基本情况的披露，包括治理结构、管理体系、披露实践、利益相关者参与等基本内容；专项标准一共有 34 份，每一份都详细说明了在相应议题下的核心披露和建议披露的指标。

1. 通用标准 100 系列

通用标准 100 系列包括三项适用于所有企业的通用标准。

（1）GRI 101：基础

GRI 101 是 GRI 标准的使用说明书，阐述了编制可持续发展报告的基本原则和要求。按照 GRI 101，企业应根据"利益相关方包容性""可持续发展背景""实质性""完整性"四大原则界定报告应包含的内容；并满足"准确性""平衡性""清晰性""可比性""可靠性""时效性"六大信息质量特征要求。

（2）GRI 102：一般披露

GRI 102 涉及企业的组织概况、战略、道德和诚信、治理、利益相关方沟通以及报告流程六部分信息，反映企业如何设定和管理可持续发展理念，为利益相关者理解企业的整体可持续发展情况提供了总体背景，是所有采用 GRI 标准的企业都必须披露的内容。

（3）GRI 103：管理方法

GRI 103 主要引导企业说明其实质性议题的选择、影响范围、选择的原因以及管理方法。其中管理方法涉及政策、承诺、目标、资源等一系列企业针对特定议题采取的管理措施。对于不在 GRI 的 34 份专项标准覆盖范围内的议题，企业也可以按照这一项指引对于具体议题的管理方法进行披露，从而帮助利益相关方了解企业的可持续发展基本实践。

2. 议题专项标准

议题专项标准分为 200 系列（经济议题）、300 系列（环境议题）和 400 系列（社会议题）。GRI 根据市场需要和利益相关者反馈，持续在三个系列下研究新的议题专项标准。截至 2021 年 5 月，一共有如表 13-2 所示的 34 份议题专项标准。

表 13-2 GRI 议题专项标准列表

200 系列（经济议题）		300 系列（环境议题）	
GRI 201	经济绩效	GRI 301	物料
GRI 202	市场表现	GRI 302	能源
GRI 203	间接经济影响	GRI 303	水资源与污水
GRI 204	采购实践	GRI 304	生物多样性
GRI 205	反腐败	GRI 305	排放
GRI 206	不当竞争行为	GRI 306	污水和废弃物
GRI 207	税务	GRI 307	环境合规
		GRI 308	供应商环境评估
400 系列（社会议题）		GRI 410	安保实践
GRI 401	雇佣	GRI 411	原住民权利
GRI 402	劳资关系	GRI 412	人权评估
GRI 403	职业健康与安全	GRI 413	当地社区
GRI 404	培训与教育	GRI 414	供应商社会评估
GRI 405	多元化与平等机会	GRI 415	公共政策
GRI 406	反歧视	GRI 416	客户健康与安全
GRI 407	结社自由与集体谈判	GRI 417	营销与标识
GRI 408	童工	GRI 418	客户隐私
GRI 409	强迫或强制劳动	GRI 419	社会经济合规

（六）国际可持续发展准则

2021 年 11 月 3 日，《联合国气候变化框架公约》第 26 次缔约方大会（COP26）上，国际财务报告准则基金会（IFRS）正式宣告成立国际可持续发展准则理事会（International Sustainability Standards Board，简称 ISSB），旨在提供一套全面的全球可持续发展相关披露准则，为投资者和其他资本市场参与者提供有关公司可持续发展相关风险和机遇的信息，帮助他们做出理性决策。根据 ISSB 可持续准则框架标准，已发布和未来将要发布的可持续披露准则都将体现企业价值视角的披露要求，都将包含 TCFD 框架下的四项核心要素（治理、战略、风险管理、指标与目标），遵循"一般要求""跨行业要求"和"基于行业的要求"进行全面披露。

2023年6月26日，ISSB正式发布《国际财务报告可持续披露准则第1号（IFRSS1）——可持续相关财务信息披露一般要求》及《国际财务报告可持续披露准则第2号（IFRSS2）——气候相关披露》。2024年2月22日，ISSB在国际财务报告准则可持续研讨会发布了首份"采用指南概述"（英文全称为The Preview of the Inaugural Jurisdictional Guide for the Adoption or Other Use of ISSB Standards），旨在通过列出各司法管辖区采用方式的特点，提高资本市场、监管机构和其他利益相关方的透明度。

IFRSS1为一般要求准则，IFRSS2包含跨行业披露要求和基于行业特性的披露要求。IFRSS1提出了一整套可持续相关财务信息披露的核心内容，建立了可持续相关财务信息的全面基准性标准。要求主体披露所有可合理预期会影响其发展前景的可持续相关风险和机遇，并指导主体如何充分地披露这些信息，以帮助通用目的财务报告使用者做出向主体提供资源的决策。IFRSS1和S2要求企业披露其在短期、中期和长期面临的可持续发展以及气候相关风险和机遇，即"可合理预期会影响主体的现金流、融资渠道或短期、中期或长期资本成本"的所有可持续发展和气候相关风险和机遇的信息，从而确保企业向投资者提供与投资决策相关的信息。对风险和机遇的判断标准，准则用"可合理预期影响主体前景"的表述，进一步厘清了可持续和气候相关风险与机遇的概念边界。IFRSS1和S2要求报告主体披露的核心内容包括：治理、战略、风险管理，以及指标和目标。

ISSB准则充分借鉴其他框架与准则、以投资者为核心，强调与公司财务的关联性。一是ISSB准则的制定建立在TCFD建议、SASB标准、气候披露准则理事会（CDSB）框架、综合报告框架和世界经济论坛指标的基础上，并与气候披露项目（CDP）、全球报告倡议（GRI）等国际广泛采用的标准之间开展的合作，有助于减少同时使用ISSB和其他报告标准的披露负担。而按照全球基准加本地监管要求的模式进行披露也可以减少多种管辖要求造成的重复报告。此外，通过帮助企业沟通如何识别和管理短期、中期和长期面临的可持续发展相关风险和机遇，可以降低企业在全球范围内进行沟通的成本。二是以投资者为导向。与全球报告倡议组织准则（GRI）、欧洲可持续发展报告准则（ESRS）的利益相关者导向不同，ISSB强调可能会对投资者决策造成影响的重要非财务风险和相关信息披露。三是强调财务重要性和关联性。ISSB准则与国际会计准则理事会（IASB）《财务报告概念框架》保持一致，认为"可持续相关财务信息属于通用目的财务报告的一部分"，要求可持续信息作为报告包（reporting package）的一部分与财务报表一起提供。S1准则中对可持续信息披露一般要求沿用了IASB对财务信息定性特征的概念，即相关性、重要性、如实反映、可比性、可验证性、及时性和可理解，强调可持续相关财务信息与财务信息在公允反映实体前景、体现实体重要性议题、报告覆盖的实体范围边界等方面的关联性和一致性。ISSB可持续信息披露采取与财务报告相同的投资者需求导向，只要求披露对投资者是重要、适当和决策有用的信息。两者在披露范围、术语和概念等方面的一致性可进一步增加信息的可验证性和可操作性。四是坚持高标准的气候信息披露要求。ISSB准则中的气候变化披露内容借鉴了TCFD、SASB和GRI等国际影响力较大的标准，碳排放信息坚持了范围三的强制披露要求，涉及企业在供应链上下游的间接碳排放信息，对企业数据的收集、整理和汇总能力提出了更高要求。

ISSB 准则受国际和资本市场的广泛认可。ISSB 准则已初步具备全球基准特征，预计将在多个国家和地区和监管机构应用。在 ISSB 准则发布后，法兰克福、约翰内斯堡、拉各斯、伦敦、纽约、智利圣地亚哥等证券交易所以及东盟资本市场论坛，均举办活动宣传 ISSB 准则，澳大利亚、新加坡、英国和中国香港等国家和地区监管机构表示，将考虑适用 ISSB 准则更新 ESG 信息披露标准。新加坡可持续发展报告咨询委员会（SRAC）发布《将气候雄心化为行动》的咨询文件，就新加坡市场采纳 IFRS S2 准则公开征集意见，联交所也刊发了《优化环境、社会及管治框架下的气候信息披露咨询文件》，建议推出符合 ISSB 气候准则的新气候相关信息披露要求征询市场意见，预计未来 ISSB 准则将向我国资本市场逐步渗透，作为我国上市公司 ESG 信息披露参考的重要标准。

（七）我国可持续发展报告

我国近年在与国际接轨的同时加速制定符合自身国情的 ESG 信息披露制度。2024年 4 月 12 日，我国三大证交所分别发布《上海证券交易所上市公司自律监管指引第 14号——可持续发展报告（试行）》《深圳证券交易所上市公司自律监管指引第 17 号——可持续发展报告（试行）》《北京证券交易所上市公司持续监管指引第 11 号——可持续发展报告》（以下统称为《指引》），于 2024 年 5 月 1 日正式生效，逐步引导上市公司从自愿披露 ESG 报告过渡至强制披露 ESG 报告，标志着中国资本市场在 ESG 信息披露方面迈出了重要一步。

1. 披露方式

此次沪深交易所均采取了强制披露和自愿披露相结合的方式，要求在整个报告期内持续被纳入上证 180 指数、科创 50 指数、深证 100 指数、创业板指数样本公司，以及境内外同时上市的公司应当披露《可持续发展报告》或《上市公司环境、社会和公司治理报告》（以下统称为《可持续发展报告》)，鼓励其他上市公司披露《可持续发展报告》。北交所则充分考虑了创新型中小企业的发展阶段特点和披露能力，采取了自愿披露的原则。

2. 披露时间

在披露时间上，《可持续发展报告》的披露要求与年度报告一致，在每个会计年度结束后 4 个月内进行披露。此前，部分上市公司会在年度报告中一并纳入 ESG 相关信息，未来《可持续发展报告》应当与年度报告分别进行披露，也体现了我国对可持续信息披露的关注程度日趋强化。

3. 披露内容

《指引》（征求意见稿）建立了可持续发展信息的披露框架，该披露框架整体参考了气候相关财务信息披露工作组（TCFD）的四支柱框架，也与国际可持续准则理事会（ISSB）此前发布的《国际财务报告可持续披露准则第 1 号——可持续相关财务信息披露一般要求》保持一致。要求披露主体围绕"治理——战略——影响、风险和机遇管理——指标与目标"四方面核心内容对拟披露的议题进行分析和披露。具体而言：

治理：公司用于管理和监督可持续发展相关影响、风险和机遇的治理结构和内部制度；

战略：公司应对可持续发展相关影响、风险和机遇的战略、策略和方法；

影响、风险和机遇管理：公司用于识别、评估、监测与管理可持续发展相关影响、风险和机遇的措施和流程；

指标与目标：公司用于计量、管理、监督、评价其应对可持续发展相关影响、风险和机遇的指标和目标。

4. 披露议题

《指引》围绕环境、社会责任和公司治理三大类议题，下设置子议题并明确了具体披露内容，共覆盖 21 个 ESG 议题，环境议题 8 个，社会议题 9 个，可持续发展相关治理 4 个，如表 13-3 所示。相关议题的设置基本与国际框架保持一致，同时也结合我国国情对议题的披露要求进行一定调整。例如，在环境议题项下，进行温室气体排放相关披露时，仅要求披露范围 1 和范围 2 的排放量而不强制要求披露范围 3 排放量；披露减排信息时要求披露全国温室气体自愿减排项目和核证自愿减排量（CCER）的登记与交易情况；鼓励而不强制要求披露主体采用情景分析等方式进行气候适应性评估。在社会议题项下设置了乡村振兴、平等对待中小企业等我国现阶段重点关注的议题。《指引》规定，披露主体所披露的信息应当客观、真实，不得进行选择性披露，并针对定量数据的追溯调整、数据收集和核算等执行方法进行规范。

表 13-3 《上市公司自律监管指引——可持续发展报告（试行）》议题列表

维度	序号	议题	对应条款
环境	1	应对气候变化	第二十一条至第二十八条
	2	污染物排放	第三十条
	3	废弃物处理	第三十一条
	4	生态系统和生物多样性保护	第三十二条
	5	环境合规管理	第三十三条
	6	能源利用	第三十五条
	7	水资源利用	第三十六条
	8	循环经济	第三十七条
社会	9	乡村振兴	第三十九条
	10	社会贡献	第四十条
	11	创新驱动	第四十二条
	12	科技伦理	第四十三条
	13	供应链安全	第四十五条
	14	平等对待中小企业	第四十六条
	15	产品和服务安全与质量	第四十七条
	16	数据安全与客户隐私保护	第四十八条
	17	员工	第五十条
可持续发展相关治理	18	尽职调查	第五十二条
	19	利益相关方沟通	第五十三条
	20	反商业贿赂及反贪污	第五十五条
	21	反不正当竞争	第五十六条

5. 双重重要性

《指引》采用双重重要性，具有财务重要性的议题需遵照披露框架，仅具有影响重要性的议题则按照指引相关规定进行披露。明确规定，披露主体应当按照指引设置的议题识别每个议题是否具有重要财务重要性和影响重要性，并说明对议题重要性的分析过程。若披露主体分析指引中某议题既不具备财务重要性，也不具备影响重要性则应当进行解释说明。仅具有影响重要性的议题可按照指引相关规定进行披露。双重重要性特征较之以满足投资者信息需求为主的单一财务重要性视角而言，充分体现了中国 ESG 实践领域对共同富裕、社会民生等方面的关注。我国企业的影响重要性议题实践经验将成为中国特色 ESG 实践，在全球范围独树一帜。

二、企业 ESG 报告的实施

从 ESG 报告的披露情况来看，欧盟、美国、加拿大、日本、新加坡等发达经济体已经形成了比较成熟的 ESG 信息披露框架。整体呈现出信息披露由自愿性向强制性过渡、信息披露内容由单一性向全面性过渡、披露主体范围由大型企业向全部企业过渡、披露内容格式由自主向统一过渡的趋势。

（一）国际 ESG 报告的披露现状

GRI 集原则性框架与指标细则为一体，对于可持续发展报告应覆盖的角度，报告质量与内容的总体原则进行了阐述同时通过详细的指南定义并解释了在经济、环境和社会方面应披露的定量和定性关键绩效指标，对于部分定量指标 GRI 还提供了计算公式，为企业披露相关内容提供了非常具体的指引。此外，由于 GRI 标准要求披露与广泛利益相关者关联的实质性议题，这意味着按照 GRI 标准进行编制的报告可以覆盖更广泛的受众，从而帮助披露企业获得更高的知名度。正是因为 GRI 标准在涵盖的可持续发展议题和利益相关者类别方面具有全面性，因此 GRI 标准相较于其他标准适用性更高，更易于实施。得益于此，GRI 标准在监管机构制定政策和企业编制可持续发展报告过程中均得到了广泛的使用。

有多项研究显示，GRI 为企业发布可持续信息的首要披露框架。GRI 的统计显示，截至 2020 年初，全球 62 个国家出台的 142 份政策引用了 GRI 编制的可持续发展报告标准。毕马威在 2020 年底发布的《时机已到——毕马威 2020 年可持续发展报告调查》中表明，在世界上所有披露可持续发展报告的企业所采用的披露标准中 GRI 占据主导地位。根据毕马威的调研，在由来自全球 52 个国家和地区的合计 5200 家企业组成的样本（N100）中，有 67% 的企业在编制可持续发展报告的过程中采用了 GRI 标准；在 2019年《财富》世界 500 强排行榜上的前 250 家企业（G250）中，有 73% 的企业在编制报告时采用了 GRI 标准。这个数字远远高于采用其他国际组织标准或者证券交易所指引进行可持续信息披露的比率。

（二）我国 ESG 报告披露现状

我国 A 股上市公司披露独立 ESG/社会责任报告的数量呈现上升趋势，上市公司对

ESG 监管政策和自身 ESG 管理的关注度显著提高。2007—2022 年我国 A 股上市公司独立 ESG/ 社会责任报告的披露比例均值为 20%～25%，表明仅有约四分之一的上市公司能够自愿主动披露 ESG 相关信息，如图 13-3 所示。2022 年，A 股一共有 1455 家上市公司披露 ESG 或社会责任报告，披露率为 28.65%。从上市地点看，上交所上市公司 ESG 信息披露的整体意识较强，截至 2022 年底，上交所中有约 40%的上市公司选择披露 ESG 信息，相比之下，同期深交所上市公司 ESG 报告披露比例仅为 21.4%，整体 ESG 信息披露水平需要进一步提升。根据 Wind ESG 数据显示，截至 2023 年 6 月，A 股已披露 ESG 相关报告的上市公司有 1738 家，披露比例占 A 股上市公司的 33.28%。其中，上交所的披露数量为 971 家，披露率为 43.72%，深交所披露数量为 764 家，披露率为 27.31%，北交所披露数量为 3 家，披露率为 1.47%。截至 2024 年 3 月，发布年度 ESG 报告的港股上市公司数量已达 2519 家，占比 97.5%。报告覆盖"社会责任报告（CSR）""环境、社会及治理报告（ESG）""可持续发展报告""环境报告书"四大类型，行业主要覆盖了计算机、通信和其他电子设备制造业、化学原料和化学制品制造业、化工原料和化学制品制造业、医药制造业、电器机械和器材制造业等行业。

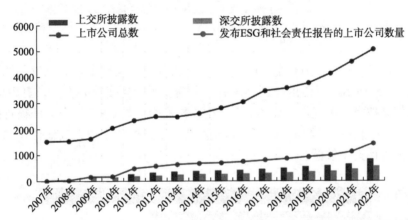

图 13-3　2007—2022 年，我国 A 股上市公司披露 ESG 和社会责任报告统计
资料来源：2023 年 8 月，每日经济新闻与中央财经大学绿色金融国际研究院联合出品的
《中国上市公司 ESG 行动报告（2022—2023）》

如图 13-4 所示，2022 年我国 A 股上市公司 ESG/社会责任报告的披露率按照行业进行统计，在 19 类行业中，ESG/社会责任报告披露情况较好的前 5 类行业分别为金融业（87.50%），文化、体育和娱乐业（55.56%）、采矿业（54.43%）、电力、热力、燃气及水生产和供应业（53.79%），以及交通运输、仓储和邮政业（50.89%），涵盖金融、基础设施、社会福利、公共事业、医疗卫生等与社会责任密切相关的领域，有超过 50%的上市公司主动披露 ESG 相关信息。其中，金融业披露率最高。而租赁和商务服务业（24.59%）、信息传输、软件和信息技术服务业（23.11%）、综合（14.29%）、科学研究和技术服务业（13.64%）的 ESG/社会责任报告披露情况在所有行业中处于较差水平，仅有 25%的上市公司主动披露 ESG 相关信息。与去年同期披露数量相比，所有行业披露 ESG/社会责任报告的上市公司数都有提升。

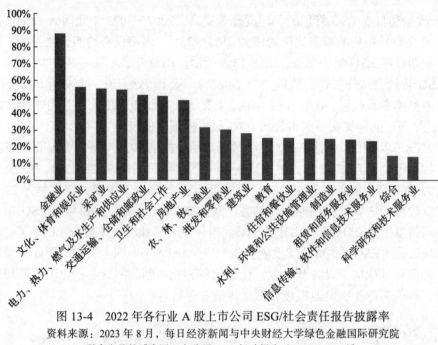

图 13-4　2022 年各行业 A 股上市公司 ESG/社会责任报告披露率
资料来源：2023 年 8 月，每日经济新闻与中央财经大学绿色金融国际研究院
联合出品的《中国上市公司 ESG 行动报告（2022—2023）》

　　按照最终控制人性质，国有企业的 ESG/社会责任信息披露率显著超过其他类型上市
公司，如图 13-5 所示，可能的原因是国有企业需要承担更多社会责任，更为重视 ESG
发展能力和信息披露系统建设。具体而言，中央国有企业的 ESG/社会责任报告披露率高
达 62.13%，地方国有企业 41.66%，公众企业 41.34%，外资企业，其他企业和民营企业
的社会责任报告披露率较低。

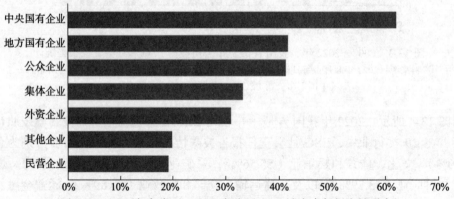

图 13-5　2022 年各类型 A 股上市公司 ESG/社会责任报告披露率
资料来源：2023 年 8 月，每日经济新闻与中央财经大学绿色金融国际研究院
联合出品的《中国上市公司 ESG 行动报告（2022—2023）》

（三）企业 ESG 报告披露中存在的问题与对策

1. 企业 ESG 信息披露的程度不一，"漂绿"行为仍然存在

在目前的政策体制下，国内外的企业在信息披露方面仍有着不同程度的自由度，公

司在一定程度上能够决定企业是否披露以及如何披露信息，部分企业为了短期利益或者迎合市场口味，虚假或者有所选择地报告 ESG 信息，导致 ESG 的评分虚高，误导投资者决策。较为严重的就是企业的"漂绿"行为，不仅严重损害了投资者的权益，并可能对整个 ESG 投资领域产生负面影响。美国证券交易委员会（SEC）于 2020 年和 2022 分别对德意志银行旗下资产管理公司 DWS 和高盛旗下的 ESG 基金投资漂绿展开调查，引起国际资本市场治理对 ESG 的重点关注。在此事件影响下，ESG 投向管理和审查更为严格。

2. ESG 投资的短期效益不明确，企业缺乏内驱力

目前，企业进行 ESG 相关投入的驱动力往往来自于政策、投资者以及市场等方面的外部环境影响和推动力，企业自身对于 ESG 因素在业务中的地位和价值的认识，以及由此产生的内在动力不足。究其原因，为了实现 ESG 相关目标，企业需要进行额外的投资用于相关指标的提升，而短期内 ESG 投资与收益提升的关联并不显著，甚至于降低。虽然越来越多的研究显示 ESG 因素与财务表现之间存在正相关性，但是 ESG 投资的长期效益可能不如短期财务指标那样明确，因此部分企业缺乏内驱力进行 ESG 投资的情况确实存在，这也在一定程度上制约了 ESG 的健康发展。

3. 对策

针对"漂绿"行为，应当加强对 ESG 信息披露的监管，引导企业自愿对 ESG 报告进行鉴证，培育 ESG 报告鉴证机构与审计师，创造条件，最终实现 ESG 报告自愿性披露过渡至强制性披露，下节将重点对其进行阐述。针对 ESG 投资缺乏内驱力的问题，一方面，可以通过建立绿色投资、ESG 投资准则等，吸引更多金融机构响应并加入相关投资原则，推动机构投资者由短期投机转向长期价值投资，全面提高金融机构的 ESG 责任投资意识。另一方面，通过设立以"政府引导、企业管理、市场运作"为原则的 ESG 投资基金，开展项目建设，提高可持续建设项目运营管理能力，做到项目环境效益、社会效益、经济效益的有效统一。

第四节　环境、社会与治理报告的鉴证及评价

一、ESG 报告的鉴证

随着"漂绿"等问题的日益多发，ESG 信息披露质量问题已成为全球关注焦点。香港联交所于《2022 年 ESG 常规情况审阅》指出独立验证可有助提升 ESG 资料的可信性及汇报质素，并为投资者提供更可靠的分析数据。为了增进投资者和利益相关者的信任，并避免"漂绿"的风险，ESG 信息披露需要达到与财务信息相同的质量和严格程度，并接受相同程度的审查。这意味着企业需要通过应用类似于财务报告所用的内部控制和风险框架来提高 ESG 数据质量。根据毕马威《2022 可持续发展报告调查——中国企业前沿洞察》，中国 N100 公司的 ESG 鉴证率在过去两年中已实现倍增，从 2020 年的 15 家公司增加至 2022 年的 30 家。中国企业的进步固然令人鼓舞，但其 ESG 鉴证率与全球水平相

比尚存一定差距。同样，香港联交所刊发的《2022 年 ESG 常规情况审阅》指出，仅有 6.7% 的样本发行人取得了独立鉴证，并描述验证的程度、范围及所采用的流程，反映在港上市企业的独立鉴证率整体仍相对较低。这也意味着更多的企业仍需要开展 ESG 鉴证，以进一步提高其 ESG 报告的透明度和可信度。

（一）关于 ESG 报告鉴证的相关制度

2022 年 3 月，美国证券交易委员会（SEC）发布《上市公司气候数据信息披露规则》提案，要求上市公司对范围 1 和范围 2 的温室气体排放量进行外部鉴证，并逐渐由"有限保证"过渡到"合理保证"。2022 年 11 月，欧盟委员会正式批准《公司可持续发展报告指令》（CSRD），该指令在欧盟范围内引入对企业可持续发展信息的有限鉴证要求，公司应对其报告内容提供合规鉴证意见。对 ESG 报告提供的鉴证服务必须来自经认可的独立审计师或其他鉴证机构，确保可持续发展信息符合欧盟已通过的认证标准。同时，依据该指令内容，欧盟委员会将在 2026 年 10 月 1 日通过立法规定有限鉴证标准，并于 2028 年进一步立法规定合理鉴证标准。国际审计与鉴证准则理事会（IAASB）也已就《国际可持续发展信息鉴证准则第 5000 号——可持续发展信息鉴证业务的一般要求》在全球范围公开征求意见，预计 2024 年将会正式出台。另外，《可持续金融框架》、国际财务报告可持续发展披露准则（ISDS），澳大利亚证券交易所等也均对 ESG 报告鉴证明确表达了鼓励与支持。ESG 信息披露及 ESG 鉴证从自愿走向强制已成为趋势。

由于我国的第三方机构鉴证发展尚不完善，尽管 ESG 的实践行动相对于国际并不处于领先位置，但中国市场对 ESG 的行动始终保持着积极态度。如表 13-4 所示，中国政

表 13-4　我国企业 ESG 鉴证的相关制度汇总

日期	发布机构	文件名称	相关内容
2006.09	深圳证券交易所	《上市公司社会责任指引》	鼓励公司披露社会责任报告并鼓励上市公司聘请第三方对社会责任报告出具鉴证意见。
2009.01	中国银行业协会上海证券交易所	《中国银行业金融机构企业社会责任指引》	鼓励银行对于发布的社会责任报告进行独立的第三方鉴证。
2012.12	全球报告倡议组织（GRI）	《公司履行社会责任的报告》	建议企业在进行社会责任报告鉴证时需披露其鉴证结果。
2014.01	中国证券监督管理委员会	《可持续发展报告指南》G4 中文版	强调社会责任信息披露的质量要求以及全球的趋势是朝着可持续发展报告鉴证发展的。
2017.12	上海证券交易所	《公开发行证券的公司信息披露内容与格式准则第 2 号——年度报告的内容与格式（2017 年修订）》	环境信息核查机构、鉴证机构、评价机构、指数公司等第三方机构对公司环境信息存在核查、鉴定、评价的，鼓励公司披露相关信息。
2018.07	香港联合交易所	《上市公司环境、社会和公司治理信息披露指引》	公司寻求第三方机构对公司 ESG 信息进行核查、鉴定、鉴证、评价。
2019.12	北京注册会计师协会	修订《环境、社会及管治报告指引》	鼓励上市公司进行第三方鉴证。
2021.09	深圳证券交易所	《北京注册会计师协会专业技术委员会专家提示[2021]第 2 号——ESG 碳排放鉴证业务介绍》	为会计师事务所及相关从业人士在鉴证 ESG 碳排放信息提供指示和参考。

资料来源：中财大绿金院整理

府对 ESG 相关政策制度正逐步完善加强，相较于国际出现鉴证强制要求，我国主要还保持在鼓励为主的自愿鉴证阶段。2024 年 4 月 12 日我国三大证交所发布的《上市公司自律监管指引——可持续发展报告（试行）》提出了自愿性鉴证要求，鼓励披露主体聘请第三方机构对温室气体排放等数据进行核查或鉴证，并针对鉴证信息披露提出框架性要求。由于中国暂无统一鉴证标准和指南，不同的鉴证机构存在使用不同的方法和标准来评估和审查企业的 ESG 报告，这也使得鉴证意见的可信度与可信度存在一定的挑战。同时在监管角度，目前仍缺乏 ESG 报告鉴证明确的惩罚和处罚机制，这也将导致部分企业漠视 ESG 报告鉴证要求，降低现行及未来政策的可执行性。尽管现阶段我国并不要求强制鉴证，但也充分体现了我国对 ESG 第三方鉴证的关注度有所提升，符合我国可持续信息披露的发展现状，有助于促进企业稳步提升可持续/ESG 信息披露质量。

（二）ESG 报告的鉴证实务

根据毕马威《2022 年可持续发展报告调查》，G250 公司中有 63%取得了 ESG 报告鉴证。同样，国际会计师联合会（IFAC）最近对 15 个司法管辖区的约 1 350 家公司的研究发现，64%的企业至少对其部分 ESG 信息进行了某种形式的鉴证，而在开展 ESG 报告鉴证的企业中，其中 57%由审计机构完成，大多数（70%）企业使用了其财务审计师。

管理层和审计委员会应当具有选择并委任 ESG 报告鉴证机构的权力。ESG 报告鉴证机构需要对企业的业务模式拥有与财务审计同样深刻的理解，以使可持续发展相关信息达到与财务信息相同的质量。在新的报告生态系统下，财务与非财务信息整合，在同一份报告中披露。ESG 信息可能与财务信息在相同的系统和流程中记录、获取，受到相同的内部控制系统控制，并由相同的治理主体进行监督。ESG 和可持续信息可能越来越需要在正式、结构化的基础上进行管理，而非仅通过电子表格和电子邮件这类非正式、非结构化的处理方式。这意味着未来 ESG 报告需与财务报表的鉴证具有同样严格的质量。审计师可以为利益相关者提供对企业的整合性信息披露（integrated reporting）的整体性评估，并对其意见负责。大型审计机构以多学科模式运作，不仅提供审计、咨询和税务服务，还能够利用从脱碳、人权等议题的深厚知识，以及广泛的国际服务网络和健全的质量管理体系。因此，审计师具有充分能力提供高质量的 ESG 报告鉴证服务。

二、ESG 报告的评价

ESG 评价体系是整个 ESG 生态系统的关键环节以及推动 ESG 责任落实的重要抓手。第一，通过 ESG 评价体系的指标设置能够反馈对 ESG 理念和政策的理解；第二，投资者和监督者也能够以此评估比较企业的 ESG 表现；第三，通过 ESG 报告的评分，企业能够掌握自身 ESG 表现的优势和缺陷，作为企业对标管理的有力手段。

（一）国际 ESG 评估体系

当前，国际上已经建立了一些具有影响力和代表性的信息披露标准和评估体系，其中以明晟（MSCI）、富时罗素（FTSE）、道琼斯（S&P DJI）、汤森路透（Thomson Reuters）

和 Sustainalytics 等为代表。下面，以 MSCI ESG 为例，简要介绍国际 ESG 评估体系。MSCI ESG 评级模型指标体系主要由 3 大范畴（Pillars）、10 项主题（Themes）、35 个 ESG 关键议题（ESG Key Issues）和上百项指标组成，如表 13-5 所示。

表 13-5　MCSI ESG 评级指标框架

3 大范畴	10 个主题	33 个关键议题
环境	气候变化	碳排放
		气候变化的脆弱性
		影响环境的融资
		产品碳足迹
	自然资本	生物多样性和土地利用
		原材料采购
		水资源短缺
	污染物与废弃物	电子废弃物
		包装材料和废弃物
		有毒排放和废弃物
	环境机遇	清洁技术机遇
		绿色建筑机遇
		可再生能源机遇
社会	人力资本	健康与安全
		人力资本开发
		劳工管理
		供应链劳工标准
	产品责任	化学安全性
		消费者金融保护
		隐私与数据安全
		产品安全与质量
		负责任投资
		化学安全性
	利益相关方异议	社区关系
		争议性采购
	社会机遇	融资可得性
		医疗保健服务可得性
		营养和健康领域的机会
治理	公司治理	董事会
		薪酬
		所有权及控制权
		会计
	商业行为	商业道德
		税务透明

ESG 关键议题是针对按照全球行业分类标准（GICS）所定义的 158 个子行业之中每个行业的公司的业务活动产生大量环境或社会相关的外部因素的程度来选择的。不同行业之间，环境和社会责任关键议题存在显著差异。根据每个行业的公司的业务活动产生大量环境或社会相关的外部因素的程度来选择。设定关键议题权重时，被定义为"高影响"和"短期（2 年以内）"的关键议题的权重将比被定义为"低影响"和"长期（5 年以上）"的关键议题高三倍。治理范畴下有两个主题，即公司治理与公司行为，是所有公司都会存在的主题，该维度评分基于扣分模型，即从 10 分开始，根据关键指标的评分进行扣分。

随着我国 A 股上市公司逐步被纳入 MSCI、FTSE 等国际指数公司和评级机构的评价范围，国际评级机构对我国 A 股上市公司的评级覆盖不断扩大。2019—2022 年，FTSE 对中国 A 股上市公司的 ESG 评级覆盖率基本维持在 17% 至 18% 之间，整体高于 MSCI。MSCI 对中国 A 股上市公司的 ESG 评级数据覆盖率持续上升，已达 12.63%，如图 13-6 所示。截至 2022 年 10 月，FTSE 的 ESG 评级已覆盖了 843 家中国 A 股上市公司，MSCI 的 ESG 评级已经覆盖了 628 家 A 股上市公司。

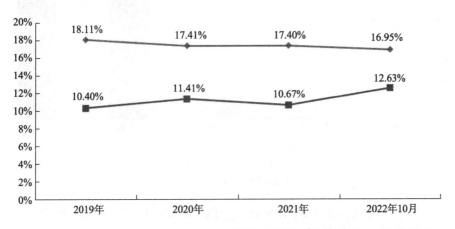

图 13-6　2019—2022 年 MSCI 和 FTSE 对我国 A 股上市公司的 ESG 评级覆盖率
资料来源：2023 年 8 月，每日经济新闻与中央财经大学绿色金融国际研究院联合出品的
《中国上市公司 ESG 行动报告（2022—2023）》

然而，如图 13-7 所示，当前我国 A 股上市公司在 MSCI 和 FTSE 的评级体系下 ESG 评级表现处于领先及平均水平的企业数量较少。截至 2022 年 10 月，我国 A 股上市公司的 MSCI ESG 评级尚未达到 AAA 级，评级等级为 AA 级的企业占比仅 0.80%（5 家），评级等级为 B 级的公司数量最多，占比高达 33.92%（213 家），评级等级为 CCC 级的公司占比 25.48%（160 家）。FTSE ESG 评分体系下，843 家中国 A 股上市公司的 ESG 得分均值约为 1.36（满分为 5），其中得分在 1.3 以下的公司有 436 家（占比 51.72%）。

（二）我国 ESG 评估体系

近年来，国内的 ESG 评级机构蓬勃发展，开发了适应中国企业本土特征的 ESG 评级方法，其中以中财大绿金院、中证指数、万得指数、商道融绿等为代表。国内评级机构采用适应中国国情的评价指标体系，且能够获得更为丰富的信息来源，评级结果可能

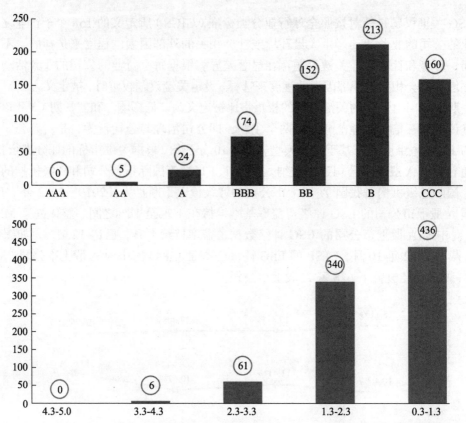

图 13-7　MSCI、FTSE 对我国 A 股上市公司的 ESG 评级（评分）分布（截至 2022 年 10 月）

资料来源：2023 年 8 月，每日经济新闻与中央财经大学绿色金融国际研究院联合出品的
《中国上市公司 ESG 行动报告（2022—2023）》

更为合理。以中财大绿金院 ESG 评价体系为例，本文进行简要介绍，如表 13-6 所示。中财大绿金院的 ESG 指标体系包含三部分：定性指标、定量指标和负面行为与风险，设有三个一级指标，即环境（E）、社会（S）和治理（G），26 项二级指标以及超过 160 项三级指标。三个维度都设有中国特色指标，同时设有"扣分项"，针对"两高一剩"企业和含有火电业务的特殊企业进行扣分。将上市公司划分为三类一级行业：制造业、服务业和金融业，制造业进一步细分为 16 个二级行业，服务业细分为 12 个二级行业，金融业细分为 3 个二级行业。在每个行业的 ESG 评分表中设置了行业特色指标，关键指标也会随行业特性进行调整。数据来源于上市公司公开信息、环保处罚信息、ESG 三个维度的负面新闻报道。

　　我国 ESG 评级体系总体评级明显高于国际机构 ESG 评级。以中财大绿金院为例，如图 13-8 所示，截至 2022 年底，我国有 850 余家上市公司的 ESG 评级为 BB，有 700 余家公司被评级为 AAA。全部 A 股上市公司的 ESG 平均得分及环境、社会责任与治理各维度平均得分表现均呈现大幅提升。反映出当前已有越来越多的中国上市公司开始关注 ESG 理念，并积极参与 ESG 相关实践，提升自身 ESG 实践能力，同时建立了较为全面的 ESG 信息披露制度。

表 13-6　中财大绿金院 ESG 评级体系

一级指标	二级关键指标	定性/定量
E Environment 环境	节能减排措施	定性
	污染处理措施	定性
	绿色环保宣传	定性
	主要环境量化数据	定量
	环境成本核算	定量
	绿色设计	定性
	绿色技术	定性
	绿色供应	定性
	绿色生产	定性
	绿色办公	定性
	绿色收入	定量
S Social 社会	综合	定性
	扶贫及其他慈善	定性
	社区	定性
	员工	定性
	消费者	定性
	供应商	定性
	社会责任量化标准	定量
G Governance 治理	组织结构	定性
	投资者关系	定性
	信息透明度	定性
	技术创新	定性
	风险管理	定性
	商业道德	定量
	财报品质	定量
	其他治理量化标准	定量

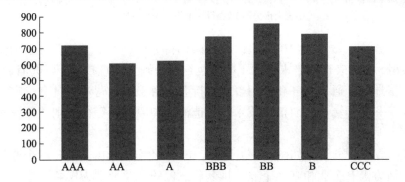

图 13-8　中财大绿金院对我国 A 股上市公司的 ESG 评级（评分）
分布（截至 2022 年 12 月 31 日）

资料来源：2023 年 8 月，每日经济新闻与中央财经大学绿色金融国际研究院联合出品的
《中国上市公司 ESG 行动报告（2022—2023）》

2022 年，由于主板中的上市公司自身发展水平较高、组织结构更为完善，更为重视企业整体的可持续发展能力建设；科创板上市公司主要为符合国家战略、突破关键核心技术、市场认可度高的科技创新企业，具备可观的市场发展前景，注重通过提升 ESG 实践水平来实现企业的可持续发展；主板和科创板上市公司的 ESG 整体平均得分和各维度平均得分显著领先于创业板和北交所上市公司。创业板和北交所的上市公司由于自身业务发展和组织建设的规范性仍存在进一步提升空间，ESG 表现尚待提高，如图 13-9 所示。从环境、社会责任与治理三个维度分析，环境（E）方面，虽然越来越多的上市公司制定了绿色发展战略，重视绿色供应链的全生命周期管理，甚至一些非环保领域的企业也投入了可持续发展；但是，目前，上市公司主要侧重于定性指标的信息披露，如污染物的排放量、用电量、用水量、绿色收入占比等定量信息披露仍然不够充分。社会责任（S）方面，上市公司积极履行社会责任，在支持与执行国家战略方面做出了很多努力。然而，大部分上市公司对社会责任的履行缺少有效定量数据的支持。治理（G）方面，主要评价上市公司披露的财务信息、非财务信息和审计信息，板块间的差异主要是由公司治理完善程度决定的。定量信息的披露仍然有待加强。

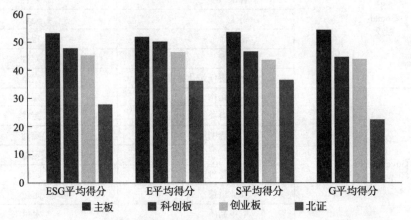

图 13-9　2022 年中财大绿金院对 A 股各板块上市公司 ESG 各维度评分
资料来源：2023 年 8 月，每日经济新闻与中央财经大学绿色金融国际研究院联合出品的
《中国上市公司 ESG 行动报告（2022—2023）》

按照行业分类，如图 13-10 所示，ESG 整体得分最高的三类行业分别为公用事业、房地产和金融，整体表现处于末位水平的三类行业分别为信息技术、可选消费和原材料。对于金融、房地产、通信服务和公用事业等行业，由于其主营业务具有一定公益性，更注重履行环境和社会责任；而信息技术、可选消费和原材料等行业则在环境和社会责任维度存在较为明显的短板。

按企业产权性质分组，如图 13-11 所示，ESG 平均得分排名前三的企业分别为中央国有企业、地方国有企业和其他企业，排名后三位的企业分别为民营企业、外资企业和集体企业。由于国有企业更为注重环境风险管理，积极采取措施回应利益相关方关切，例如，为员工设置良好的职工福利、大力参与慈善扶贫事业与提供完善的产品售后服务等，同时注重组织架构的完善和信息披露透明度的提升，因此国有企业在环境、社会和治理层面的平均得分较高。整体而言，各类型企业在环境层面的表现差距较小，保持在相对稳定一致的水平；在社会和公司治理层面的表现差距较大。

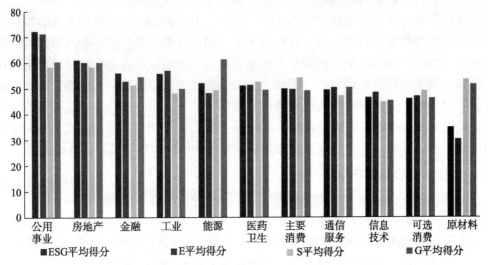

图 13-10　2022 年中财大绿金院对 A 股各板块上市公司 ESG 各维度评分

资料来源：2023 年 8 月，每日经济新闻与中央财经大学绿色金融国际研究院联合出品的
《中国上市公司 ESG 行动报告（2022—2023）》

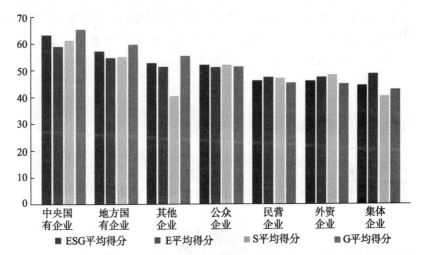

图 13-11　2022 年中财大绿金院对 A 股各产权性质上市公司 ESG 各维度评分

资料来源：2023 年 8 月，每日经济新闻与中央财经大学绿色金融国际研究院联合出品的
《中国上市公司 ESG 行动报告（2022—2023）》

（三）ESG 评级方面存在的问题及对策

1. ESG 评级结果差异较大

据气候公告标准理事会（CDSB）统计，全球在近 25 年间，由国际倡议组织、国家、交易所等陆续推出 1000 多种报告要求、指引和支持文件，上市公司面临的披露标准纷繁

复杂。虽然目前主流评级机构采取的 ESG 评级主维度基本一致，即以环境（E）、社会责任（S）、治理（G）作为一级指标，但在子维度以及各自的指标设置方面，机构间存在较大差异，最终导致不同机构对同一个企业的评级结果千差万别。

导致这种情况的原因通常有这样几个：第一，由于各评级机构采用不同的指标框架体系，对各指标赋予不同的权重，在此情况下，同一公司可能会获得截然不同的评级表现；第二，ESG 评级的差异可能源于底层数据的缺失或质量不高，在这种情况下，由于评级机构采用了不同的处理方式，例如零值法、替代法或模拟法等，造成了结果表现的差异，不仅如此，许多评级机构还会选取非披露数据源，如一些行政处罚和舆情数据，不同机构在运用这类数据时也存在很大的差异；第三，上市公司的披露方式、遵循的 ESG 披露准则不同，导致信息覆盖面区别较大，从而放大了指标差异带来的评级差异。

2. 企业对评级结果不认可

在某些情况下，公众和企业可能对 ESG 评价的标准有不同的理解和认同。对于同一企业，一些人可能更关注其环境保护方面的表现，而另一些人可能更关注其社会责任感。这种不同的关注点可能导致评价结果存在差异。当 ESG 评价结果与企业自我认知不一致时，企业可能会进行反驳或解释，从而影响公众对评价结果的认同。

3. 对策

鉴于中国企业 ESG 评级发展现状，应在借鉴国际实践的基础上，考虑到中国国情和本土化特色，构建既满足国际要求、又具有中国特色的 ESG 标准体系，构建中国 ESG 信息披露、评估评价、投资标准等话语体系。做好对 ESG 评级体系的信息披露与沟通，减轻公众与被评价企业对 ESG 评价机构的信息不对称。

重要概念

企业社会责任　　　可持续发展　　　环境、社会责任与治理（ESG）报告

案例分析13

守正创新 开创资本市场高质量发展新局面

同步测练与解析13

自学自测　　扫描此码

综合测练与解析（一）

自学自测　　扫描此码

综合测练与解析（二）

自学自测　　扫描此码

参 考 文 献

[1] 刘世锦. 双碳目标下的绿色增长. 北京：中信出版社，2022.

[2] 谢宜章. "双碳"目标下中国工业绿色发展中的政府环境治理研究. 中国财政经济出版社，2023.

[3] 刘梦辉. 浅析城市环境污染及治理对策. 改革与开放，2010-11-25.

[4] 刘清. 低碳经济下的废弃物管理. 经营与管理，2010-10-15.

[5] 韩保江. 正视中国经济可持续发展面临的挑战. 中国经济时报，2004-02-16.

[6] 宋俊编. 碳中和与低碳能源. 北京：机械工业出版社，2022.

[7] 张伟. 再制造——助力双碳目标下的循环经济发展. 北京：科学出版社，2023.

[8] 项锦联. HSE 管理体系推进企业安全文化建设研究. 南京：南京理工大学硕士论文，2010.

[9] 叶陈刚. 推行职业道德守则 提升注册会计师公信力. 中国注册会计师，2010，(6).

[10] 叶陈刚. 公司内部治理机制研究述评与启示. 审计与经济研究，2011，(1).

[11] 保罗·A. 萨缪尔森，威廉·D. 诺德豪斯. 经济学. 第 12 版. 高鸿业译. 北京：中国发展出版社，1992.

[12] 博特赖特. 金融伦理学. 静也译. 北京：北京大学出版社，2002.

[13] 叶陈刚. 企业风险评估与控制. 北京：机械工业出版社，2009.

[14] 谢永珍. 董事会治理评价研究. 北京：高等教育出版社，2006.

[15] 陈少峰. 中国伦理学名著导读. 北京：北京大学出版社，2004.

[16] 叶陈刚. 公司治理层面的伦理结构与机制研究. 北京：高等教育出版社，2006.

[17] 崔永东. 道德与中西法治. 北京：人民出版社，2002.

[18] 杜莹，等. 企业家的社会地位与社会责任. 道德与文明，2005，(2).

[19] 葛家澍. 上市公司财务舞弊案剖析丛书. 北京：中国财政经济出版社，2003.

[20] 周祖城，等. 企业社会责任相对水平与消费者购买意向关系的实证研究. 中国工业经济，2007，(9).

[21] 赫尔穆特·施密特. 全球化与道德重建. 柴方国译. 北京：社会科学文献出版社，2001.

[22] 李维安. 公司治理学. 北京：高等教育出版社，2005.

[23] 李维安. 公司治理评价与指数研究. 北京：高等教育出版社，2005.

[24] 戴维·J. 弗里切. 商业伦理学. 杨斌，石坚，郭阅译. 北京：机械工业出版社，1999.

[25] 厉以宁. 超越市场与超越政府——论道德力量在经济中的作用. 北京：经济科学出版社，1999.

[26] 刘峰. 信息披露：实话实说. 北京：中国财政经济出版社，2003.

[27] 刘智峰. 道德中国——当代中国道德伦理的深重忧思. 北京：中国社会科学出版社，2001.

[28] 马连福. 公司内部治理研究. 北京：高等教育出版社，2005.

[29] 曾仕强. 胡雪岩的启示. 西安：陕西师范大学出版社，2008.

[30] 罗伯特·蒙克斯，尼尔·米诺，李维安，周建. 公司治理. 北京：中国财政经济出版社，2004.

[31] 乔治·恩德勒. 国际经济伦理. 北京：北京大学出版社，2003.

[32] 乔治·斯蒂纳，约翰·斯蒂纳. 企业、政府与社会. 北京：华夏出版社，2002.

[33] 宋希仁. 西方伦理思想史. 北京：中国人民大学出版社，2004.

[34] 苏勇. 现代管理伦理学. 北京：石油工业出版社，2006.

[35] 孙经纬，高晓晖译. 公司治理——哈佛商业评论精粹译丛. 北京：中国人民大学出版社，2004.

[36] 托尼·兰顿，约翰·瓦特肯森. 公司董事指南——职责、责任和法律义务. 李维安，牛建波译. 北

京：中国财政经济出版社，2004.

[37] 王学义. 企业伦理学. 成都：西南财经大学出版社，2004.

[38] 王智慧. 上市公司治理结构与战略绩效研究. 北京：对外经济贸易大学出版社，2002.

[39] 王辉. 企业利益相关者治理研究. 北京：高等教育出版社，2005.

[40] 王斌. 中国国有企业业绩评价制度：回顾与思考. 会计研究，2008，(11).

[41] 叶陈刚. 企业伦理与文化. 北京：清华大学出版社，2007.

[42] 亚当·斯密. 国民财产的性质和原因的研究. 郭大力，王亚南译. 北京：商务印书馆，1979.

[43] 于东智，池国华. 董事会规模、稳定性与公司绩效：理论与经验分析. 经济研究，2004，(4).

[44] 张新民. 企业财务状况质量分析理论研究. 北京：对外经济贸易大学出版社，2001.

[45] 赵汀阳. 论道德金规则的最佳可能方案. 中国社会科学，2005，(3).

[46] 郭沛源，曹瑄玮. 企业社会责任与实务. 北京：中国经济出版社，2022.

[47] 黄群慧，钟宏武，张蒽. 企业社会责任蓝皮书：中国企业社会责任研究报告（2023）. 北京：社会科学文献出版社，2023.

[48] 张晓晨. 可持续发展、ESG 和企业社会责任. 北京：社会科学文献出版社，2023.

[49] 王晓光，肖红军. 企业社会责任管理蓝皮书：中国上市公司 ESG 研究报告. 北京：社会科学文献出版社，2022.

[50] 王大地，黄洁. ESG 理论与实践. 北京：经济管理出版社，2021.

[51] 安永 ESG 课题组. 一本书读懂 ESG. 北京：机械工业出版社，2024.

[52] 戴亦一，潘越，冯舒. 中国企业的慈善捐赠是一种"政治献金"吗？——来自市委书记更替的证据[J]. 经济研究，2014.

[53] 何贤杰，肖土盛，陈信元. 企业社会责任信息披露与公司融资约束[J]. 财经研究，2012.

[54] 联合国可持续发展集团. 《2030 年可持续发展议程》. 2019. https://unsdg.un.org/zh/SDGPrimer.

[55] 沈洪涛，王立彦，万拓. 社会责任报告及鉴证能否传递有效信号？——基于企业声誉理论的分析[J]. 审计研究，2011.

[56] 王站杰，买生. 企业社会责任、创新能力与国际化战略——管理层薪酬激励的调节作用[J]. 管理评论，2019.

[57] 每日经济新闻，中央财经大学绿色金融国际研究院. 中国上市公司 ESG 行动报告（2022—2023）. 2023. http://iigf.cufe.edu.cn/info/1014/7437.htm.

[58] 叶陈刚. 商业伦理学. 北京：清华大学出版社，2021.

[59] 叶陈刚. 商业伦理与会计职业道德. 北京：清华大学出版社，2020.

[60] 李维安. 公司治理学. 北京：高等教育出版社，2020.

[61] 李维安. 公司治理（第三版）. 北京：北京大学出版社，2023.

[62] Anctil Regina M, John Dickhaut, Chandra Kanodia, Brian Shapiro.Information transparency and Coordination failure: theory and experiment.Journal of Accounting Research, 2004, 42(2): 159-195

[63] Bushman, Robert, QiChen, EllenEngel, AbbieSmith.Financial accounting information, organizational complexity and corporate governance systems.Journal of Accounting and Economics, 2004, 37: 167-201.

[64] Coase R H.The nature of the firm.Economic, 1937, 4: 386-405.

[65] Kostova, Tatiana, Kendall, Roth.Social capital in multinational corporations and a micro-macro model of its formation.The Academy of Management Review, 2003, 28(2): 297-317.

[66] Nam.Corporate Governance of Banks: Review of Issues.ADBI Working Papers, 2004.

[67] OECD (Organization for Economic Cooperation and Development.OECD Principles of Corporate Governance, www.oecd.org, 2005.

[68] Wilks T Jeffrey, Mark F Zimbelman.Using game theory and strategic reasoning concepts to prevent and detect fraud.Accounting Horizons, 2004, 18(3): 173-184.

[69] Ye Chengang.Discussion on Accounting Revolution in the time of Network.International Finance And Accounting, 2001, Feb: 28-35.

[70] Ye Chengang.Research on Guarding against Financial Fraud of Enterprise's Branches.USA-China Business Review, 2002, Feb: 24-27.

[71] Ye Chengang.Research on the Evaluation System of CPA's Social Responsibility.5th Internationa Symposium for Corporate Governance 2009-10-23, ISTP.

[72] Zheng, Y.; Wang, B.; Sun, X.; Li, X. Esg performance and corporate value: Analysis from the stakeholders' perspective. Front. Environ. Sci. 2022, 10, 1084632.

[73] Jia, F.; Li, Y.; Cao, L.; Hu, L.; Xu, B. Institutional Shareholders and Firm Esg Performance: Evidence from China. Sustainability 2022, 14, 14674. [CrossRef].

[74] Li, J.; Li, S. Environmental protection tax, corporate ESG performance, and green technological innovation. Front. Environ. Sci. 2022, 10, 1512. [CrossRef].

[75] Feng, W.; Zhao, L.; Chen, Y. Research on collaborative innovation mode of enterprise group from the perspective of comprehensive innovation management. Sustainability 2022, 14, 5304.

[76] Zhang, D.; Liu, L. Does ESGPerformance Enhance Financial Flexibility? Evidence from China. Sustainability 2022, 14, 11324.

[77] Wang, F.; Sun, Z. Does the Environmental Regulation Intensity and ESG Performance Have a Substitution Effect on the Impact of Enterprise Green Innovation: Evidence from China. Int. J. Environ. Res. Public Health 2022, 19, 8558.

[78] Amjad Hadjikhani, Joong Woo Lee, Sohee Park. Corporate social responsibility as a marketing strategy in foreign markets [J]. International Marketing Review, 2016, 33(4).

[79] Ariadna Dumitrescu, Menatalla El Hefnawy, Mohammed Zakriya. Golden geese or black sheep: Arestakeholders the saviors or saboteurs of financial distress?[J]. Finance Research Letters, 2019.

[80] Bowen, H. R. (2013). Social responsibilities of the businessman. University of Iowa Press.

[81] Gonenc D, Piselli D, Sun Y. The global economic system and access and allocation in earth system governance[J]. International Environmental Agreements: Politics, Law and Economics, 2020, 20: 223-238.

[82] https://www.sac.gov.cn/xw/bzhdt/art/2021/art_25b307a22c9848c692a9a09682ef47d1.html.

[83] Milton, F. (1970). The social responsibility of business is to increase its profits. New York times magazine, 13.

[84] Nan Sun, Aly Salama, Khaled Hussainey, Murya Habbash. Corporate environmental disclosure, corporate governance and earnings management[J]. Managerial Auditing Journal, 2010, 25(7).

[85] Peter Clarkson, Yue Li, Gordon Richardson, Albert Tsang. Causes and consequences of voluntary assurance of CSR reports: International evidence involving Dow Jones Sustainability Index Inclusion and Firm Valuation[J]. Accounting, Auditing & Accountability Journal, 2019, 32(8).

[86] Halbritter G, Dorfleitner G. The wages of social responsibility—where are they? A critical review of ESG investing[J]. Review of Financial Economics, 2015, 26: 25-35.

[87] Friede G, Busch T, Bassen A. ESG and financial performance: aggregated evidence from more than 2000 empirical studies[J]. Journal of sustainable finance & investment, 2015, 5(4): 210-233.

教师服务

感谢您选用清华大学出版社的教材！为了更好地服务教学，我们为授课教师提供本书的教学辅助资源，以及本学科重点教材信息。请您扫码获取。

≫ 教辅获取

本书教辅资源，授课教师扫码获取

≫ 样书赠送

企业管理类重点教材，教师扫码获取样书

 清华大学出版社

E-mail: tupfuwu@163.com
电话：010-83470332 / 83470142
地址：北京市海淀区双清路学研大厦 B 座 509

网址：http://www.tup.com.cn/
传真：8610-83470107
邮编：100084